Brigitte Dehne

Gender im Geschichtsunterricht

D1734934

Brigitte Dehne

Gender im Geschichts- unterricht

Das Ende des Zyklopen?

METHODEN HISTORISCHEN LERNENS

WOCHEN SCHAU GESCHICHTE

Bibliografische Information der Deutschen Bibliothek

Die Deutsche Bibliothek verzeichnet diese Publikation in der Deutschen Nationalbibliografie; detaillierte bibliografische Daten sind im Internet über http://dnb.ddb.de abrufbar.

Die Reihe „Methoden Historischen Lernens"
wird herausgegeben von

Ulrich Mayer
Hans-Jürgen Pandel
Gerhard Schneider
Bernd Schönemann

in Verbindung mit

Michele Barricelli
Peter Gautschi

© by WOCHENSCHAU Verlag,
Schwalbach/Ts. 2007

www.wochenschau-verlag.de

Umschlaggestaltung: Ohl Design
Gedruckt auf chlorfrei gebleichtem Papier
Gesamtherstellung: Wochenschau Verlag
ISBN 978-3-89974-225-1

Inhaltsverzeichnis

Wegweiser

Was meinen die Titelbegriffe?

Geschichte und Geschichtsschreibung wurden bislang durch die einseitige Sichtweise und Erfahrungswelt von Männern dominiert. Sie waren einäugig – wie im antiken Mythos der Zyklop Polyphem, den Odysseus blendete und überlistete. Getötet wurde der Zyklop nicht. Er lebte weiter. Mit der einäugigen, halbblinden Geschichtsauffassung und -darbietung sollte es aber nun ein Ende haben. Den Platz des Zyklopen übernimmt, didaktisch argumentiert, ein Sehen mit beiden Augen, das Männer und Frauen zugleich wahrnimmt, das inhaltlich als *Geschlechtergeschichte* zur Geltung kommt und Geschlechterverhältnisse in gegenwärtigen und vergangenen Gesellschaften untersucht.

Gender oder Geschlecht sind heute synonyme Begriffe. Anfänglich wurde zwischen *gender*, einem Begriff für das sozial und kulturell geprägte Geschlecht, und *sex*, dem biologischen Geschlecht, unterschieden. Diese Unterscheidung gab das deutsche Wort Geschlecht nicht her. *Geschlecht* umfasste im Deutschen beides, das biologische wie auch das sozial und kulturell geprägte Geschlecht, wobei zeitweilig wegen getrennter Forschungsansätze immer hinzuzufügen war, welcher Geschlechtsaspekt jeweils gemeint war. Während *Geschlecht* fast zwangsläufig mit Geschlechtlichkeit, Sex und Fortpflanzung assoziiert wird, wird das englische *Gender* stärker mit Sachlichkeit und Wissenschaftlichkeit sowie mehr Distanz von Körperlichkeit in Verbindung gebracht.

Als neuere Tendenz hat sich seit einigen Jahren *Gender* für beide Aspekte des Geschlechts durchgesetzt, da eine Unterscheidung zwischen *sex* und *gender* insofern problematisch geworden war, als zahlreiche Forschungsergebnisse, auch in der Biologie, aufgezeigt haben, in welcher Weise auch das biologische Geschlecht sozial beeinflusst wird. *Gender* wie *Geschlecht* bezeichnen demnach alle Aspekte des Geschlechts und können durchaus wechselweise verwendet werden. Heute heißen Studiengänge zur Geschlechterforschung „Gender Studies". Der jeweils verwendeten Literatur entsprechend werde ich zwischen den Begriffen *Gender* und *Geschlecht* pendeln, ohne die Hauptargumentationslinie preiszugeben.

Der Gebrauch von „Gender" als Synonym für Frauen hingegen ist falsch. Zwar umfasst Genderforschung u.a. auch Frauenforschung, ist aber nicht mit ihr gleichzusetzen.

Nicht nur in der Wissenschaft, sondern auch in der gegenwärtigen Öffentlichkeit, das heißt in Politik und Medien, ist Gender inzwischen zu einem oft verwendeten Begriff geworden, so zum Beispiel im politischen Konzept des „Gender Mainstreaming" (Kap. 15.3.2). Dieses Konzept besagt, dass bei Planungs- und Entscheidungsprozessen in allen Bereichen und auf allen Ebenen von Politik und Gesellschaft die Frage nach den Auswirkungen für Männer und Frauen gestellt wird und Differenzen im Sinne der Chancengleichheit entsprechend auszugleichen sind.

Die Schwerpunkte: Geschlechtergeschichte und Gender als Erkenntnismittel

Geschlechtergeschichte hat das Ziel, unsere Geschichtswahrnehmung generell so einzurichten, dass „Männer und Frauen mit ihren geschlechtstypisch unterschiedlichen sozialen Platzierungen wie mit ihren Handlungsräumen sichtbar werden"(Hausen, Wunder 1992). Es geht also um beide, um Männer und Frauen und um das Verhältnis zwischen ihnen. So gesehen bieten die Ergebnisse der Frauengeschichtsforschung einen reichhaltigen Fundus für geschlechtergeschichtliches Nachdenken, denn Frauen haben meist von selbst Bezug auf die Männerwelt genommen. Die vorliegenden Ergebnisse müssen lediglich aus einer anderen Perspektive betrachtet werden. Im Gegensatz dazu beziehen sich die Ergebnisse der Neuen Männergeschichte selten auf Frauen und noch weniger auf die Inhalte, die uns in den Lehrplänen vorgegeben sind. Geeignete Quellentexte über Männer zu finden, das bleibt also nach wie vor dem jeweils eigenen Spürsinn überlassen.

Ich habe mich bemüht, Männer und Frauen mit ihren Lebensfragen und Lebensweisen in ihrem geschichtlichen Kontext belassen. Sie werden dort als etwas *Selbstverständliches* betrachtet, sie werden *nicht* aus lebendigen Zusammenhängen ausgegliedert, und schon gar nicht werden allein die Frauen und deren Belange als scheinbar besonders bedeutsam hervorgehoben, was bei vielen verständlicherweise auf Ablehnung stößt.

Das Leben von Männern und Frauen, vor allem ihre Auseinandersetzung mit Fragen ihrer Zeit, als Männer und als Frauen – das heißt in diesem Buch Geschlechtergeschichte, und diese Auseinandersetzung soll auch in dem hier konzipierten Unterricht deutlich werden.

Um dieses Buch nicht zu einer unendlichen Geschichte anwachsen zu lassen, waren mitunter jedoch Akzentuierungen allein auf Genderaspekte erforderlich. Wie jedoch das Leben von Männern und Frauen in den jeweiligen geschichtlichen Kontext eingebunden und auch in den Unterricht integriert werden kann, wird in den Unterrichtsbeispielen so genau wie möglich verdeutlicht.

Die Geschlechtergeschichte bildet einen der beiden Schwerpunkte dieses Bandes, obwohl inzwischen im Mainstream der Genderforschung Geschlechtergeschichte bereits als überholt und veraltet gilt. Im geschichtsdidaktischen Bereich hingegen befindet sie sich noch im Anfangsstadium, steht kaum auf eigenen Füßen. Es bringt wenig, im Unterricht über die Auflösung der Kategorien Mann und Frau zu reden, wenn sie bislang dort als Kategorien der historischen Betrachtung kaum vorkommen.

Das Signalwort Gender weist jedoch über den Inhaltsbereich Geschlechtergeschichte hinaus.

Mit der speziellen Sichtweise wird Gender zu einer *Kategorie sozialer und historischer Analyse,* erzwingt *eine neue Denkweise* und leitet somit einen Paradigmenwechsel ein, ähnlich wie seinerzeit die Berücksichtigung ökonomischer Bedingungen zu einer veränderten Geschichtsbetrachtung führte. Mit der Kategorie Gender können gesellschaftliche Verhältnisse daraufhin betrachtet werden, wie Geschlecht gesellschaftliche Prozesse und Bereiche formt oder wie umgekehrt gesellschaftliche Prozesse die Geschlechterverhältnisse beeinflussen und verändern.

Bei der Analyse von Bereichen, in denen Geschlecht als Regulator fungiert, können auch scheinbar geschlechtsneutrale, abstrakte Bereiche untersucht werden, die über die unmittelbare Beschäftigung mit Individuen hinausreichen, wie

◆ Symbole, Bilder, Vorstellungen, Ideologien;
◆ normative Konzepte, die in Doktrinen der Religion, Bildung, Wissenschaft, des Rechts und der Politik ihren Ausdruck finden, in denen unmissverständlich die Bedeutung des Mannes und der Frau, des Männlichen und des Weiblichen, festgestellt wird;
◆ Wissensbestände, Theoriebildungen, Begrifflichkeiten und Methoden (Scott 1994).

Gender, konsequent durchdacht und erörtert, induziert analytisches und methodisches Potenzial.

Hierin vor allem liegt auch die Entscheidung begründet, „Gender im Geschichtsunterricht" in die Reihe „Methoden historischen Lernens" aufzunehmen.

Die Arbeitsweise mit der Kategorie Gender führt zu einigen wesentlichen didaktischen und unterrichtsmethodischen Veränderungen, die in diesem Band schritt- oder stufenweise erläutert werden sollen. Dazu werden verschiedene Unterrichtskonzepte und -beispiele vorgestellt, die die Arbeit mit Gender konkretisieren und in die veränderte Denkweise einführen. In allen Teilen des Buches werden Theorie und Praxis eng aufeinander bezogen. Ein wesentlicher Leitgedanke bei der Anfertigung dieses Buches aber war: *Unterricht muss nicht nur denkbar, sondern machbar sein.*

Wie kann dieses Buch benutzt werden?

Ich habe mich bemüht, bei der Gliederung des Buches und der Auswahl der Inhalte den unterschiedlichen Interessen und Zeitbudgets von Lehrern und Lehrerinnen und solchen, die es werden wollen, nachzukommen.

Die ersten beiden Kapitel (Teil I) befassen sich mit der Konkretisierung von Gender auf zwei Ebenen: Auf der historischen Ebene war zu zeigen, welche gesellschaftlichen Faktoren jeweils die Geschlechterverhältnisse in der Geschichte formen und wie die angebliche, aber oft beschworene Natur von Mann und Frau als funktionale oder ideologische Zuschreibung tief in der Geschichte wurzelt, die über schier unendliche Traditionen immer weiter gereicht wird. Auf der Unterrichtsebene war zu zeigen, wie Geschlechtergeschichte konkret gemeint ist und wie sie methodisch ausgeformt werden kann.

Der theoretische Teil (Teil II, Kap. 3–6; Teil III, Kap. 7–10) ermöglicht Einblicke in die wissenschaftliche Entwicklung und den Stand der Genderforschung, sowohl der historischen als auch der unterrichtsbezogenen sozialwissenschaftlichen Genderforschung. Teil II zeigt überblicksartig die Entwicklung von der Frauengeschichte über die Geschlechtergeschichte, einschließlich der Entwicklung der Neuen Männergeschichte, bis zur so genannten Dekonstruktion von Geschlecht auf. Teil III, der von den genderspezifischen Voraussetzungen der am Unterricht Beteiligten handelt und dem ersten Anschein nach wenig mit Geschichte zu tun hat, befindet sich nicht nur räumlich in der Mitte des Bandes, sondern ist auch als dessen schulpraktisches Herzstück anzusehen. Wer mit umfassenden Kenntnissen hinsichtlich der genderspezifischen Voraussetzungen und mit der gebotenen Aufmerksamkeit Geschlechtergeschichte erteilt, kann wenig falsch machen. Wer trotz aller theoretischen Kenntnisse in der historischen Genderforschung die Voraussetzungen der

Schüler und Schülerinnen übergeht, kann hingegen fast alles falsch machen.

Die Voraussetzungen der Schüler und Schülerinnen mit anderem kulturellen Hintergrund habe ich hier jedoch weitgehend ausgeklammert. Sie müssten viel genauer ermittelt werden, als mir dies möglich war, und ich beabsichtige nicht, das Gemisch aus Halbwissen, Klischees, Vorurteilen und Unkenntnissen hier unnötig anzureichern.

Damit die theoretischen Ausführungen stets nachvollziehbar bleiben, werden sie anhand von Unterrichtsbeispielen oder mit Hilfe von Quellentexten, die im Unterricht verwendet werden können, veranschaulicht. Die praktische Anwendbarkeit der Theorieergebnisse ist ein wesentlicher Anspruch dieses Buches.

Wer sich sogleich mit den unterrichtspraktischen Möglichkeiten vertraut machen möchte, kann sich dem ersten und dem vierten Teil (Kapitel 11–15) zuwenden. Dort werden die einzelnen Beispiele stets auch theoretisch verortet, entweder an Ort und Stelle oder durch zusätzliche Querverweise zu den dafür wichtigen Kapiteln.

Da die Unterrichtsinhalte mitsamt den Quellentexten einer anderen Systematik als der Chronologie folgen, werden die Themen in einer gesonderten Übersicht zu Beginn des Unterrichtsteils (Teil IV) chronologisch angeordnet, damit sie für den persönlichen Bedarf schneller auffindbar sind.

Wie sind die Unterrichtsbeispiele entstanden und was bieten sie?

Die Anordnung der Unterrichtsbeispiele folgt einem Konzept, das ich in mehreren Jahren in der Praxis erarbeitet habe (Kap.11.2). In diesem Konzept werden die Arbeitsmöglichkeiten mit Gender systematisiert, sodass die Einbeziehung von Gender in den Unterricht nicht nur dann und wann, sondern kontinuierlich ermöglicht wird.

Das Buch beruht auf Erfahrungen, die ich als Lehrerin in der Haupt-, Real- und Gesamtschule sammeln konnte. Außerdem war ich viele Jahre als Ausbilderin in allen Phasen der Lehrerbildung tätig, hauptamtlich in der zweiten Phase, und habe mich dort immer mit der Frage befasst, wie Theoretisches praxisrelevant zu vermitteln ist. Dieser Erfahrungshorizont prägt auch die Unterrichtskonzeptionen, die jede/r für sich und die jeweils eigene Praxis abwandeln sollte. Bis auf wenige Ausnahmen sind die angeführten Beispiele mehrfach im Unterricht erprobt worden. Die unterrichtsmethodische Filigranarbeit bleibt selbstverständlich jedem Lehrer und jeder Lehrerin selbst überlassen. Vor einer unkritischen Übernahme oder Nachahmung wird jedoch gewarnt.

Ich habe Quellentexte so ausführlich wie möglich wiedergegeben, weil ich aus dem Zusammenhang gerissene Sprachschnipsel für unbrauchbar halte. Sie informieren wenig und verhindern, Bezüge zu eben diesen Zusammenhängen wieder herzustellen. In der vorliegenden Form können die Texte Lehrern und Lehrerinnen auch als Sachinformation dienen. Schwerpunktsetzungen für den Unterricht, Kürzungen oder sprachliche Umarbeitungen bleiben wieder dem jeweils eigenen Unterrichtsanliegen vorbehalten.

Die Gretchenfrage im Genderbereich

Wer sich mit Gender beschäftigt, wird sehr schnell die persönliche Position bestimmen müssen, nicht nur, weil die Literatur auf verschiedenen Genderkonzepten basiert, sondern weil jede/r wissen muss, welche Richtung der jeweils eigene Unterricht eigentlich einschlagen soll.

Da gibt es zunächst die Vertreterinnen der Gleichheit, oft als *Universalistinnen*, früher in der alten Frauenbewegung auch als radikalfeministisch bezeichnet. Sie gehen wie vor ihnen Hedwig Dohm und Simone de Beauvoir an die Wurzel des Geschlechtsunterschiedes und glauben nicht an eine Natur der Frau (so wenig wie an die Natur der Schwarzen). Ihr Ziel ist eine uneingeschränkte Gleichheit der Geschlechter im Sinne der universalen Geltung der Menschenrechte.

Diese Position wendet sich gegen zweierlei:
Erstens gegen den kaum erschütterbaren gesellschaftlichen Standard, der Mann sei das Allgemeine, und die Frau sei die Abweichung vom Allgemeinen.
Zweitens gegen die Auffassung von der unterschiedlichen Natur des Mannes und der Frau (Schwarzer 2000).

Die Universalistinnen übersehen dabei nicht, dass die Aufhebung der Geschlechterrollen noch Utopie ist und die Frauen und Männer von heute noch nicht frei davon sind, sondern das Produkt tiefer Prägungen. „Selbstverständlich", so sagte schon Simone de Beauvoir, „kann keine Frau, ohne unaufrichtig zu sein, behaupten, sie stünde jenseits ihres Geschlechts. Diese Verneinung wäre für die Betroffenen keine Befreiung, sondern eine Flucht ins Unauthentische" (Simone de Beauvoir: Das andere Geschlecht, 2000).

Neben denen, die die Gleichheit vertreten, gibt es männliche wie weibliche *Differenzialisten*. Sie berufen sich auf eine gleichsam unabänderliche Differenz, auf einen grundlegenden, wesensmäßigen Unterschied zwischen den Geschlechtern.

Wann immer wir in der Literatur Aussagen finden wie die, dass die Frau von *Natur* aus besser, friedlicher, sozial und emotional stärker sei, handelt es sich um differenzialistische Positionen.

Ich selbst bin Anhängerin der Gleichheitsposition. Ich sehe zwar bestehende Unterschiede zwischen Männern und Frauen, lasse mich aber auf keinen Streit ein, ob sie naturbedingt oder kulturell geprägt sind. Ein solcher Streit kann sachlich nicht aufgelöst werden. Meine Position ist daher: Die Unterschiede sind keinesfalls größer als die Gemeinsamkeiten. Diese aber sollten Vorrang haben. Gleichgültig, ob bestehende Unterschiede kulturell oder biologisch bedingt sind, sie können keine sozialen Ungleichheiten und Ungerechtigkeiten begründen, schon gar keine hierarchischen Verhältnisse. Diese Positionierung ist in allen Teilen dieses Buches erkennbar. Wie sich diese Haltung – ohne zu manipulieren – pädagogisch und unterrichtspraktisch auswirkt, wird insbesondere im siebenten Kapitel genau erläutert werden.

Ziel meiner Arbeit ist, dass meine Leser und Leserinnen mit der neuen Perspektive und Denkweise vertraut werden, ihren Unterricht lebensnäher gestalten können und dass auch im Geschichtsunterricht so etwas wie ein Genderbewusstsein als Dimension des Geschichtsbewusstseins zum Tragen kommt.

Teil I

1. Geschlechterverhältnisse in der Geschichte: Einblicke in ein unübersehbares Forschungsfeld

1.1 Erste Orientierungen

Schon immer sei es Aufgabe der Frauen gewesen, Kinder zu gebären, sie aufzuziehen und sich um den Haushalt zu kümmern, während die Männer außerhalb der Behausung für die Versorgung der Familie zuständig gewesen seien. – Solche Vorstellungen vom Verhältnis der Geschlechter gehören nicht etwa der Vergangenheit an, sondern sind im Alltagsbewusstsein von Männern und Frauen überaus lebendig und fest verankert, besonders in Deutschland. Dieses strukturelle Muster lässt sich auch immer wieder in Sachbüchern, Lexika und nicht zuletzt in Schulgeschichtsbüchern wieder finden. Demzufolge erweist sich das Verhältnis zwischen Männern und Frauen als gleichsam von der Natur vorherbestimmt, vor allem immer gleich bleibend. Als historisch, also dem Wandel der Zeiten unterliegend, werden lediglich die Art der Nahrung und deren Beschaffung, die Kleidung, die Behausung, vielleicht noch die Art und Weise der Erziehung der Kinder, wahrgenommen, nicht aber das Geschlechterverhältnis selbst. Dessen historische Dimensionen werden aus der Wahrnehmung ausgeblendet.

Bei einer genaueren Betrachtung der *Geschlechterverhältnisse in der Geschichte* wird sehr schnell offensichtlich, in welchem Ausmaß Geschlechterordnungen gesellschaftlich bedingt und geformt werden. Das heißt: Wenn Gesellschaften sich verändern, gleich, ob wirtschaftlich, politisch oder kulturell, verändern sich auch die Geschlechterverhältnisse. Oder umgekehrt: Wenn sich Geschlechterverhältnisse ändern, ist dies immer auch ein Zeichen für tief greifende Veränderungen oder für Krisensituationen in der Gesellschaft.

Wenn dies so ist, dann müsste es doch eigentlich möglich sein, von Anbeginn der Zeiten an die sich jeweils verändernden Geschlechterverhältnisse chronologisch darzustellen und zu einer Geschlechtergeschichte zusammenzufügen. Denn allein schon der Begriff „Geschlechtergeschichte" legt ja nahe, es gäbe eine wie auch immer geartete, so doch aber nachvollziehbare, fortlaufende Geschichte der Geschlechterverhältnisse, die sich als besonderer Inhaltsbereich wie etwa die Wirtschafts- oder Technikgeschichte dem bekannten Bestand historischer Kenntnisse hinzufügen ließe.

Eine solche Erwartung erweist sich jedoch als trügerisch bzw. als zu hoch angesetzt. Einer in sich geschlossenen Geschlechtergeschichte stehen nicht nur die Standards der traditionellen Geschichtswissenschaft im Wege, sondern vor allem die der historischen Genderforschung (Kap. 5):

◆ Geschichte als lineare, fortschreitende Entwicklung und einheitliches Narrativ ist längst überholt. Dieses Narrativ konzentrierte sich ohnehin nur auf Belange, die Männer erfahren und als wichtig erachtet haben.

◆ Es gibt eine Vielzahl von Erkenntnisinteressen und Methoden, deren Ergebnisse nicht kompatibel sind.

◆ Viele Forschungsergebnisse erlangen nur eine begrenzte Reichweite. Die meisten Publikationen der Genderforschungen befassen sich meist nur mit der Situation der Frau oder des Mannes, weitaus seltener mit dem Verhältnis beider zueinander.

◆ Das traditionelle Forschungsinstrumentarium, wie Theorien etc., erweist sich bei der Genderforschung in vielem als unbrauchbar.

◆ Der Begriff Geschlecht selbst steht in Frage und muss für jeden benannten geografischen, historischen bzw. disziplinären Raum erst erarbeitet werden.

Trotz aller geschichtswissenschaftlichen Bedenken soll der Versuch einer vorläufigen Orientierung geboten werden, die zwar chronologisch strukturiert ist, aber nicht den Eindruck eines in sich stimmigen Überblicks ergeben soll. Für Geschichtslehrer und -lehrerinnen ist ein Orientierungswissen unumgänglich. Sie müssen eine Vorstellung davon haben, weshalb sich in den verschiedenen Zeiten und Gesellschaften ganz bestimmte Geschlechterverhältnisse herausgebildet haben und inwiefern sie sich jeweils verändert haben. Sonst nämlich könnte Unterricht über Geschlechterverhältnisse leicht zu lapidaren Feststellungen gerinnen, wie sie anfangs erwähnt wurden oder zu solchen, dass Frauen schon immer unterdrückt worden seien.

Im Folgenden werden nur begrenzte Ausschnitte aus der Geschichte mit nur einzelnen Einflussfaktoren aus dem gesamten Komplex (Politik, Recht, Wirtschaft, Kultur) aufgezeigt, die das jeweilige Geschlechterverhältnis geprägt haben, und es werden überwiegend solche Bereiche dargestellt, die aus Kapazitätsgründen im Unterrichtsteil (Teil IV) unberücksichtigt bleiben mussten. Andere Ausschnitte mit anderen Faktoren ergäben somit einen anderen Gesamteindruck.

Damit kommt an dieser Stelle *Gender als Kategorie historischer und sozialer Analyse* neben dem Inhaltsbereich als ein zweiter Schwerpunkt zum Zuge. Gemeint sind erstens die Verknüpfungen von Geschlechterordnungen mit gesellschaftlichen Faktoren. Gemeint sind zweitens die Wahrnehmungs- und Denkweisen, die mit der Geschlechterperspektive einhergehen und tradierten Denkmustern zum Teil radikal widersprechen. Denn die bislang verwendeten Arbeitsmittel in der historischen Forschung, d.h. Begrifflichkeiten, Definitionen, Theorien und Maßstäbe, die einst von Männern unter bewusstem Ausschluss von Frauen erdacht, kultiviert, tradiert und zum wissenschaftlichen Allgemeingut geworden sind, erweisen sich in der Genderforschung als nur bedingt tauglich und müssen entsprechend verändert oder ersetzt werden (Kap. 5 und 6.3). Gemeint sind drittens Bereiche historischer Gesellschaften, die aus der Genderperspektive neu gesehen und bewertet werden müssen. Ein anderer Blickwinkel mit anderen Wahrnehmungsmustern sieht auch ein anderes Geschehen.

Die gewählten Epochenbegriffe entstammen einer männlich angelegten Weltgeschichte, die ohne weitere Bedenken Europa in den Mittelpunkt stellt. Da in der Schulpraxis aber meist noch mit diesen Epochenbegriffen gearbeitet wird, folge ich hier dem bekannten Einteilungsschema.

1.2 Jungsteinzeit [1]

Religiöse Vorstellungen und Gender

Abb. 1: Stadtansicht von Çatal Höyük, Rekonstruktion

Im anatolischen Hochland, nicht weit entfernt von Konya, entdeckte James Mellaart 1958 den Doppelhügel von Çatal Höyük. Bei systematischen Ausgrabungen kam auf diesem Ruinenhügel allmählich eine städtische Siedlung ans Licht. Eine Siedlung, an der in einem Zeitraum von 900 Jahren (7250–6150 v. Chr.) gebaut worden war und in der 6000–8000 Menschen gelebt hatten. Sie bestand aus gleichförmigen Einzelhäusern, die schachtelartig aneinander gereiht waren. Die Häuser konnten nur mit Leitern vom Dach aus durch Einschlupflöcher betreten werden.

Die Innenräume enthielten jeweils Backsteinherde, Öfen und verschieden große Schlafplattformen. Unter den großen Platten wurden Skelette von Frauen und Kindern gefunden, unter den kleineren die Skelette von Männern oder Kindern. Die Wände der Innenräume waren dekoriert mit Bildwerken verschiedener Art: Malereien, Reliefs und Steinskulpturen und Tonplastiken. Dargestellt waren vor allem weibliche Figuren, Tierbilder und Bukranien (Bukranion: Rindergehörn).

Abb. 2: Weibliche Figur mit Stierhörnern

Die Funde zeugten von fortgeschrittenen Techniken in Handwerken der Weberei, der Holz-, Metall- und Obsidianbearbeitung und ließen auf einen ausgedehnten Handel mit Rohmaterialien schließen. Sie verwiesen auf eine entwickelte Religion mit reichhaltiger Symbolik, auf eine planvolle Architektur, auf fortgeschrittene Verfahren bei Ackerbau und Viehzucht. Es handelte sich hier demnach um eine bemerkenswert fortgeschrittene Kultur.

Schon bald wurde Çatal Höyük als Jahrhundertfund bezeichnet. So wie die in Frankreich entdeckten steinzeitlichen Höhlenmalereien stellten die Funde in Çatal Höyük die tradierten Vorstellungen von Menschen in der Steinzeit gleichsam auf den Kopf. War es bei den Höhlenmalereien der künstlerische Wert der Darstellungen, so war es hier neben der Kunst vor allem die herausragende Position des Weiblichen.

Weitere Ausgrabungen wurden von der türkischen Regierung verboten. Erst 1993 konnten die Grabungen an vier Stellen des Hügels erneut aufgenommen werden.

Çatal Höyük ist für diese Überblicksdarstellung aus mehreren Gründen ausgewählt worden:

Die Funde haben das in der Geschichte sonst permanent verdrängte Weibliche buchstäblich ans Licht gebracht. Sie gewähren Einblicke in kultische Bräuche, die die besondere Bedeutung des Weiblichen erklären können, das heißt, die Religion scheint wohl ein wesentlicher Faktor bei der Ausprägung des Geschlechterverhältnisses gewesen zu sein.

Da in der ersten Ausgrabungsphase von Frauen- oder Genderforschung noch keine Rede war, wurde die Deutung der Funde aus rein androzentrischer (männerzentrierter) Sicht samt Wahrnehmungs- und Deutungsmustern vorgenommen. Aus der Perspektive der Frauen- und Genderforschung hingegen wurden später die Funde in anderer Weise interpretiert.

Wir haben es also mit zwei unterschiedlichen Sichtweisen auf die Funde in Çatal Höyük zu tun. Solche unterschiedlichen Sichtweisen finden sich im Übrigen bei allen Auseinandersetzungen mit historischen Sachverhalten bis in die Gegenwart. Beide stehen mit unterschiedlichen Wahrnehmungs- und Deutungsmustern häufig recht unverbunden nebeneinander. Es sind auch nicht zwei Sichtweisen, die sich beiderseitig ergänzen und eine neue gemeinsame Sicht auf geschichtliche Sachverhalte ermöglichen. Dies geschieht nur in seltenen Ausnahmefällen (Kap 4).

Einige dieser verschiedenartigen Interpretationen seien hier wiedergegeben. Die Interpretationen zeigen zudem, dass die Genderperspektive nicht immer direkt auf Männer und Frauen gerichtet ist, sondern auch auf deren Umfeld, das unter diesem veränderten Blickwinkel häufig anders eingeschätzt werden muss. So sprachen die Archäologen schon damals von einer Stadt, hatten aber bald Zweifel, ob die Bezeichnung Stadt überhaupt zutreffend sei und ob man tatsächlich von einer hoch entwickelten Kulturstufe sprechen könne. Der gewohnten Denkweise und den Definitionen von Stadt entsprechend suchten sie nach üblichen Merkmalen einer Stadt, so zum Beispiel nach Zentren, also auch nach Straßen und Plätzen, nach Herrschaftssymbolen wie Türmen und Befestigungsanlagen. Kurz: Sie suchten nach Hinweisen auf eine hierarchische Organisation der Bevölkerung, auch nach Schriftzeichen als einem wesentlichen Merkmal einer höheren Kulturstufe. Da nahezu jedes Haus einer Kultstätte glich und offenkundig eine weibliche Gottheit verehrt wurde, bezeichnete man Çatal Höyük als kultisches Zentrum, suchte nun aber vergeblich nach einer zentralen Tempelanlage. Bereits im ersten Grabungsbericht von 1967 hielt Mellaart den ausgegrabenen Bereich für ein Priesterviertel. Stätten des Handwerks, des Handels oder ein Zentrum müssten sich an anderen, bisher noch nicht ausgegrabenen Stellen des Hügels befinden. Diese Annahmen wurden durch weitere Grabungen jedoch nicht bestätigt. Die gesamte Stadt war einheitlich gegliedert, ein Zentrum existierte nicht. Eine Hierarchie oder Tempelherrschaft hat es nicht gegeben.

Obwohl nach traditioneller Sicht die kultische Bedeutung von Çatal Höyük unzweifelhaft war, blieb strittig, ob man es hier mit einer hohen Kulturstufe zu tun habe, da weder Anzeichen einer hierarchischen

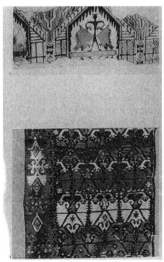

Abb. 3a und b: Wandmalerei und Kelims

Gliederung der Bevölkerung noch Schriftzeichen gefunden worden waren, die als wesentliches Merkmal einer höheren Kulturstufe gelten. Die Frauengeschichtsforschung hatte sich aber, um Weibliches in der Geschichte sichtbar zu machen, ohnehin intensiv mit Symbolen und Mythen befassen müssen. So war es möglich, viele der Wandmalereien als eine Art Bilderschrift (Zeichen, Symbole, bildliche Darstellungen) zu verstehen. Diese Bilderschrift lebt heute noch, aber unbewusst und unerkannt, in den Mustern anatolischer Kelims weiter, die eine auffallende Ähnlichkeit mit den Wandmalereien in Çatal Höyük aufweisen. Die scheinbar abstrakten Muster entsprechen den Darstellungen einer weiblichen Gottheit und deren Attributen in auffallender Weise.

Ein weiteres Beispiel für verschiedenartige Interpretationen ist der unübersehbare Zusammenhang von weiblichen Gestalten und Bukranien.

Aus der Sicht einiger Frauenforscherinnen werden die weiblichen Figuren als Darstellungen der Mondgöttin verstanden: In zahlreichen Kulturen wurde der Mond, in den meisten Sprachen weiblich, als Mutter des Universums bezeichnet. Danach schuf die Mondgöttin die Zeit mit den Kreisläufen von Schöpfung, Wachstum, Verfall und Zerstörung. Der weibliche Zyklus entspricht den Phasen des Mondes. Alte Kalender, auch die Bauern- und Gartenkalender, legen heute noch die Mondphasen als Zeiteinheit zugrunde. Die Redewendung „Nach Jahr und Tag" (13 Mondphasen +1 Tag) taucht nicht nur in Märchen, sondern auch noch in der mittelalterlichen Rechtsprechung auf.

In Darstellungen erscheint die Mondgöttin als Doppelgöttin (diejenige, die Leben und Tod bringt) oder als Dreiheit, den sichtbaren Mondphasen entsprechend, als Schöpferin, Erhalterin und Zerstörerin. Oft, vor allem in späteren Zeiten und Kulturen, tritt sie in unterschiedlicher Gestalt und mit unterschiedlichen Namen auf, in Griechenland zum Beispiel als Demeter und Kore. Ihr Zeichen ist das Gehörn des Rindes, wieder analog den Mondsicheln. Nicht nur Stier und Kuh, auch andere gehörnte Tiere werden mit der Mondgöttin verbunden. Die Darstellung als füllige, scheinbar Schwangere versinnbildlicht demnach weniger den eigenen Nachwuchs, sondern die Fruchtbarkeit des Landes.

Aus androzentrischer Sichtweise wurde nach bekanntem Muster verfahren: Das Weibliche, das in seiner hervorgehobenen Bedeutung unübersehbar war, blieb beschränkt und reduziert aufs Gebären, und der Stier repräsentierte demnach ergänzend dazu das männliche Prinzip, wie auch die anderen möglichen Nebengottheiten, in der Gestalt von Tieren, nicht anders als männlich gedeutet wurden.

Neben so gravierenden Interpretationsunterschieden gibt es jedoch auch einige Angleichungen in den Auffassungen, zum Beispiel bei der Deutung von Tierszenen. Im Stil sind die Malereien in Çatal Höyük denen in den Höhlen der Eiszeit vergleichbar, die lange Zeit als Jagdmagie, als Beschwörungsritual gedeutet wurden. Mellaart hatte jedoch bereits 1967 Abschied von der These des Jagdzaubers genommen, die sich auf kultische Bräuche in Australien gestützt hatte, die damals gerade untersucht worden waren. In Anlehnung an André Leroi-Gourhan, einem französischen Kunsthistoriker, hat er diese Wandmalereien als Religion gedeutet, in deren Mittelpunkt das Weibliche steht und mittels Tier- und Zahlensymbolik (Striche, Pfeile, Dreiecke, Vierecke) versinnbildlicht wird. Auffallend in diesem Zusammenhang sind auch die stets frontal gemalten Hörner bei sonstiger anatomischer Genauigkeit.

Aus all dem wird ersichtlich: Die Bedeutung vieler Funde blieb den gewohnten Denk- und Interpretationsschemata verschlossen oder wurde in vorhandene Vorstellungen eingepasst. Nicht zuletzt dienten die Funde auch als Projektionsfläche für gegenwärtige Wunschvorstellungen (Kap. 6).

Zwar hat Mellaart seinerzeit selbst darauf hingewiesen, dass die Grundrisse der Häuser wie auch die Verehrung einer weiblichen Gottheit auf eine deutliche Vorrangstellung der Frauen hinweisen, dennoch müht er sich verschiedentlich, Männern die vertraute überlegene Position zuzuweisen. So interpretiert er beispielsweise die Figur eines jungen Mannes, der zusammen mit der Todesgöttin und ihrem Attribut, dem Geier, gefunden wurde, als charakteristisch für das Selbstbewusstsein, den Stolz und die Männlichkeit des Mannes in Çatal Höyük, der noch jemand war, mit dem man rechnen musste, und der nicht – wie in Hacilar (eine andere Ausgrabungsstätte in der Gegend) – völlig den Listen der Frauen unterworfen war. Der unausgesprochene Teil seiner Vorstellungen, die er auf das Bild projiziert, heißt demnach: Bei einer gegebenen Vorrangstellung der Frau könnten Männer nicht stolz sein und seien zudem unterworfen. Ungeachtet dessen hat sich Mellaart jedoch in erstaunlicher Weise auf die Andersartigkeit der Funde eingelassen.

Aber nicht nur Männer projizieren ihre Wunschvorstellungen in die Geschichte, das gilt genauso für Frauen. Manche Frauenforscherinnen haben in Çatal Höyük das gesuchte Matriarchat gesehen, wobei in der Matriarchatsforschung arché, das zwei Bedeutungen haben soll, in anderer Weise als Herrschaft inclusive Hierarchie und Unterdrückung, wie beim Begriff Patriarchat, gedeutet wird, nämlich als „am Anfang" oder „von Anfang an", ohne Herrschaft und Repression. Inzwischen wird die Idee des Matriarchats von Historikerinnen jedoch eher als moderner Mythos bezeichnet, der die Widersprüche der Moderne aufgreift, aber nur wenig über die Lebenswirklichkeit von Frauen in historischen Gesellschaften auszusagen vermag.

So zeichnete sich beispielsweise die Lebensweise (Nahrung, Wohnung, Wirtschaftsweise, Religion) der Menschen in Çatal Höyük trotz aller Unterschiede und auch Ungewissheiten in der Interpretation zumindest in Umrissen ab. Wie sich aber das weibliche Prinzip, das im Kult so auffallend im Zentrum steht, im realen, alltäglichen Leben von Männern und Frauen widergespiegelt hat, bleibt hingegen ungewiss. Es besteht aber wohl Übereinstimmung darin, dass trotz der Ehrenstellung, die Frauen im religiösen Leben hatten, es keine Grabfunde gegeben hat, die auf eine Unausgewogenheit zwischen den Geschlechtern oder die Unterordnung des einen unter das andere hinweisen.

1.3   Die Antike [2]

1.3.1 Athen und Sparta

Politik, Kultur und Gender

Fokussieren wir den Blick auf Athen im 5. Jahrhundert v. Chr., so ergibt sich in vielem ein anderes Bild. In den nunmehr auch schriftlichen Quellen finden wir eine Vielzahl direkter Hinweise auf die Geschlechterordnung, auf Vorstellungen von Männlichkeit und Weiblichkeit sowie auf religiöse Vorstellungen, die ebenfalls das Geschlechterverhältnis widerspiegeln. Zwar stammen fast alle Texte von Männern und beschäftigen sich, sofern Geschlecht thematisiert wird, mit männlichen Sichtweisen oder deren Wunschvorstellungen Frauen gegenüber. Da Gender als Kategorie historischer Analyse bei den meisten historischen Untersuchungen ausgeklammert bleibt, ja, nicht einmal in Erwägung gezogen wird, fließt es ständig indirekt und unbewusst als persönliche Vorstellung der Verfasser in die Auseinandersetzung mit ein. Das macht die Beschäftigung mit Texten doppelt schwierig. Immer ist die Frage mit zu bedenken: Was sagt ein Verfasser aus über die untersuchten Verhältnisse, was sind seine eigenen (Wunsch-) Vorstellungen hinsichtlich der Geschlechterordnung?

Die zahlreichen Quellen, wie auch die Vielfalt methodischer Zugangsweisen, die zum Teil auch genau das erwähnte Problem mit bedenken, ermöglichen inzwischen ein sich schon deutlicher abzeichnendes Bild der Geschlechterverhältnisse.

Unzweifelhaft war die Dominanz des Mannes. Trotz dieser Dominanz wird hier nicht von patriarchalen Verhältnissen gesprochen. Unsere Vorstellung von Patriarchat – losgelöst von väterlicher Gewalt – ist durch Max Weber festgelegt, der patriarchale Herrschaft als eine Form der persönlichen, auf Gewalt und Gehorsam beruhenden Herrschaft definiert hat, die er der patrimonialen und bürokratischen Herrschaft voranstellte. Der Patriarchatsbegriff wurde dann zuerst auf alle antiken Gesellschaftsordnungen, unabhängig von ihrer jeweiligen politischen Verfasstheit, übertragen, später dann auf andere Zeiten und Gesellschaften. Er wurde gleichgesetzt mit Männerdominanz, vor allem hinsichtlich der Verfügung über Geld und Gut, politische Beteiligung und sexuelle Freiheit. Die antiken Gesellschaften ließen sich zweifelsohne hervorragend mit dem Patriarchatsbegriff analysieren. Diese ausschließliche überzeitliche Sichtweise versperrt jedoch den Blick auf historisch eigenständige Situationen und auf historische Differenzierungen. Denn Geschlechtersysteme sind in komplexe gesellschaftliche Gefüge, in sich wandelnde politische, wirtschaftliche, rechtliche und kulturelle Prozesse eingebettet. Derartige Prozesse sollen hier in diesem Zusammenhang genauer als gewohnt in den Blick genommen werden.

Zudem wird die Konzentration auf immer gleich bleibende und immer wiederkehrende Aspekte des Geschlechterverhältnisses im Unterricht schnell langweilig, letztlich auch überflüssig, da sie sich ohnehin nicht verändern.

Laut Aristoteles ist das Verhältnis des Männlichen zum Weiblichen von Natur aus so, dass das eine führe und das andere geführt werde. Damit ist aber keine absolute Unterordnung der Frau unter männliche Herrschaft gemeint, wie dies im Patriarchatsbegriff und damit auch in vielen Schulbüchern mitschwingt. Vielmehr ist Führung im politischen Sinne zu verstehen, gemeint ist eine Führung, die auf Argumentieren und Überzeugen beruht, wie dies in den politischen Gremien Athens praktiziert wurde. Es spricht vieles dafür, dass die dort praktizierten Muster der Entscheidungsfindung in der häuslichen Sphäre zwischen den Ehegatten in gleicher Weise angewendet wurden, womöglich sogar aus ihr in den politischen Bereich übernommen wurden (Kap. 14.1.1).

Die Vorstellungen, die wir heute oft von der athenischen Gesellschaft haben und die auch in Schulbüchern ihren Niederschlag finden, müssen noch an anderen Stellen korrigiert werden. Die Position der ans Haus gebundenen, webenden und backenden, vorrangig mit der Aufzucht der Kinder beschäftigten Frau ähnelt eher der einer kleinbürgerlichen Hausfrau, nur dass die Athenerin noch abgeschlossener und noch abhängiger von ihrem Mann lebte. An diesem Bild muss einiges zurechtgerückt werden.

Es ist zwar richtig, dass der Athener Bürger sich um das Wohl der Polis zu kümmern hatte, während der Frau die Sorge um den Oikos zugeteilt war.

Dennoch ist auf zwei wesentliche Unterschiede hinsichtlich heutiger Sichtweisen und Einteilungskriterien hinzuweisen:

Die Arbeitsbereiche waren in Griechenland nicht in der Weise getrennt und bewertet wie in den Industriestaaten des 19. und 20. Jahrhunderts. Die im Oikos verrichteten Arbeiten waren Wert schaffend und öffentlich wirksam. Ein Beispiel dafür sei das Weben, das rituelle und symbolische Bedeutung hatte. In den Geweben wurden textile Zeichen produziert, die Gedächtnisfunktion besaßen. Symbolisch stand das Weben als Metapher zum einen für die Veränderung des Lebens der Frauen in der Dauer, machte sie somit zu Verbündeten des Schicksals und der Zeit. Penelope beispielsweise nahm mit ihrer Jahre andauernden Webarbeit den Freiern Lebenszeit und gab Odysseus Zeit für die Rückkehr.

Zum anderen stand das Weben als Metapher für den Zusammenhalt der Gemeinschaft, der dem der Fäden des Gewebes gleicht. Zu dem jährlich stattfindenden Fest der Panathenäen wird Athene, selbst Meisterin im Weben und Erfinderin und Beschützerin aller handwerklichen und technischen Künste, stets ein neuer Peplos gewebt. Die regelmäßige Erneuerung des Peplos war gleichbedeutend mit der Erneuerung des Vertrages zwischen Athene und der Stadt (Kap. 14.1.2).

Auch das heutige Muster von Privatheit und Öffentlichkeit lässt sich nicht ohne weiteres auf griechische Verhältnisse übertragen. Die Angelegenheiten des Oikos und der Polis durchdrangen einander, indem je verschiedene Kompetenzen für das Wohl des Gesamten erforderlich waren. Der Athener war auch für die Wirtschaftsführung des Oikos zuständig und die Frau ebenfalls für einen wichtigen Bereich der Polis, für die Kultpraxis. In griechischer Zeit war Religion nicht Privatsache, sondern Religion war Polisreligion. Deren Bedeutung kann daran abgelesen werden, dass bei allen wesentlichen öffentlichen Entscheidungen immer die Götter oder deren Vertreter (Seher und Seherinnen) um Rat gefragt wurden. Bei ungefähr dreißig Festen im Jahr, mehrere davon mehrtägig, setzte mehr als die Hälfte dieser Feste die aktive Beteiligung eines Teils der weiblichen Bevölkerung voraus. Viele Rituale wurden von Frauen vollzogen, wobei die meisten der Aufsicht der Männer unterstanden. Denn ein Opfer sollte die Übereinstimmung zwischen Göttern und Menschen wie auch die Erneuerung der sozialen Bindung zwischen den Bürgern herstellen. Vom aktiven bürgerlichen und politischen Leben aber waren Frauen ausgeschlossen.

Einmal im Jahr jedoch, im Herbst, zu den Thesmophorien, die nicht nur auf Athen beschränkt waren, besetzten Frauen für drei Tage den politischen Bereich. Während dieser Zeit konnten die Männer sich nicht im Rat versammeln und nicht zu Gericht sitzen. Die Thesmophorien waren das wichtigste Fest der Demeter in der griechischen Welt, deren Tempel sich stets an der Nahtstelle zwischen Stadt und Land befanden. Die Thesmophorien waren also der Gottheit geweiht, die zum einen über die Fruchtbarkeit des bestellten Landes wachte und somit auch den Wohlstand wie auch den politischen Zusammenhalt der Bürgerschaft sichern sollte. Zum anderen aber wachte sie auch über die Fruchtbarkeit der Frauen und somit über den Fortbestand der Bürgerschaft.

An dieser Stelle soll auch ein Blick darauf geworfen werden, welche Veränderungen die alten Mythen aus dem vorderasiatischen Raum im Wandel der Zeiten erfahren haben. Viele dieser alten religiösen Vorstellungen lebten in verschiedenen Gesellschaften, so auch in Griechenland, entweder in Relikten oder in einer Art Umkehrung weiter. Beides lässt sich beim Orakel von Delphi beobachten. In Delphi befindet sich als Relikt der Nabel der Welt, vorher Symbol der weiblichen Gottheit.

Die Verbindung zwischen Himmel, Erde und Unterwelt wird von der Seherin Pythia hergestellt, die auf dem heiligen Dreifuß sitzt. Die Zahl drei ist nicht zufällig. Sie ist aber nun nicht mehr die Göttin des gesamten Kosmos, sondern als Seherin des Apollon beschäftigt.

Ein weiteres herausragendes Beispiel für den Wandel von einer starken Stellung des Weiblichen zugunsten der dominanten Stellung des Männlichen finden wir in der Orestie von Aischylos: Orest, der seine Mutter tötet, um den Vater zu rächen, wird von

Abb. 4: Omphalos – der „Nabel der Welt" in Delphi

den Erynnien verfolgt und des Muttermordes, des schlimmsten Verge-
hens, angeklagt. Orest muss vor Gericht. Bevor die Stimmen ausgezählt
werden, spricht Athene für Orest:

> „Das letzte Urteil auszusprechen ist mein Amt,
> Und für Orestes geb ich meine Stimme ab.
> Weiß ich von keiner Mutter doch, die mich gebar.
> Dem Männlichen gehört mein ganzes Wesen an –
> Nur nicht der Ehe. Meines Vaters Kind bin ich.
> So fällt für mich nicht schwerer ins Gewicht der Tod
> Der Frau, die ihren Mann erschlug, des Hauses Haupt.
> Auch wenn die Zahl der Stimmen gleich ist, siegt Orest.
> Nun schüttet rasch die Lose aus den Urnen aus,
> Ihr, von den Richtern eingesetzt zu dem Geschäft."

Orest wird freigesprochen und die Erynnien werden zu gezähmten
Hausgottheiten, den Eumeniden. Zu beachten ist nicht allein die
Machtübernahme durch das männliche Prinzip, sondern zugleich auch
die Aneignung der Fortpflanzungstätigkeit durch den Mann. Denn
Zeus war der Gebärende. Schon erwachsen entsprang Athene seinem
Kopf. Die Frage „Wer schafft Leben?" wird damit auf das Männliche
transformiert. Ähnliches geschieht heute bei der Genforschung.

Die Dominanz der Männer in Athen nahm während der klassischen
Zeit in auffallender Weise zu. Deren Merkmal war die verstärkte sexuelle Kontrolle der Frau, die zum einen durch die Bestimmungen des
Bürgerrechts, zum anderen durch die Kriege, in die Athen verwickelt
war, hervorgerufen wurde (Kap. 14.1).

Die Spartanerin hatte auf den ersten Blick keine anderen Aufgaben
als die Athenerin. De jure war die Frau in Sparta von den politischen
Rechten ebenso ausgeschlossen wie die Athenerin. Auf den zweiten
Blick jedoch zeigt sich, dass die beiden verschieden strukturierten Poleis
die Verteilung von Aufgaben und Räumen für Männer und Frauen
unterschiedlich organisierten. Im Vergleich mit Athen werden mehrere
Unterschiede augenfällig:

Die Sozialisation der Spartanerin entsprach in allen wesentlichen
Bereichen der der Männer. Ihr Leben wurde ebenso wichtig eingeschätzt wie das des männlichen Bürgers.

Die Mädchen in Sparta wurden ebenso gut ernährt wie die Jungen,
was in Athen und auch in anderen Städten Griechenlands so nicht der
Fall war. Körperliches Training und intellektuelle Ausbildung entsprachen denen der Jungen. Unterschiede zu Athen bestanden auch beim
Zeitpunkt der Eheschließung. Spartas Mädchen wurden mit ca. zwan-

zig Jahren verheiratet, das Alter des Ehemanns lag meist deutlich unter dreißig. In Athen hingegen wurden Mädchen im Alter zwischen dreizehn und fünfzehn Jahren verheiratet, ihre Männer waren ca. dreißig Jahre alt.

Für die Wertschätzung der Spartanerin gab es Gründe, die nicht vorrangig in ihren Aufgaben für die Geburt und das angemessene Aufwachsen der Kinder oder aber in der Haushaltsführung lagen. Im Unterschied zur Athenerin war die Spartanerin allein für den ökonomischen Bestand des Oikos zuständig, d.h. sie bewirtschaftete und verwaltete das Landgut völlig selbständig. Die Erfüllung dieser Aufgabe war Voraussetzung für die gesellschaftliche Position des Mannes. Denn neben der Festlegung aufs Militärische konnte der Spartaner seine politischen Rechte nur ausüben, wenn er die vorgeschriebenen monatlichen Beiträge, z. B. für die gemeinsamen Mahlzeiten, zu denen die Männer verpflichtet waren, aufbringen konnte. Misswirtschaft konnte also gesellschaftlichen Abstieg bedeuten. Beide, Männer und Frauen waren vorrangig und in gleicher Weise auf das Wohl der Polis verpflichtet, der Mann in politischer und militärischer, die Frau in wirtschaftlicher Hinsicht. Männer und Frauen lebten demzufolge auch räumlich und zeitlich in verschiedenen Umgebungen und sahen sich selten.

1.3.2 Rom

Recht, Politik und Gender
In kaum einer anderen Gesellschaft wurde die Geschlechterordnung so ausdrücklich vom Recht festgelegt wie in der antiken römischen Gesellschaft.

Im römischen Recht wurden biologische Unterschiede zwischen Mann und Frau nicht einfach vorausgesetzt, sondern ausdrücklich zur Sprache gebracht, indem alle Bürger als Männer und als Frauen voneinander getrennt und miteinander verbunden werden mussten, vor allem auch, um Doppeldeutigkeiten der Natur aufzulösen und zu regeln (z. B. bei Hermaphroditen).

Als Beispiel seien aus der Vielzahl der rechtlichen Aspekte der Status des paterfamilias sowie der der materfamilias dargestellt.

Unter dem paterfamilias wurde ein Bürger verstanden, der nicht mehr der Familiengewalt eines Verwandten in aufsteigender Linie unterstand, demnach auch dann, wenn er keine Kinder hatte. Unterstand er der Familiengewalt eines Verwandten und hatte er bereits legitime Kinder, so war nicht er der paterfamilias, sondern der Verwandte, dem er unterstand. Was einen Mann zum Vater machte, war also nicht die Geburt eines Kindes, sondern der Tod des eigenen Vaters bzw. des männlichen Vorfahren. Beim Tod des Vaters hörte der Sohn auf Sohn zu sein.

Während mit Vater der Status eines Mannes bezeichnet wurde, der in vollem Umfang rechtsfähiger Bürger war, wurde die Bezeichnung Mutter auf die Ehefrau angewandt, die sich in die Familiengewalt des Mannes begeben hatte. Das Ereignis, das eine Frau zur Familienmutter machte, war nicht die Niederkunft, sondern die Verehelichung. Die Ehe per se war Mutterstand (matrimonium). Eine Frau hatte jedoch keinerlei Machtbefugnisse über andere.

Die patria potestas, die Familiengewalt, stand im Zentrum der rechtlichen Teilung der Geschlechter. Die Effizienz dieser Familiengewalt entfaltete sich vor allem in der Regelung der Erbfolge der legitimen Nachkommenschaft. Falls die Familiengewalt beim Tod des Mannes in irgendeiner Hinsicht nicht mehr vorhanden war (Emanzipation, Adoption), erbten nicht die Söhne oder Töchter, sondern die, die sich zum Zeitpunkt des Todes in der Familiengewalt befunden hatten. Das Band des Rechts ersetzte das Band der Natur, welches anders als im Fall der Mutterschaft nicht genügte, um eine Vaterschaft zu begründen. Grundsätzlich waren Söhne wie Töchter erbberechtigt und traten in die Erbfolge ihres Vaters ein. Von der Erbfolge der Mutter hingegen waren sie ausgeschlossen, weil zwischen Müttern und Kindern keine Rechtsbeziehung über die natürliche Abstammung hinaus bestand. Es gab keine Erbfolge ohne Familiengewalt. Diese Regelungen änderten sich gegen Ende der Republik. Seitdem konnten auch emanzipierte Kinder (Kinder, die nicht mehr der Familiengewalt des Vaters unterstanden) erben.

Nach diesen rechtlichen Regelungen konnten Frauen demnach auch keine Vormundschaft über ihre minderjährigen Kinder übernehmen. Sie konnten auch keine Kinder adoptieren. Wenn ein Mann ein Kind adoptieren wollte, blieb die Ehefrau fern. Das Gericht brachte nur den Vater und den Adoptierten zusammmen. Die Frau wurde nicht zur Mutter des vom Vater ausgewählten Kindes. Da Frauen ohne Macht über andere waren, wurden sie auch von den Bürgerdiensten ferngehalten. Jedes offizielle Eintreten für andere blieb ihnen versagt. Für sich selbst konnten sie vor Gericht auftreten, aber nicht für andere.

Nicht alle rechtmäßigen Väter von Kindern hatten die Rechtsstellung eines Vaters und waren mit der Vaterfunktion betraut. Bei der Frau war dies anders. Zwar gewann der Status der Frau seine Bedeutung nur in Bezug auf den Mann, aber wenn sie legitime Kinder hatte, war ihre Stellung als Mutter unangefochten. Frauen konnten auch außerhalb der

Ehe den Nachkommen Zugang zum Bürgerrecht verschaffen, der Mann hingegen brauchte eine legitime Ehefrau, um einen Bürger zeugen zu können. Die Ehe war daher nur für Männer unverzichtbar. Wie sehr die Kategorie Geschlecht mit politischen, gesellschaftlichen und rechtlichen Kategorien verflochten ist, zeigte sich während des Prinzipats in besonderer Weise. Zu dieser Zeit zeichnete sich in den antiken Schriften ein Wandel im Geschlechterdiskurs ab, in dem der Zusammenhang zwischen Status, Stand und Männlichkeit ins Blickfeld rückte und sich veränderte. Den jahrhundertealten Normen entsprechend verhielt sich der paterfamilias als Mann, wenn er seine dominante Stellung gegenüber Personen und Sachen wahrnahm und sich nicht unterordnete. Er war allen denen, über die er die väterliche Gewalt ausübte, verpflichtet, sie zu schützen, ihnen Aufgaben zu übertragen und sie zu fördern. Er war in jeder Hinsicht verantwortlich für sie. Er war Herr über sich selbst und seine Domus (sein Haus).

Nach den Annalen des Tacitus, in denen diese Männlichkeitsnormen thematisiert werden, erfüllten die Principes des julisch-claudischen Kaiserhauses diese Aufgaben jedoch nur mangelhaft und verletzten damit die geltenden Männlichkeitsnormen. Seiner Auffassung nach waren sie nicht in der Lage, in ihrem Haus für Ordnung zu sorgen, unterwarfen sich gar weiblichem Willen und waren nicht imstande, ihre eigenen Emotionen und Lüste zu kontrollieren. Im Bereich der politischen Macht galten die Männlichkeitsnormen in besonderer Weise, denn die Position des paterfamilias als Vorsteher und Verkörperung seiner Domus entsprach genau dem Muster, wie politische Macht ausgeübt werden sollte. Die Senatoren, die selbst in der Funktion eines paterfamilias waren, wurden in die Position von Söhnen gedrängt, in ihrer Position also beeinträchtigt und zwar von Principes, die ihre Funktionen als paterfamilias nicht ordnungsgemäß wahrnahmen, weder in ihrer Domus noch für sich selbst. Allein schon mit der Ausübung von Macht über die Senatoren wurde deren Männlichkeit in Frage gestellt. Die Kritik des Tacitus richtete sich somit nicht allein gegen die Principes, sondern grundsätzlicher noch gegen das Prinzipat.

Einen Ausweg aus dem jahrzehntelangen Dilemma entwarf Plinius der Jüngere in seiner Dankrede an Trajan, die er zu seinem Amtsantritt hielt und in der er die Qualitäten und Tugenden des Princeps pries. In dieser Rede entwickelte er ein erweitertes Beziehungsmuster in der Vater-Sohn- Beziehung, indem er Jupiter als Vater der Menschen und Götter pries, der Trajan als Sohn adoptiert hatte. Damit unterstand der Princeps der vorbildlich ausgeübten väterlichen Gewalt Jupiters, der seinem adoptierten Sohn, der selbst um göttlichen Schutz gebeten hatte, die Regierungsaufgaben übertrug und für dessen Handeln verantwortlich war.

Hier verschiebt sich das Männlichkeitskonzept, nicht gegenüber der Frau, sondern in der Vater-Sohn-Beziehung. Trajan war nach Plinius Sohn und Vater zugleich, und damit entwickelte er ein Identitätsangebot auch für die Senatsaristokratie, die sich unter die patria potestas des Princeps begeben konnte, ohne dass ihre Position als paterfamilias beeinträchtigt wurde.

Die bestehenden Männlichkeitsnormen wurden deshalb nicht aufgegeben, sondern veränderten Verhältnissen angepasst und durch diese Erweiterung eher gefestigt

Das Männlichkeitskonzept des paterfamilias hat seine Wirkungsmacht bis heute erhalten: Wenn ein italienischer verheirateter Mann bei einer Behörde seinen Familienstand angeben soll, so ist nicht etwa gefragt, ob er ledig, verheiratet, geschieden oder verwitwet ist, gefragt wird vielmehr nach dem capofamiglia, dem Familienoberhaupt.

1.4 Mittelalter [3]

Religion und Gender

Frau und Mann und die Beziehung beider zueinander wurden im Mittelalter weitgehend von den Priestern geprägt. Das ist insofern brisant, als Priester und Mönche das Weibliche in ihrer Umgebung, dann aber auch das so genannte Weibliche in sich selbst, nämlich alles Dunkle und Triebhafte, abwehren mussten. Sie verfügten über die Kenntnis der Schriften, allen voran der Bibel, aus der sie hauptsächlich das Frauenbild übernahmen, ebenso aber auch aus den Schriften der Kirchenväter und der antiken Schriftsteller. In allen drei Schriftarten hatte die Frau keine Chance, eine gleichwertige Position neben dem Mann einzunehmen. Die Schriften der Priester über Mann und Frau, die als Traktate Verbreitung fanden oder der Seelsorge dienten, die sich an andere Priester und Mönche richteten, hatten erheblichen Einfluss auf die Führungsschicht, die wiederum verstärkt in die ihnen unterstehenden Schichten hineinwirkte.

Im Laufe des Mittelalters kulminierten die Aussagen über die Frau zu drei Figuren: Eva als Versucherin, Maria als Himmelskönigin (unter Hervorhebung der Gottesmutterschaft, vor allem ihrer Jungfräulichkeit) und Magdalena als erlöste Sünderin (ein besonderes Identitätsangebot für Ehefrauen). Nach Thomas von Aquin ernteten Jungfrauen vor Gott 100-fach die Früchte ihrer Verdienste, Witwen, sofern sie fürderhin allem Geschlechtlichen entsagten, 60-fach und Ehefrauen 30-fach.

Im späteren Mittelalter wurde als neue Sünde die Schwatzhaftigkeit der Frauen angeprangert. Auch in diesem Punkt besann man sich auf alte Schriften, um dieses Übel einzudämmen, denn schließlich ging es um die Bekämpfung einer ganz konkreten Gefahr: Nonnen, Mystikerinnen und Beginen lebten für eine neue leidenschaftliche Religion und versuchten selbst, die Heilige Schrift auszulegen.

Für die Formierung der Geschlechterordnung sind die priesterlichen Einflüsse nicht zu unterschätzen, sie durchziehen nicht nur das gesamte Mittelalter wie ein roter Faden, sondern bleiben bis in die Gegenwart wirkungsmächtig, wie die „Verlautbarungen des Apostolischen Stuhls" von 2004 über „die Zusammenarbeit von Mann und Frau in der Kirche und in der Welt" zeigen.

Seit dem 13. Jahrhundert kann von einem christlichen Ehemodell gesprochen werden. Damit ist die lebenslange, monogame, untrennbare Ehe gemeint, die auf dem Konsens der Eheleute basiert, während in vorangegangenen Zeiten Ehen vor allem nach Absprache der betroffenen Familien beschlossen worden waren. Über die geringen Chancen dieses Modells darf man sich jedoch nicht täuschen. Ehen blieben – vor allem in den oberen Schichten – das bevorzugte Mittel, Macht- und Besitzstrukturen aufrecht zu erhalten. Mädchen waren dort ab zwölf Jahren ehetauglich, die Chancen, den eigenen Willen zu verlautbaren, waren äußerst gering. Wollten sich junge Frauen familiären Heiratsplänen entziehen, blieben ihnen nur Lüge oder vor allem göttliche Hilfe als Ausweg, indem sie sich in den Schutz von Klöstern begaben und Keuschheitsgelübde ablegten. In den bäuerlichen Schichten war die Ehe wegen der zahlreichen Heiratsbeschränkungen ohnehin eher die Ausnahme. Dies änderte sich erst mit der wachsenden Bedeutung der Geldwirtschaft und der zunehmenden Lohnarbeit. Viele Männer und Frauen, die bisher wegen des fehlenden Grundbesitzes nicht hatten heiraten können, waren durch die Lohnarbeit nun in der Lage, einen eigenen Hausstand zu gründen (s. Kap. 12.1 und 12.2: *Arbeit und Gender*)

1.5 Frühe Neuzeit [4]

Arbeit, Ideologie und Gender
Die Arbeitsstrukturen des späten Mittelalters wie Familiarisierung, Spezialisierung und Professionalisierung wurden in der frühen Neuzeit zunächst fortgesetzt. Die Arbeitsverhältnisse änderten sich seit dem 17. Jahrhundert insofern, als sich allmählich die Position der Frau als Hausfrau und Mutter herausbildete. Diese Position wurde in verschie-

denen Gruppierungen des städtischen Bürgertums ausgebildet, entscheidend dafür wurde eine Gruppe des städtischen Bürgertums, die ihre Position nicht auf Geburtsstand, Besitz und Vermögen, sondern auf Bildung und Verdienst des Ehemanns gründete. Insgesamt gesehen waren für die Position der Frau als Hausfrau und Mutter verschiedene Entwicklungslinien maßgeblich:

Das traditionelle Handwerk stagnierte seit dem ausgehenden 16. Jahrhundert. Die Möglichkeiten zu eigenem Verdienst wurden eingeschränkt. Die Landstücke vor der Stadt, die zu den einzelnen Häusern gehörten, wurden zum Arbeitsbereich der Frauen. Ein Teil der vorher gekauften Waren musste nun wieder selbst hergestellt werden. Der Ehemann wurde zum Alleinverdiener.

In Patrizierfamilien beschränkte sich die Arbeit der Frau des Hauses immer mehr auf die Organisation des Haushalts, da genügend Dienstpersonal vorhanden war. Für die Ausgestaltung des Hauses wie dem Leben mit Mann und Kindern blieb noch Zeit. Wie bei den Handwerkerfrauen verlagerten sich die Arbeitsbereiche stärker ins Innere des Hauses.

In zunehmendem Maße verdienten Männer in abhängiger Lohnarbeit, gedacht ist hier an Juristen, Mediziner, Pastoren und Professoren. Deren Ehefrauen trugen zwar durch Aussteuer, Renteneinkünfte und ihr Erbe zur materiellen Grundlegung bei, aber ansonsten war die Frau Hausfrau, ihr Mann Alleinverdiener. Zum Teil erhielten die Männer als Besoldung neben Geld auch Naturalien und Landnutzungen, die dann erst durch die Arbeit der Ehefrau in Einkommen umgemünzt wurde.

Die Normierung der Geschlechterbeziehungen ging seit der Reformation verstärkt an weltliche Obrigkeiten über. Während die Ehe im Mittelalter infolge der vielen Heiratsbeschränkungen eher die Ausnahme war, wurde sie mit der Reformation zur wichtigsten Lebensform. Die Humanisten führten ihre Ehe nach patrizischem Modell. Die Frauengelehrsamkeit aus den Klöstern wurde in die Haushalte integriert. Die Frau wurde zur geistigen Gefährtin des Mannes, und in Anlehnung an die antiken griechischen Schriftsteller war es Sache des Ehemannes, die Frau zu führen, sowohl in ihren Studien als auch im Haushalt, in der Kinderpflege und in der Kindererziehung.

Mit dem Wandel der Arbeitsbereiche wandelten sich auch die Verhaltensnormen für die Frau. An erste Stelle traten Ordnung, Fleiß, Sparsamkeit, die für die finanzielle Lage der Familie entscheidend waren. Sie wurden den christlichen Normen, nämlich Gehorsam und Demut, hinzugefügt, die nun neue Wirkungen unter den gewandelten wirtschaftlichen und sozialen Verhältnissen entfalteten, nämlich Tendenzen zur Unterordnung und Selbstdisziplinierung. Dieses bürgerliche Frauenbild der Hausfrau und Mutter lässt sich für eine kleine Gruppe bis ins 15. Jahrhundert zurückverfolgen.

In politischer Hinsicht wurde das Geschlechterverhältnis ideologisch und faktisch beeinflusst durch den entstehenden absolutistischen Staat, für den eine hierarchische Ordnung der Geschlechter unabdingbar war. Seit 1600 fand in der politischen Debatte in Frankreich eine fortschreitende Maskulinisierung des Staatsbegriffs statt, zum Teil angeregt durch die theoretischen und politischen Vorschläge des französischen Staatstheoretikers Jean Bodin. Nach seinen Vorstellungen wurde ein Monarch nicht nur durch die Gnade Gottes in seine Herrscherposition gebracht, sondern er sollte als Vater seiner Untertanen und Ehemann seines Volkes (verkörpert in den Standesvertretungen) verstanden werden. Demnach wendete er sich explizit gegen weibliche Herrschaftsfähigkeit, bis dahin in Frankreich durchaus üblich, denn diese gefährde den Respekt vor der souveränen Gewalt. Um weibliche Herrschaft im Ansatz zu verhindern, schlug Bodin die Enterbung der Adelstöchter vor sowie Männlichkeit als Voraussetzung, um als Thronerbe gelten zu können. Als ideologische Begründung wurde wieder Aristoteles herangezogen (es sei der Mann, der führe).

Während also in Handwerk, Handel, auch in der Landwirtschaft das Geschlechterverhältnis eher von der Organisation realer Lebensbedingungen geformt wurde, wurden für die gebildeten Schichten mit der Rezeption antiker Texte theoretische und ideologische Einflüsse maßgeblich. Eine erneute und weit verstärkte Rezeption der Antike erfolgte dann gegen Ende des 18. Jahrhunderts: in der Philosophie, der Architektur sowie der Literatur. Rousseau beispielsweise übernahm für seinen Gesellschaftsvertrag und den begleitenden Erziehungsroman „Emile" Gedankengänge aus Platons Politeia, zum Teil fast wörtlich. Das griechische Polis-Modell diente in vielen Elementen als Vorbild für die Neugestaltung der Gesellschaft des ausgehenden 18. Jahrhunderts. Dementsprechend finden sich auch Anlehnungen an das griechische Geschlechterverhältnis.

1.6 Das 19. Jahrhundert [5]

Politik, Ideologie, Wirtschaft und Gender
Das Geschlechterverhältnis im so genannten langen 19. Jahrhundert wird zum einen durch die Auswirkungen der Industrialisierung geprägt, zum anderen durch zahlreiche Debatten, die die bürgerlichen Revolutionen vorbereiteten und begleiteten.

Nach den politischen Konzepten von Philosophen der Aufklärung und Vordenkern der Französischen Revolution besteht die Gesellschaft aus freien Individuen, die zum Zwecke des Gemeinwohls einen Vertrag miteinander schließen. Das aufklärerische Ideal der autonomen, selbstbestimmten Persönlichkeit, die ihre Interessen und Talente frei entfalten können sollte, sollte trotz zahlreicher Proteste der Frauen nur Männern vorbehalten bleiben. Dementsprechend wurden Politik, Wirtschaft, Recht und Wissenschaft allein ihre Domäne.

In der Theorie und infolge der Revolutionsereignisse in Amerika und Frankreich bestimmten fortan nicht mehr der Stand, in den man geboren wurde, nicht mehr der Willen Gottes den Werdegang der Individuen, sondern die jeweils durch Bildung erreichte Position. Eine gründliche Erziehung und Ausbildung waren daher wichtige Voraussetzungen für standes- und traditionsunabhängige Platzierungen in der Gesellschaft. Neben der Schul- und Berufsausbildung wurde auch der kindlichen Sozialisation in der Familie große Aufmerksamkeit gezollt. Die bisherigen Aufgaben der bürgerlichen Frau seit der Frühen Neuzeit mussten dafür lediglich erweitert und ausdifferenziert werden. Die bekannten Funktionen, die sie Mann und Kindern gegenüber einnahm, wie auch die auf das Wohl des Hauses gerichteten Aufgaben, galten weiterhin. Neu war jedoch die Umwandlung der tradierten *Aufgaben* zu natürlichen, geschlechtsbedingten *Eigenschaften*, zu Charaktermerkmalen. Neu war ebenfalls die Zuweisung emotional-psychischer Aufgaben, die an Ehemännern und Kindern zu erfüllen waren.

Für Männer wurden andererseits die Fähigkeiten, die im öffentlichen, also auch im staatlichen Wirken benötigt wurden, ebenfalls zu wesensgemäßen Eigenarten, zu natürlichen Eigenschaften. Der je spezifische Geschlechtscharakter bestimmte Frauen für personenbezogene Dienstleistungen in der Familie, Männer für sachbezogene, produktive Tätigkeiten in Politik, Wissenschaft, Recht und Kultur (Kap. 13.1).

Der Mann wurde nach der Anthropologie des 19. Jahrhunderts über sein Geschlecht hinausgehoben und von seinen Sexualfunktionen abgelöst, während die Frau ihrem Geschlecht qua natur verhaftet blieb. So stand das Männliche mit dem Weiblichen auch im geschlechtlichen Bereich nicht mehr auf einer Stufe, sondern wurde als das „allgemein Menschliche" neu konzipiert. In vielen Lexika fanden sich seitdem zwar weiterhin Artikel über die Frau, jedoch keinen mehr über den Mann, stattdessen wurde auf das Stichwort „Mensch" verwiesen.

Die Wirkungsmacht dieser Vorstellungen bis in die Gegenwart lässt sich an der angeblich geschlechtsneutralen Deklarierung geschlechtshalbierter Perspektiven in allen gesellschaftlichen Institutionen sowie im sprachlichen Bereich ablesen.

Die zweite treibende Kraft zur Prägung einer veränderten Geschlechterordnung war die mit der Industrialisierung einhergehende Trennung von Erwerbs- und Familienleben, vor allem der unterschiedlichen Bewertung von Produktions- und Reproduktionsleistung. Mit der Industrialisierung wurden nicht nur zwei völlig voneinander getrennte Arbeitsbereiche geschaffen, verändert wurde auch der Charakter der geschlechtsspezifischen Arbeitsteilung. Qualität wie auch Bewertung von Arbeit entwickelten sich weit und nachhaltig auseinander (Kap. 14.2). Zur Lösung der sozialen Probleme sollte die bürgerliche Geschlechterordnung in der Gesellschaft generell durchgesetzt werden. Auch für Arbeiterfrauen. Sozialversicherung und die Einführung des Ernährerlohns sollten die Risiken der Erwerbskarriere mindern und für die Ehefrau den Zwang zur Lohnarbeit verringern. Öffentliche Erziehungsmaßnahmen, Unterweisungen in Haushaltung und Säuglingspflege nahmen Arbeiterfrauen in dieser ihnen zugeteilten Rolle in die Pflicht.

In Folge des Industrialisierungsprozesses konnten die Familienangehörigen nicht mehr wie in der hausindustriell organisierten Erwerbsarbeit autonom über den täglichen Einsatz der in der Familie vorhandenen Arbeitskräfte disponieren. Diese Möglichkeiten gingen mit der Zentralisierung der Produktion in einer Fabrik und in anderen großbetrieblich organisierten Arbeitsbereichen verloren. Wegen des Konkurrenzdrucks und des straffen Reglements der Arbeitsabläufe blieb keine Zeit, andere Arbeiten, wie z. B. die erforderliche Hausarbeit, die Versorgung der Kinder und Betreuung von alten und kranken Menschen zu erledigen.

Aber nicht die Trennung und Entgegensetzung beider Arbeitssysteme wurde als wesentliches Problem gesehen, sondern in zunehmendem Maße die Erwerbsarbeit von Frauen. Sie war sozial unerwünscht. Nach wie vor erwünscht war sie jedoch in der Landwirtschaft, im Kleingewerbe und im Kleinhandel, denn diese Arbeit blieb familienintegriert und unterstand der Kontrolle des Mannes.

Den Arbeiterfrauen jedoch blieb meist gar keine andere Wahl, als einer Erwerbsarbeit nachzugehen, da der Lohn des Mannes, auch nach Einführung des Ernährerlohns für den Familienbedarf nicht ausreichte (Kap. 13.2).

Frauen der bürgerlichen Schicht hingegen, die in anderen ökonomischen Verhältnissen lebten, protestierten gegen die Verweigerung von Entfaltungsmöglichkeiten. Die Diskriminierung stehe im Widerspruch zum Programm der bürgerlichen Gesellschaft, die von der freien Entfaltung der Persönlichkeit ausging.

Damit konzentrierten sich die öffentlichen Auseinandersetzungen allein auf die Frauen, nicht aber auf die generellen Probleme, was schließlich dazu führte, dass im letzten Drittel des 19. Jahrhunderts diese allgemeinen gesellschaftlichen Strukturprobleme ausschließlich als „Frauenfrage" bezeichnet wurden. Auf diese Weise aber rückten sie an den Rand des politischen Geschehens.

Außerhäusliche Erwerbsarbeit wird seitdem bis heute allein Frauen als Krisensymptom für den Bestand der Familie angelastet, außerhäusliche Erwerbsarbeit der Männer jedoch nicht. Fähigkeiten und Einsatz der Frauen wurden nicht nur für die Krise oder die Stabilität und Wirksamkeit der Familie verantwortlich gemacht, sondern weitergehend auch für den Zustand der Gesellschaft. Der Bereich der außerhäuslichen Erwerbsarbeit, der nach wie vor mit seinen dominanten Strukturen und Normen auf Männer zugeschnitten ist, blieb aus der Bewertung ausgeklammert. Das Spannungsverhältnis zwischen Beruf und Familie wurde und wird bis heute nicht von Männern, sondern ausschließlich von Frauen in der Doppelrolle als persönliches Dilemma erfahren und gelebt.

1.7   Das 20. Jahrhundert [6]

Politik, Ideologie und Gender

Das bürgerliche Geschlechtermodell geriet im 20. Jahrhundert erheblich ins Wanken. Seine Wirkungsmacht entfaltete es wohl eher als gesellschaftlich tradiertes oder gewünschtes Muster in den Köpfen vieler Männer und Frauen, auch heutiger, als in der volkswirtschaftlichen Praxis. In Deutschland ließen zwei Weltkriege, wirtschaftliche Krisen und soziale Konflikte nicht zu, dass auf die Arbeitskraft und die Erwerbsarbeit der Frauen verzichtet wurde. Berufstätigkeit noch lediger junger Frauen jedoch wurde schnell akzeptiert. Sie war billig und effektiv. Bei dem eingeplanten Zwischenstadium bis zur Eheschließung blieb es jedoch selten, da eine Ehe, vor allem aber Kinder, den wirtschaftlichen Zwang zur Erwerbsarbeit nicht beseitigten.

In der Weimarer Verfassung erhielten Männer und Frauen die gleichen Rechte und Pflichten. Damit wurde Frauen auch das Wahlrecht zugebilligt. Oft ist von einer Einführung des Frauenwahlrechts die Rede. Diese Bezeichnung ist jedoch unzutreffend, denn sie legt nahe, es gäbe ein gesondertes Wahlrecht ausschließlich für Frauen. Trotz der gleichen Rechte und Pflichten für Männer und Frauen kann von einer die Gesetzgebung durchziehenden Gleichberechtigung nicht gesprochen werden. Dennoch war die Weimarer Zeit eine Zeit des Umbruchs auch in der Geschlechterordnung, insofern als die Männlichkeitsvorstellungen nach dem verlorenen Krieg brüchig geworden waren und die Familienernährer zum Teil gefallen oder invalide waren. Das hatte zur Folge, dass Frauen verstärkt berufstätig sein mussten, auch bürgerliche Frauen. Inflation, Arbeitslosigkeit, Wirtschaftskrise sowie ein sich änderndes Verständnis von Sexualität trugen zur Verunsicherung und Destabilisierung der tradierten Geschlechterverhältnisse bei.

Im Nationalsozialismus waren die Geschlechtersphären strikt getrennt und komplementär und hierarchisch angelegt. Nach der Rassenideologie gab es klare Vorstellungen darüber, wie ein „deutscher Mann" und wie eine „deutsche Frau" zu sein hatte. Für Frauen und Männer, die nicht in diesen Vorstellungsrahmen passten, die entsprechend dem Vokabular der Rassenideologie als „jüdisch", „fremdvölkisch", „erbkrank", „minderwertig" oder „asozial" galten, gab es Gesetze, die ihren Ausschluss aus der so genannten Volksgemeinschaft regelten bis hin zur systematischen Vernichtung im Holocaust. Für die Männer und Frauen und deren Kinder, die zum so genannten Volkskörper gehörten, galten ideologisch klar vorgegebene Rollenmuster nach der Rassenideologie, die in den NS-Organisationen, angefangen bei den Jugendorganisationen, propagiert und praktiziert wurden (Kap. 3).

Nach 1945 stand im östlichen wie im westlichen Teil Deutschlands die Frage der Gleichberechtigung auf der Tagesordnung.

Das Postulat der Gleichberechtigung war von Anfang an unstrittig, jedenfalls auf der Ebene der offiziellen Diskurse. Im östlichen Teil Deutschlands wurden die Auffassungen der alten sozialistischen Arbeiterbewegung nun umgesetzt, die den Ausschluss von Frauen aus politischen Rechten als bürgerlich beschimpft und daher abgelehnt hatte. Nach sozialistischen Vorstellungen galt es, die Kräfte der Arbeiterklasse für den Klassenkampf gegen die Bourgeoisie zu bündeln. Dazu mussten Männer und Frauen die gleichen Verpflichtungen übernehmen und somit auch die gleichen Rechte haben.

In der Bundesrepublik verlief der Prozess bis zur Verankerung der Gleichberechtigung von Mann und Frau im Grundgesetz nicht ohne heftige Auseinandersetzungen. Nach den Vorstellungen der Gesamtheit im Parlamentarischen Rat sollte die Regelung aus der Weimarer Verfassung übernommen werden. Nur eine der vier Frauen im Parlamentarischen Rat, Elisabeth Selbert, trat vehement und schließlich erfolgreich für die Formulierung „Männer und Frauen sind gleichberechtigt" ein (Kap.15.3.1).

Mit dem Begriff Gleichberechtigung verbanden sich in den beiden verschiedenen Gesellschaften unterschiedliche Vorstellungen. Der politisch gewollten und vorangetriebenen Berufsorientierung der Frau in der DDR stand die politisch favorisierte Familienorientierung der Frau in der Bundesrepublik diametral entgegen. Beide Staaten beriefen sich auf unterschiedliche Traditionen und gestalteten das Geschlechterverhältnis jeweils abhängig von ökonomischen und ideologischen Bedingungen. Sie grenzten sich in ihren Konzepten voneinander ab, zugleich aber bezogen sie sich stets aufeinander. Damit gilt auch für das Geschlechterverhältnis das geschichtswissenschaftliche Konzept der differenzierenden Gemeinsamkeit, das geeignet zu sein scheint, die beiden Teile als Ganzes zu erkennen und beide Nachkriegsgeschichten zu integrieren.

Dem ersten Anschein nach weisen die geschichtlichen Verhältnisse in der DDR und in der Bundesrepublik nur wenige Gemeinsamkeiten auf. Trotz augenfälliger Unterschiede in den Geschlechterverhältnissen in beiden Staaten gibt es überraschenderweise jedoch auch sehr viele Gemeinsamkeiten:

- Die Gleichberechtigung von Männern und Frauen wurde in der Verfassung verankert.
- Fast alle politischen Maßnahmen, die das Geschlechterverhältnis tangieren, betrafen die Frauen. Sie waren das Zielobjekt aller politischen Überlegungen und Entscheidungen. Die Position des Mannes hingegen blieb bis auf wenige Ausnahmen stabil und unangefochten.
- Die Frauen rückten vor allem dann ins Blickfeld, wenn ökonomische und demografische Krisen Eingriffe im Bereich der Arbeit oder der Familienpolitik erforderlich werden ließen.
- Maßnahmen und Gesetze, die Frauen mit gleichen Rechten und Chancen wie das männliche ausstatteten, enthielten stets Beiprogramme, um sie auf ihre vorrangige Zuständigkeit als Hausfrauen, Gattinnen und Mütter festzulegen. Denn auch bei Erwerbstätigkeit der Frau einschließlich öffentlicher Kinderbetreuung waren es vor allem die Frauen, die nach wie vor für Haushalt und Familienaufgaben zuständig zu sein schienen.
- Trotz der Beschäftigung von Frauen in so genannten Männerbranchen, vor allem in der DDR, galten auch hier die üblichen Frauen- und Männerbeschäftigungen sowie die traditionellen Hierarchien.

Ein wesentlicher Unterschied zwischen beiden deutschen Staaten zeigte sich darin, wie das Verfassungsgebot der Gleichberechtigung umgesetzt wurde.

In der DDR galten Gesetze und Bestimmungen, die „der Gleichberechtigung der Frau" entgegenstanden, nach der Verfassung von 1949 sofort als aufgehoben.

Im Artikel 20 Absatz 2 der Verfassung von 1968 wurde nach der Erwähnung der Gleichberechtigung von Mann und Frau ausdrücklich die Förderung der Frau, besonders in der beruflichen Qualifizierung, als gesellschaftliche und staatliche Aufgabe festgelegt.

Nach dem Familiengesetzbuch von 1965 sollte die Gleichberechtigung der Geschlechter innerhalb der Familie sichergestellt werden. Beide Ehepartner waren gemeinsam zuständig für die Erziehung der Kinder wie auch für die anfallenden häuslichen Pflichten.

In der Bundesrepublik hatte die Macht der kollektiven Vorstellungen und die nur halbherzig anerkannte weibliche Berufstätigkeit zur Folge, dass keine ernsthaften Anstrengungen seitens der Gesetzgebung unternommen wurden, die Bestimmungen des Bürgerlichen Gesetzbuches zu ändern, die einer Gleichberechtigung von Mann und Frau im Wege standen. Dies war trotz der Terminierung in der Verfassung (1953) ein Prozess, der Jahrzehnte andauerte.

Ein weiterer Unterschied findet sich in der Berufsorientierung der Frau in der DDR versus Familienorientierung der Frau in der Bundesrepublik. Die Weichen für diese verschiedenen Orientierungen wurden unmittelbar nach 1945 gestellt und in den folgenden zehn Jahren durch zahlreiche Maßnahmen ausgebaut und befestigt.

Anders als in den westlichen Besatzungszonen sollten in der SBZ Frauen dauerhaft ins Erwerbsleben integriert werden. Die Gründe dafür lagen nicht allein in den ökonomischen Bedingungen. Intendiert war vielmehr die bewusste und radikale Abkehr von der nationalsozialistischen Frauenpolitik und Anknüpfung an Traditionen der Arbeiterbewegung mit dem ohnehin immer hohen Anteil an Frauenerwerbstätigkeit.

In der DDR wurde von Beginn an auf drei Wegen um eine höhere weibliche Erwerbsbeteiligung geworben: Ideologische Beeinflussung, Schaffung institutioneller Rahmenbedingungen, ökonomischer Zwang. Geschiedene Ehefrauen erhielten nur in Ausnahmefällen Unterhaltszahlungen. Die Doppelverdienerehe wurde gefördert und die nicht arbeitende Ehefrau wurde im Lohnsteuersystem der DDR nicht berücksichtigt. Die Gleichbesteuerung beider Erwerbseinkommen bedeutete die Abschaffung des um die Jahrhundertwende entstandenen Familienlohns, der die weibliche Erwerbstätigkeit hatte verhindern sollen.

In der Bundesrepublik variierten die politischen Konzepte je nach Regierungskoalition und wirtschaftlicher Lage. Trotz der notwendig hohen Frauenerwerbsquote in den Westzonen traf die rechtliche Festlegung der Gleichberechtigung auf massive Widerstände in der konkreten Umsetzung. Die zweite Hälfte der Vierzigerjahre und die Fünfzigerjahre können als Renaissance tradierter Vorstellungen von der Familie und der „Natur" der Frau bezeichnet werden, und im Artikel 6 des Grundgesetzes wurden Ehe und Familie unter den besonderen Schutz des Staates gestellt. Von Politik, Kirchen und Verbänden wurde die Hausfrauenehe propagiert und von Frauen nach den Anstrengungen in den Vierzigerjahren bereitwillig akzeptiert.

Um tradierte Geschlechterarrangements durchsetzen zu können, wurden den Familien finanzielle Vergünstigungen und vor allem über das Ehegattensplitting Steuererleichterungen gewährt. Diese Maßnahmen wurden begleitet von der Propagierung der Unabkömmlichkeit der Mutter für das Wohl der Kinder und der negativen Auswirkungen von Frauen- und Mütterberufstätigkeit auf Familien und Kinder.

Erst in dem reformierten Eherecht von 1976 wurde die einseitige Pflicht der Frauen zur Haushaltsführung gestrichen und durch den Passus ersetzt, dass beide Ehegatten die Haushaltsführung in gegenseitigem Einvernehmen zu regeln haben.

Ende der Sechzigerjahre wurde die tradierte Frauenrolle um qualifizierte Erwerbsarbeit erweitert. Leitbild weiblicher Biografie wurde das Drei-Phasen-Modell: Danach setzt nach der Ausbildung und einer Phase der Erwerbsarbeit spätestens mit der Geburt des ersten Kindes die Familienphase ein, die, wenn die Kinder älter sind, wieder von einer Phase der Berufstätigkeit abgelöst wird. Die verschiedenen Modelle in der Bundesrepublik für weibliche Biografien, die zwar kompliziert zu leben waren, aber immerhin direkt erörtert wurden, richteten auch an Männer je verschiedene Ansprüche, die jedoch nicht direkt zur Sprache kamen und nicht näher diskutiert wurden. War die Frau Hausfrau, geriet der Mann in die Funktion des Ernährers mit allen daran geknüpften Verhaltensnormen nach dem bürgerlichen Geschlechtermodell. Wurde hingegen die Berufstätigkeit der Frau für wesentlich gehalten, galten plötzlich die Maßstäbe der Gleichberechtigung und Gleichverpflichtung. Die heute oft diskutierten Unsicherheiten auch des Mannes lassen sich sicher zum Teil auf diese ständig wechselnden Verhaltenserwartungen zurückführen.

Da Frauen trotz des allgemein anerkannten Postulats der Gleichberechtigung in vielen Bereichen nach wie vor benachteiligt waren, hat seit den Neunzigerjahren ein neues Konzept, das des *Gender Mainstreaming*, im Amsterdamer Vertrag von 1999 verankert, europaweit an Bedeutung gewonnen (Kap. 15.3.2). Gender Mainstreaming meint eine Strategie zur Durchsetzung der Chancengleichheit von Männern und Frauen, bezogen auf sämtliche Ebenen politischer Prozesse, Verfahrensweisen und Maßnahmen. Mit diesem Konzept werden die Unterschiede zwischen den Lebensverhältnissen, -situationen und Bedürfnissen von Frauen und Männern systematisch berücksichtigt und in gleicher Weise in den Gleichberechtigungsprozess einbezogen. Vorhandene Differenzen sind dann im Sinne der Chancengleichheit auszugleichen.

1.8 Fazit

Die verschiedenen Ausschnitte aus der Geschichte haben das Zusammenwirken von Gender mit gesellschaftlichen Faktoren gezeigt. Das heißt: Geschlechterverhältnisse können nicht losgelöst von dem jeweiligen gesellschaftlichen Umfeld gesehen werden. Stets gab es funktionale oder ideologische Zuschreibungen für Männer und Frauen. Zumeist wurden dadurch Geschlechtsunterschiede in Ungleichheiten der Geschlechter umgewandelt. Über diese verschiedenen Zuschreibungen, dazu gehörte auch der Hinweis auf die angebliche Natur von Männern und Frauen, wurden Machtpositionen hergestellt und mit Hilfe überlieferter Geschichtsbilder und Traditionen begründet und stabilisiert. Diese Traditionen können so zurechtgefeilt und verinnerlicht werden, dass das Verhältnis der Geschlechter irgendwann als natürlich und überzeitlich, damit aber als nicht veränderbar angesehen wird. Hier können Auseinandersetzungen mit geschichtlichen Situationen, in denen die jeweiligen Wechselwirkungen zwischen Gender und gesellschaftlichen Faktoren offensichtlich werden, dazu beitragen, verfestigte Denkstrukturen in Frage zu stellen und aufzulösen.

Anmerkungen

1   Informationen zu diesem Teilkapitel basieren auf folgenden Publikationen: – Fester, R.; König, Marie E.P.; Jonas, Doris F.; Jonas, A.David: Weib und Macht. Fünf Millionen Jahre Urgeschichte der Frau, Frankfurt a. M. 1980. – Gimbutas, Marija: Die Sprache der Göttin. 2. Auflage, Frankfurt am Main 1996. – Dies.: Die Zivilisation der Göttin. Frankfurt am Main 1996. – Göttner-Abendroth, Heide: Das Matriarchat I. Geschichte seiner Erforschung. Stuttgart, Berlin, Köln 1988. – http://catal.arch.cam.ac.uk – König, Marie: Am Anfang der Kultur. Die Zeichensprache des frühen Menschen. 3. Auflage, Berlin 1994. – Kuhn, Annette: Chronik der Frauen. Dortmund 1992. – Lerner, Gerda: Die Entstehung des Patriarchats. Frankfurt am Main; New York 1991. – Mellaart, James: Catal Hüyük. Stadt aus der Steinzeit. 2. Auflage, Bergisch Gladbach 1967. – Uhlmann, Gabriele: Interpretation am Scheideweg. www.gabi-catal.de/ grosse_goettin.htm – Walker, Barbara: Das geheime Wissen der Frauen. Ein Lexikon. 2. Auflage, München 1995. – Wagner –Hasel, Beate:

Rationalitätskritik und Weiblichkeitskonzeption. Anmerkungen zur Matriarchatsdiskussion in der Altertumswissenschaft. In: Dies.: (Hg): Matriarchatstheorien der Altertumswissenschaft. Darmstadt 1992.

2   Die Informationen in diesem Teilkapitel basieren auf: Dettenhofer, Maria (Hg.) Reine Männersache? Frauen in Männerdomänen der antiken Welt. München 1996. Darin insbesondere die Arbeiten von: Dettenhofer, Maria H.; Späth, Thomas. - Duby, Georges; Perrot, Michelle (Hg.): Geschichte der Frauen. Band 1: Antike, hg. von Pauline Schmitt Pantel. Frankfurt am Main; New York 1993. Darin insbesondere die Arbeiten von: Schmitt Pantel, Pauline; Sissa, Giulia; Thomas, Yan; Scheid, John. – Schuller, Wolfgang: Frauen in der griechischen und römischen Geschichte. Konstanz 1995. - Späth, Thomas: Agrippina Minor. Frauenbild als Diskurskonzept. In: Kunst, Christiane; Riemer, Ulrike (Hg.): Zur Rolle der römischen Kaiserfrauen. Stuttgart 2000. - Ders.: Der Kaiser ist (k)ein Mann. Geschlechter im Widerstreit zwischen politischer Tradition und neuen Machtstrukturen im römischen Prinzipat. Manuskript des Vortrags auf dem Deutschen Historikertag 2002, Sektion: Geschlechterverhältnisse in der Antike. – Späth, Thomas; Wagner-Hasel, Beate (Hg.): Frauenwelten in der Antike. Geschlechterordnung und weibliche Lebenspraxis. Stuttgart; Weimar 2000. Darin insbesondere: Hartmann, Elke; Kunst, Christiane; Waldner, Katharina; Cancik-Lindemaier, Hildegard; Prescendi, Francesca; Schnurr-Redford, Christine; Rohweder, Christine; Wagner-Hasel, Beate; Späth, Thomas; Günther, Rosmarie.

3   Die Informationen in diesem Teilkapitel basieren auf: Duby, Georges; Perrot, Michelle (Hg.): Geschichte der Frauen. Band 2: Mittelalter, hg. von Christiane Klapisch-Zuber. Frankfurt a.M.; New York 1993. Darin insbesondere die Arbeiten von: Dalarun, Jacques, Fonay Wemple, Suzanne; L'Hermite-Leclercq, Paulette; Opitz, Claudia. – Gleba, Gudrun: Klosterleben im Mittelalter. Darmstadt 2004. – Opitz, Claudia: Frauenalltag im Mittelalter. Biographien des 13. und 14. Jahrhunderts. 2. Auflage, Weinheim; Basel 1987. – Lundt, Bea (Hg.): Auf der Suche nach der Frau im Mittelalter. München 1991. - Otis-Cour,Leah: Lust und Liebe. Geschichte der Paarbeziehungen im Mittelalter. Frankfurt am Main 2000. - Pernoud, Régine: Leben der Frauen im Hochmittelalter. Pfaffenweiler 1991.

4   Die Informationen in diesem Teilkapitel basieren auf: Duby, Georges; Perrot, Michelle: Geschichte der Frauen. Band 3: Frühe Neuzeit, hg. von Natalie Zemon Davis. Frankfurt a.M.; New York 1994. Darin insbesondere: Hufton, Olwen; Sonnet, Martine; Schulte van Kessel, Elisja. - Engel, Gisela u.a. (Hg.): Geschlechterstreit am Beginn der europäischen Moderne. Königstein/Taunus 2004. Wunder, Heide: „Er ist die Sonn', sie ist der Mond". Frauen in der Frühen Neuzeit. München 1992.

5   Die Informationen in diesem Teilkapitel basieren auf: - Emmerich, Wolfgang (Hg.): Proletarische Lebensläufe. Autobiographische Dokumente zur Entstehung der Zweiten Kultur in Deutschland. Band 1: Anfänge bis 1914. Hamburg 1974. - Fertig, Ludwig (Hg.): Bildungsgang und Lebensplan. Briefe über Erziehung von 1750 bis 1900. Darmstadt 1991. - Frevert, Ute: Zwischen Bürgerlicher Verbesserung und Neuer Weiblichkeit. Frankfurt am Main 1986. - Dies: Männergeschichte oder die Suche nach dem ‚ersten' Geschlecht. In:

Hettling, Manfred u.a.: Was ist Gesellschaftsgeschichte? Positionen, Themen, Analysen. München 1991. Dies.: „Mann und Weib, und Weib und Mann". Geschlechter-Differenzen in der Moderne. München 1995. Dies. (Hg.): Bürgerinnen und Bürger. Göttingen 1988. - Hausen, Karin: Die Polarisierung der „Geschlechtscharaktere". Eine Spiegelung der Dissoziation von Erwerbs- und Familienleben. In: Rosenbaum, Heidi (Hg.): Seminar: Familie und Gesellschaftsstruktur. 4. Auflage, Frankfurt am Main 1988.- Hausen, Karin (Hg.): Geschlechterhierarchie und Arbeitsteilung. Zur Geschichte ungleicher Erwerbschancen von Männern und Frauen. Göttingen 1993. - Kühne, Thomas: Männergeschichte – Geschlechtergeschichte. Männlichkeit im Wandel der Moderne. Frankfurt/ New York 1996. - Lange, Sigrid (Hg.): Ob die Weiber Menschen sind. Geschlechterdebatten um 1800. Leipzig 1992. - Rousseau, Jean-Jacques: Emil oder Über die Erziehung. 9. Auflage, Paderborn 1971.

6   Die Informationen in diesem Kapitel basieren auf: Böttger, Barbara: Das Recht auf Gleichheit und Differenz. Elisabeth Selbert und der Kampf der Frauen um Art. 3.2 Grundgesetz. Münster 1990. - Die DDR-Verfassungen, eingeleitet und bearbeitet von Herwig Roggemann. 3. überarbeitete und erweiterte Aufl., Berlin 1980. - Frevert, Ute: Zwischen Bürgerlicher Verbesserung und Neuer Weiblichkeit. Frankfurt/Main 1986. - Helwig, Gisela; Nickel, Hildegard Maria (Hg.): Frauen in Deutschland 1945 - 1992. Bonn 1993. –Jarausch, Konrad H.: Zur Integration der beiden deutschen Nachkriegsgeschichten. In: Jarausch, Konrad H.; Kleßmann, Christoph(Hg.): Zeithistorische Forschungen 1/ 2004 Heft 1. - Paul-Horn, Ina: Faszination Nationalsozialismus? Zu einer politischen Theorie des Geschlechterverhältnisses. Pfaffenweiler 1993. - Reese, Dagmar: Straff, aber nicht stramm – herb, aber nicht derb. Zur Vergesellschaftung von Mädchen durch den Bund Deutscher Mädel im sozialkulturellen Vergleich zweier Milieus. Weinheim und Basel 1989. - Reese, Dagmar; Sachse, Carola: Frauenforschung und Nationalsozialismus. Eine Bilanz. In: Gravenhorst, Lerke; Tatschmurat, Carmen (Hg.): Töchter-Fragen. NS-Frauen-Geschichte. 2. Aufl., Freiburg i. Br. 1995. - Ruhl, Klaus-Jörg (Hg.): Frauen in der Nachkriegszeit 1945 – 1963. München 1988. - Schäfgen, Katrin: Die Verdoppelung der Ungleichheit. Sozialstruktur und Geschlechterverhältnisse in der Bundesrepublik und in der DDR. Opladen 2000. - Vinken, Barbara: Die deutsche Mutter. Der lange Schatten eines Mythos. München 2001.

2. Geschlechtergeschichte konkret

Wer sich auf Geschlechtergeschichte einlässt, ob in der Forschung oder im Unterricht, revidiert oder verändert bisherige Perspektiven und muss fortan einen erheblich veränderten Blick sowohl auf geschichtliche Sachverhalte als auch auf die Subjektebene, auf der sich Lernende und Lehrende befinden, richten.

Für die Konzeption geschlechtergeschichtlichen Unterrichts gilt daher ein wichtiges Essential, das vier grundlegende didaktische Forderungen enthält:

◆ Frauen und Männer in der Geschichte (Sachebene) kommen in gleicher Weise zur Geltung.

◆ Die sozialen Voraussetzungen, Interessen und Äußerungen von Mädchen und Jungen (Subjektebene) werden gleichwertig berücksichtigt.

◆ Die Sachebene und die Subjektebene werden didaktisch miteinander verbunden.

◆ Die Berücksichtigung des Geschlechteraspekts geht nicht zu Lasten der historischen Auseinandersetzung, sondern vervollständigt und bereichert sie.[1]

Diese Forderungen können zugleich als Maßstab für geschlechtergeschichtlichen Unterricht herangezogen werden, auch für den in diesem Band dargestellten.

Wie die Geschlechterperspektive in den Unterricht integriert werden kann, soll anhand zweier Unterrichtsbeispiele veranschaulicht werden, die von der Thematik her als allgemein bekannt vorausgesetzt werden. Konzeptionelle Änderungen durch die Einbeziehung der Geschlechterperspektive können daher deutlicher hervortreten.

Inhaltlich geht es um je einen Aspekt aus der Amerikanischen und aus der Französischen Revolution. Die Unterrichtsinhalte sind thematisch und didaktisch eng aufeinander bezogen, womit verdeutlicht werden soll, dass die Geschlechterperspektive nicht nur dann und wann in den Unterricht eingebracht, sondern als genereller und fortlaufender Bestandteil der Auseinandersetzung mit Geschichtlichem verstanden wird.

2.1 Unterricht zur Amerikanischen Revolution

Der Inhalt: Ein Briefwechsel zwischen Abigail und John Adams[2]
Während des Unabhängigkeitskampfes ist John Adams, später der zweite Präsident der Vereinigten Staaten von Amerika, zwangsläufig oft unterwegs. Der hier ausgewählte Teil des Briefwechsels zwischen ihm und seiner Frau Abigail besteht aus einem Brief Abigails an John, dem Antwortbrief Johns und der Erwiderung Abigails auf Johns Brief:

Abb. 5: Abigail Adams (1744–1818), verheiratet mit John Adams

Abigail Adams an John Adams am 31. März 1776:

> …Ich sehne mich nach der Nachricht, dass Ihr die Unabhängigkeit erklärt habt. Und, nebenbei, in dem neuen Gesetzbuch, das Ihr –meiner Meinung nach – notwendig machen müsst, solltet Ihr – wie ich wünsche – an die Frauen denken und sie großzügiger und günstiger behandeln, als Eure Vorfahren es taten. Gebt keine solche unbegrenzte Macht mehr in die Hände der Ehemänner. Erinnert Euch, dass alle Männer Tyrannen wären, wenn sie könnten. Wenn den Frauen keine besondere Sorge und Berücksichtigung zuteil wird, sind wir entschlossen, einen Aufruhr zu schüren. Wir werden uns nicht durch irgendwelche Gesetze gebunden fühlen, bei denen wir kein Stimm- oder Vertretungsrecht haben.
>
> Dass Euer Geschlecht von Natur aus tyrannisch ist, ist als Wahrheit so völlig bewiesen, dass es keine Erörterung mehr erlaubt. Aber die von Euch, die glücklich sein wollen, geben freiwillig das strenge Anrecht des Herren auf zugunsten des sanfteren und teureren als Freund. (…) Männer von Verstand verabscheuen in allen Zeiten solche Sitten, die uns nur als die Mägde Eures Geschlechts behandeln. Betrachtet uns also als von der Vorsehung unter Euren Schutz gestellt. Und in Nachahmung des höchsten Wesens macht von dieser Gewalt nur zu unserem Glück Gebrauch."

John Adams an Abigail Adams am 14. April 1776:

Abb. 6: John Adams (1735–1826), zweiter Präsident der USA (1797–1801)

...Was Dein außerordentliches Gesetzbuch betrifft, da kann ich nur lachen. Man hat uns erzählt, dass unser Kampf (gegen England) die Bande der Obrigkeit überall gelockert habe, dass Kinder und Lehrlinge ungehorsam würden, dass Schulen und Universitäten aufgewühlt würden, dass Indianer ihre Wächter missachteten und Neger unverschämt gegen ihre Herren würden. Aber Dein Brief war der erste Hinweis, dass noch ein anderer Klüngel – zahlreicher und mächtiger als alle anderen – zur Unzufriedenheit herangezüchtet wird. Das ist ein ziemlich grobes Kompliment, aber Du bist so frech, dass ich es nicht ausstreichen werde.

Verlass dich drauf, wir wissen etwas Besseres, als unsere männlichen Einrichtungen außer Kraft zu setzen. Obwohl sie in voller Rechtskraft stehen, sind sie – wie Dir bekannt – wenig mehr als Theorie. Wir wagen es nicht, unsere Gewalt auszuüben. Wir sind verpflichtet, fair und sanft vorzugehen; und in der Praxis – Du weißt es – sind wir die Untergebenen. Wir haben nur den Namen von Herren, und ehe wir diesen aufgeben (was uns völlig dem Despotismus des Unterrockes untertänig machte!) würden hoffentlich General Washington und all unsere tapferen Helden kämpfen...

Abigail Adams an John Adams am 7. Mai 1776:

Wie zahlreich sind die einsamen Stunden, während deren ich die Vergangenheit überdenke und die Zukunft voraus nehme... Ich kann nicht sagen, dass Ihr - meiner Meinung nach – sehr großzügig gegen die Frauen seid. Denn, während Ihr Frieden und Wohlwollen für die Männer verkündet und alle Völker frei lasst, beharrt Ihr darauf, eine absolute Gewalt über die Frauen festzuhalten. Aber Ihr müsst daran denken, dass die willkürliche Macht wie alle anderen sehr harten Dinge sehr leicht dem Zerbrechen ausgesetzt ist. Und trotz all Eurer weisen Gesetze und Grundsätze haben wir es in unserer Macht, nicht nur uns selbst zu befreien, sondern unsere Herren zu unterdrücken. Ohne Gewaltanwendung können wir beides, Eure natürliche und gesetzliche Autorität zu unseren Füßen niederwerfen...

Unsere Kleinen, die Du so oft meiner Sorge und Belehrung anvertraut hast, sollen es an Tüchtigkeit und Ehrenhaftigkeit nicht fehlen lassen, wenn der Unterricht einer Mutter den gewünschten Erfolg hat. Aber sie würden doppelt bekräftigt, wenn sie umschichtig das Beispiel eines Vaters vor sich genießen könnten.

Zit. nach: Borries, Bodo v.: Im „Paradies der Frauen"? Weibliches Leben in den dreizehn Kolonien und den frühen USA. In: Kuhn, Annette; Rüsen, Jörn (Hrsg.): Frauen in der Geschichte. Band II. Fachwissenschaftliche Beiträge zur Sozialgeschichte der Frauen vom frühen Mittelalter bis zur Gegenwart. Düsseldorf 1986, S. 129 f. – Der Beitrag findet sich seit kurzem auch in: Borries, Bodo v.: Wendepunkte in der Frauengeschichte II. Über Muttergöttinnen, Männeransprüche und Mädchenkindheiten. Pfaffenweiler 2003, S. 207-256.

In diesem Briefwechsel geht es um die Forderung der Gleichberechtigung für Frauen. John Adams verwahrt sich vehement dagegen. Immerhin spricht er etwas später in einem Brief an James Sullivan, in dem es um die Grundfragen der neuen politischen Ordnung geht, selbst diese Frage an.

John Adams an James Sullivan (Mitglied des Provinzialkongresses von Massachusetts) am 26. Mai 1776:

Es ist nicht zu bestreiten, dass die einzige ethische Grundlage von Herrschaft die Zustimmung des Volkes ist. Aber wie weit sollen wir dieses Prinzip auslegen? Sollen wir sagen, dass jeder einzelne in der Gemeinschaft, alt und jung, männlich und weiblich, arm und reich, jedem Gesetz explizit zustimmen muss? Nein, werden Sie sagen, das ist nicht möglich. Worauf beruht aber das Recht der Mehrheit, die Minderheit gegen ihren Willen zu beherrschen? Woraus ergibt sich das Recht der Männer, über die Frauen ohne deren Zustimmung zu herrschen? Worauf beruht das Recht der Alten, über die Jungen zu herrschen ohne deren Zustimmung?

Aber nehmen wir zuerst einmal an, alle hätten ohne Beachtung des Alters, des Ranges, des Geschlechts und sonstiger Eigenschaften das Wahlrecht. Sie kämen zusammen, ein Antrag würde mit einer Stimme Mehrheit angenommen, und die Minderheit wäre damit nicht einverstanden. Woher ergäbe sich dann das Recht der Mehrheit zu regieren und die Pflicht der Minderheit zu gehorchen? Sie werden antworten: aus der Notwendigkeit, weil es keine andere Regel geben kann.

Aber weshalb dann die Frauen ausschließen? Sie werden sagen: weil ihre Schwäche sie daran hindere, an den großen Dingen des Lebens, an den

Anstrengungen des Krieges und der Mühsal der öffentlichen Angelegenheiten mitzuwirken und Erfahrungen zu erwerben. Zudem wird ihre Aufmerksamkeit von der Sorge um die Kinder so sehr beansprucht, dass die Natur sie am besten ausgerüstet habe für häusliche Aufgaben.

Und Kinder, werden Sie sagen, haben keine Urteilskraft und keinen unabhängigen Willen.

Das ist wahr, aber gelten die Gründe nicht auch für andere? Ist es nicht ebenso wahr, dass alle Menschen in allen Gesellschaften, die keinerlei Eigentum haben, ebenfalls zu wenig vertraut mit öffentlichen Angelegenheiten sind, um sich ein Urteil bilden zu können, und dass sie zu abhängig von anderen Menschen sind, um einen eigenen Willen zu haben?

Glauben Sie mir, Sir, es ist gefährlich, einen so endlosen Streit zu beginnen, wie ihn die Änderung des Wahlrechts auslösen würde. Er wird kein Ende nehmen. Frauen werden das Wahlrecht verlangen. Burschen von 12 bis 21 werden ihre Rechte nicht mehr für ausreichend geschützt halten. Und Männer, die nicht einen Pfennig besitzen, werden bei allen Maßnahmen der Regierung gleiche Mitsprache verlangen. Der Verwischung und Zerstörung aller Unterschiede würde hier Vorschub geleistet, und alle Rangunterschiede würden eingeebnet.

Zit. nach: Adams, Willi Paul und Meurer Adams, Angela (Hg.): Die amerikanische Revolution in Augenzeugenberichten. München 1976, S. 317 ff.

Zur Auswahl des Briefwechsels zwischen Abigail und John Adams haben folgende Überlegungen geführt:

◆ Persönliche Zeugnisse, wie Briefe oder Tagebuchaufzeichnungen, werden meist nur dann herangezogen, wenn die Bedeutsamkeit berühmter Männer abgerundet werden soll. Dagegen thematisiert der oben zitierte Briefwechsel von vornherein Männer *und* Frauen, sowohl den persönlichen Bereich beider als auch beider Interessen am politischen Geschehen, wie auch später Olympe de Gouges und andere Frauen in ihren öffentlichen Aktivitäten erwähnt werden. Die in geschichtlichen Darstellungen (von der Wissenschaft, über die Schulbuchproduktion bis in den Unterricht) geltende Aufteilung in öffentlich = geschichtlich-wichtig versus privat = geschichtlich-unwichtig wird hier also nicht fortgesetzt, sondern aufgehoben. Mit der Aufhebung derartiger Dichotomien wird ein Anliegen der Genderforschung eingelöst.

◆ Bei der Thematisierung der Menschenrechte und der damit verbundenen Frage des Wahlrechts wird selten erwähnt, dass Frauen, Sklaven und Indianer davon ausgeschlossen waren. Sofern die Rede darauf kommt, wird immer wieder darauf verwiesen, dass die Menschen damals in dieser Hinsicht noch gar kein Problembewusstsein gehabt hätten oder sich die Frage nach Gleichberechtigung von Frauen, Schwarzen und Indianern „einfach nicht gestellt habe". Derartige Behauptungen, wiederholt gelesen oder gehört, werden irgendwann hingenommen und geglaubt. Es gibt jedoch genügend Quellentexte, die ein ganz anderes Bild zeigen.

◆ Die in den Briefen angesprochene Thematik bietet nicht nur in inhaltlicher, sondern auch in methodischer Hinsicht gute Möglichkeiten, auf die geschlechterspezifischen Bedingungen der Schüler und Schülerinnen einzugehen. Die Auseinandersetzung, die hier auf persönlicher Ebene geführt wird, sowohl im Briefwechsel als auch im Unterricht, kann dann später, bei der Behandlung der Französischen Revolution in sachlicher Hinsicht auf der öffentlichen Ebene wie auch im Unterricht im Sinne einer sachlich fundierten Reflexivität weiter geführt werden.

Sachliche Voraussetzungen

Im Voraus wurden folgende Aspekte besprochen:
◆ Die Auswanderung nach Nordamerika
◆ Das Leben in den Kolonien
◆ Die Beziehungen zwischen Einwanderern und der ursprünglichen Bevölkerung
◆ Der Sklavenhandel
◆ Der Konflikt mit England
◆ Der Kampf um die Unabhängigkeit.

In *allen* Stunden ist vom Leben verschiedenster Männer und Frauen die Rede gewesen, auch von deren jeweiligen Lebensbedingungen.

Grundlage für die thematische Akzentuierung waren nicht allein die Vorgaben des Lehrplans, sondern auch Schülerfragen zu Beginn der Unterrichtseinheit, wie zum Beispiel:
◆ Hatten die Menschen dort ein freieres Leben?
◆ Wie sind sie in der Fremde klar gekommen?
◆ Wie haben die Indianer auf die Einwanderer reagiert?
◆ Haben die Europäer die dort lebenden Indianer auch schlecht behandelt und ausgebeutet?
◆ Wie haben die Auswanderer sich verständigt? In welcher Sprache?
◆ Nach welchen Gesetzen haben sie gelebt?
◆ Wer hat regiert?
◆ Haben sie auch Kriege geführt?
◆ Sind die Kolonien nicht so etwas wie eine Europäische Union?

◆ Wie haben die Menschen es geschafft, ein so riesiges Gebiet so schnell zu besiedeln?[3]

An dieser Stelle kann schon einmal verdeutlicht werden, *wie* Geschlechtergeschichtliches in den Unterricht *integriert* werden kann. In den vorausgegangenen Stunden war von Männern und Frauen selbstverständlich und eher beiläufig die Rede, denn die Schüler und Schülerinnen hatten wie gewohnt nach den Menschen gefragt. Nun wird ein besonderes Problem zwischen Mann und Frau zwar deutlich hervorgehoben, fällt aber nicht aus dem im Unterricht gewohnten Rahmen. Die Auseinandersetzung zwischen John und Abigail Adams bleibt auch nicht auf den persönlichen Raum beschränkt, sondern wird im Weiteren in einen größeren und allgemeinen geschichtlichen Zusammenhang gestellt, wie oben aus dem Brief an Sullivan und nachfolgend in den Auszügen aus der Verfassung der USA ersichtlich wird.

Die Integration in den Unterricht

Die Frage „Wer regiert?" war im Laufe des Unterrichts durch weitere Fragen differenziert worden: Eine davon lautete: „Wer bestimmt eigentlich, wer regiert?"

Diese Leitfrage für die Unterrichtsstunde war anfangs von mir rhetorisch zugespitzt worden auf: „Wer soll denn Eurer Meinung nach bestimmen, wer regiert?" Spontan und undifferenziert wurde erst einmal vorgeschlagen: „Alle!"

Dieses „Alle" oder „jeder" galt es zu spezifizieren, z.B.: Jeder, der im Land wohnt? Alle, die sich dort gerade aufhalten? Jeder, ob reich oder arm? Alle, ob jung oder alt? Alle, Männer, Frauen, Kinder? Alle, auch die, die sich für Politik gar nicht interessieren oder davon nichts verstehen?

Da Schüler und Schülerinnen sich mit derartigen Grundfragen der demokratischen Teilhabe bis dahin nur am Rande oder noch gar nicht befasst hatten, war an dieser Stelle, auch im Hinblick auf unterschiedliche Wahlmodi, die ihnen im Laufe der Geschichte und des Geschichtsunterrichts noch begegnen würden, eine gute Gelegenheit, sich mit diesen Fragen zu beschäftigen und eine erste eigene Position dazu zu entwickeln.

Nach der Erörterung der eigenen Positionen erfolgte der Hinweis darauf, dass viele Menschen in den Kolonien diese Fragen im Hinblick auf eine neue staatliche Ordnung erörtert hatten, was ihnen anhand einiger Briefe verdeutlicht werden sollte.

Für die Bearbeitung des Briefwechsels wählte ich ein Verfahren, das die besonderen Bedingungen geschlechterspezifischen Lernens im 8. Jahrgang zwar berücksichtigt, zugleich aber versucht, diesbezügliche Verfestigungen aufzulösen. Genannt werden sollen hier stichwortartig der immer deutlicher werdende Rückzug der Mädchen, auf der anderen Seite bei vielen Jungen Demonstration von Stärke und Überlegenheit verbunden mit der Abwehr und Abwertung des Weiblichen (differenziertere Ausführungen dazu im Kap. 8).

Hier bot sich ein binnendifferenziertes Verfahren an, in dem Mädchen sich vorerst mit Interessen und Problemen von Frauen, Jungen sich dagegen mit denen von Männern befassen können. Die Mädchen erhielten den ersten Brief Abigails und den Antwortbrief Johns. Ihre Aufgabe bestand darin, an Stelle von Abigail Johns Brief zu erwidern. Die Jungen hatten nur den ersten Brief Abigails erhalten. Sie sollten an Stelle von John einen Antwortbrief an Abigail schreiben. Sie nutzten die Situation, um allen Macho-Regungen Frauen gegenüber zu folgen. Sie hatten hier den Freiraum, die Frau in die Schranken zu verweisen, ihr den Mund zu verbieten, sich als Herrscher aufzuspielen u.a.m.

Erst nachdem die Briefe der Jungen vorgelesen waren, wurde der tatsächliche Brief Johns an Abigail vorgelesen. Darauf reagierten die Jungen mit Verblüffung. Dass jemand noch „chauvihafter" sein konnte als sie in all ihrer Phantasie, hatten sie nicht erwartet und gingen sogar zu der Meinung Johns vorsichtig auf Distanz, selbst wenn sie in ihren eigenen Ausführungen tendenziell Gleiches gesagt hatten.

Die Mädchen machten sich in ihrem Erwiderungsbrief die Ansichten Abigails zu Eigen und widersprachen John heftig. Sie hatten beim Schreiben die Gelegenheit, ihre Meinung darzustellen, ohne auf der Stelle unterbrochen und in ihrer Meinung abgewertet zu werden, was im Unterricht häufig der Fall ist.

Die Leitfrage „Wer bestimmt eigentlich, wer regiert?" war damit zwar noch nicht beantwortet, dafür aber war sie klarer und zum Teil auch dringlicher im Bewusstsein der Schüler und Schülerinnen vorhanden, so dass sie im folgenden Unterricht direkt und kompetenter als vorher anhand von Quellentexten bearbeitet werden konnte.

Inhaltsaspekte der Folgestunde:
- ◆ Brief an James Sullivan und Erörterung der in ihm enthaltenen Fragen (Text siehe oben);
- ◆ abschließendes Gespräch über die Bedeutung des Wahlrechts nur für weiße besitzende Bürger;
- ◆ Information über das Wahlrecht auch für Frauen im Staate New Jersey von 1790 bis 1807;

◆ Ausblick auf Emanzipationsbestrebungen der von der politischen Beteiligung ausgeschlossenen Gruppierungen und Information über Artikel 1, Abschnitt 9 (Erlaubnis des Sklavenimports bis 1808), Zusatzartikel 13 von 1865 (Verbot der Sklaverei), Zusatzartikel 15 von 1870 (Wahlrecht auch für Bürger anderer Hautfarbe und Rassenzugehörigkeit), Zusatzartikel 19 von 1920 (Wahlrecht auch für Frauen).

Textauszüge aus der Verfassung der USA von 1787:[4]

Erlaubnis des Sklavenimports bis 1808[5]

Artikel 1, Abschnitt 9: Die Einwanderung oder Hereinholung solcher Personen, deren Zulassung einer der derzeit bestehenden Staaten für angebracht hält, darf vom Kongress nicht vor 1808 verboten werden (...)

Verbot der Sklaverei

Zusatzartikel 13 (1865), Abschnitt 1: Weder Sklaverei noch Zwangsdienstbarkeit darf, außer als Strafe für ein Verbrechen, dessen die betreffende Person in einem ordentlichen Verfahren für schuldig befunden worden ist, in den Vereinigten Staaten oder irgendeinem Gebiet ihrer Gesetzeshoheit bestehen.

Wahlrecht auch für Bürger anderer Hautfarbe und Rassenzugehörigkeit

Zusatzartikel 15 (1870), Abschnitt 1: Das Wahlrecht der Bürger der Vereinigten Staaten darf von den Vereinigten Staaten oder von einem Einzelstaat nicht auf Grund der Rassenzugehörigkeit, der Hautfarbe oder des vormaligen Dienstbarkeitsverhältnisses versagt oder beschränkt werden.

Wahlrecht auch für Frauen

Zusatzartikel 19 (1920): Das Wahlrecht der Bürger der Vereinigten Staaten darf von den Vereinigten Staaten oder einem Einzelstaat nicht auf Grund des Geschlechts versagt oder beschränkt werden. (...)

Abschließend möchte ich den oben erwähnten Anregungen zur *Integration* von Geschlechtergeschichte in den laufenden Unterricht noch eine weitere hinzufügen, die zugleich als wichtiges Unterscheidungsmerkmal zwischen frauengeschichtlichen und geschlechtergeschichtlichen Ansätzen dienen kann: Im Mittelpunkt des geschilderten Unterrichts stehen nicht Fragen wie: Welche Rechte hatten *Frauen*, welche nicht? Wie verhielten sich *Frauen* zur Unabhängigkeitsbewegung? Haben sich auch *Frauen* zur Politik geäußert? Fragen, die dann am Beispiel Abigails beantwortet werden können. Fragen aber auch, die Frauen aus dem gesellschaftlichen Ganzen ausgliedern.

Dagegen stehen im Mittelpunkt geschlechtergeschichtlichen Unterrichts eher allgemeine Lebensfragen oder besondere Problemsituationen, Ereignisse etc., und es wird untersucht, beiläufig oder akzentuiert, wie sich Männer *und* Frauen zu den Fragen ihrer Zeit verhalten haben. In diesem Unterricht waren die zentralen Fragen: Wer hat regiert? Und: Wer soll bestimmen, wer regiert? Diese Fragen wurden schwerpunktmäßig, aber nicht ausschließlich anhand des Briefwechsels und der Frauenfrage erörtert. Geschlechtergeschichte also bezieht Frauen und Männer in gleicher Weise ein, aber, wie es mal jemand salopp ausgedrückt hat: Sie kringelt sich nicht um die Frauen.

Ob es sich in Amerika um Einwanderer, Sklaven und Indianer oder in Frankreich um die Lebensbedingungen des dritten Standes und den Verlauf der Revolution handelt: Immer ist von beiden, Männern und Frauen, die Rede, und nach Möglichkeit kommen beide zu Wort. Frauen und Männer kommen also gleichwertig zur Geltung, und zwar so, wie Geschlechtergeschichte Männer und Frauen als gleich wichtig und gleich aktiv an der Geschichte beteiligt versteht, auch wenn sie im historischen Wissen und Bewusstsein traditionell unterschiedlich repräsentiert sind.[6] In der Vergangenheit gab es immer beide, Männer wie Frauen, und beide müssen auch in der Geschichte und im Geschichtsunterricht präsentiert werden.

2.2 Unterricht zur Französischen Revolution

Der Inhalt: Debatten um das Bürgerrecht – Wahlrecht auch für Frauen?
Im Zuge der Erklärung der Menschenrechte und der Diskussionen um eine Verfassung (1789/90) wird in Frankreich in der Öffentlichkeit debattiert,

◆ wer das Bürgerrecht erhalten soll und
◆ ob das geplante aktive und passive Wahlrecht auch für Frauen gelten soll.

Wie beim vorangegangenen Unterricht über das Leben in den Kolonien wird das Thema „Debatten um das Bürgerrecht" mit dem Schwerpunkt auf der Frage nach dem Wahlrecht für Frauen nicht plötzlich in den konventionell vermittelten Geschichtsunterricht eingeblendet, sondern basiert auf der Beschäftigung mit den Lebensbedingungen von Frauen und Männern des dritten Standes und ihrer oft gemeinsamen Aktionen im Verlauf der Revolution.

Sachliche Voraussetzungen:
◆ Einberufung der Generalstände mit Beschwerdebriefen von Männern und Frauen;

- verschiedene Positionen und Lebensweisen innerhalb des Dritten Standes: von Arbeitern und Arbeiterinnen, von Handwerkern und Handwerkerinnen, von Händlern und Händlerinnen sowie den Ehefrauen der Männer des Dritten Standes, die nicht einer bezahlten Erwerbstätigkeit nachgingen;
- Verlauf der ersten Phasen der Revolution bis zur Erklärung der Menschenrechte;
- der Zug der Frauen nach Versailles;
- verschiedene individuelle und politische Bestrebungen von Männern und Frauen (so gab es beispielsweise neben Männern auch Frauen, die sich an den revolutionären Kämpfen beteiligten, es gab Männer wie Frauen, die sich politisch engagierten, und solche, die sich nur dann politisch engagierten, wenn Versorgung oder Arbeitsplatz bedroht waren, sowie auch viele, die von einer politischen Beteiligung, vor allem der von Frauen, gar nichts hielten).

Methodisches Vorgehen während der gesamten Unterrichtseinheit:
Mädchen erkunden, betrachten, bewerten und beschreiben die Geschehnisse in Frankreich aus ihrer Sicht, der Sicht einer Frau; Jungen befassen sich aus ihrer Sicht, der Sicht eines Mannes, mit den gleichen Geschehnissen. Dazu können die Schüler und Schülerinnen, wie sie dies auch schon in anderen thematischen Zusammenhängen kennen gelernt haben, in der Rolle von Journalisten und Journalistinnen recherchieren. Was und wie schreiben beispielsweise Jungen über den Sturm auf die Bastille, was und wie schreiben Mädchen über dieses Ereignis?

Unterrichtsverlauf:
Nachdem die Schüler und Schülerinnen die eigenen Positionen zur Frage des Wahlrechts für Frauen in Form eines Zeitungskommentars vorgetragen und erörtert hatten, lernten sie die Positionen historischer Personen kennen, hier die des Marquis de Condorcet und die von Olympe de Gouges. Die Texte waren als Beispiel für die Wechselwirkung von Gender und Politik ausgewählt worden. Diese Wechselwirkung wird hier insofern bedeutsam, als Condorcet und Olympe de Gouges, also beide, zu bedenken geben, dass die politische Entscheidung, die die Staatsbürgerschaft an Männlichkeit bindet, eine geschlechtsbedingte Unterscheidung dort einführt hat, wo es sie nicht gibt und aufgrund physischer Unterschiede nicht geben sollte. Joan W. Scott spitzt diesen Vorgang mit folgender Feststellung zu: „Frauen wurden im politischen Bereich erst dann in ihrer Unterschiedlichkeit sichtbar, wenn sie aufgrund ihres Geschlechts ausgeschlossen waren. Der Ge-

schlechtsunterschied war also eher die Wirkung, nicht die Ursache der Ausgrenzung."[7] Die Epoche der Bürgerlichen Revolutionen erweist sich demnach als eine Phase der nachhaltigen Veränderungen in der Konstruktion von Männlichkeit und Weiblichkeit.

Die Interdependenzen zwischen Politik und Geschlechterverhältnissen sind zu einem der geschlechtergeschichtlichen Forschungsschwerpunkte geworden mit ungefähr folgenden Untersuchungsfragen:

◆ In welcher Weise wirkt Politik auf Geschlechterverhältnisse? Mit welchen Begrifflichkeiten und Argumenten? Mit welchen Wirkungen?

◆ Welche politischen Zustände führen zur Veränderung bzw. zur Stabilisierung der Geschlechterordnung?

◆ Welche Wechselwirkungen bestehen zwischen Machtverhältnissen und Geschlechterverhältnissen?

Im Folgenden wird die Schülerfassung des Textes von Condorcet wiedergegeben. Die Unterteilungen und die Nummerierung sind von mir vorgenommen worden, da die Schüler und Schülerinnen nicht den gesamten Text bearbeiten sollten, sondern jeweils nur einige Teile daraus.

1790 wendet sich der Philosoph und Rechtsgelehrte Marquis de Condorcet mit einer Denkschrift an die Öffentlichkeit:

Die Menschen können sich an die Verletzung ihrer naturgegebenen Rechte so gewöhnen, dass unter denen, die sie verloren haben, keiner daran denkt, sie zurückzufordern, und nicht glaubt, ein Unrecht erlitten zu haben. Einige dieser Verletzungen sind sogar den Philosophen und Gesetzgebern entgan-
5 gen, als sie sich mit dem größten Eifer damit befassten, die Grundrechte der einzelnen Glieder des Menschengeschlechts zu etablieren, die sie zur alleinigen Grundlage ihrer politischen Institutionen machten. Haben sie z.B. nicht alle das Gleichheitsprinzip der Rechte verletzt, indem sie ganz einfach die Hälfte des Menschengeschlechts des Rechts beraubten, an der Gesetzge-
10 bung teilzunehmen, indem sie die Frauen vom Bürgerrecht ausschlossen? (…) Um zu widerlegen, dass dieser Ausschluss ein Akt der Tyrannei ist, müsste man entweder beweisen, dass die natürlichen Rechte der Frauen nicht unbedingt die gleichen sind wie die der Männer, oder dass diese nicht fähig sind, sie auszuüben. Die Menschenrechte leiten ihre Berechtigung
15 jedoch allein daraus ab, dass Menschen sinnliche Wesen sind, sich moralische Ideen aneignen und mit diesen Ideen umgehen können. Da nun Frauen die gleichen Fähigkeiten aufweisen, haben sie notwendigerweise auch die gleichen Rechte. (...) Es dürfte schwer sein zu beweisen, dass Frauen unfähig sind, das Bürgerrecht auszuüben. Warum sollte eine Gruppe von
20 Menschen, weil sie schwanger werden kann und sich vorübergehend un-

wohl fühlt, nicht Rechte ausüben, die man denjenigen niemals vorenthalten würde, die jeden Winter unter Gicht leiden und sich leicht erkälten? (...)

1. Es wird gesagt, dass Frauen trotz viel Geist, Scharfsinn und ihrer Argumentierfähigkeit (...) sich doch nie durch das leiten ließen, was man die Vernunft nennt. Diese Beobachtung ist falsch: sie folgen zwar nicht der Vernunft der Männer, lassen sich aber durch ihre eigene leiten. Da ihre Interessen nicht die gleichen sind, und da die gleichen Dinge für sie nicht die gleiche Bedeutung haben wie für uns, woran die Gesetze schuld sind, können sie, ohne dass es ihnen an Vernunft fehlt, sich von anderen Prinzipien leiten lassen und einem andern Ziel zuneigen. (...) 2. Es wird gesagt, dass Frauen zwar besser als die Männer, sanfter, sensibler und weniger den Lastern unterworfen seien, die auf Egoismus und Hartherzigkeit zurückzuführen sind, dass sie aber kein richtiges Gerechtigkeitsgefühl hätten, dass sie eher ihrem Gefühl als ihrem Gewissen gehorchten. Diese Beobachtung ist schon richtiger, aber sie beweist nichts: nicht die Natur, sondern die Erziehung, die soziale Existenz, verursachen diesen Unterschied. Weder die eine noch die andere haben den Frauen beigebracht, was recht und gerecht ist, sondern nur, was sich schickt, ziemt. (...) Es ist also ungerecht, den Frauen weiterhin den Genuss ihrer natürlichen Rechte zu verweigern und dafür Gründe anzuführen, die nur deshalb eine gewisse Berechtigung haben, weil sie diese Rechte nicht genießen. Wenn man gegen Frauen derartige Begründungen zuließe, müsste man auch den Teil des Volkes des Bürgerrechts berauben, der sich weder Kenntnisse erwerben noch seinen Verstand betätigen kann, weil er pausenlos seiner Arbeit nachgehen muss. Und bald würde man, nach und nach, nur noch die Männer als Bürger anerkennen, die eine Ausbildung in öffentlichem Recht durchgemacht haben. (...) 3. Man kann nicht als Grund die Abhängigkeit anbringen, in der sich Frauen gegenüber ihren Ehemännern befinden, denn es wäre gleichzeitig möglich, diese Tyrannei des Zivilrechts abzuschaffen. Und nie kann eine Ungerechtigkeit dazu dienen, eine andere zu begehen.

4. Es stehen also nur noch zwei Einwände zur Debatte. In Wirklichkeit stellen sie der Zulassung der Frauen zum Bürgerrecht keine anderen Gründe entgegen als die der Nützlichkeit, Gründe, die ein wirkliches Recht nicht aufwiegen können. Der entgegengesetzte Grundsatz, das Argument der Schädlichkeit, hat zu oft Tyrannen als Vorwand und Entschuldigung gedient. Im Namen der Nützlichkeit stöhnen Handel und Industrie unter Ketten, bleibt der Afrikaner in der Sklaverei gebannt. (...) 5. Was für eine Verfassung man auch immer verabschiedet, sicher ist, dass im gegenwärtigen Zustand der europäischen Zivilisation es immer nur eine sehr kleine Anzahl von Bürgern geben wird, die sich den öffentlichen Aufgaben widmen können. Man würde Frauen ebenso wenig aus ihrem Haushalt holen, wie

man Bauern von ihren Pflügen und Handwerker von ihren Werkstätten entfernt. In den reicheren Klassen sehen wir nirgends, dass die Frauen sich den häuslichen Aufgaben so andauernd hingeben, dass man fürchten muss,
65 sie davon wegzuziehen, und eine ernsthafte Beschäftigung entfernte sie davon viel weniger als die oberflächlichen Vergnügungen, zu denen sie Langeweile und schlechte Erziehung verdammen. Der Hauptgrund dieser Furcht ist die Vorstellung, dass jeder Mensch, dem es erlaubt ist, die Bürgerrechte wahrzunehmen, an nichts anderes denkt als ans Re-gieren.
70 Was zu einem gewissen Grad wahr sein kann zum Zeitpunkt, da eine Verfassung sich etabliert. Aber diese Bewegung wird nicht von Dauer sein. Also muss man nicht glauben, dass Frauen, weil sie Mitglieder der National-versammlung werden können, gleich Kinder, Haushalt und Nadel aufge-ben. Sie wären dadurch eher besser geeignet, ihre Kinder zu erziehen,
75 Menschen zu bilden. 6. Natürlich stillt die Frau ihre Kinder, versorgt sie in ihren ersten Lebensjahren. Durch diese Aufgaben ans Haus gebunden, schwächer als der Mann, ist es natürlich, dass sie ein zurückgezogeneres, häuslicheres Leben führt. (...) Das kann ein Grund sein, sie bei Wahlen nicht zu bevorzugen, aber das kann nicht die Begründung für einen gesetzlichen
80 Ausschluss sein. (...)
Ich bitte nur darum, dass man diese Gründe in anderem als dem spöttischen und deklamatorischen Ton zu widerlegen wagt; dass man mir vor allem einen natürlichen Unterschied zwischen Männern und Frauen aufzeigt, der den Ausschluss vom Recht legitimieren könnte. Über die Gleichheit der
85 Rechte aller Männer in unserer neuen Verfassung hat es erhabene Reden und unendlich viele Witzeleien gegeben; aber bis heute hat noch niemand einen einzigen Grund dagegen vorbringen können. Und das liegt sicher weder an mangelndem Talent noch an mangelndem Eifer. Ich möchte glauben, dass es mit der Gleichheit der Rechte zwischen den beiden Geschlechtern genau
90 so sein wird. Es ist eigenartig genug, dass man in vielen Ländern Frauen für unfähig gehalten hat, ein öffentliches Amt zu bekleiden, nicht aber den Königsthron zu besteigen; dass in Frankreich eine Frau Re-gentin, aber bis 1776 in Paris nicht Modehändlerin sein konnte.

Zit. nach: Petersen, Susanne: Marktweiber und Amazonen. Frauen in der Französischen Revolution. 2. durchgesehene Aufl., Köln 1989, S. 97-102.

Diesen Text erhielten die Schüler und Schülerinnen zwar im Ganzen un-gekürzt (Fremdwörter waren auf einer Folie erklärt), aber mit dem Auf-trag, sich neben den einführenden und abschließenden Sätzen je nach Leistungsfähigkeit mit einem oder mehreren Argumenten zu befassen.
    Es folgte ein Gespräch über historische Bedingungen und Begrün-dungen für die Zubilligung des aktiven und passiven Wahlrechts.

Es folgten auch Informationen über den weiteren Verlauf der Geschehnisse: Condorcets Plädoyer hatte in der gebildeten Öffentlichkeit erhebliches Aufsehen erregt. Außer von Frauen wurden seine Positionen auch von einigen liberalen Politikern unterstützt: Sie hatten den Frauen das Wahlrecht, aber nicht die Wählbarkeit zubilligen wollen. Zudem sollten sie bestimmte Ämter ausüben dürfen, vorausgesetzt, sie beträfen Frauenangelegenheiten. Politische Realität wurden diese Pläne allerdings nie. Zwar hatte sich Condorcet in dieser Denkschrift für die Belange der Frauen stark gemacht, in den später folgenden Anträgen zur Verfassung hatte er diese Argumente aber nicht weiter verfolgt.

Im September 1791, unmittelbar vor der Verabschiedung der Verfassung, die für Männer ein Zensuswahlrecht vorsah und Frauen ausschloss, legte Olympe de Gouges einen Gesetzentwurf vor mit dem Titel: „Erklärung der Rechte der Frau und Bürgerin". Olympe de Gouges war durchaus keine Einzelkämpferin, ihre Erklärung war eine von zahlreichen und vielfältigen Aktivitäten und Forderungen von Frauen seit Beginn der Revolution. Das Besondere war erstens, dass die „Erklärung der Rechte der Frau und Bürgerin" in allen Punkten der Menschen- und Bürgerrechtserklärung vom August 1789 entsprach und Olympe de Gouges darin die völlige rechtliche und politische Gleichstellung der Frauen forderte. Dies bewerkstelligte sie, indem sie das französische „l'homme", das zugleich „Mensch" und „Mann" bedeutet, entweder durch das Begriffspaar „femme et homme" (Frau und Mann) oder „femme" ersetzte. Den Titel der Erklärung „Les droits de l'Homme et du Citoyen" formulierte sie um zu „Les droits de la Femme et de la Citoyenne". Darin liegt bereits die zweite Besonderheit: die Hervorhebung der Fraueninteressen. Nicht alle Probleme, mit denen Frauen zu tun haben, sind automatisch Fraueninteressen im Sinne der Interessen von Frauen als Gruppe. Der Zug der Frauen nach Versailles beispielsweise war motiviert durch wirtschaftliche Nöte wie auch Ängste um die politische Richtung der Revolution. Obwohl Frauen bei dem Zug nach Versailles eine entscheidende Rolle spielten, sowohl in der Zusammensetzung der Volksmenge als auch in Berichten darüber, waren weibliches Bewusstsein und weibliche Interessen keine Motive für ihre Aktion. Im Gegensatz dazu waren die Forderungen der Frauen nach Staatsbürgerschaft samt Wahlrecht „der Ausdruck eines Interesses, das für Frauen als Gruppe spezifisch war".[8] Mit diesem spezifisch weiblichen Interesse wehrte sich Olympe de Gouges gegen die geplante und bereits spürbare Ausgrenzung der Frauen aus der Politik.

Die Frauen sichtbar zu machen, ist der frauengeschichtlichen Forschung in den letzten drei Jahrzehnten über alle Maßen gelungen, und die folgende „Erklärung der Rechte der Frau und Bürgerin" von Olympe de Gouges ist im Geschichtsunterricht sicher schon des Öfteren verwendet worden. Die Geschlechtergeschichte hat nun die Ansätze der Frauengeschichtsforschung in verschiedener Weise weiter entwickelt. Sie begnügt sich nicht mit dem Sichtbarmachen von Frauen, sondern setzt sie zum gesellschaftlichen Ganzen in Beziehung. Es geht nun darum, Frauen und ihre Aktionen nicht nur zu präsentieren, sondern zu zeigen, inwiefern ihre Aktionen gesamtgesellschaftlich motiviert waren und welche Resonanz sie gefunden hatten.

Gesetzentwurf der *Olympe de Gouges* September 1791 mit dem Titel:

Erklärung der Rechte der Frau und Bürgerin
Von der Nationalversammlung in den letzten Sitzungen dieser oder in der nächsten Legislaturperiode zu verabschieden

Präambel
Die Mütter, die Töchter, die Schwestern, Vertreterinnen der Nation, verlangen als Nationalversammlung konstituiert zu werden. In Anbetracht dessen, dass Unkenntnis, Vernachlässigung oder Missachtung der Rechte der Frau die alleinigen Ursachen öffentlichen Unbills und der Verderbtheit der Regierenden sind, haben sie beschlossen, in einer feierlichen Erklärung die natürlichen, unveräußerlichen und heiligen Rechte der Frau darzulegen.
(…)
In der Folge anerkennt und erklärt das an Schönheit wie an Mut, die Beschwernisse der Mutterschaft betreffend, überlegene Geschlecht in Gegenwart und mit dem Beistand des Höchsten Wesens die folgenden Rechte der Frau und Bürgerin.

Artikel I
Die Frau wird frei geboren und bleibt dem Manne ebenbürtig in allen Rechten. Unterschiede im Bereiche der Gesellschaft können nur im Gemeinwohl begründet sein.

Artikel II
Ziel und Zweck jedes politischen Zusammenschlusses ist die Wahrung der natürlichen und unverjährbaren Rechte von Frau und Mann, als da sind: Freiheit, Eigentum, Sicherheit und insbesondere das Recht auf Widerstand gegen Unterdrückung.

Artikel III
Jede Staatsgewalt wurzelt ihrem Wesen nach in der Nation, welche ihrerseits nichts anderes ist als eine Verbindung von Mann und Frau. Keine Körper-

schaft, kein einzelner kann einen Machtanspruch geltend machen, der nicht ausdrücklich daraus hervorginge.

Artikel IV
Freiheit und Gerechtigkeit beruhen darauf, dass dem andern abgegolten wird, was ihm zusteht.

So stößt die Frau bei der Wahrnehmung ihrer natürlichen Rechte nur an die ihr von der Tyrannei des Mannes gesetzten Grenzen; diese müssen durch die von Natur und Vernunft diktierten Gesetze neu gezogen werden. (...)

Artikel VI
Das Gesetz soll Ausdruck des Willens aller sein; alle Bürgerinnen und Bürger sollen persönlich oder über ihre Vertreter zu seiner Entstehung beitragen; für alle sollen die gleichen Bedingungen gelten. (...)

Artikel X
Niemand darf wegen seiner Meinung, selbst in Fragen grundsätzlicher Natur, Nachteile erleiden.

Die Frau hat das Recht, das Schafott zu besteigen, gleichermaßen muss ihr auch das Recht zugestanden werden, eine Rednertribüne zu besteigen, sofern sie nicht in Wort und Tat die vom Gesetz garantierte öffentliche Ordnung stört. (...)

Artikel XIII
Zum Unterhalt der öffentlichen Kräfte und Einrichtungen tragen Frau und Mann im gleichen Umfange bei.

Zu Fron und lästigen Pflichten wird die Frau ohne Unterschied beigezogen und muss deshalb bei der Zuteilung von Stellungen und Würden, in niedern wie in höheren Ämtern sowie im Gewerbe, ebenso berücksichtigt werden.

Artikel XIV
Die Bürgerinnen und Bürger haben das Recht, sich persönlich oder durch ihre Vertreter über die Notwendigkeit öffentlicher Abgaben ein Bild zu machen. (...)

Artikel XVI
Eine Gesellschaft, die weder Rechtsschutz noch Gewaltentrennung kennt, ist ohne Verfassung. Eine Verfassung aber, an deren Ausarbeitung nicht die Mehrheit der Bevölkerung mitgewirkt hat, die die Nation darstellt, wird null und nichtig.

Artikel XVII
Das Eigentum gehört beiden Geschlechtern, gemeinsam oder einzeln. Jeder Mensch verfügt über ein unverletzliches und heiliges Anrecht darauf. (...)

Nachwort

Frau, erwache! Die Stimme der Vernunft erschallt über unsern Erdball; erkenne deine Rechte! Das gewaltige Reich der Natur ist nicht mehr umlagert von Vorurteilen, Fanatismus, Irrglauben und Lüge. Die Fackel der Wahrheit hat das dunkle Gewölk der Dummheit und Gewalt zerteilt. All seine Kräfte aufbietend vermochte der versklavte Mann nicht ohne deine Hilfe seine Ketten sprengen. Kaum in Freiheit, zeigt er sich ungerecht gegen seine Gefährtin. Oh Frauen! Ihr Frauen, wann wird eure Verblendung ein Ende haben? Sagt an, welche Vorteile sind euch aus der Revolution erwachsen? Man bringt euch eine noch tiefere Verachtung, eine unverhohlenere Geringschätzung entgegen.

Dillier, Monika; Mostowlansky, Vera; Wyss, Regula (Hg.): Olympe de Gouges: Schriften. Basel 1980, S. 40-44

Aus dieser Erklärung konnten die Schüler und Schülerinnen wieder einzelne Textpassagen zur Bearbeitung auswählen. Über die im Verlauf der Revolution zunehmende Ausgrenzung der Frauen aus dem öffentlichen Leben bearbeiteten sie dann eine Rede Chaumettes, deren Argumentation mit der Condorcets verglichen wurde.

Als der Konvent gegen das heran marschierende monarchische Europa „das Vaterland in Gefahr" sah und das Massenaufgebot anordnete, erboten sich die Pariser Frauen nicht zum ersten Mal, mit dem Gewehr in der Hand das Vaterland zu verteidigen, und hofften, damit ihr Recht auf Gleichheit zu beweisen.

Da trat ihnen der radikale Chaumette entgegen, der ihnen empört zurief:

Seit wann ist es den Frauen gestattet, ihr Geschlecht abzuschwören und sich zu Männern zu machen? Seit wann ist es Gebrauch, sie die fromme Sorge ihres Haushaltes, die Wiege ihrer Kinder verlassen zu sehen, um auf die öffentlichen Plätze zu kommen, von der Tribüne herab Reden zu halten, in die Reihe der Truppen zu treten, mit einem Worte, Pflichten zu erfüllen, welche die Natur dem Manne allein zugeteilt hat? – Die Natur hat zu dem Manne gesagt: Sei Mann! Die Wettrennen, die Jagd, der Ackerbau, die Politik und die Anstrengungen aller Art sind dein *Vorrecht*! Sie hat zu dem Weibe gesagt: Sei Weib: Die Sorge für deine Kinder, die Details des Haushaltes, die süße Unruhe der Mutterschaft, das sind deine *Arbeiten*! – Unkluge Frauen, warum wollt ihr Männer werden? Sind die Menschen nicht genug geteilt? Was bedürft ihr mehr? Im Namen der Natur, bleibt, was ihr seid; und weit entfernt, uns um die Gefahren eines so stürmischen Lebens zu beneiden. Begnügt euch damit, sie uns im Schoße unserer

Familien vergessen zu machen, indem ihr unsere Augen ruhen lasset auf dem entzückenden Schauspiel unserer durch eure Sorge glücklichen Kinder.

Bebel, August: Die Frau und der Sozialismus. Berlin/Bonn 1980, S. 273.

Anschließend erhielten die Schüler und Schülerinnen folgende Informationen:

◆ 1793 erklärte der Konvent, dass Kinder, Irre, Minderjährige, Frauen und Kriminelle kein Bürgerrecht genießen. Im gleichen Jahr wurden die Frauenclubs geschlossen.

◆ 1795 untersagte der Konvent Frauen die Teilnahme an politischen Versammlungen;

◆ 1800 verbot das napoleonische Konsulat den Frauen das Tragen der Kokarde, des Insigniums der Revolution. (Damit wurde auch der symbolische Ausschluss der Frauen aus dem öffentlichen Raum vollzogen.)

Auf Grund weiterer Fragen von Schülern bot es sich an, die Ende des 18. Jahrhunderts auf breiter Ebene geführte Diskussion um die Neubestimmung der Positionen von Mann und Frau allgemein im Unterricht zu behandeln und den Schülern und Schülerinnen die nachhaltige Wirkung der Entscheidungen während der Revolution bis in unsere Tage zumindest anzudeuten.[10]

Diese Diskussion hatte vor allem Rousseau mit seinem Roman „Emile oder die Erziehung" in Gang gesetzt. In diesem Roman entfaltet er die erstrebenswerten Eigenschaften für Männer – am Beispiel der Entwicklung Emiles, und abschließend auch für Frauen, am Beispiel Sophies. Einige dieser Eigenschaften finden sich in folgender Übersicht:

Geschlechtermerkmale nach Rousseau:[11]

Männer	Frauen
Stärke	Schwäche
Verstand	Gefühl
Rationalität	Empfindsamkeit
Denkfähigkeit	Intuition
Erfindung	Anwendung
Grobheit	Sanftmut
Aggressivität	Zurückhaltung
Kampfesmut	Friedfertigkeit
Werbendes Verhalten	Schamgefühl
Arbeit außer Haus	Arbeit im Hause

(Ausführlichere Angaben dazu siehe Kap. 13.1)

2.3 Fazit

Geschlechtergeschichte ist mehr als die formale Zusammenfassung frauen- und männergeschichtlicher Forschungsergebnisse. Mit der Einbeziehung der Geschlechterperspektive rücken nicht nur Männer und Frauen als Personen ins Blickfeld, sondern zugleich auch das Verhältnis der Geschlechter zueinander, deren soziale Platzierung und Handlungsräume, wie auch die Geschlechterdifferenz mit allen daran geknüpften Berechtigungen, Zuschreibungen und Machtverhältnissen.[12]

Auf der Sachebene wurde in beiden Unterrichtssequenzen das Problem von Gleichheit und Differenz angesprochen, das sich mit unterschiedlichen Argumentationssträngen bis heute erhalten hat. Bis in unsere Tage wird die Frage, ob Geschlechtsunterschiede in Ungleichheiten der Geschlechterwelten zu münden haben oder nicht, in zahlreichen Variationen immer wieder neu durchgespielt. Abigail Adams, der Marquis de Condorcet und Olympe de Gouges vertraten den Gleichheitsgedanken, während John Adams (mit leichten Zweifeln) und Chaumette den der Differenz favorisierten.

Auf der Subjektebene habe ich mich bemüht, Gleichwertigkeit zwischen den Interessen der Jungen und Mädchen herzustellen. Ich habe durchgehend sowohl konkrete Lebensbedingungen und Beziehungen zwischen verschiedenen Menschen und Gruppierungen als auch abstrakte Verfassungsartikel bearbeiten lassen, ich habe persönliche Äußerungen von historischen Personen und von Schülern und Schülerinnen sowie Ereignisverläufe thematisiert. Ich habe mich bemüht, die Ausgestaltung der Inhalte wie auch die Bearbeitungsweisen sowohl sachbezogen als auch reflexiv und personenbezogen anzulegen.

Gleichwertigkeit herstellen heißt demnach nicht unbedingt, die besonderen geschlechterspezifischen Voraussetzungen zu thematisieren, wie dies im Unterricht u.a. auch der Fall war, sondern *mit und an ihnen zu arbeiten* (Kap. 8 und 9).

Anmerkungen

1   In einer Vorarbeit zu diesem Band habe ich mit mehreren solcher Essentials gearbeitet. Vgl. Dehne, Brigitte: „Nein, über Frauengeschichte reden wir nicht." Geschlechtergeschichte im Unterricht. In: Schönemann, Bernd; Voit, Hartmut (Hg.): Von der Einschulung bis zum Abitur. Prinzipien und Praxis historischen Lernens in den Schulstufen. Idstein 2002, S. 48-65.

2   Viele Texte, die für einen geschlechtergeschichtlichen Ansatz geeignet sind, finden sich in der Reihe „Frauen in der Geschichte", herausgegeben von Annette Kuhn et. al. Sie brauchen oft nur aus einem anderen Blickwinkel und unter

veränderten Fragestellungen oder Schwerpunktsetzungen für den Unterricht bearbeitet zu werden.

Diesen Unterricht habe ich teilweise bereits geschildert in dem Beitrag: Geschichte – für Mädchen und Jungen. Konzeption eines Geschichtsunterrichts, in dem Mädchen und Jungen sich gleichwertig und gleichzeitig mit Männern und Frauen in der Vergangenheit auseinandersetzen können. In: Niemetz, Gerold (Hg.): Vernachlässigte Fragen der Geschichtsdidaktik. Hannover 1992, S. 74-107, kürzlich im Wochenschau Verlag neu aufgelegt.

3   Zur Bedeutung von Schülerfragen siehe: Dehne, Brigitte: Schülerfragen als konstitutives Element von Unterricht. In: Geschichte in Wissenschaft und Unterricht 51, 2000, S.661-680.

4   Zitiert nach: März, Wolfgang: Material zur Vorlesung: Verfassungsgeschichte der Neuzeit. § 1 – USA, Dok. 4: Verfassung der USA vom 17. September 1/8/ (mit Zusatzartikeln 1–27) *www.zum.de/Faecher/G/BW/abbl/usa/verfl.htm.*

5   Angaben über die ausführliche Debatte zur Frage des Sklavenimports finden sich in: Adams, Willi Paul; Meurer Adams, Angela (Hg.): Die amerikanische Revolution in Augenzeugenberichten. München 1976, S.338 – 342.

6   Vergl. Schissler, Hanna: Einleitung. Soziale Ungleichheit und historisches Wissen. Der Beitrag der Geschlechtergeschichte. In: Dies. (Hg.): Geschlechterverhältnisse im historischen Wandel. Frankfurt a. M./New York 1993, S.26.

7   Scott, Joan W.: Überlegungen zu Geschlechtsidentität und Politik. In: Waniek, Eva; Stoller, Silvia (Hg.): Verhandlungen des Geschlechts. Wien 2001, S. 45. Mit „Geschlechtsunterschied" ist hier jedoch nicht der rein anatomische Unterschied gemeint, sondern die geschlechtsbedingte Unterscheidung.

8   Scott, Joan W.: Überlegungen (Anm. 7), S.49. – Eine überaus intensive Auseinandersetzung mit der „Erklärung der Rechte der Frau und Bürgerin" findet sich in: Hassauer, Friederike: Gleichberechtigung und Guillotine: Olympe de Gouges und die feministische Menschenrechtserklärung der Französischen Revolution. In: Becher, Ursula A.J.; Rüsen, Jörn (Hg.): Weiblichkeit in geschichtlicher Perspektive. Fallstudien und Reflexionen zu Grundproblemen der historischen Frauenforschung. Frankfurt am Main 1988, S. 259-291.

9   Schissler, Hanna: Einleitung. Soziale Ungleichheit (Anm. 6), S.27.

10 Lange, Sigrid (Hg.): Ob die Weiber Menschen sind? Geschlechterdebatten um 1800. Leipzig 1992.

11 Rousseau, Jean-Jacques: Emil oder die Erziehung. 9. Auflage, Paderborn; München; Wien; Zürich 1989. Die Aufstellung ist zu finden bei: Grubitzsch, Helga: „Wissen heißt leben ..." Der Kampf der Frauen um die Bildung zu Beginn des 19. Jahrhunderts. In: Brehmer, Ilse u.a.: Frauen in der Geschichte IV. Düsseldorf 1983, S. 171.

12 Vgl. Schissler, Hanna: Einleitung. Soziale (Anm. 6), S. 26.

Teil II

3. Frauen kommen vor! – Reicht das aus?

Geschlechtergeschichte hat sich aus der Frauengeschichte heraus entwickelt, und es lohnt sich durchaus, von der Position der Geschlechtergeschichte aus einen Blick auf die Frauengeschichte zu werfen. Betrachtet werden die Möglichkeiten und Grenzen der Frauengeschichte
♦ in der Schulbuchpraxis,
♦ theoretisch und unterrichtspraktisch
Das besondere Augenmerk ist darauf gerichtet, in welchem Verhältnis
Frauen zu Männern und frauengeschichtliche Inhalte zu traditionellen
geschichtlichen Darstellungen gezeigt und platziert werden. Zur schnel-
leren Orientierung möchte ich das Ergebnis vorwegnehmen:
  Frauengeschichtliche Inhalte werden nicht in die traditionelle Geschichtsdarstellung integriert, sondern äußerlich eingefügt. Ein bloßes
Einfügen von Frauen in die Geschichte jedoch führt in eine Sackgasse.
Dieses Einfügen ändert an der Betrachtung der Männern und Frauen
zugeschriebenen Rollen und Werte nichts Entscheidendes, im Gegenteil: die Rollen und Werte werden festgeschrieben und somit noch
verstärkt. Die Art, wie Männer gezeigt und betrachtet werden, bestimmt auch, wie Frauen dargestellt und betrachtet werden. Ihnen
werden einerseits ergänzende bzw. gegenteilige Rollen und Funktionen
zugeschrieben, oder sie haben ihrerseits männliche Denk- und Wertmu-
ster zu übernehmen.

Sehen wir uns mit der Brille der eben formulierten Kritik einige
Schulbücher wie auch frühe Ansätze der Frauengeschichtsforschung
genauer an.

3.1 Die Schulbuchpraxis: Frauen kommen vor

Die Schulbuchpraxis im Allgemeinen
Damit Schulbücher genehmigt werden, ist u.a. eine Forderung der für
Schule zuständigen Ministerien oder Senatsverwaltungen einzulösen,
die da sinngemäß lautet: Frauen in der Geschichte sind zu berücksichtigen. Seitdem werden Quellentexte oder Bilder von, über und mit
Frauen eingefügt und die männliche Sprachform wird mitunter durch
die weibliche ergänzt. Dabei kommt es zu sachlichen Fehlinformatio-

nen, zumindest Missverständnissen, wie beispielsweise bei einem Schulbuchkapitel mit der Überschrift: „Frömmigkeit und Fleiß im Kloster". Obwohl dort im ersten Absatz der Hinweis erfolgt, dass später „auch Klostergemeinschaften von Frauen" entstanden, „die ihr Zusammenleben ebenfalls nach den benediktinischen Regeln ausrichteten", führt im Weiteren die Rede von Mönchen und Nonnen im Kloster (Singularform!) zu der Auffassung, sie hätten dort gemeinsam gelebt, was beispielsweise aus folgendem Satz hervorgeht: „Was Mönche und Nonnen im Kloster an Saatgut und Zuchtvieh entwickelten, gaben sie an die Bauern des Umlandes weiter..."[1] Die historische Situation wird zwar etwas belebt, wenn man sich Mönche und Nonnen in einem Kloster vorstellt, jedoch in historisch unzutreffender Weise. Es hat den Anschein, als wenn jemand schnell und ohne viel nachzudenken, die weibliche Form eingefügt oder leicht verfügbares Material daraufhin durchgesehen hat, ob irgendwo Frauen vorkommen, und die Funde dann pflichtgemäß dort, wo sie ungefähr hinpassen könnten, platziert hat. Hinsichtlich der Anzahl und Qualität der Materialien, in denen Frauen vorkommen, gibt es zwar deutliche Unterschiede zwischen einzelnen Schulbüchern, konzeptionelle Überlegungen hinsichtlich einer angemessenen Berücksichtigung frauengeschichtlicher Forschungsergebnisse lassen sich jedoch nur in wenigen Ausnahmefällen feststellen.[2]

Stellenweise wird Frauengeschichte gesondert in die Themenbereiche eingefügt, mitunter auch äußerlich auf Sonderseiten[3], und die seitens eines Verlags „durchgängig gestellte Frage nach den Lebensverhältnissen und -möglichkeiten, nach Lebensentwürfen und -vorstellungen von Männern und Frauen" wird in der Weise beantwortet, dass „Bauer" nun durch „Bauernfamilie" ersetzt wird.[4] Die Unterschiedlichkeit konzeptioneller Ansätze ist ja prinzipiell zu begrüßen, vielfach jedoch sind diese Konzeptionen fachlich nicht hinreichend fundiert, und das merkt man ihnen an.

Das eigentliche Anliegen, geschichtliche Vorgänge und Zustände auch aus der Sicht von Frauen wiederzugeben, wird auf diese Weise nur punktuell eingelöst. Die derzeitige Schulbuchpraxis erweist sich im Ganzen als fragwürdig: Zwar lässt sich anhand der erwähnten Einfügungen zweifelsfrei feststellen, dass Frauen ihre verwaltungsmäßig vorgeschriebene Berücksichtigung gefunden haben, aber nicht nur die Frauen, sondern auch die Begrenztheiten dieses Vorgehens werden so sichtbar:

◆ Frauen werden bestimmte Denk- und Tätigkeitsbereiche zugewiesen, keinesfalls die Politik.

♦ Das Leben der Frauen beschränkt sich eigentümlicherweise auf wenige Bereiche, die schnell genannt sind: Familie, Alltag und Haushalt, Fragen der Sauberkeit und Ordnung. Eine weitergehende Auseinandersetzung mit möglicherweise komplexeren Lebensfragen findet nicht statt.

♦ Selbst in den genannten Bereichen traut man Frauen offensichtlich nicht zu, dass sie sich selbst zu Wort melden können. Stattdessen sind es häufiger Männer, die das Wort ergreifen. Zitiert werden dort deren Wunschvorstellungen, die von ihnen erlassenen Verfügungen und Gesetze, und sofern Frauenstimmen zugelassen sind, dann nur in der Weise, dass sie das von den Männern Verlautbarte illustrieren und bestätigen.

♦ Eine strukturelle Einbindung in die allgemeine Geschichte wird nicht hergestellt und trotz partieller Einfügungen bleiben Frauen in der Geschichte im Ganzen unberücksichtigt, so, wie es Alice Schwarzer einmal treffend formuliert hat: „Als Frau ausgeschlossen sein oder ins Frausein eingeschlossen sein – kommt das nicht letztendlich auf das Gleiche raus?" [5]

Die Schulbuchpraxis im Besonderen: Extra-Seiten über Frauen

Um diese Schulbuchpraxis genauer zu belegen, ziehe ich ein Schulbuchwerk heran, das zu einigen wichtigen geschichtlichen Themen, wie „Industrialisierung" oder „Nationalsozialismus" Extra-Seiten über Frauen konzipiert hat. Den Frauen, ihren Problemen und Interessen, wird ein gewisser Raum zur Verfügung gestellt, und das wirkt ansprechend. (Ich hatte als Lehrerin selbst dieses Werk für die Schule bestellt, eben *weil* Frauen dort deutlich sichtbar vorkamen.)

Bei der Doppelseite „Frauen im Nationalsozialismus" beispielsweise werden Frauenbild, Mutterschaft, Abtreibung, Ehe und Beruf thematisiert, also eine durchaus ansprechende Zusammenstellung wichtiger Aspekte aus dem Leben von Frauen.[6] Die beiden Seiten enthalten einige Quellentexte und mehrere Bilder, die zusätzliche Einblicke in das Leben von Frauen gewähren können. Auf den ersten Blick ist es also erfreulich, dass Frauen und ihre Belange in dieser Weise in der geschichtlichen Auseinandersetzung berücksichtigt werden.

Einer genaueren Untersuchung hält dieses Urteil jedoch nicht stand: Das Schulbuch dokumentiert ein massives Strukturproblem, das ich im Folgenden genauer analysieren möchte; am konkreten Fall und im Detail lassen sich die Probleme besser belegen als mit Aussagen allgemeiner Art.

Folgendes lässt sich feststellen:

1. *Weibliche Stimmen und Erfahrungen werden durch männliche*
    Stimmen, Vorstellungen und Zuschreibungen überlagert.

Abb. 7: Feierliche Verleihung des Mutterkreuzes, Foto 1939.

Abb. 8: Begeisterte Frauen jubeln   Abb. 9: Das „Heer der Mütter",
Hitler zu, Foto März 1938   Foto um 1939
Aus: Entdecken und Verstehen 9/10. Geschichtsbuch für Brandenburg, hrsg.
v. Thomas Berger-von der Heide, Hans-G. Oomen. Berlin 1999, S. 116 f.

Obwohl auf den drei Bildern zahlreiche Frauen zu sehen sind, ist deren
Sprachlosigkeit im Text auffallend. In den drei Quellentexten werden
Hitler, der Völkische Beobachter und ein Auszug aus einer gesetzlichen

Bestimmung zitiert, aber nicht eine Frau kommt zu Wort. Das kann nicht daran liegen, wie dies für manche Zeiträume gilt, dass keine Frauenstimmen zu vernehmen sind. Für die Zeit des Nationalsozialismus gibt es übergenug Quellen, in denen Frauen sich selbst äußern können.

Weiblichen Erfahrungen wird ebenfalls kein Raum gegeben, ihre Resonanzen auf die hier angeführten Frauenbilder, Verordnungen und Erlasse werden nicht thematisiert. Es fehlen Reaktionen von Frauen auf die nationalsozialistische Politik, auch Auseinandersetzungen mit dieser. Selbst wenn die Auseinandersetzung nicht öffentlich stattfinden konnte, finden sich dazu doch zahlreiche Zeugnisse.

Die Polarisierung der Geschlechtersphären, wie sie nach dem bürgerlichen Geschlechtermodell lange Zeit üblich war, wonach der Mann für die große, öffentliche Welt, vor allem für die Politik, und die Frau für die kleine private Welt, d.h. für Haushalt und Familie, zuständig ist, hat heutzutage an gesellschaftlicher Relevanz verloren, im *gegenwärtigen Geschichtsbuch, also in der heutigen distanzierten Betrachtung und Bewertung* tritt sie bei der Auswahl der Inhalte jedoch wieder vollständig in Kraft. Frauen werden reduziert auf wenige Bereiche, die zweifellos Bestandteil ihres Lebens sind oder sein können (z.B. Mutterschaft), jegliche Befassung mit Politik wird ihnen verwehrt. Mit Politik hat ihr Leben dem äußeren Anschein nach nichts zu tun, dieser Bereich bleibt vollständig ausgeklammert. Doch genau dieser politische Anteil müsste stärker in den Blick genommen werden. Darüber hinaus ist festzuhalten, dass dieses Schulbuch an dieser Stelle einer distanzlosen Argumentations- und Präsentationsweise folgt. Das Schulbuch reproduziert unkritisch (und sachlich auch unpräzise) die historisch-politische Rollenverteilung von Männern und Frauen statt diese zu kritisieren.

2. *Die Auswahl der Inhalte erfolgt äußerlich, schematisch und ohne nennenswerte frauengeschichtliche Fundierung.*

Zum Einfügen von Frauen in die Geschichte reichen jedoch weder ein paar Quellen oder Sachtexte, in denen Frauen in irgendeiner Weise thematisiert werden, noch der Wissensbestand der konventionellen Geschichte. Stattdessen ist eine genaue Kenntnis des wissenschaftlichen Forschungsstandes, selbstverständlich auch im Bereich der Frauengeschichte, unerlässlich, soll es nicht zu gravierenden Fehlinformationen kommen.

Der erste Teil der Doppelseite befasst sich mit den nationalsozialistischen Vorstellungen von Frau und Mutterschaft. Die Überschrift für diesen Abschnitt lautet: „Zurück in Küche und Kammer". Die beiden Quellentexte, eine Aussage von Hitler, die andere eine nicht näher gekennzeichnete Äußerung im „Völkischen Beobachter", befassen sich mit dem Frauenbild. Die Aussagen der beiden Quellen sind widersprüchlich, ohne dass hier jedoch Kontroversität der Aussagen beabsichtigt ist.

(...) Hitler sagte 1934 vor dem Reichsparteitag:
Q 1...Wenn man sagt, die Welt des Mannes ist der Staat, die Welt des Mannes ist sein Ringen, die Einsatzbereitschaft für die Gemeinschaft, so könnte man vielleicht sagen, dass die Welt der Frau eine kleinere sei. Denn ihre Welt ist der Mann, ihre Familie, ihre Kinder und ihr Haus..."

Am 24. Dezember 1938 berichtete der ‚Völkische Beobachter':
Q 2...Die deutsche kinderreiche Mutter soll den gleichen Ehrenplatz in der deutschen Volksgemeinschaft erhalten wie der Frontsoldat, denn ihr Einsatz für Leib und Leben für Volk und Vaterland war der gleiche wie der des Frontsoldaten im Donner der Schlachten...

Die dazu vorgesehenen Arbeitsaufträge lauten:
Stellt fest, welche Rolle der Frau im Nationalsozialismus zugeschrieben wird. – Diskutiert den Vergleich in Q2.

Bei der Zusammenstellung von Überschrift, Sachtext und den beiden Quellentexten wird die historische Situation sachlich ungenau wiedergegeben. Richtig ist, dass die Räume von Männern und Frauen komplementär, getrennt und hierarchisch angelegt waren. Die NS-Politik verweist die Frauen aber nicht „zurück in Küche und Kammer", wie es in der ersten Überschrift auf der Frauenseite heißt, sie entspricht auch nur zum Teil Hitlers Zitat, in der er der Frau die kleinere Welt zuweist, bestehend aus Mann, Familie, Kindern und Haus. Hitler hinkt hier, wie auch Barbara Vinken feststellt, „seinen eigenen Ideologen und der weitaus radikaleren NS-Politik nostalgisch hinterher".[7] Der Bereich der vom NS proklamierten Frau war nicht der private Raum der Familie und deren Geborgenheit. Die Familie wurde vielmehr im so genannten Volkskörper aufgelöst, an die Stelle des Privaten trat die Kollektivierung des Privaten: Mutter und Kind, die in der bürgerlichen Ikonografie in vertraulicher Abgeschlossenheit dargestellt waren, „tauchten jetzt im Plural, in Reih und Glied, den Kinderwagen im Gleichschritt schiebend, auf."[8]

Der Innenraum der Familie wurde durch Professionalisierung der Hausfrauen- und Mutterrolle aufgebrochen, die Kinder sollten dem

Führer geboren werden und dem Volk gehören.[9] Weibliches Leben wurde nach männlich –soldatischen Mustern geformt und diesen angeglichen. Zentralen Ausdruck fand diese Angleichung in der Verleihung militärischer Auszeichnungen für die Anzahl der Kinder. Zwar waren die Geschlechtersphären getrennt und die Frauen aus politischen und gesellschaftlichen Entscheidungen ausgeschlossen, dennoch wurde die weibliche Sphäre stark ausgeweitet und brachte den Frauen neue Aktionsfelder, gesellschaftliche Anerkennung und Befriedigung.[10] Frauen, die später über ihre Erlebnisse in der Zeit des Nationalsozialismus befragt wurden, maßen immer Erfahrungen, die außer Haus gemacht wurden, große Bedeutung bei. Die Erziehung durch den Bund Deutscher Mädel war nicht gleichzusetzen mit einer Erziehung zur Weiblichkeit, zur Mütterlichkeit, sondern sie zielte auf verstärkte gesellschaftliche Verfügbarkeit von Mädchen und Frauen, und im Mittelpunkt dieser Erziehung standen Körperbeherrschung, Disziplin, und Effizienz.[11] Die nationalsozialistische weibliche Erziehung bot „unerhörte Möglichkeiten der Selbstorganisation und Inszenierungsmöglichkeiten von Weiblichkeit im öffentlichen Raum. Im Gegensatz zur bürgerlichen Mädchenerziehung wurden keine passiven Tugenden wie Geduld, Fügsamkeit und Bescheidenheit erwartet, sondern Energie und Ambitioniertheit, disziplinierte Aktivität (...). Das neue Weiblichkeitsideal wurde als stolze, selbstbehauptende Befreiung aus der Enge der Familie und vor allen Dingen aus der Enge der Mädchenerziehung begriffen."[12] Was viele Frauen nachhaltig am Nationalsozialismus fasziniert hat, war eben diese neue Erfahrung von Öffentlichkeit.[13]

Um die Richtung notwendiger und möglicher Korrekturen zumindest anzudeuten, müsste Hitlers Aussage von der kleinen Welt der Frau der tatsächlichen NS-Politik wie auch den drei Bildern gegenübergestellt werden. Dafür wären aber ein hinweisender Satz, auch eine räumlich veränderte Platzierung der beiden Quellentexte im Textganzen erforderlich. Möglich wäre auch ein Fragezeichen hinter der Überschrift „Zurück in Küche und Kammer". Dieses Fragezeichen gibt es aber nicht.

3. *Die Aussagen über Frauen klammern wesentliche Aspekte*
    nationalsozialistischer Ideologie aus.

Die Aussagen des Schulbuchs zur Frauenpolitik sind historisch insofern bedenklich, als sie wesentliche Komponenten der nationalsozialistischen Ideologie verwischen und negieren. Es gab keine einheitliche Frauenpolitik für alle Frauen. „Jedes Gesetz, jeder Erlass, jede Durchführungsverordnung zugunsten von Frauen, Müttern oder Familien, seien es Ehestandsdarlehen oder Kinderbeihilfen, seien es Mutterkreuze oder Mutterschutz, regelte zugleich den Ausschluss von Frauen, von ‚jüdischen' Frauen, ‚fremdvölkischen' Frauen, ‚erbkranken', ‚minderwerten' oder ‚asozialen' Frauen."[14] Die Darstellung nationalsozialistischer Frauenpolitik kommt, wenn sie sich nicht den Standpunkt nationalsozialistischer Selektion zu Eigen machen will, ohne die Information über nationalsozialistische Rassenpolitik nicht aus. In einem der Sachtexte des Schulbuchs heißt es beispielsweise:

> „Die Abtreibung galt als ‚Verbrechen an der Volksgemeinschaft'. Sie wurde bestraft. Nur Frauen jüdischen Glaubens durften ab 1938 straffrei abtreiben."

Die Arbeitsanweisung dazu lautet:

> „Vermutet, warum jüdischen Frauen Abtreibung ‚erlaubt' wurde."

Frauen, die aufgrund der nationalsozialistischen Rassenpolitik als jüdisch galten, werden hier fälschlicherweise als Frauen jüdischen Glaubens bezeichnet. Über die gezielte Trennung zwischen Frauen, die einmal als jüdisch, auf der anderen Seite aber gar nicht benannt werden, wird nur lapidar und den tatsächlichen Sachverhalt fast umkehrend berichtet, denn die Formulierung „dürfen abtreiben" vernebelt nicht nur völlig den dahinter stehenden Vernichtungsaspekt, sondern suggeriert geradezu ein Privileg für Frauen einer anderen Glaubensrichtung. Hier sollte nicht zutreffend informiert , sondern der Sachverhalt sollte vermutet, d.h. geraten werden.

Nationalsozialistische Rassen - und Vernichtungspolitik jedoch sollte nicht erraten, sondern sachgemäß und kritisch vermittelt werden. Auf gar keinen Fall sollte Jugendlichen zugemutet werden, sich in ein Denken einzufühlen, das eine solche Politik zur Folge hat. Im Sinne einer klar akzentuierten Frauengeschichte wäre hier aufzuzeigen, mit welchen Maßnahmen im Nationalsozialismus eine so genannte deutsche Frau kreiert werden sollte und mit welchen Gesetzen, Verordnungen und Maßnahmen die anderen Frauen konfrontiert wurden, die nach der nationalsozialistischen Ideologie nicht in die Vorstellung „deutsche Frau" passten, allen voran Frauen jüdischer Abkunft.

4.   Eine Verbindung mit der allgemeinen Geschichte wird nicht hergestellt.

Die im Schulbuch angeführten Beispiele zeigen, wie Lebensbereiche, die Frauen wie auch Männer betreffen, allein der Frau zugeordnet werden. So nämlich, wie es Vorstellungen über die deutsche Frau gab, wurden auch Vorstellungen vom deutschen Mann konstruiert und produziert. Auch für Männer, die nicht in den Vorstellungsrahmen „deutscher Mann" passten, galten wie bei den Frauen Gesetze, die ihren Ausschluss aus der sogenannten deutschen Volksgemeinschaft regelten. Der Frauenrahmen ist also viel zu eng. Zumindest hätte das Kapitel „Frauen und Männer im Nationalsozialismus" heißen müssen, denn auch die nachfolgenden Abschnitte, wie Kinderzahl und Ehe sind ohne Männer kaum möglich gewesen. Es zeigt sich, wie bei Sachverhalten, die durchaus beide betreffen, im Sinne einer vermeintlichen Geschlechterpolarität bestimmte Bereiche den Frauen zugewiesen werden.

Ein anderer Vorbehalt gilt der systematischen Zuordnung dieses Inhaltsbereichs. In den kurzen Textpassagen werden mehrere Bereiche der nationalsozialistischen Ideologie angesprochen, wie die nationalsozialistischen Vorstellungen von Männlichkeit und Weiblichkeit, die Funktion von Männern und Frauen in der so genannten Volksgemeinschaft, die Bedeutung des Kinderreichtums und seine Funktion in der vorgestellten Zukunft, die Arbeitsteilung zwischen Männern und Frauen und die Rassenideologie. Deswegen müsste das Kapitel eigentlich mit der Überschrift „Ideologie" versehen werden.

Zu exemplifizieren wäre diese Ideologie u.a. an rassistisch geprägten Vorstellungen über Männer und Frauen, über eine dementsprechende staatliche Organisation etc., die alles, was als deutsch bezeichnet wurde, aufwertet, und das, was davon abweicht, abwertet. Damit wäre auch der in diesem Zusammenhang unerlässliche Gewaltaspekt berücksichtigt, der in dem Frauensonderkapitel völlig ausgeblendet wird. Im zitierten Geschichtsbuch sind die politischen Implikationen nur verwaschen, geradezu als freundliche Maßnahmen wiedergegeben. Wer über die Bedeutung der Familienpolitik nicht informiert wird, sie nur vermuten soll, wird u.U. sogar die familienfördernden Maßnahmen wie Ehestandsdarlehen und Kindergeld den angeblich positiven Seiten des Nationalsozialismus zurechnen, den Klischees von der Abschaffung der Arbeitslosigkeit und dem Bau der Autobahnen ähnlich.

Leider findet sich diese Sichtweise nicht nur in dem untersuchten Schulbuch, sondern symptomatisch auch in einem aufwändigen Forschungsprojekt von Margarete Dörr, aus dem weiter unten einige Passagen zitiert werden.[15]

3.2 Möglichkeiten der Unterrichtsgestaltung aus frauengeschichtlicher Perspektive – Frauenstimmen zum Nationalsozialismus

Nach dieser kritischen Betrachtung des Schulbuchs soll skizziert werden, welche Impulse der Frauengeschichtsforschung in die Schulbuch- bzw. Unterrichtsgestaltung eingeflossen sind, welche aber auch ungenutzt geblieben sind. Bei der Betrachtung einiger frauengeschichtlicher Ansätze werden neben deren Begrenztheiten daher auch die in ihnen zu findenden Möglichkeiten aufgezeigt, die in der Schulbuchpraxis wie im Unterricht nach wie vor von Nutzen sein könnten.

Historische Frauenforschung – erste Ansätze
Der additiv-kompensatorische Ansatz[16]: In den Anfängen der Frauengeschichtsforschung ging es vorerst nur darum, Frauen überhaupt sichtbar zu machen, ihr Leben und Wirken zur Geltung zu bringen und in die konventionelle Geschichte einzuarbeiten. Die Bemühungen, frauengeschichtliche Befunde dem so bezeichneten additiv-kompensatorischen Ansatz entsprechend in die konventionelle Geschichte einzufügen, um somit bisherige Einseitigkeiten auszugleichen oder zu kompensieren, haben sich nicht nur in der Schulbuchpraxis, sondern auch in der Wissenschaftspraxis schnell als fragwürdig und unzureichend erwiesen. Frauen fanden sich meist nur in den von männlichem Handeln ausgesparten Bereichen (Privatbereich, Haushalt, Familie, weibliche Bildungsmöglichkeiten, etc.) oder als Opfer patriarchaler Herrschaft (Hexenverfolgungen).

Die Grenzen dieses Ansatzes wurden oben hinreichend beschrieben. Trotzdem kann er für den Unterricht und ebenso für die Schulbuchgestaltung durchaus von Nutzen sein.

Es wäre schon ein deutlicher Gewinn, wenn Texte über Frauen aufgrund *fundierter Kenntnisse in der Frauengeschichtsforschung* ausgewählt würden. Der konventionelle Wissensbestand wie auch der allgemein bekannte Fundus an Material genügen dafür aber nicht, weder quantitativ noch qualitativ. Es reicht eben nicht aus, wie zu sehen war, schon immer vorhandene und benutzte Materialien über den Nationalsozialismus durchzublättern und zu sehen, ob sich da eventuell etwas über Frauen finden lässt und die einzelnen Funde dann landläufigen Vorstellungen vom Leben der Frauen entsprechend zusammenzustellen oder irgendwo einzufügen.

Der Ansatz der kontributorischen Geschichte[17]*:* Frauenforschung aber, so stellten Historikerinnen fest, sollte prinzipiell jeden historischen Bereich, nicht nur Familie und Haushalt, sondern Innen- wie Außenpolitik, Bevölkerungs- wie Wirtschaftsgeschichte betreffen. Das heißt: sämtliche Bereiche, ob mit und ohne Frauen, wurden zum Gegenstand historischer Frauenforschung. Somit hebt dieser Ansatz den Beitrag (Kontribution) von Frauen zur so genannten allgemeinen Geschichte hervor.

Der Ansatz der kontributorischen Geschichte war zeitweilig in der Schulbuchpraxis wie bei der Lehrplangestaltung recht beliebt: Es galt, den Fokus nur etwas schärfer auf die ohnehin schon bekannten bedeutenden Frauen zu richten, angefangen bei Kleopatra bis hin zu Rosa Luxemburg.

Die Möglichkeiten dieses Ansatzes liegen in dem Bemühen, in Bereichen, die häufig allein dem männlichen Wirken zugeordnet werden, die weiblichen Positionen zu entdecken. So ist beispielsweise jeweils genauer zu prüfen, ob sich Frauen auch im politischen Bereich geäußert haben. Dabei ist nicht gleich an Herrscherinnen zu denken. Es gibt, wie im vorangegangenen Kapitel zu sehen war und wie weiterhin gezeigt werden wird, auch andere Möglichkeiten, sich zu politischen Fragen zu äußern.

Weibliche Erfahrungen: Mit dem Blick auf Unterricht und die dort verwendeten Darstellungen interessiert ein weiterer Ansatz, der von der weiblichen Erfahrung ausgeht. Er unterstellt nicht etwa für alle Frauen die gleiche Wahrnehmung, sondern geht vielmehr von der Tatsache aus, so Gerda Lerner, „dass das, was wir über die vergangene Erfahrung von Frauen wissen, uns hauptsächlich durch die Reflexion von Männern übermittelt ... (und) von einem Wertsystem geprägt worden ist, das Männer definiert haben."[18]

Im Unterschied zur so genannten his-story hatten amerikanische Frauengeschichtsforscherinnen daher begonnen, her-story zu schreiben. Eine Erfahrung, die ignoriert und folglich entwertet worden war, sollte nun ihren Wert erhalten und dem weiblichen Anteil an der Geschichte sollte Geltung verliehen werden.

In der Beschreibung der Arbeitsfelder der her-story finden wir Aspekte des additiv-kompensatorischen wie auch des kontributorischen Ansatzes. Darüber hinaus soll auf einige Vor- und Nachteile der her-story aufmerksam gemacht werden.

Zuerst zu den Nachteilen: Der Ansatz der her-story neigt dazu, Frauen als besonderes und eigenes Thema der Geschichte zu isolieren. Ein weiterer Nachteil, der vielleicht noch gewichtiger ist, liegt in der überaus positiven, oft unkritischen Einschätzung all dessen, was Frauen sagten oder taten.

Als positiv ist anzusehen, dass dieser Ansatz nicht nur die Legitimität der Erzählungen von Frauen über Frauen begründet, sondern die allgemeine Bedeutung des Geschlechtsunterschieds bei der Begriffsbildung und der Organisation des gesellschaftlichen Lebens hervorhebt. Ich erinnere an das allgemeine Wahlrecht, das, wie wir wissen, lange Zeit nur für Männer galt, dennoch aber als allgemein bezeichnet wurde.

Würden die positiven Aspekte frauengeschichtlicher Ansätze gebündelt, könnte im Unterricht und auch bei der Schulbuchgestaltung einiges verbessert werden. Aus frauengeschichtlicher Sicht bestünde durchaus die Möglichkeit, Frauen mit ihrer Geschichte selbst zu Wort kommen zu lassen, sie ihre Sicht auf den Nationalsozialismus, ihre Erfahrungen mit dem System darstellen zu lassen: Wie haben sie beispielsweise, wenn wir bei den hier vorgeschlagenen Themen bleiben, die im Nationalsozialismus proklamierten Weiblichkeitsvorstellungen erlebt? Wie sah dagegen ihre Realität aus? Wie sah die Realität derjenigen aus, für die dieses Frauenbild nicht galt? Wie wurden die den Frauen zugeschriebenen Räume und Aufgaben von ihnen gestaltet? Wie verhielten sich Frauen zu den hier erwähnten Gesetzen und Verordnungen? Welche Frauen haben den Nationalsozialismus unterstützt, wer wurde verfolgt?

Im Folgenden wird daher versucht, die kritischen Aussagen ins Konstruktive zu wenden. Ich konzentriere mich dabei vor allem auf weniger bekannte Texte, die vom Leben und Handeln der Frauen im Nationalsozialismus berichten. Über die Erfahrungen verfolgter Frauen gibt es zahlreiche und auch allgemein bekannte Schriften.[19] Das Leben der Frauen, die nicht verfolgt wurden, bleibt oft seltsam unscharf oder in Klischees gefangen. Deshalb habe ich Texte ausgesucht, in denen die Frauen nicht als Objekte des Handelns anderer gezeigt werden, sondern als Subjekte in ihren eigenverantwortlichen Handlungen, also Gegnerinnen, Mittäterinnen oder Mitläuferinnen.

Die Texte sind zum Teil sehr lang und müssten vor allem für Schulbücher stark gekürzt werden. Sie sollen hier aber ausführlich wiedergegeben werden, um Lehrern und Lehrerinnen einen umfassenden Einblick in die Denkweise und Gefühlswelt der Frauen zu vermitteln.

Zwei Texte, einer von Elisabeth Schwarzhaupt und einer von Gertrud Scholtz-Klink, eignen sich für mehrere thematische Schwerpunkte im Unterricht über Nationalsozialismus. In meinem Unterricht wurden mit den Texten folgende Schülerfragen beantwortet: Konnte man vorher wissen, was die Nationalsozialisten beabsichtigten? Wer hat den Nationalsozialismus befürwortet, wer war dagegen?

Elisabeth Schwarzhaupt (1901–1986) war in der Weimarer Republik Mitglied der Deutschen Volkspartei und arbeitete 1930–32 als promovierte Juristin in der städtischen Rechtsauskunftsstelle für Frauen in Frankfurt. 1933 wurde sie aus dem Staatsdienst entlassen. Während der NS-Zeit arbeitete sie in der Verwaltung der Evangelischen Kirche und gehörte der Bekennenden Kirche an. 1953 wurde sie für die CDU in den Bundestag gewählt. Im Rechts- und Familienausschuss des Bundestages engagierte sie sich besonders für die Reform des Ehe- und Familienrechts. 1961 wurde sie, allerdings erst auf Druck der CDU-Frauen, erste Ministerin der Bundesrepublik, zuständig für das Gesundheitsressort.

Elisabeth Schwarzhaupt: Was hat die deutsche Frau vom Nationalsozialismus zu erwarten? (1932)

Wie ist nun die Einstellung des Nationalsozialismus zur Frauenfrage zu werten?

(…) Ich finde in dem Ideenkreis, aus dem die nationalsozialistische Bewegung hervorgeht, vor allem drei Punkte, die einerseits unlösbar in die nationalsozialistische Gedankenwelt eingebaut sind, und die andererseits dem tiefsten Wesen der Frau, wie ich es verstehe, notwendig entgegengesetzt sind. Da ist zunächst

1. Die Art, wie die Nationalsozialisten die bevölkerungspolitische Lage ansehen.
Ich habe die Stelle aus Alfreds Rosenbergs Mythos* zitiert, in der er eine gewisse Durchbrechung der Monogamie gutheißt, wenn sie nur der Bevölkerungspolitik dient. Hitler spricht immer wieder von der notwendigen Auswahl der ‚rassisch Tüchtigen'. Feder hat den schönen Ausspruch von der ‚Aufnordung unserer Rasse' getan. Wenn ich solche Worte mit ihrem Anklang an die Aufforstung eines Waldes oder die Auffrischung einer Schafherde höre, schaudert es mich. Ich glaube, wir Frauen haben gefühlsmäßig einen etwas tieferen Einblick in die Kompliziertheit, in das dem Verstand Unzugängliche bei Zeugung, Geburt und Wachstum eines Menschen. Wir können nicht glauben, dass man Menschenkinder einer bestimmten Art ‚züchten' kann, wie man Tannenbäume oder Schafe züchtet (…)

2. (…) Durch dieses Buch zieht der Grundgedanke,
dass die Idee der Liebe, der Humanität, der Menschlichkeit zu verwerfen ist, weil sie dem ‚jüdischen Christentum' entstammt, weil sie schwächend, weibisch, jüdisch sei. An ihre Stelle soll als ‚neue ethische Idee' das germanische, männliche Ideal der Gefolgschaftstreue Gesetz werden.

Ich glaube, dass die Liebe, die Humanität, das Streben nach Befriedung und Gesittung zu den Daseinsbedingungen der Frau gehören. Denn ein gewisses Maß von Befriedung ist Voraussetzung für jede Kultur. In einem Gemeinwesen, in dem die Brutalität, die Muskelkraft, der Terror herrschen, kann keine Kultur gedeihen; hier werden die Frauen die ersten sein, die unter die Räder kommen (…)

3. (…)Fast ebenso verwerflich wie die Idee der christlichen Liebe erscheint einem richtigen Nationalsozialisten der Individualismus, die liberale Hochbewertung der Persönlichkeit und der Freiheit. Stattdessen predigt man die bedingungslose Unterordnung des Mannes unter den Führer, eine militärische Disziplin, die auf jede eigene Entscheidung, auf jedes eigene Nachprüfen verzichtet. Diese Unterdrückung des Individuellen zugunsten des Typischen, des Allgemeinen, in dieser übertriebenen Form widerspricht dem Ideal der Freiheit des Einzelnen, der Entwicklungsmöglichkeit für die individuellen, besonderen Formen des Lebens. Die Frauenbewegung war ein Kampf um die Wertung der Persönlichkeit in diesem liberalen Sinn. Ihr verdanken wir unsere heutige Stellung als grundsätzlich gleichberechtigte Staatsbürgerinnen. Schließlich glaube ich auch, dass diese Uniformierung und Militarisierung unseres Gemeinschaftslebens dem Wesen der Frau nach seiner tiefsten Anlage widerspricht.

Mein Ruf an die Frauen ist deshalb der: Wir berufstätigen Frauen wollen uns von der augenblicklichen Berufsmüdigkeit nicht unterkriegen lassen. Wir wollen uns vor Augen halten, dass das, was man uns an Stelle der schwer errungenen Gleichberechtigung bietet, leere, unhaltbare, vielleicht nicht einmal aufrichtige Versprechungen sind. Die Hausfrauen und Mütter bitte ich zu bedenken, das keiner der Vorschläge zur Verbesserung ihrer Stellung, die die Frauenbewegung gemacht hat, von den Nationalsozialisten aufgegriffen wird, und dass der platte Materialismus, die Bewertung der Frau nur nach ihrer Gebärfähigkeit keine Hebung ihrer Stellung bedeutet, sondern die tiefste Herabwürdigung gerade der wirklich mütterlichen Frau.

* Gemeint ist hier das Buch von Alfred Rosenberg: „Mythus des 20. Jahrhunderts".

Schwarzhaupt, Elisabeth: Was hat die deutsche Frau vom Nationalsozialismus zu erwarten? Berlin 1932, S. 18-22. In: Kuhn, Annette; Rothe, Valentine: Frauen im deutschen Faschismus. Band 1. Düsseldorf, 3. Aufl. 1987, S. 80-82.

Während Elisabeth Schwarzhaupt fragte: „Was hat die deutsche Frau vom Nationalsozialismus zu erwarten?" fragt die Frauenführerin Gertrud Scholtz-Klink in ihrer Rede auf dem Reichsparteitag in Nürnberg am 8. September 1934: „Was sind wir bereit, dem Nationalsozialismus zu bringen?"

Diese Rede, die im Folgenden, allerdings stark gekürzt, wiedergegeben wird, beschäftigt sich mit der Formung der so genannten deutschen Frau, mit ihrer „Auflösung im deutschen Volkskörper", der Professionalisierung der Hausfrauen- und Mutterrolle, der besonderen Auffassung von Mutterschaft und mit den Frauen angebotenen Aktionsbereichen im öffentlichen Raum.

Gertrud Scholtz-Klink: Was sind wir bereit, dem Nationalsozialismus zu bringen? (1934)

Wir haben heute in Deutschland etwas, wovor das Ausland und viele Männer im Inland staunend stehen: Alle deutschen Frauen unter einer Führung!

Wir sehen als Frauen im Volk unsere Aufgabe heute darin, die nationalsozialistische Weltanschauung in solcher Weise an die Frau heranzutragen, wie sie ihr verständlich und klar wird. Zu diesem Zweck ist das deutsche Frauenwerk geschaffen, in dem alle arbeitenden deutschen Frauen, ganz gleich, an welcher Seite sie nun arbeiten, zusammengefasst sind. (...)

Als erstes steht hier für alle deutschen Frauen *die Abteilung Mütterschulung und Mütterdienst*.

Mutter sein eint die Frauen aller Schichten und aller Stände. (…) Bestimmte Voraussetzungen, die den Erhalt des nationalsozialistischen Staates garantieren, muss heute jedes Mädchen vor der Ehe kennen, und diese Kenntnis der Dinge muss lebendig in ihm werden. (...) Ich nenne hier all die Fragen der Rassengesetze, der Erbgesundheit sowie die sich aus ihnen ergebenden staatspolitischen Notwendigkeiten für die Frau. (...)

Deshalb müssen wir bei ihrer Behandlung immer zuerst fragen: Wo steht die Frau, die wir erfassen wollen, woher kommt sie und wohin geht sie, und dann werden wir sehr bald merken, wo wir mit unserer Aufklärungsarbeit anzusetzen haben. Nehmen wir sie nun noch bei ihrer tiefsten Kraft – bei ihrem Muttertum –, an dem wir ihr am deutlichsten klarmachen können, wie stark sie als Glied in der Kette ihres Volkes steht, dann merkt sie eines Tages von selbst: Ich bin ja selber Geschichte! Und es überfällt sie die tiefe Erkenntnis: Was heißt denn Volk? – Volk bin ich! – und dann versteht sie unsere nationalsozialistische Forderung: dass das kleine eigene Ich sich diesem großen Du – Volk – unterordnen muss! Das ist der Kernpunkt unserer Mütterschulungskurse, der unsere jungen, heiratsfähigen Mädchen und jungen Mütter auf dem Wege über praktische Säuglingspflege, haus-

und volkswirtschaftliche Aufklärung zur staatspolitischen Erziehung führt. (…)

Nun müssen wir noch einen Überblick geben über den größten Block in unserer Frauenarbeit:

Die Frau in der Arbeitsfront,
also die Frau, die sich schaffend ihr eigenes Brot verdient. Man sagt oft, die Frau gehört nicht in den Beruf, vor allen Dingen nicht an die Maschine; die Fabrik verdirbt die Frau und lässt sie nicht Frau sein. Dieser Gedanke ist falsch. Wir müssen auch hier nur den richtigen Standpunkt zu den Dingen einnehmen.

Die Frau im Beruf wird auch an der Maschine so lange Frau bleiben können, so lange die ihr innewohnende Kraft und Arbeit in richtiger Harmonie zueinander stehen. (…) Dieser Maßstab (…) wird uns helfen, viele Übersteigerungen, die der Krieg und eine falsch gerichtete Beeinflussung unseres Volkes hervorgebracht haben, abzustellen (…) Ich denke hier im Zusammenhang mit unserer hauswirtschaftlichen Abteilung an eine ganz andere Einstellung zum Beispiel gegenüber dem Beruf der Hausangestellten, der Hauswirtschafterin und all die vielen Frauen, die in öffentlichen Berieben, besonders gerade im Gastwirtsgewerbe, Tag für Tag still und wortlos ihre Pflicht erfüllen. (…)

Und deshalb rufe ich hier der deutschen Arbeiterin und der berufstätigen Frau zu:
Macht von euch aus den Weg frei zu allen anderen Frauen und fragt nie zuerst, was bringt der Nationalsozialismus uns, sondern fragt zuerst immer und immer wieder: Was sind wir bereit, dem Nationalsozialismus zu bringen? Was kann er mit uns anfangen, denn jede einzelne von Euch muss an ihrem Arbeitsplatz Träger unserer Idee werden, weil ihr ein Teil Deutschlands seid, und weil Deutschland das Höchste und Beste ist, was es für uns gibt, und weil wir immer vom Leben das erhalten werden, was wir selbst zu geben bereit sind (…)

Ich sprach Ihnen schon von den Totalitätsansprüchen unseres Volkes auf das Leben des einzelnen. Diesen Totalitätsanspruch auf das Leben des einzelnen kann ein Volk, kann ein Staat, kann der Führer eines Staates und Volkes nur dann geltend machen, wenn dem einzelnen diese Notwendigkeit der Totalität im Leben der Gesamtheit bewusst wird. Es musste also für die Erziehung des Menschen eine Form gefunden werden, die die Jugend tatsächlich zum Gemeinschaftserlebnis führt. Deshalb sind es auch nicht wirtschaftliche oder militärische Gründe, die uns den Arbeitsdienst notwendig machen, sondern es ist die Notwendigkeit der Formung des jungen Menschen zum bewussten deutschen Menschen der Gegenwart (…)

Die Arbeitszeit beträgt sechs Stunden täglich. Die übrige Zeit wird mit einer gründlichen staatspolitischen Schulung, weltanschaulicher Erziehung, Sport und Gymnastik ausgefüllt.

(...)

Scholtz-Klink, Gertrud: Meine lieben deutschen Menschen! In: Reden an die deutsche Frau. Reichsparteitag Nürnberg, 8. September 1934. In: Benz, Ute: Frauen im Nationalsozialismus. Dokumente und Zeugnisse. München 1993, S.46 –53.

Unterrichtspraktische Tipps:

Einzelne Textabschnitte sollten dann herangezogen werden, wenn einer der erwähnten thematischen Schwerpunkte im Unterricht behandelt wird (Erfassung der Jugend, Mutterschaft, Mutterschaft auch im Berufsleben, Ideologie des Nationalsozialismus u.a.m.).

Einige ausgewählte Passagen können zum Text von Elisabeth Schwarzhaupt in Beziehung gesetzt werden.

Programmatische Aussagen dieses Textes können zu den realen Erfahrungen und zum Handeln von Frauen im Nationalsozialismus in Beziehung gesetzt werden.

Wie sich die propagierten nationalsozialistischen Absichten und Maßnahmen im *Denken* und im *Handeln* von Frauen verwirklichten und widerspiegelten, soll am Beispiel der Kindererziehung gezeigt werden.

Mutterschaft und Kindererziehung:

Wie die Auffassung von Mutterschaft wurde auch die Kindererziehung nicht individuellen Vorstellungen überlassen. In Schulbüchern findet sich daher stets Hitlers Reichenberger Rede, in der er die Erfassung der Kinder und Jugendlichen in den NS-Organisationen beschreibt. Nirgends aber finden sich Aussagen über die frühkindliche Erziehung durch die Mütter selbst, vor allem solchen, die dem Nationalsozialismus zugetan waren. Schon vom ersten Augenblick ihres Lebens sollten Kinder für die nationalsozialistische Volksgemeinschaft erzogen werden. Dazu dienten zwei Erziehungsratgeber von Johanna Haarer:„Die deutsche Mutter und ihr erstes Kind" und „Unsere kleinen Kinder". Keine Mutter musste ihr Kind nach diesen Ratschlägen erziehen, aber Haarers Bücher erreichten überaus hohe Auflagen, denn sie galten als praktisch. In den Schulungskursen dienten sie jungen Mädchen als Vorbereitung auf die Säuglingspflege und auf die eigene spätere Mutterschaft. Unsichere junge Mütter fanden hier eindeutige und scheinbar erfahrungsgesättigte Anregungen für den Umgang mit ihrem kleinen Kind.

Nach Haarer soll das Neugeborene, sobald es abgenabelt ist, in ein Tuch gehüllt, in einem Raum für sich allein untergebracht werden und nach 24 Stunden der Mutter zum ersten Mal zum Stillen „gereicht" werden.[20] Unnachgiebigkeit und ein Verhältnis, das auf Befehl und Gehorsam ausgerichtet ist, kennzeichnet die Erziehung des Kindes in allen frühkindlichen Phasen: Die eigenen Bedürfnisse des Kindes müssen nach Haarer von Anfang an im Keim erstickt werden. Andernfalls züchte eine Mutter einen Tyrannen heran.

Wie eine junge Frau sich bemüht, in nationalsozialistischem Sinn eine tüchtige Mutter zu sein, zeigen deren Briefe an ihre Mutter. Darin schildert sie ihren täglichen Kampf um die von den Erziehungsratgebern verlangten Tugenden Gehorsam, Ordnung und Sauberkeit.

Elisabeth Hagen an ihre Mutter:
(Sämtliche Namen sind von der Buchherausgeberin geändert, da die Briefsammlung sich in Privatbesitz befindet)

4. April 1941:
Eigentlich wollte ich heute länger schreiben, aber es wird nur kurz werden; denn ich habe heute den größten Teil des Abends damit verbracht, Söhnlein auf dem Topf zu bewachen. (...) Nachdem er seit ½ 5 Uhr trocken war, setzte ich ihn um 7 Uhr auf den Topf, ließ Minna zur Aufsicht während meines Abendbrotes da, und hielt dann wieder Wache. Der arme Kerl war todmüde, es wurde immer schlimmer, aber es erfolgte nichts. Bis ½ 10 Uhr habe ich durchgehalten, dann konnte ich das arme Häufchen Unglück, das sich kaum noch aufrechterhalten konnte, nicht mehr mit ansehen und stopfte es ins Bett! (...)

26. März 1942:
Peter wird jetzt mit Strenge erzogen: Er war morgens regelmäßig nicht nur nass, sondern auch wieder schmutzig. (...) Ich drohte ihm mit Frühstücks-Entziehung und führte das am nächsten Morgen auch prompt durch. (...)

30. April 1942:
Peter hat als neueste Ungezogenheit: Er isst nicht mehr! (...) Jedes Essen ist eine Qual, Gebrüll, Geschimpfe, Ecke stehen usw. (...) Ich kriege nicht das Geringste an Gemüse, Fleisch, Kartoffeln oder Ei in ihn hinein. (...) Teils hatte man den Eindruck, dass ihm irgend etwas fehle, ab und zu hat er Durchfall, war tagelang entsetzlich schlapp, lag stundenlang auf eigenen Wunsch im Bett, sonst meist irgendwo auf der Gegend auf der Erde, hatte auch einen Tag Temperatur. Ich versuchte das Füttern mit äußerster Freundlichkeit und äußerster Strenge, nichts half. Ich ließ ihn schließlich 24

Stunden hungern, setzte ihm aber zu jeder Mahlzeit wieder das verschmähte Gemüse vor, er lehnte es ab. Er hätte auch länger gehungert, aber da rettete ihn sein Fieber (…).

Quelle: Privatbesitz. Zitiert in: Benz, Ute (Hg.): Frauen im Nationalsozialismus. Dokumente und Zeugnisse. München 1993, S. 90 ff.

Die folgenden Texte sind dem mehrbändigen Werk von Margarete Dörr: „Wer die Zeit nicht miterlebt hat" entnommen. Sie spiegeln ebenfalls die Umsetzung nationalsozialistischer Absichten und Maßnahmen wider, nun aber in der *Erfahrung* und in der *Erinnerung.*[21]

Gemeinschaft:
„Die Gemeinschaft und Kameradschaft", schreibt Margarete Dörr, „ die bei manchen Frauen bis heute gehalten hat und in gelegentlichen Treffen erneuert wird, ist das zweitwichtigste, das positiv erinnert wird. Dazu gehörte auch das Zusammensein mit Mädchen aus allen Volksschichten, das Erlebnis der Volksgemeinschaft im Kleinen, eingebettet in die große Volksgemeinschaft aller Deutschen."[22] Sie zitiert dazu eine Frau, namens

Inge, Jahrgang 1922:
Das ganze Gemeinschaftserlebnis im BDM, in der Schule, im Arbeitsdienst, das war für mich ein ungemein positives Erlebnis… Das Politische trat etwas in den Hintergrund, obwohl man es natürlich mit politischen Zitaten und Gedichten usw. zu tun hatte. Aber du bist ein Glied einer Gemeinschaft, für die bist du da, und die ist auch für dich wieder da. Das war eigentlich das wesentliche Erlebnis dabei. Und das war nicht negativ.

Zit. nach: Dörr, Margarete: „Wer die Zeit nicht miterlebt hat…" Frauenerfahrungen im Zweiten Weltkrieg und in den Jahren danach. Das Verhältnis zum Nationalsozialismus und zum Krieg. Band 3, Frankfurt/New York 1998, S.200.

Eine andere Frau, die nicht zu Margarete Dörrs Interviewpartnerinnen gehörte, schreibt im Rückblick auf ihre Zeit an einer BDM-Haushaltsschule Folgendes:

Was ich gelernt habe: Eine Gemeinschaft kann etwas Mörderisches sein. Bis ein Haufen von Einzelwesen zusammengeschmiedet ist zu dem, was sie Kameradschaft nennen, muss man durch eine Hölle von Hass, Neid, Argwohn, Misstrauen, Missgunst, Intrigen, Kameradendiebstahl und Übervorteilungen jedweder Art; wird man getreten, bis man treten lernt, bis man sich empor treten kann bis dahin, wo einen keiner mehr tritt. Schwesterliches habe ich nie verspürt; Freundschaften konnten jeden Augenblick, bei der geringsten Belastung, umschlagen in ihr Gegenteil.

Hansmann, M: Der helle Tag bricht an. Ein Kind wird Nazi. Hamburg 1982, S. 146. In: Chamberlain, Sigrid: Adolf Hitler, die deutsche Mutter und ihr erstes Kind. Über zwei Erziehungsbücher. Gießen 2. korrigierte Aufl. 1997, S. 81 f.

Über die *Teilnahme* der Mädchen und Frauen *an öffentlichen Veranstaltungen* schreibt Margarete Dörr (S. 201): „Feste und Feiern wurden von der Hitlerjugend und im Arbeitsdienst gekonnt und gut gestaltet, z.B. Mai- und Erntefeiern, auch Mütterehrungen. Manche Frauen erinnern sich noch an die ‚schönen und erhebenden‘ Fahnenappelle beim Reichsarbeitsdienst. Eine stille, bescheidene, aufopferungsvolle pensionierte OP-Schwester sagte: ‚Tut mir Leid – da könnte ich mich heute noch begeistern. Für junge Menschen finde ich das grandios.‘ (...)“ Nicht der Genuss sei dabei wichtig gewesen, sondern das Gefühl der Zusammengehörigkeit und der Hingabe an eine große Sache, die Deutschland hieß.

3.3 Eine Checkliste zur Sichtung frauengeschichtlicher Texte und Quellen für den Unterricht

Bisher war von den Grenzen und Möglichkeiten frauengeschichtlicher Quellen die Rede, wobei insbesondere die Kritik überwog.

Wer sicher gehen möchte, dass bei der Auswahl frauengeschichtlicher Materialien für Unterricht kein Weg in oben geschilderte Sackgassen eingeschlagen wird, kann mit Hilfe folgender Checkliste, die sich sicher noch erweitern lässt, die Materialien überprüfen:

◆ Wo werden Frauen thematisiert? In allen inhaltlichen Bereichen oder in besonderen, ausgewählten ?

◆ Finden sich Frauen nur in bestimmten Bereichen (z.B. Familie, Alltag, Haushalt etc.)?

◆ Werden Frauen bestimmte Charaktereigenschaften zugeordnet?

◆ Kommen Frauen selbst zu Wort? Oder wird etwas <u>über</u> Frauen ausgesagt?

◆ Kommt das Selbstverständnis der Frauen zum Ausdruck?

◆ Werden pauschale Äußerungen über Frauen gemacht oder wird zwischen einzelnen Gruppen differenziert?

◆ Dienen Aussagen oder Bilder über Frauen der Illustration oder Konkretisierung männlicher Aussagen?

◆ Wird die Realität der Frauen beschrieben? Oder werden nur Bilder und Vorstellungen vermittelt?

- Fordern die Aussagen von Frauen zu einer direkten Auseinandersetzung auf?
- Werden Literaturhinweise für die fachliche Auseinandersetzung gegeben?

Nicht immer werden Frauen selbst zu Wort kommen können. Oft lassen sich Aspekte ihres Lebens nur indirekt entschlüsseln. Meiner Erfahrung nach aber wird in den Sachtexten sehr leicht erkennbar, ob es sich um eine pauschalisierende, klischeehafte Darstellung handelt oder um eine, die sich um Differenzierungen und vorsichtige, zurückhaltende Deutungen bemüht.

Anmerkungen

1   GESCHICHTE KONKRET 2 – Ein Lese- und Arbeitsbuch, hg. von Hans-Jürgen Pandel. Hannover 1997, S.10.
2   Wir machen Geschichte, hg. von Ernst Hinrichs und Jutta Stehling. Frankfurt am Main 1996.
3   Guiskard Eck u.a.: Zeitreise, für das 5. und 6. Schuljahr, Stuttgart 1997, z.B. S. 56/57, S. 84/85, S.116/117.
4   In: Zeitreise, Berlin, Ausgabe für Grundschule, Klassen 5 und 6. Hinweise für die Gutachter und Gutachterinnen, o.J., S. 4, Abschnitt 5.3.
5   Schwarzer, Alice: Simone de Beauvoir. Rebellin und Wegbereiterin. 2. Aufl., Köln 1999, S.12.
6   Entdecken und Verstehen 9/10. Geschichtsbuch für Brandenburg. Hg. von Thomas Berger-von der Heide/Hans-Gert Oomen. Berlin 1999, S. 116 f.
7   Vinken, Barbara: Die deutsche Mutter. Der lange Schatten eines Mythos. München 2001, S. 275.
8   Vinken, Barbara: Deutsche Mutter (Anm. 7), S. 277.
9   Vinken, Barbara: Deutsche Mutter (Anm. 7), S. 276 f.
10 Vergl. Koonz, Claudia in: Reese, Dagmar; Sachse, Carola: Frauenforschung und Nationalsozialismus. Eine Bilanz. In: Gravenhorst, Lerke; Tatschmurat, Carmen (Hg.): Töchter-Fragen. NS-Frauen-Geschichte. 2. Aufl., Freiburg i.Br. 1995, S.101.
11 Reese, Dagmar: Straff, aber nicht stramm – herb, aber nicht derb. Zur Vergesellschaftung von Mädchen durch den Bund Deutscher Mädel im sozialkulturellen Vergleich zweier Milieus. Weinheim und Basel 1989, S. 59.
12 Vinken, Barbara: Deutsche Mutter (Anm. 7), S.270. – Vgl. auch: Reese, Dagmar: Straff, aber nicht stramm (Anm. 13), S. 43-72. – Koonz, Claudia: Frauen schaffen ihren „Lebensraum" im Dritten Reich. In: Schaeffer-Hegel, Barbara (Hg.): Frauen und Macht. Der alltägliche Beitrag der Frauen zur Politik des Patriarchats. Berlin 1984.
13 Paul-Horn, Ina: Faszination Nationalsozialismus? Zu einer politischen Theorie des Geschlechterverhältnisses. Pfaffenweiler 1993, S. 121 f. – Dörr, Margarete: „Wer die Zeit nicht miterlebt hat…" Frauenerfahrungen im Zweiten Weltkrieg

und den Jahren danach. Band 3: Das Verhältnis zum Nationalsozialismus und zum Krieg. Frankfurt/New York 1998, S. 200 ff.

14 Reese, Dagmar/Sachse, Carola: Frauenforschung (Anm. 10). – Außerdem: Schaefer, Anka: Zur Stellung der Frau im nationalsozialistischen Eherecht. In: Gravenhorst; Tatschmurat (Hg.): Töchter-Fragen (Anm. 10).

15 Margarete Dörr hat in ihrem dreibändigen Bericht zahlreiche Frauen befragt, wie sie damals den Zweiten Weltkrieg und den Nationalsozialismus erlebt und sich in den Folgejahren mit ihren Erfahrungen auseinandergesetzt hatten. Eine ihrer Kapitelüberschriften lautet: Aufwertung der deutschen Frau und Mutter und der Familie. Diese Überschrift ist anders als viele andere in diesen drei Bänden nicht als Zitat gedacht und nicht mit Anführungszeichen versehen. Der erste Satz des Kapitels unterstreicht die Aussage der Überschrift. Da heißt es: „Die Nationalsozialisten haben zweifellos viel für die Familie getan, wenn auch nur für die ‚arische‘ und sozial und politisch einwandfreie, und dazu gehörten die meisten meiner Zeuginnen." Nicht nur die Deutung, sondern auch die Sprache („sozial und politisch einwandfrei") setzt nationalsozialistisches Gedankengut fort, statt damit zu brechen. Leider gibt es in diesem Werk mehrere solcher Beispiele. Siehe Dörr, Margarete: „Wer die Zeit nicht miterlebt hat..." Frauenerfahrungen im Zweiten Weltkrieg und in den Jahren danach. Drei Bände. Frankfurt 1998. Zitat Bd. 3: Das Verhältnis zum Nationalsozialismus und zum Krieg, S. 368.

16 Bock, Gisela: Historische Frauenforschung: Fragestellungen und Perspektiven. In: Hausen, Karin (Hg.): Frauen suchen ihre Geschichte. 2. durchgesehene Aufl., München 1987, S. 28.

17 Bock, Gisela: Historische Frauenforschung (Anm. 16), S. 29.

18 Lerner, Gerda, zitiert in Bock, Gisela: Historische Frauenforschung (Anm. 16), S. 30.

19 Deutschkron, Inge: Ich trug den gelben Stern. München 1985. – Haag, Lina: Eine Handvoll Staub. Frankfurt a. M. 1977. Klüger, Ruth: Weiter leben. Eine Jugend. Göttingen 1992.

20 Haarer, Johanna: Die deutsche Mutter und ihr erstes Kind. München/Berlin 1938. Zit. in: Chamberlain, Sigrid: Adolf Hitler, die deutsche Mutter und ihr erstes Kind. Über zwei Erziehungsbücher. Gießen 2. korr. Aufl. 1998, S. 23.

21 Anders als Susanne Popp, deren Ausführungen zu Frauengeschichte und Nationalsozialismus ich sonst grundsätzlich teile, sehe ich allerdings keinen Widerspruch zwischen nationalsozialistischer Propaganda und dem Erleben der von Margarete Dörr interviewten Frauen. Vgl.: Popp, Susanne: Der schwierige Umgang mit der Kategorie „gender" – Geschichtsdidaktische Reflexionen zu einer „universalen" Kategorie des Geschichtsunterrichts. In: Pellens, Karl et al. (Hg.): Historical Consciousness and History Teaching in a Globalizing Society. Frankfurt/Main 2001, S. 309.

22 Dörr, Margarete: „Wer die Zeit nicht miterlebt hat..." (Anm. 15), Band 3, S. 201. – Die Ausführungen Margarete Dörrs werden hier ebenfalls im Wortlaut wiedergegeben, weil in ihnen das Mit- und Nacherleben mit den interviewten Frauen und der damaligen Zeit mitschwingt. – Mit dem Verhältnis von forschendem Subjekt, der Interviewerin, und erforschten Objekten, den interviewten Frauen setzt sich Peter Schulz-Hageleit intensiv auseinander: Um nicht

den Eindruck einer unaufgelösten Verflochtenheit von forschendem Subjekt und erforschten Objekten und einer Reproduktion der affirmativen Einstellungen der befragten Frauen zu erwecken, verweist er auf die Notwendigkeit, das Selbstverständnis der befragten Frauen „theoretisch-strukturell zu unterlaufen bzw. es kategorial zu überschreiten". Ausführlicher dazu siehe Schulz-Hageleit, Peter: Geschichte erfahren. In: GWU 51, 2000, Heft 11, S. 640-660.

4. Von Einäugigkeiten zur „doppelten Optik"
– der Weg zur Geschlechtergeschichte

Wenn hier im Titel Einäugigkeiten angesprochen werden, ist damit zum einen die traditionelle, männlich dominierte Geschichtsschreibung, zum anderen aber auch die Einäugigkeit bestimmter frauengeschichtlicher Ansätze gemeint. Der Begriff „doppelte Optik", der im Laufe des Kapitels ausführlich erläutert wird, geht auf Joan Kelly-Gadol [1] zurück und bedeutet, kurz gesagt, die gleichzeitige Betrachtung und Bewertung der Lebensverhältnisse von Männern und Frauen. Damit ist nicht nur eine Perspektivenerweiterung verbunden, sondern zugleich ein Perspektiven- und Paradigmenwechsel. (Kapitel 5)

4.1 Männlich dominierte Geschichtsdarstellungen

Obwohl frauengeschichtliche Ergebnisse sich in verstärktem Maße in geschichtlichen Darstellungen Geltung verschafft haben, auch in Schulgeschichtsbüchern, genügt nur ein kurzer Blick in eines der neuesten Geschichtsbücher, um aufzuzeigen, wie massiv Frauen eigentlich ausgeblendet werden. Beim Thema „Ritter" und „Burg" sind acht Buchseiten männlichem Leben gewidmet, selbst unter der Überschrift „Höfisches Leben und höfische Kultur" kommen Frauen nicht vor, sondern erst am Ende des Themenkomplexes mit einer Seite „Adliges Frauenleben in der Ritterzeit". Der Gang in die nächste Jugendbibliothek zeigt jedoch, welche Möglichkeiten es gibt, das Leben von Männern *und* Frauen in einer Burg zu schildern. Die Angaben in diesen Büchern sind nicht nur historisch belegbar, sondern zum Teil von Historikerinnen oder unter deren Mitarbeit erstellt; [2] es soll also niemand behaupten, hier handele es sich um Fantasieprodukte. [3]

Beim Thema „Das Leben in den Klöstern", sechs Buchseiten, ist durchgängig vom Mönchtum die Rede. Wer etwas über Frauen sucht, wird dagegen mit folgenden zwei Sätzen abgefertigt: „Aber auch Frauenklöster praktisch aller Orden siedelten sich in den Städten an. In Spandau zum Beispiel gab es seit etwa 1239 ein bedeutsames Benediktinerinnenkloster." Den Frauen als lebendigen Menschen wird hier sogar die Möglichkeit verwehrt zu siedeln. Statt ihrer siedeln die Gebäude. [4]

Über Nonnen im Mittelalter gibt es ebenfalls reichhaltige Informationen in der Literatur. Auch hier kann man nicht einwenden, sie hätten in ihrer Zeit keine Bedeutung gehabt.

Für beide Themenbereiche, „Rittertum" und „Klöster", gilt: Weder das Argument fehlender Quellen, noch das fehlender Bedeutung können hier herangezogen werden. Die Frauen der Ottonen, Elisabeth von Thüringen, Abaelard und Heloise, Hildegard von Bingen, Roswitha von Gandersheim und andere sind inzwischen vielen, auch vielen Jugendlichen, von Reisen, aus dem Fernsehen oder aus privater Lektüre bekannt, leider jedoch nicht aus dem Geschichtsunterricht. Selbst wenn Frauen keine weitreichende Bedeutung gehabt haben, ist dies kein Grund, ihr Leben auszublenden. Denn erstens hängt es von unseren gegenwärtigen Fragestellungen ab, welche Bedeutung wir den Fakten der Vergangenheit zubilligen. Zweitens wird die oft vorgetragene Behauptung von nicht existierenden oder unbedeutenden Frauen in der Geschichte von der unübersehbaren Fülle an Quellen von und über Frauen widerlegt.[5] Das Vorhandensein reichhaltigen Quellenmaterials ist eigentlich selbstverständlich, denn solange Geschichtsschreibung eine literarische Gattung war oder als Universalgeschichte betrieben wurde, galt ihre Aufmerksamkeit beiden Geschlechtern. Erst mit der Professionalisierung der Geschichtswissenschaft im 19. Jahrhundert änderte sich der Blick auf die Vergangenheit. Seitdem Geschichte als Wissenschaft betrieben wurde, verschwand das Weibliche als Objekt und als Subjekt aus dem klassischen Kanon des Fachs.[6] Nach wie vor wird deshalb bis heute auch in den Schulbüchern das „Geschehen in jenen Räumen, in denen Männer dominieren, als relevant definiert und zur allgemeinen Geschichte ernannt."[7]

4.2 Geschlechtergeschichte statt einäugiger Frauengeschichte

Zahlreiche Historikerinnen haben die einseitige Konzentration auf Frauen in der Forschung fast von Anfang an kritisch eingeschätzt.

- ◆ Erstens zeigten die Forschungsergebnisse, dass Frauen in der Geschichte stets in ein hierarchisch gestaltetes Verhältnis zur Männerwelt eingebunden waren. Ohne die Position der Frau innerhalb dieses Männer-Frauen-Verhältnisses zu bestimmen, erwiesen sich die gewonnenen Erkenntnisse oft als unzureichend.
- ◆ Aus diesem Beziehungsgefüge folgte zweitens, dass Frauen in ihrem geschichtlichen Handeln meist von selbst auf die Männerwelt Bezug nahmen.

◆ Drittens wiederholte die Einseitigkeit der Betrachtung die Halbheiten der bisherigen Geschichtsschreibung, deren Überwindung ja gerade eines der Hauptanliegen der Frauenforschung war.

Mit der Geschlechterperspektive wird demnach eine bessere Tiefenschärfe erzielt und es werden auch völlig andere Untersuchungsfragen aufgeworfen. Die Fragen bleiben nicht vordergründig bei Männern und Frauen stehen, sondern beziehen gesellschaftspolitische Ereignisse und Strukturen, auch psychische, stärker mit ein. Den veränderten Fragen entsprechend werden auch andere Antworten in der Geschichte gefunden.

Schon relativ früh nahmen Frauengeschichtsforscherinnen Frauen *und* Männer in den Blick und berücksichtigten das Verhältnis zwischen ihnen bei der Beschreibung und Analyse historischer Situationen.

Historische Frauenforscherinnen haben immer wieder auf Forschungsergebnisse hingewiesen, die empirischer wie grundsätzlicher Revision bedürfen, weil sie die Belange von Frauen schlicht ausklammerten oder, in einer anderen Variante, unter männliche Belange subsumierten. Zahlreiche historische Sachverhalte, Deutungen und Wertungen haben für Frauen keine Gültigkeit und können demnach auch nicht in dieser Form akzeptiert werden. Eine dieser historischen Frauenforscherinnen war Joan Kelly-Gadol. Sie hatte sich in ihren Untersuchungen auf den Status von Frauen konzentriert. Gemeint waren damit der Ort und die Macht der Frau, die Rollen und die Positionen, die Frauen in der Gesellschaft innehaben, wenn sie mit denen der Männer verglichen werden.

Joan Kelly-Gadol schreibt 1976 über die Untersuchung des Status von Frauen in der Geschichte:

Für die Geschichtsschreibung bedeutet dies, Epochen oder Bewegungen großen sozialen Wandels daraufhin zu untersuchen, ob sie das Potenzial der Frau freisetzen oder unterdrücken, also auf die Bedeutung solcher Zeiträume für die Förderung sowohl ‚ihrer‘ als auch ‚seiner‘ Menschlichkeit. Sobald wir dies tun und also von der Voraussetzung ausgehen, dass Frauen im vollen Sinne zur Menschheit gehören, erhält die Epoche oder die Serie von Ereignissen, mit denen wir uns beschäftigen, einen völlig anderen Charakter und eine völlig andere Bedeutung, als ihr normalerweise zugesprochen wird. Was sich nämlich tatsächlich zeigt, ist ein recht durchgängiges Muster von relativem Statusverlust für Frauen genau in den Zeiten des sogenannten Fortschritts. (...) Plötzlich sehen wir diese Epochen mit einer neuen, einer doppelten Optik – und jedes Auge sieht ein anderes Bild.

Kelly-Gadol, Joan: Soziale Beziehungen der Geschlechter. Methodologische Implikationen einer feministischen Geschichtsbetrachtung. In: Schaeffer-Hegel, Barbara und Watson-Franke, Barbara: Männer Mythos Wissenschaft. Grundlagentexte zur feministischen Wissenschaftskritik. Pfaffenweiler 1989, S. 18 f.

Joan Kelly-Gadol hatte am Beispiel der Renaissance nachgewiesen, dass so genannte fortschrittliche Epochen wie das klassische Athen oder die bürgerlichen Revolutionen für Frauen alles andere als fortschrittlich waren. Ohne den Fehler zu begehen, heutige Maßstäbe an frühere Zeiten anzulegen, lässt sich für die genannten Epochen nachweisen, dass Frauen nicht nur vom Fortschritt ausgeschlossen waren, sondern ihre Position sich jeweils verschlechtert hatte. Für die Darstellung des Fortschritts auf Seiten der Männer mag dies belanglos erscheinen. Für Frauen jedoch wäre eine solche Darstellung in zweifacher Hinsicht zu beanstanden: Erstens wären sie ausgeblendet oder schlicht unter männliche Belange subsumiert, zweitens aber wäre ihre tatsächliche Situation völlig unzutreffend wiedergegeben.

Das heißt, geschichtliche Sachverhalte werden nicht länger angeblich geschlechtsneutral untersucht, sondern sind jeweils ausdrücklich mit einer doppelten Optik, d.h. unter dem Geschlechteraspekt, zu betrachten.

Was es bedeutet, ein und denselben Sachverhalt sowohl aus der Perspektive von Männern und Frauen als auch in den Folgewirkungen für beide zu betrachten, mag ein Beispiel verdeutlichen, das unmittelbar nach dem Ende des zweiten Weltkriegs im Tagebuch einer Frau vermerkt wurde:

Anonyma, eine Frau in Berlin, berichtet:

Sonntag, 13. Mai 1945

Mittlerweile hatten wir das Thema Alkohol beim Wickel. Herr Pauli hat mal gehört, dass eine Anweisung an die kämpfende deutsche Truppe ergangen sei, Alkoholvorräte niemals zu vernichten, sondern sie dem nachsetzenden Feinde zu überlassen, da erfahrungsgemäß dieser durch Alkohol aufgehalten und in seiner weiteren Kampfkraft beeinträchtigt werde. Das ist so Männerschnack, von Männern für Männer ausgeheckt. Die sollen sich bloß mal zwei Minuten überlegen, dass Schnaps geil macht und den Trieb gewaltig steigert. Ich bin überzeugt, dass ohne den vielen Alkohol, den die Burschen überall bei uns fanden, nur halb so viele Schändungen vorgekommen wären. Casanovas sind diese Männer nicht. Sie müssen sich erst selber zu frechen Taten anstacheln, haben Hemmungen wegzuschwemmen. Das wissen sie oder ahnen es doch; sonst wären sie nicht so heftig hinter Trinkbarem her.

Beim nächsten Krieg, der mitten unter Frauen und Kindern geführt wird (zu deren Schutz früher angeblich das Mannsvolk hinauszog), müsste vor Abzug der eigenen Truppen jeder verbliebene Tropfen an aufputschenden Getränken in den Rinnstein gegossen, Weinlager müssten gesprengt, Bierkeller hochgejagt werden. Oder meinetwegen sollen sie vorher für die eigenen Leute schnell noch eine lustige Nacht veranstalten. Bloß weg mit Alkohol, solange Frauen in Greifweite des Feindes sind. (...)

Aus: Anonyma: Eine Frau aus Berlin. Tagebuchaufzeichnungen vom 22. April bis 22. Juni 1945. Frankfurt/Main 2003, S.192.

4.3 Die neue Männergeschichte als Geschlechtergeschichte

Der Umgang mit der Kategorie Geschlecht, die ihren Fokus sowohl auf Frauen und Männer als Subjekte richtet, hat sehr schnell auch zur Entwicklung der neuen Männergeschichte geführt, die sich von der traditionellen männlich dominierten Geschichte, die oft auch als reine Männergeschichte bezeichnet wurde, unterscheidet.

Die neue Männergeschichte versucht dem auf die Spur zu kommen, was in den unterschiedlichen Zeiten unter Mann-Sein und Männlichkeit zu verstehen war.

Nach Thomas Kühne sollte hinsichtlich der Männergeschichte dreierlei im Auge behalten werden: Historizität, Komplexität und Fragilität.

„*Erstens*: Vorstellungen von Männlichkeit, Definitionen des Mannseins, Erscheinungsformen des männlichen Habitus sind grundsätzlich historischer Natur, also historisch zu verorten und zu erklären. (…) Entstehung und Erneuerung, Tradierung und Untergang von Geschlechterkonstruktionen sind politische Prozesse, die gesellschaftliche Interessen und kulturelle Identitäten beeinflussen und von diesen beeinflusst werden. Zu fragen ist nach den Ursachen und Wirkungen solcher Prozesse in und auf Wirtschaft, Gesellschaft und Kultur.

Geschlechtersysteme sind also – *zweitens* – in ein komplexes Gefüge von Macht-, Produktions- und Bedürfnisstrukturen, Dependenzen und Interdependenzen eingebunden. Und auch das Geschlechtersystem selbst ist ein komplexes und hierarchisches Relationsgefüge. Mann-Sein bedeutet Abgrenzung – gegen Frauen und Weiblichkeit, aber auch gegen Männer und anders gestaltetes Mann-Sein. Vorstellungen vom Mann-Sein wirken (entstehen und verschwinden) nicht nur in Männern, sondern auch in Frauen. (...) Zwischen Männern und Frauen und zwischen Männlichkeit und Weiblichkeit besteht kein gleichrangiges Verhältnis (...). Macht von Männern über Frauen konstituiert männliche Identität und die Erfahrung von

Männlichkeit. Aber auch das Verhältnis von Männern und Männern ist nicht gleichrangig, und ebenso wenig das verschiedener Männlichkeitsideale in einer Zeit und in einem Raum. Mannsein ist untrennbar verbunden mit Hierarchien und Hegemonien. Die Aufgabe der Männergeschichte ist es, die Komplexität dieses Beziehungsgefüges in ihrem historischen Wandel sichtbar zu machen, Gründe und Folgen der Konkurrenz verschiedener Männlichkeitsnormen (...) begreifbar zu machen.

Normen, Ideale, Bilder von Männlichkeit verändern sich, aber sie werden nicht nur durch den historischen Wandel immer wieder in Frage gestellt. Mann-Sein ist – *drittens* – nicht nur in diachroner Perspektive fragil, sondern auch in synchroner Hinsicht. Leitbilder von Männlichkeit stehen in einem mehr oder weniger starken, latenten oder manifesten Spannungsverhältnis zur subjektiven Erfahrung des Mann-Seins, zur männlichen Identität, zur sozialen Praxis, zur Produktion und Reproduktion von Geschlechterbeziehungen. Auf dieses Spannungsverhältnis zwischen kulturellen Diskursen und individuellen Lebensläufen muss Männergeschichte reflektieren. Wie wird aus kulturellen Normen subjektive Identität? In welchem Verhältnis stehen subjektive Identitäten und konkurrierende Bilder vom Mann-Sein? Und was bedeutet es, wenn sich individuelle und kollektive Erfahrungen, Wünsche, Hoffnungen und Erwartungen der Implementierung überkommener Leitbilder verweigern?

Werden diese Fragen ernst genommen, so bedeutet das forschungspraktisch, dass Männergeschichte drei Ebenen gleichzeitig bearbeiten sollte: 1. die kulturellen Leitbilder, die Diskurse, 2. die soziale Praxis, die praktische Reproduktion des Geschlechtersystems, und 3. die subjektive Wahrnehmung, Erfahrung und Identität.

Thomas Kühne: Männergeschichte als Geschlechtergeschichte. In: *Ders.*: Männergeschichte – Geschlechtergeschichte. Männlichkeit im Wandel der Moderne. Frankfurt/New York 1996, S.22 f.

Nach Martin Dinges[8] ist Gegenstand der neuen Männergeschichte „die Erforschung der Geschlechterbeziehungen unter besonderer Berücksichtigung der Männer, ‚Männer' und Männlichkeiten". Er nennt folgende historische Forschungsschwerpunkte:

◆ Männer als historisch veränderbare Konstruktionen;
◆ Bedeutung der Körpervorstellungen für die Konstruktion von Männlichkeit;
◆ Konkurrierende oder einander ablösende Diskurse von Männlichkeit;
◆ das Konzept hegemonialer Männlichkeit, d.h. Untersuchung der Ungleichheitsrelation zwischen Männern und Frauen wie auch zwischen Männern und Männern;

- Männlichkeit als Höherwertigkeit;
- Verweiblichungsängste;
- Prozesse der normativen Leitbilder von Männlichkeit;
- geschlechterexklusive männliche Geselligkeit
- Männlichkeit als individuelles Konstrukt – Selbstzeugnisse, Selbstkonstruktion;
- Blick auf hegemoniale Männlichkeit vom Rande her, d.h. aus der Perspektive der Gescheiterten, Verletzten, Verweigerer;
- Performative Männlichkeitskonstrukte (Kleidung, Waffen, Haar- und Barttracht) als Demonstration hegemonialer Männlichkeit sowie geschlechtersegregierte Geselligkeitsformen und Rituale;
- parallele Untersuchung von Arbeit, Position im Haus und Homosexualität;
- Anstöße aus der Geschlechtergeschichte und Homosexualität.

Bisher vorzufindende Themen der Männergeschichtsforschung in Publikationen, viele von Frauen verfasst, sind beispielsweise:[9]
- Vaterschaft im späten 18. und beginnenden 19. Jahrhundert;
- Entwürfe patriotisch-wehrhafter Männlichkeit in der Zeit der Befreuungskriege;
- das Männlichkeitsideal der deutschen Turnbewegung 1811–1871;
- Männerbund und Politische Kultur in Deutschland;
- Kriegskameradschaft und Männlichkeit im 20. Jahrhunderts;
- Männerbilder in volkstümlichen Soldatenliedern 1855–1875;
- Männlichkeitskonzepte und Partnerschaft im Spielfilm der DDR.

Wer diese Auflistungen kritisch besieht, wird feststellen, dass hier etwas Ähnliches geschieht wie in den Anfängen der Frauengeschichtsforschung, sowohl was die Themen betrifft als auch die Konzentration auf die ausschließliche Beschäftigung mit dem eigenen, hier: männlichen Geschlecht.

Womöglich ist das eine Art notwendiges Durchgangsstadium, und es braucht seine (Forschungs-)zeit, bis auch von der neuen Männergeschichte her *beide* Geschlechter aufeinander bezogen werden.

Es bleibt also zu beobachten, *wann* und vor allem *ob* sich der Blick wie seinerzeit in der Frauengeschichtsforschung auf beide Geschlechter richtet. Sonst kann es leicht passieren, dass die neue Männergeschichte lediglich eine Neuauflage der alten Männergeschichte ist und dass folgendes bekannte Muster, wie es Simone de Beauvoir beschrieben hat, wieder als allgemeingültig zu Tage tritt. Danach wird die Frau „mit Bezug auf den Mann determiniert und differenziert, er aber nicht mit

Bezug auf sie. Sie ist das Unwesentliche gegenüber dem Wesentlichen. Er ist das Subjekt, er ist das Absolute: sie ist das andere."[10]

Werden aber auch von der Männergeschichte her beide Geschlechter aufeinander bezogen, dann ist nach Hanna Schissler Männergeschichte eine Geschichte von Männern, die sich „der Partikularität des Männlichen bewusst ist und die die Ideologie der Universalität des Männlichen als Menschheitsgeschichte zu überwinden in der Lage ist."[11]

4.4 Womit beschäftigt sich die Geschlechtergeschichte?

Historiker und Historikerinnen, die Geschlechtergeschichte erforschen, untersuchen die Beziehungen und die Differenzen zwischen den Geschlechtern wie auch innerhalb der Geschlechter. Ferner beschäftigen sie sich damit, den Produktionsprozess, dem Geschlecht und Geschlechterdifferenz unterliegen, zu historisieren, räumlich–zeitlich zu situieren, seine Triebkräfte zu benennen, seine Verfahrensweisen zu analysieren, seine Alternativen zu bedenken und seine Folgen zu ermitteln.[12]

Räumlich – zeitlich situieren meint, das eigentliche Historische eines Geschlechterverhältnisses herausarbeiten, indem das Geschlechterverhältnis in und aus seiner Zeit, in und aus seinem jeweiligen Umfeld und gesellschaftlichen Zusammenhang bestimmt und erklärt wird. So lässt sich das bürgerliche Geschlechtermodell nicht ins agrarische Mittelalter versetzen. Eine mittelalterliche Bäuerin wäre wahrscheinlich mit den angeblich natürlichen Eigenschaften einer bürgerlichen Frau wie Schwäche, Empfindsamkeit und Zurückhaltung in ihrem Tagwerk nicht sehr weit gekommen.

Triebkräfte benennen meint, gesellschaftliche und historisch wirksam gebliebene Einwirkungen auf das Geschlechterverhältnis zu bestimmen. Solche Triebkräfte werden insbesondere in Zeiten gesellschaftlicher Krisen, Umbrüche oder anderer rasanter Veränderungen gut erkennbar. Die Industrialisierung hat beispielsweise mit der Trennung von Erwerbs- und Familienarbeit sowie der Aufhebung der bis dahin geltenden unterschiedlichen Produktionsräume von Männern und Frauen mit den jeweils geltenden Zuständigkeiten zwangsläufig eine Änderung im Geschlechterverhältnis in Gang gesetzt.

Verfahrensweisen analysieren meint, darauf zu schauen, in welcher Weise, mit welchen Maßnahmen, nicht nur unter welchen Umständen, ein Geschlechterverhältnis verändert und stabilisiert wird. Der Prozess der Französischen Revolution allein hätte nicht ausgereicht, um das bürgerliche Geschlechtermodell zu installieren. Hier waren zahlreiche weitere Maßnahmen in Justiz, Politik und Kultur erforderlich, um Frauen aus dem öffentlichen Raum herauszudrängen. Die Geschichtswissenschaft als Bereich der Kultur hatte, wie oben erwähnt, daran teil, indem sie Frauen fortan aus der Geschichtsschreibung ausblendete.

Alternativen bedenken meint, die Möglichkeiten zu bedenken, die sich historisch zwar nicht haben durchsetzen können, aber gesellschaftlich zur Diskussion standen, wie es die Ausführungen von Condorcet und Olympe de Gouges gezeigt haben.

Folgen ermitteln meint, zu untersuchen, wie sich das jeweilige Geschlechterverhältnis sowohl unmittelbar als auch langfristig auf verschiedene Männer, auf verschiedene Frauen sowie auf verschiedene gesellschaftliche Bereiche auswirkt. Zu untersuchen sind umgekehrt auch die Folgen gesellschaftlicher Prozesse für das Geschlechterverhältnis, z. B. die oben erwähnte Trennung von Erwerbs- und Familienarbeit.

Wenn Geschlechterverhältnisse auf diese Weise ermittelt und genauer betrachtet werden, können sie auch zu anderen Geschlechterverhältnissen in anderen Epochen in Beziehung gesetzt werden.

Derartige Vergleiche sind insofern wichtig, als mit ihnen das Bewusstsein dafür geschärft wird, dass Geschlechterordnungen historischem Wandel unterliegen und nicht als überzeitlich und schon gar nicht als naturgegeben angesehen werden können.

In der Weise jedoch, wie das Verhältnis zwischen Männern und Frauen betrachtet wird, bleibt die Kategorie Geschlecht und mit ihr die Geschlechtergeschichte auf die Untersuchung bzw. Darstellung eines *geschichtswissenschaftlichen Inhaltsbereichs* wie Alltags-, Wirtschafts- oder Mentalitätengeschichte beschränkt. Damit mit Hilfe der Kategorie Geschlecht aber analytisches und methodisches Potenzial freigesetzt werden kann, bedarf es weitergehender Überlegungen, die Thema des folgenden Kapitels sein sollen.

Anmerkungen

1   Der Begriff geht auf Joan Kelly-Gadol zurück. Vgl. Kelly-Gadol, Joan: Soziale Beziehungen der Geschlechter. Methodologische Implikationen einer feministischen Geschichtsbetrachtung. In: Schaeffer-Hegel, Barbara; Watson-Franke,

Barbara: Männer Mythos Wissenschaft. Grundlagentexte zur feministischen Wissenschaftskritik. Pfaffenweiler 1989, S. 18f.

2   Brochard, Philippe; Miquel, Pierre: So lebten sie im Mittelalter und zur Zeit der Ritter und Burgen. Wissenschaftliche Beratung: Régine Pernoud. Nürnberg 1993. – Stephan-Kühn, Freya: Ritter, Burgen und Turniere. Ravensburg 1991. – Beyerlein, Gabriele: Wie ein Falke im Wind. Hamburg 1993.

3   In meinen Seminaren wurde oft bezweifelt, dass Angaben über Frauen in der Geschichte tatsächlich durch zahlreiche Quellen belegbar seien und Frauen irgendeine Bedeutung gehabt hätten.

4   Entdecken und Verstehen 7, hg. von Thomas Berger-von der Heide und Hans-Gert Oomen, Berlin 2002, S.26-34 und S. 36-41. Die Befunde in anderen Geschichtsbüchern sind durchaus ähnlich.

5   Zu verweisen ist hier vor allem auf die zahlreichen Bände der von Annette Kuhn et al. herausgegebene Reihe „Frauen in der Geschichte". Diese Bände sind eine wahre Fundgrube, auch für die Geschlechtergeschichte im Unterricht.

6   Ulbrich, Claudia: Frauen- und Geschlechtergeschichte. Teil I: Renaissance, Humanismus und Reformation. In: GWU 45 (1994), H.2, S.108.

7   Lundt, Bea: Frauen- und Geschlechtergeschichte. In: Goertz, Hans-Jürgen (Hg.): Geschichte. Ein Grundkurs. Hamburg 1998, S. 581.

8   Die folgenden Aussagen sind eine Zusammenfassung der Thesen aus folgender Arbeit: Dinges, Martin: Stand und Perspektiven der „neuen Männergeschichte" In: Bos, Marguérite et al. (Hg.): Erfahrung: Alles nur Diskurs? Zur Verwendung des Erfahrungsbegriffs in der Geschlechtergeschichte. Beiträge der 11. Schweizerischen HistorikerInnentagung 2002. Zürich 2004, S.71-96.

9   Die Themen sind den Inhaltsverzeichnissen zweier Bücher zur historischen Männerforschung entnommen: Kühne, Thomas (Hg,): Männergeschichte – Geschlechtergeschichte. Männlichkeit im Wandel der Moderne. Frankfurt/ New York 1996 und Schmale, Wolfgang (Hg.): MannBilder. Ein Lese- und Quellenbuch zur historischen Männerforschung.

10   Beauvoir, Simone de: Das andere Geschlecht. Neuausgabe, Hamburg 2000, S.12.

11   Schissler, Hanna: Einleitung. Soziale Ungleichheit. In: Dies.: Geschlechterverhältnisse im historischen Wandel. Frankfurt am Main; New York 1993, S.27. – Zu den methodischen Grundlagen der Männergeschichte siehe auch: Frevert, Ute: Männergeschichte oder die Suche nach dem ‚ersten' Geschlecht. In: Hettling, Manfred u.a.: Was ist Gesellschaftsgeschichte? Positionen, Themen, Analysen. München 1991, S. 36f.

12   Frevert, Ute: „Mann und Weib, und Weib und Mann". Geschlechter-Differenzen in der Moderne. München 1995, S. 13.

5. Arbeitsfelder der Genderforschung – theoretisches Rüstzeug für die Praxis

Mit der Einbeziehung der Geschlechterperspektive hatte sich Geschlecht bzw. Gender als historische Kategorie etabliert. Um die Arbeit mit der Kategorie Gender genauer zu umreißen, werden zunächst zwei Definitionen vorgestellt, die eine von Hanna Schissler, die andere von Joan W. Scott. Einzelne Aspekte, die in diesen Definitionen genannt werden, werden dann in den folgenden Teilen des Kapitels genauer erläutert. Die Erläuterungen bilden das theoretische Fundament für die didaktische Gestaltung des jeweils eigenen Unterrichts und dienen somit der Erweiterung der Handlungskompetenzen in der Praxis.

5.1 Die Kategorie Gender – zwei Definitionen

Hanna Schissler schlägt vor, Gender bzw. Geschlecht folgendermaßen zu fassen:

> Die Art und Weise, in der die physiologischen Unterschiede zwischen Männern und Frauen jeweils zu Zuschreibungen, Berechtigungen und Ausschließungen in sozialen Organisationen geführt haben, können mit der Kategorie Geschlecht ebenso begriffen werden wie alle jene Mechanismen, einschließlich der kulturellen Deutungen und Legitimationen von Herrschaft und Unterwerfung, die die Geschlechts*unterschiede* in *Ungleichheiten* der Geschlechterwelten umgewandelt haben. Geschlecht als historische Kategorie ist mithin ein Erkenntnismittel, mit dessen Hilfe die sozialen Zuweisungen und Chancen, die sich an die physiologischen Unterschiede zwischen Männern und Frauen geknüpft haben, verstanden und als soziale Konstrukte begriffen werden können. Diese Definition umschließt mithin beides, sowohl das, was im Englischen mit „sex", wie dasjenige, was mit „gender" gemeint ist.
>
> Schissler, Hanna: Einleitung. Soziale Ungleichheit und historisches Wissen. Der Beitrag der Geschlechtergeschichte. In: Dies.(Hg.): Geschlechterverhältnisse im historischen Wandel. Frankfurt a.M./New York 1993,S.14.

In dieser Definition von Geschlecht hat Hanna Schissler mehrere frühere Positionen gebündelt, weiterentwickelt und klar akzentuiert.

Geschlechtergeschichte ist damit mehr als ein neuer geschichtswissenschaftlicher Inhaltsbereich wie etwa Alltagsgeschichte, Mentalitätengeschichte u.a.m. Mit der Kategorie Geschlecht bzw. Gender als einem *Erkenntnismittel* können historische Sachverhalte und Erfahrungen in neuer Weise erschlossen und geordnet werden, als *Kategorie* kann Geschlecht/ Gender vor allem *methodisches Potenzial* entfalten.

Der erste Schwerpunkt der Definition liegt in der Art und Weise der Zuschreibungen und ihrer Auswirkungen. Der zweite Schwerpunkt befasst sich mit den Mechanismen von Berechtigungen, Ausschließungen wie deren Deutungen und Legitimationen, also mit Fragen der Macht- und der Herrschaftsverteilung.

Die Definition Joan Scotts stimmt in weiten Teilen mit der von Hanna Schissler überein. Sie geht aber von einem anderen wissenschaftstheoretischen Ansatz aus, der andere Methoden verwendet und somit zu anderen Erkenntnissen führt.

Joan W. Scotts Definition, jedoch gekürzt um die mit ihr verbundenen ausführlichen Erörterungen, lautet wie folgt:

Meine Genderdefinition hat zwei Teile und verschiedene Unterteilungen. Sie sind zwar miteinander verbunden, müssen aber analytisch getrennt werden. Der Kern der Definition beruht auf einer integralen Verbindung zwischen zwei Sätzen:

1. Gender ist ein konstitutives Element von gesellschaftlichen Beziehungen und gründet auf wahrgenommenen Unterschieden zwischen den Geschlechtern;

2. Gender ist eine wesentliche Weise, in der Machtbeziehungen Bedeutung verliehen wird. Veränderungen in der Organisation gesellschaftlicher Beziehungen entsprechen immer auch Veränderungen in der Repräsentation von Macht, die Richtung der Veränderung ist jedoch nicht immer eine Einbahnstraße.

Als ein konstitutives Element von gesellschaftlichen Beziehungen, das auf wahrgenommenen Unterschieden gründet, beinhaltet Gender vier miteinander verbundene Elemente:

◆ Erstens, kulturell zugängliche Symbole, die eine Vielzahl von (sich oft auch widersprechenden) Repräsentationsformen hervorrufen – z.B. Eva und Maria als Symbole der Frau in der westlichen und christlichen Tradition –, aber auch Mythen des Lichtes und des Dunkels, der Reinheit und Verschmutzung, Unschuld und Korruption. Hier sind die für Historiker interessanten Fragen: Welche symbolische Repräsentation wird hervorgerufen, wie und in welchem Kontext?

◆ Zweitens, normative Konzepte, die Interpretationen von Symbolen vorgeben, Konzepte, die versuchen, metaphorische Möglichkeiten einzugrenzen und zu limitieren. Diese Konzepte finden in Doktrinen der Religion, Bildung, Wissenschaft, des Rechts und der Politik ihren Ausdruck, meist in festgeschriebenen binären Gegensätzen, in denen kategorisch und unmissverständlich die Bedeutung des Mannes und der Frau, des Männlichen und des Weiblichen, festgestellt wird. (...)

◆ Auch der dritte Aspekt der Genderbeziehungen (muss) berücksichtigt werden: Eine Auffassung von Politik sowie Bezüge zu gesellschaftlichen Institutionen und Organisationen. (...)

◆ Der vierte Aspekt des sozialen Geschlechts ist die subjektive Identität.

Der erste Teil meiner Genderdefinition besteht also aus den vier genannten Elementen, und keines davon funktioniert ohne die anderen. Aber sie funktionieren auch nicht simultan, indem ein Element die anderen reflektiert.

Scott, Joan W.: Gender: Eine nützliche Kategorie der historischen Analyse. In: Kaiser, Nancy: Selbst Bewusst. Frauen in den USA. Leipzig 1994, S.52f.

Wer mit der Kategorie Gender als einer analytischen Kategorie, bzw. nach Hanna Schissler als einem Erkenntnismittel arbeitet, setzt voraus,

Abb. 10: „Es kann losgehen, Onkel Sam". Karikatur aus dem „Spiegel" v. 24.4.1948, S. 2

Abb. 11: „Ein Naturwunder – die geduldige, aber unverwüstliche echte Demokratie". Karikatur aus dem „Nebelspalter" (Schweiz), in: „Spiegel" v. 10.4.1948, S. 2

Die Bilder in diesem Kapitel illustrieren das Thema „Gender als Sinnbild und Ausdruck binärer Gegensätze", das im Text nicht berücksichtigt wurde. Wie schon im ersten Bild zu erkennen ist, werden Gegensatzpaare geschlechtsspezifisch aufgeladen, wobei der schwächere Teil als weiblich bzw. kindlich und der stärkere Teil als männlich dargestellt wird.

dass die Ordnung aller Gesellschaften grundlegend durch Geschlecht strukturiert wird. Bei der Untersuchung von Bereichen, in denen Geschlecht als Regulator fungiert, werden, wie es anhand der zweiten Definition deutlich wurde, auch Bereiche angesprochen, die über die *unmittelbare* Beschäftigung mit *Individuen* hinausreichen. Gemeint sind scheinbar geschlechtsneutrale, abstrakte Bereiche. Das gilt zum einen für die Untersuchung von Gender in *Symbolen, Bildern, Vorstellungen*; zum anderen rücken Bereiche wie *Politik* und *Wissenschaft* und mit diesen *Wissensbestände, Theoriebildungen, Begrifflichkeiten* und *Methoden* ins Blickfeld.

Die Konzentration allein auf *Menschen* hatte es anfangs schwer gemacht, die Kategorie in diesen Bereichen anzuwenden. Da Politik, Diplomatie und Wissenschaft, oberflächlich betrachtet, nichts mit diesen Beziehungen zu tun haben, schien das soziale Geschlecht hier nicht relevant zu sein, was sich jedoch bei näherer Betrachtung als Irrtum erwies. Anders als bei Hanna Schissler verweist Joan Scott auch auf die Herausbildung der subjektiven Identität, was später dann auch für den Unterricht von Bedeutung ist.

5.2 Gender: Geschlecht als soziales und individuelles Konstrukt

Bei diesem theoretischen Ansatz rückt der Begriff Gender in seiner ursprünglichen Bedeutung ins Zentrum der Betrachtungen. Bis zu den Sechzigerjahren des vergangenen Jahrhunderts war *gender* ausschließlich eine Bezeichnung für das grammatische Geschlecht. Ob ein Begriff als weiblich oder männlich bezeichnet wurde, hing ausschließlich von den sprachlichen Traditionen ab, war also auf Grund einer gesellschaftlichen Übereinkunft zustande gekommen. In den Sechzigerjahren hatte der Psychoanalytiker Robert Stolle den Genderbegriff erweitert, indem er ihn auf das menschliche Geschlecht übertrug. Damit sollte ins Bewusstsein gehoben werden, dass beidem eine sprachliche bzw. gesellschaftliche Übereinkunft zugrunde liegt.[1]

Demnach besteht neben *sex*, dem biologischen oder anatomischen Geschlecht, ein soziales Geschlecht, das in verschiedenen gesellschaftlichen Zusammenhängen mit unterschiedlichen Mitteln und Folgewirkungen hergestellt wird.

Diese Konstruktion erfolgt bei jeder alltäglichen Interaktion durch Geschlechtsdarstellung, -wahrnehmung und -zuschreibung. Dabei übernimmt das wahrnehmende und einordnende Gegenüber den Hauptanteil der Konstruktion. Geschlecht ist also nicht nur etwas, was man hat oder was einem zugewiesen wird, sondern auch etwas, woran man selbst lebhaften Anteil hat: *gender doing* (Kap. 7 und 8).

Das heißt: Betrachter wissen schon, ob jemand männlich oder weiblich ist, ohne jedoch die Geschlechtsmerkmale, die dafür kennzeichnend sind, unmittelbar vor Augen zu haben. Zahlreiche Attribute, wie Kleidung, Farben, Bewegungen, Verhaltensmuster, Sprechweise, Tätigkeiten etc. helfen, jemand als männlich oder weiblich wahrzunehmen. Denn diese Attribute sind bereits geschlechtsspezifisch konnotiert, lange Zeit z.B. die hellblaue Farbe für die Kleidung männlicher Babys und Rosafarbenes für weibliche Babys. Eine Geschlechtszugehörigkeit wird aus Indizien konstruiert, die nur auf dem Hintergrund einer bereits identifizierten Geschlechtszugehörigkeit als Indizien erscheinen. Derartige Attribute wie auch soziale Mechanismen oder kulturelle

Codierungen markieren die jeweilige Geschlechtszugehörigkeit und steuern dementsprechend die Wahrnehmung durch andere. Darüber hinaus lernen die Individuen, den an sie gerichteten geschlechtsspezifischen Erwartungen zu entsprechen. Auf diese Weise werden Geschlechterdifferenzen ständig konstruiert und befestigt.

Das soziale Geschlecht ist nicht mit dem Begriff „Geschlechtsrolle" gleichzusetzen. Im Laufe der Genderforschung hat sich der Rollenbegriff als unzureichend erwiesen, weil er vorgibt, die Geschlechtsrolle wie auch alle anderen Rollen beliebig verlassen zu können. Geschlecht aber ist dauerrelevant und lässt sich nicht mit dem Rollenbegriff fassen, genauso wenig wie von einer „Klassenrolle" oder einer „Rassenrolle"[2] gesprochen werden kann. Zudem sind Geschlechtersysteme immer Systeme strukturierter Ungleichheiten und bestehen nicht, wie die Rollentheorie suggeriert, aus zwei äquivalenten Geschlechterrollen.[3]

Nicht zuletzt ist die Konstruktion von Geschlecht ein Weg, gesellschaftliche Machtverhältnisse auf Individuen zu verlagern: durch soziale Kontrolle, soziale Handlungen und als soziostrukturelle Bedingungen. Mit den Zuschreibungen des sozialen Geschlechts werden also zugleich gesellschaftliche Berechtigungen und Ausschließungen vermittelt. Geschlechts*unterschiede* werden somit in Geschlechts*ungleichheiten* umgewandelt.

Wenn jetzt Geschlechtergeschichte unterrichtet wird, ist daher immer auch mit zu bedenken,

- ◆ welche Vorstellungen von Männlichkeit und Weiblichkeit in den einzelnen Gesellschaften existieren;
- ◆ auf Grund welcher gesellschaftlichen Bedingungen diese Vorstellungen entstanden sind;
- ◆ welche gesellschaftlichen Institutionen (Familie, Kirche etc.) an den geschlechtsspezifischen Konstruktionen maßgeblich beteiligt sind;
- ◆ welche Funktion die jeweiligen Männlichkeits- und Weiblichkeitsmuster im gesellschaftlichen Ganzen haben (Teil IV, Kap. 13).

Um Vorstellungen von Männlichkeit und Weiblichkeit zu verschiedenen Zeiten genauer fassen zu können, lässt sich im Unterricht u.a. untersuchen,

- ◆ welche Verhaltensweisen, Merkmale dem Geschlecht zugeschrieben wurden;
- ◆ was jeweils als richtiger Mann und als richtige Frau galt (herrschende Normen);
- ◆ was als unmännlich oder unweiblich angesehen wurde;
- ◆ ob die Zuschreibungen für alle Männer und alle Frauen in der jeweiligen Gesellschaft galten;

- welche Differenzierungen wie auch Übereinstimmungen zwischen den Geschlechtern behauptet, zugelassen, ausgemacht wurden;
- welche Abweichungen von Normen sanktioniert wurden und wie sie geahndet wurden;
- was es zu je verschiedenen Zeiten bedeutete, männlichen oder weiblichen Geschlechts zu sein;
- wann und unter welchen Umständen sich die Geschlechtervorstellungen änderten;
- welche Veränderungen mit welchen Zielsetzungen angestrebt wurden;
- welche konkurrierenden Vorstellungen öffentlich diskutiert wurden;
- welche gesellschaftlichen Prozesse und Mechanismen Geschlechtsunterschiede in Ungleichheiten der Geschlechterwelten umwandelten (Teil IV, Kap. 13; 14; 15)

Bei derartigen Untersuchungen fungiert die Kategorie Gender vor allem als *relationale* Kategorie, indem sie nämlich die Beziehungen zwischen den Geschlechtern wie auch innerhalb der Geschlechter untersucht. Das soziale Geschlecht erweist sich dabei als eines der wesentlichen gesellschaftlichen Strukturprinzipien. Dieses Konzept untersucht Beziehungen, die Biologisches zwar einschließen können, aber nicht dadurch determiniert werden.

5.3 Geschlechterverhältnisse

Geschlecht ist nicht nur eine soziale, sondern auch eine politische Kategorie. Geschlechtersysteme sind Systeme strukturierter Ungleichheiten. Sie bestehen nicht, wie vielfach suggeriert wird oder gewünscht wird, aus zwei gleichwertigen Sphären. Vielmehr verweist Gender immer wieder auf den Aspekt der Herrschaft in sozialen Beziehungen.[4]

Untersuchungen beziehen sich auf alle Bereiche, die unmittelbar mit den Beziehungen zwischen den Geschlechtern zu tun haben, so zum Beispiel Prozesse und Mechanismen der Konstituierung von Geschlechterordnungen.

Werden nun im Unterricht Geschlechterverhältnisse untersucht, so lassen sich mit der Kategorie Geschlecht Analysefragen ableiten, die diejenigen im vorigen Teilkapitel vertiefen, wie etwa:

- Gibt es funktionale oder/und ideologische Zuschreibungen für Männer und Frauen?
- Wem nützen sie?

- Sind sie gegensätzlich oder/und hierarchisch angeordnet? Sind sie umkehr- oder austauschbar?
- Gelten die Zuschreibungen für alle Männer und Frauen? Gibt es Unterschiede für bestimmte Personenkreise?
- Welche Argumente werden herangezogen? Werden ökonomische, kulturelle oder andere Begründungen für die Formierung des Geschlechterverhältnisses verwendet?
- Welche gesellschaftlichen Vorteile oder Einschränkungen sind erkennbar?
- Gibt es Vorrechte für Männer und /oder Frauen?
- Werden durch die Zuschreibungen Machtpositionen begründet oder verhindert?
- Welche gesellschaftlichen und politischen Handlungsweisen werden gefordert, gefördert oder unterbunden?
- Wie wirken sich gesellschaftliche Ereignisse, Zustände, Institutionen und Ideologien auf Männer und Frauen aus? Wie werden sie von ihnen erlebt? Welche Einwirkungs- und Handlungsmöglichkeiten haben sie ihrerseits?

Mit der Einbeziehung solcher Fragen rückt „das soziale Verhältnis der Geschlechter und die Bedeutung der Geschlechterdifferenz mit allen daran angeknüpften Berechtigungen, Zuschreibungen und Machtverhältnissen" ins Blickfeld.[5] Auch wenn später im Unterrichtsteil der Herrschaftsaspekt nicht immer ausdrücklich berücksichtigt und betont wird, ändert dies nichts an der Tatsache, dass er historisch existent ist.

5.4 Gender und Politik

Als Analyseinstrument kann die Kategorie Gender methodisches Potenzial entfalten, indem Deutungen und Legitimationen von Herrschaft überprüft werden, die auf Geschlechtsunterschieden gründen. Anhand von Scotts Überlegungen kann deutlich werden, „wie in einer ganz bestimmten und kontextuell spezifischen Weise die Politik das Geschlecht und das soziale Geschlecht die Politik konstruiert."[6] So haben, wie sie ausführt, autoritäre wie demokratische Regimes, auf je unterschiedliche Weise, ihre politischen Ideologien durch sozialgeschlechtlich bestimmte Konzepte erstellt und sie dann in Politik umgesetzt; z.B. demonstrierte der Wohlfahrtsstaat seinen schützenden Paternalismus in Gesetzen, die sich mit Frauen und Kindern beschäftigten. Ferner wurden Machtbeziehungen zwischen Nationen und der Status von Kolonien durch den Bezug auf das Verhältnis zwischen Mann und Frau verständlich gemacht und dadurch legitimiert.[7] Scott verweist auch auf

Abb. 12: „Anruf aus Palästina"; Karikatur aus „Spiegel" v. 5.6.1948, S. 2

die Verbindung zwischen autoritären Regimes und der Kontrolle der Frau. „Ob nun während der entscheidenden Zeit der Jakobinerherrschaft in Frankreich, des Autoritätsanspruches Stalins, der Durchsetzung faschistischer Politik in Deutschland oder des Triumphs von Ayatollah Khomeni in Iran, immer haben die aufsteigenden Herrscher Dominanz, Stärke, zentrale Autorität und herrschende Macht als männlich legitimiert (Feinde, Außenseiter, Unterwanderer, Schwäche als weiblich), und sie haben diesen Kodex linear in Gesetze umgewandelt (in Verboten weiblicher Teilnahme an der Politik, im Abtreibungsverbot, in Verboten der Erwerbstätigkeit durch Mütter und in Kleiderordnungen für Frauen), Gesetze, die Frauen ihren Platz zuwiesen."[8] Wen die Untersuchung des Zusammenhangs zwischen Geschlecht und Politik interessiert, braucht gar nicht komplizierte historische Untersuchungen in Angriff zu nehmen. Eine aufmerksame Zeitungslektüre, die diesen Aspekt der Betrachtung nicht unterschlägt, bringt da schon reiche Ergebnisse.

Joan W. Scotts Ansatz bietet zahlreiche Möglichkeiten der Analyse. Einige Aspekte, die für den Unterricht besonders sinnvoll und erfolgversprechend sein können, sollen für die didaktische und unterrichtspraktische Handhabung erläutert werden.

Abb. 13: Karikatur aus der „Frankfurter Rundschau" v. 13.6.1968. Die gegenüber West-Berlin befolgte Politik der DDR-Regierung (Passierschein-abkommen, Staatszugehörigkeit, Pass- und Visumpflicht, Durchreiseverbot für Minister und leitende Beamte der Bundesregierung) ist Ausdruck des Bemühens, mit der Trennung West-Berlins von der Bundesrepublik die rechtliche Verklammerung der Teile Deutschlands aufzulösen und eine uneingeschränkte DDR-Souveränität aufzurichten, aus: Marienfeld, Wolfgang: Die Geschichte des Deutschlandproblems..., a.a.O., S. 150

Erster Aspekt: Hinwendung zu gesellschaftlichen Strukturen

Für den Unterricht, vielleicht ab Klasse 9, ist die allmähliche oder partielle Loslösung von der Beschäftigung mit Individuen und die zunehmende Hinwendung zu gesellschaftlichen Strukturen zweckdienlich. Das bedeutet nicht, dass von nun an keine Einblicke in das persönliche Erleben von Männern und Frauen zum Unterrichtsgegenstand gemacht werden, was schon insofern unsinnig wäre, als gerade für das 20. Jahrhundert so viele Quellentexte in Form von Tagebüchern, Lebensbeschreibungen etc. vorliegen. Das, was sich auf der individuellen Ebene zeigt, soll nun aber vermehrt in einen größeren gesellschaftlichen Zusammenhang gestellt und dort untersucht werden. Sollen beispielsweise Männer- und Frauenbilder während der Weimarer Zeit untersucht werden, sind dafür etwa folgende Fragen geeignet:

◆ Wie wirken sich der verlorenen Krieg und die damit verbundenen ökonomischen Schwierigkeiten auf Männer und Frauen mit bürgerlichen Geschlechtervorstellungen aus?

◆ Wie wirken wirtschaftliche Weiterentwicklungen auf bestehende Geschlechtervorstellungen?

◆ Wie wirken sich Invalidität und Arbeitslosigkeit auf das Geschlechterverhältnis aus?

- Inwiefern geraten gesellschaftliche Traditionen und Normen mit den veränderten Lebensbedingungen der Menschen in Widerstreit?
- Wie gehen Männer und Frauen mit Konflikten um? Welche Auswege oder Lösungen finden sie?
- Wie wirkt sich die verstärkte Berufstätigkeit auch bürgerlicher Frauen auf das Geschlechterverhältnis aus?
- Wie wirken sich real veränderte Geschlechterverhältnisse auf die Politik aus?
- Welche Normen und Traditionen werden unter den veränderten Verhältnissen aufgegeben? Welche werden befestigt oder gar intensiviert?
- Werden in Folge politischer und wirtschaftlicher Veränderungen auch andere Geschlechtermodelle entworfen?

Diese Fragen sind zeitgebunden, sie lassen sich nicht verallgemeinern im Sinne einer Methode, die epochenübergreifend ist. Bei der Wechselbeziehung von Gender und Politik müssen die jeweiligen politischen Verhältnisse in den Fragehorizont einfließen. Sollen andere Zeiten untersucht werden, lassen sich diese Fragen vielleicht modifizieren, nicht aber einfach übertragen.

Zweiter Aspekt: Zur Wechselwirkung zwischen Politik und Geschlecht
Es ist nicht einfach, sich in die Wechselwirkung zwischen Politik und Geschlecht hineinzudenken. Zu der Schwierigkeit dieses Erkenntnisprozesses kann ich aus eigener Erfahrung Folgendes mitteilen:
In meinem Unterricht blieb es ohne die Kenntnis von Joan Scotts Überlegungen immer nur bei der Frage, wie bestimmte politische Entscheidungen in Form von Gesetzen etc. sich auf Männer und Frauen und auf ihre Beziehung zueinander ausgewirkt haben, und umgekehrt, welche Handlungsspielräume Männer und Frauen infolge dieser Entscheidungen genutzt haben oder welche Aktionen hinsichtlich der Veränderung des sozialen Geschlechts initiiert wurden. Ich habe also stets Männer und Frauen mit ihrem sozialen Geschlecht der scheinbar geschlechtslosen Politik gegenübergestellt und sie damit nur vordergründig ins Verhältnis zueinander gesetzt. Es ist aber stets auch zu fragen, ob durch diese Gesetze unmittelbar in die Geschlechterordnung eingegriffen wurde und ob Geschlechterverhältnisse durch Politik eingerichtet, befestigt oder verändert wurden. Es lohnt sich, die Geschichte des §218 oder die Familienpolitik in der alten Bundesrepublik wie auch in der DDR unter diesen Aspekten zu beleuchten (Teil IV, Kap. 15).
Um diese Wechselwirkungen zwischen Politik und Gender durchschauen zu können, sind einige Leitfragen zweckdienlich:

◆ Wann, unter welchen Umständen greift Politik in die Geschlechterordnung ein und was sind die Gründe dafür?

◆ Werden mit dem Eingreifen langfristige Ziele oder ein umfassendes politisches Konzept verfolgt? Oder soll mit dem Eingreifen eine augenblickliche Krise abgewendet bzw. bewältigt werden?

◆ Reagiert Politik auf Veränderungen im Geschlechterverhältnis, die sich in Folge ökonomischer oder politisch motivierter Entwicklungen vollzogen haben?

◆ Werden durch Veränderungen im Geschlechterverhältnis politische oder kulturelle Ordnungen in Frage gestellt, oder gar in ihrem Bestand gefährdet?

Dritter Aspekt: Rückführung eines gesellschaftlichen Konsenses in die ursprüngliche Situation des Konflikts

Dieser dritte Aspekt, der wiederum von den beiden anderen kaum zu trennen ist, befasst sich mit der Untersuchungsweise Joan Scotts, bestehende normative Standpunkte, die den Anschein eines gesellschaftlichen Konsenses vermitteln, zurückzuverfolgen in die Situation des Konflikts.

„In der Tat", schreibt sie, „sind diese normativen Aussagen von der Ablehnung oder Verdrängung[9] von alternativen Möglichkeiten abhängig. Manchmal finden ihretwegen offen ausgetragene Konflikte statt (...) Die Position, die sich zum Schluss als die dominierende herausstellt, wird dann zu der einzig möglichen deklariert. Die weitere Geschichte wird dann so verfasst, als ob diese normativen Standpunkte das Produkt eines gesellschaftlichen Konsenses wären und nicht das eines Konflikts. (...) So ist es das Ziel neuester historischer Untersuchungen, die Auffassung des Unveränderlichen vom Sockel zu stoßen, das Wesen der Debatte oder der Verdrängung aufzudecken, welche zum Eindruck einer zeitlosen Beständigkeit in der Repräsentation des binären (binär=aus zwei Einheiten, Zeichen oder Teilen bestehend) Genders geführt hat."[10]

Diese Vorgehensweise ist nicht zuletzt deshalb so attraktiv, weil sie einer wichtigen didaktischen Vorgehensweise entspricht: dem Prinzip der originalen Begegnung nach Heinrich Roth, der ebenfalls dazu rät, Entscheidungen, Beschlüsse didaktisch in die Ursprungssituation zurück zu versetzen, also Beschlüsse in Verhandlungen, Erkanntes in Erkennen usw. rückzuverwandeln.[11] Vor allem aber ermöglicht dieses Prinzip neben der differenzierteren Wahrnehmung der Vergangenheit auch eine aufmerksamere Beobachtung gegenwärtiger Verhältnisse.

Auch dafür finden sich gut geeignete Unterrichtsinhalte, auf einen bereits erwähnten soll hier noch einmal zurückgegriffen werden:

Die Auseinandersetzungen um die politische und gesellschaftliche Gleichheit von Männern und Frauen während der Zeit der Französischen Revolution hat bis heute noch kein Ende gefunden. Der Kern des bürgerlichen Geschlechtermodells mit seiner Rückführung auf die angebliche Natur des Mannes und der Frau mit den jeweils daraus resultierenden sozialen Platzierungen hat selbst heute, trotz vielfacher gesellschaftlicher Modifizierungen des Geschlechterverhältnisses, immer noch Bestand. Er ist in den Traditionslinien (Familien, Arbeitsmarkt, Buchveröffentlichungen) vielleicht noch stärker verankert als zu Beginn des 19. Jahrhunderts, und es ist sicher kein Zufall, dass die Stimmen und Argumente derjenigen, die während des gesamten 19. Jahrhunderts dagegen protestiert hatten, bis heute aus dem öffentlichen Bewusstsein verdrängt sind. Dagegen finden die Stimmen, die in immer neuer Weise die natürlichen Unterschiede zwischen Männern und Frauen zu begründen versuchen, einen offenen Markt. Hier lohnt es sich also, die bereits damals verdrängten Argumente wieder zur Geltung zu bringen und die früheren Debatten lebendig werden zu lassen.

Bei allen Proklamationen und Diskussionen in der Öffentlichkeit, die das soziale Geschlecht zur Erläuterung oder Rechtfertigung ihrer Positionen bemühen, ist also nicht nur zu fragen, was eigentlich genau zur Debatte steht, sondern ferner, welche Auffassungen des sozialen Geschlechts dabei immer wieder und neu verankert werden.[12] Gegenwärtige Diskussionen um Familiengeld, Betreuungseinrichtungen für Kinder, Arbeitszeitmodelle, Altersversorgung, Pflegeversicherung u.a.m. sind dafür eine wahre Fundgrube.

Vierter Aspekt: Entscheidungsprozesse beobachten

Mit dem Vorschlag Joan Scotts, nicht nur zu zeigen, *was* geschehen ist, sondern zu beobachten, *wie* etwas geschieht, also den Prozess zur Entscheidung nachzuvollziehen, werden dem Geschichtsunterricht wie auch dem Sozialkunde- bzw. Politikunterricht weitere zahlreiche Möglichkeiten eröffnet.

Ein solcher Prozess, der zeigt, wie etwas geschieht, lässt sich bei der Industrialisierung beobachten. Wenn nämlich der als geschlechtsneutral verstandene Markt allein nach Angebot und Nachfrage sowohl Beschäftigung als auch Entlohnung geregelt hätte, wäre demnach die billigere Arbeit der Frauen vorgezogen, auf teure Männerarbeit verzichtet worden. Oder aber die Löhne der Männer wären den Frauenlöhnen angeglichen worden. Dies alles verlief aber, wie wir wissen, völlig anders. Die Männer konnten ihre höhere Entlohnung und ihre besseren Arbeitsmarktchancen behaupten und konnten sich die Arbeitsplätze mit der angeblich größeren Bedeutung, auf jeden Fall mit größeren Aufstiegs- und Verdienstmöglichkeiten, für sich sichern. Das heißt, gegen die Dynamik technischer und wirtschaftlicher Veränderungen konnten die geschlechtsspezifischen Grundmuster der Segregierung und Hierarchisierung aufrechterhalten werden. (Kap. 14.2)

Wer beispielsweise die Geschlechterverhältnisse in der DDR oder der Bundesrepublik über einen längeren Zeitraum untersucht, kann häufige Interventionen seitens der Politik beobachten. Je nach ökonomischer oder politischer Lage werden Versuche unternommen, die Frau zur Erwerbstätigkeit zu motivieren oder, wie dies in der Bundesrepublik öfter der Fall war, sie für die vorrangige oder ausschließliche Tätigkeit als Hausfrau und Mutter zu gewinnen. (Kap. 15.3)

Die politische Geschichte wird, wie Joan W. Scott es formuliert, immer auch auf dem Gebiet des sozialen Geschlechts in Szene gesetzt.

5.5 Gender und Wissenschaft

Ferner kann die Kategorie Gender methodisches Potenzial entfalten, indem die Kontextgebundenheit von Wissensbeständen, Theoriebildungen, traditionellen Begrifflichkeiten, Arbeitsweisen und Methoden hinsichtlich männlich geprägter Konnotationen untersucht wird.[13] Was damit konkret gemeint ist, soll am Beispiel des Verhältnisses von Geschlechtergeschichte und der traditionell vermittelten Geschichte erläutert werden.

5.5.1 Was ist das Allgemeine in der Geschichte?

Jürgen Kocka hatte einmal gemeint, das „Haus" der Geschichtswissenschaft biete Raum für alle. Das wurde damals von einigen Frauen bestritten, die meinten, ihnen sei der Zutritt verwehrt. Dazu meinte Hanna Schissler: „Ich denke nicht, dass man sagen kann, Frauen seien überhaupt nicht im Haus der Wissenschaft vertreten. Aber sie sind miserabel platziert. Sie sind vielleicht irgendwo in die Rumpelkammer verbannt. (..) Denn die guten Räume dieses Hauses, der Salon und der Ballsaal, werden von denjenigen, die sich darin befinden und über die Definitionsmacht befinden, gut bewacht. Andererseits meine ich nicht, dass man dieses Haus völlig abreißen soll, um ein neues zu bauen. Auch sollten wir Frauen uns nicht damit zufrieden geben, eine Gartenlaube nebenan zu erbauen (...)."[14] Die Umsetzung geschlechtergeschichtlicher Anforderungen würde demnach zu gravierenden Umstrukturierungen und Umgestaltungen der bisherigen Geschichte führen. Überall da, wo geschlechtergeschichtliche Aspekte umgesetzt werden, verändern sich die Inhalte und Themen: Inhaltliche Schwerpunkte verlagern sich, andere, bisher unbeachtete Themenbereiche geraten in den Blick, scheinbar unumstößliche Fakten verlieren ihre Geltung u. a. m. Auch der Umkehrschluss gilt: Wer prüfen will, ob eine Veröffentlichung geschlechtergeschichtliche Ansätze berücksichtigt, braucht nur einen Blick auf die Themenauswahl und –abfolge zu werfen. Folgt sie traditionellen Mustern, kommt Geschlechtergeschichte nicht vor. Es erweist sich als außerordentlich schwierig, mit der gewohnten Denkfigur zu brechen, nach der die Männer und ihr Denken als das Allgemeine gesehen werden und Frauen als das Besondere, gleichsam als Abweichung bzw. als Ergänzung zum Allgemeinen.

Eine besondere Ausprägung des Allgemeinen ist mit der Erklärung der Menschenrechte verbunden: Eine neue Zeit brauchte eine neue Geschichte. Aus der Geschichte der Herrscher- oder Adelshäuser konnte die bürgerliche Gesellschaft ihr Entstehen nur schwerlich ableiten und begründen.

Die heutige Situation, so Karin Hausen, ähnele der des späten 18. Jahrhunderts. Damals ging es um eine bürgerliche Neukonzipierung einer Geschichte der Menschheit oder Universalgeschichte. Sie sollte die vielen Partikulargeschichten, die der Herrscherhäuser, der Adelsgeschlechter, Familien, Städte usw. ablösen.

Karin Hausen:

Dem Programm einer umfassenden Menschheitsgeschichte fehlte es zunächst an Kriterien, historisch Relevantes auszuwählen und ein historisch relevant erachtetes Allgemeines vom historisch irrelevanten Besonderen abzugrenzen. (…) Ein erster Schritt zur Lösung des Problems war es, den Fortschritt der Zivilisation als historische Zielperspektive anzusetzen und in dieser Perspektive bestimmte Gruppen von Menschen zu privilegieren. Für die Aufklärer waren dieses wie selbstverständlich die Menschen weißer Rasse, abendländisch-christlicher Zivilisation und männlichen Geschlechts. Ein zweiter Schritt zur Eingrenzung des mit Relevanz ausgestatteten Geschichtsterrains wurde im 19. Jahrhundert getan. Die wissenschaftlich betriebene Historiographie wurde nun immer konsequenter auf die Staaten- bzw. Nationalstaatengeschichte und politische Geschichte verengt; damit wurde zugleich festgeschrieben, dass Geschichte von Relevanz ausschließlich dem im 19. Jahrhundert als männlich ausgewiesenen Wirkungsbereich eigen ist. (…)

Dieser nationalgeschichtlichen Ausrichtung lag bis in die 1970er Jahre unwidersprochen außerdem die historiografische Zentralperspektive weißhäutiger Mittelschichtmänner zugrunde. In den USA wird seit mehr als zwei Jahrzehnten nachdrücklich daran gearbeitet, den race und gender bias* der Geschichtswissenschaft aufzudecken und zu überwinden. In der Bundesrepublik werden diese Herausforderungen äußerst zögernd aufgenommen und wegen ihrer weitreichenden Konsequenzen eher vorbeugend abgewehrt als theoretisch diskutiert.

Hausen, Karin: Die Nicht-Einheit der Geschichte als historiographische Herausforderung. Zur historischen Relevanz und Anstößigkeit der Geschlechtergeschichte. In: Medick, Hans; Trepp Anne-Charlott (Hg.): Geschlechtergeschichte und Allgemeine Geschichte. Herausforderungen und Perspektiven. Göttingen 1998, S. 28 f. und 34 f.

*Bias: Vorurteil; Verzerrung eines Ergebnisses durch falsche Untersuchungsmethoden

Der moderne Staat und mit ihm die Politikgeschichte sind auch nach Thomas Kühne männlichen Geschlechts, bekennten sich aber nicht dazu. Die „Eingeschlechtlichkeit" oder „Geschlechtshalbiertheit" des Staates wie der Politikgeschichte sei auf vier Ebenen festzumachen:

◆ Die Ideen vom Staat als Produkt eines Gesellschaftsvertrags freier Individuen seien eine männliche Fiktion.
◆ Das Verfassungsrecht habe die Staatsbürgerschaft an den Militärdienst gekoppelt und Frauen von der Partizipation an der Staatspolitik ausgeschlossen.
◆ Institutionen der staatlichen Macht seien im 19. Jahrhundert ausschließlich und danach überwiegend mit Männern bestückt gewesen.
◆ Der Output staatlichen Handelns und staatlicher Entscheidungen habe Frauen und Männer in ganz unterschiedlichem Maße betroffen.[15]

5.5.2 Wie verhält sich die Geschlechtergeschichte zum Allgemeinen?

Über das Verhältnis von „allgemeiner" Geschichte und Geschlechtergeschichte schreibt Karin Hausen:

Die im 19. Jahrhundert mit einer neuartigen Verständigung über allgemeine Geschichte und mit der Durchsetzung verbindlicher Konzepte und Methoden einhergehende Verwissenschaftlichung der Geschichtsschreibung verbaute langfristig den wissenschaftlichen Zugang zur Geschichte der Geschlechterverhältnisse, der Geschlechterordnungen und der Art und

Weise, wie Menschen unter Normen von Weiblichkeit und Männlichkeit ihr Leben gestalteten. (...)

Eine wissenschaftliche Untersuchung der Geschichte der Geschlechterverhältnisse aber zwingt zunächst einmal zur Radikalisierung der Quellenkritik. Die überlieferten Text- und Bildquellen müssen als Teilstücke der über Sprache, Bilder und Zeichen vermittelten kommunikativen Konstruktion von Geschlechts-Wirklichkeiten entschlüsselt und dekonstruiert werden.

Hausen, Karin: Die Nicht-Einheit der Geschichte..., S. 30 f.

In drei Punkten erörtert Karin Hausen, inwiefern es nicht mit An- und Umbauten an einer als Einheit gedachten allgemeinen Geschichte getan sein kann und worin die Herausforderung des Neu-Konstruierens besteht:

Erstens: Eine Geschlechtergeschichte kommt nicht umhin, den mit der modernen Geschichtswissenschaft realisierten Ausschluss des weiblichen Geschlechts aus der Geschichte und die Überhöhung des männlichen Geschlechts zur Allgemeinheit des Menschengeschlechts selbst direkt zur Sprache zu bringen. Dazu bedarf es u.a. einer erneuten kritischen Erforschung der Geschichte der politischen Rhetorik und des wissenschaftlichen Definierens. Das kritische Sichten der von Zeitgenossen und später von Gesellschaftswissenschaftlern und Historikern benutzten Sprache mit allen mehr oder weniger reflektiert benutzten Begriffen, Konzepten und Theorien eröffnet ein weites Feld der Nachforschungen. (...) Beispielsweise ist die mit einem deutlichen Geschlechterbias versehene begriffliche und konzeptionelle Dichotomisierung der modernen Wahrnehmung von Gesellschaft in ihren Erscheinungsformen, Ursachen und Wirkungen untersucht worden. Es gibt seitdem gute Gründe, die konzeptionellen Einteilungen in Privatheit und Öffentlichkeit, in Natur und Kultur, in Emotionalität und Rationalität, in das Besondere und das Allgemeine etc. immer auch als Medium zur politischen Gestaltung von Geschlechterverhältnissen zu begreifen. Auch pflegt der übliche Gebrauch von scheinbar geschlechtsneutralen Kollektivnormen – der Mensch, das Individuum, die Jugend, der Arbeiter etc. – sprachlich darüber hinwegzutäuschen, dass es meistens einzig um die männliche Variante des Kollektivs geht und dass die weibliche Variante allenfalls als Abweichung von der männlichen vermessen wird. (...) *Zweitens*: In der ersten Hälfte des 19. Jahrhunderts wurden Frau und Familie gesellschaftspolitisch zu einer ,natürlich' genannten Einheit verschmolzen. Diese gesellschaftliche Platzierung der Menschen weiblichen Geschlechts hatte weitreichende Konsequenzen. Die Frau-Familie-Einheit blieb in der Phase der Entfaltung der modernen Öffentlichkeit ohne eigene Stimme und Vertretung. Dementsprechend konnte sich die politische und historiografische Aufmerksamkeit um so freier auf Individuen männlichen Geschlechts richten. Deren Vergesellschaftung wurde mit Interesse verfolgt, aus deren Sicht wurden die große und die kleine Politik nebst ihren neuen Spielregeln der erhöhten politischen Partizipation, aber auch die Mechanismen der Konkurrenz und des Marktes analysiert und kommentiert. Es hat zweifellos die Historiografie der ‚allgemeinen' Geschichte beträchtlich erleichtert, dass aus der Geschichte des sozialen Wandels alle von Tag zu Tag erforderlichen gesellschaftlichen Arbeiten zur generativen, physischen und psychischen Reproduktion der Menschen konsequent ausgeblendet und in den Schatten des nicht geschichtsmächtig Privaten und der Natur verwiesen wurden. (...) Das historische Interesse verstärkt auf diese systematisch ausgeblendeten Bereiche und Ebenen von Geschichte lenken zu wollen, heißt der sogenannten allgemeinen Geschichte ihren bisherigen Platz streitig zu machen und deren jahrzehntelang eingeübte konsequente Fixierung auf männerdominierte Öffentlichkeit zu kritisieren und auszuhebeln.

Drittens: Die bürgerliche Gesellschaft und ebenso der Wohlfahrtsstaat kapitalistischer oder sozialistischer Provenienz haben das soziale Ordnungsgefüge der geschlechtsspezifischen Arbeitsteilung vielfältig genutzt. Trotzdem wird die Arbeitsteilung nach Geschlechtern bis heute in der allgemein genannten Geschichte kaum der Erwähnung für wert befunden und damit wirksam der Anschein bekräftigt, es handele sich um eine ahistorische, natürliche Selbstverständlichkeit. Allenfalls die ‚Anomalien' der männlich-weiblichen Arbeitsteilungen in Kriegszeiten werden angesprochen, um dann nur um so nachdrücklicher die natürliche Normalität der Friedenszeiten zu erhärten. Mit welcher Macht und um welchen Preis diese angebliche Natürlichkeit der Verhältnisse immer wieder dem historischen Wandel abgetrotzt worden ist, wer sich aus welchen Gründen und mit welchen Mitteln der Verteidigung dieser als natürlich erachteten Ordnung jeweils angenommen hat und welche Konsequenzen diese Arbeitsteilung nach Geschlechtern für die einzelnen Menschen und die Gesellschaft hatte, sind Fragen, die innerhalb des für die allgemeine Geschichte abgesteckten Rahmens und der damit vorgegebenen Relevanzkriterien kaum zu erforschen und darzustellen sind.

Hausen, Karin: Die Nicht-Einheit der Geschichte..., S. 44-49

Die Vorstellung, die Geschlechtergeschichte in den bisherigen Geschichtskanon integrieren zu können, erweist sich eigentlich als unmöglich, denn sofern Schritte in dieser Hinsicht unternommen werden, verändert sich das gesamte Haus der Geschichte in einer Weise, dass das ursprüngliche Haus nicht mehr wiederzuerkennen ist.

Oder, um den Titel dieses Buches wieder aufzugreifen: Die Integration der Geschlechtergeschichte würde das Ende des Zyklopen, des einäugigen Riesen, bedeuten.

5.6 Gender und Begriffe mit ihren Bedeutungen

Als Analyseinstrument kann die Kategorie Geschlecht außerdem auch methodisches Potenzial entfalten, indem Begrifflichkeiten, Arbeitsweisen und Methoden hinsichtlich männlich geprägter Konnotationen untersucht werden. Auf den Prüfstand gerät so der in der Wissenschaft scheinbar allgemeingültige, aber männliche Maßstab. Ebenso werden Begrifflichkeiten in Frage gestellt, die unsere Wahrnehmung strukturieren und unsere Denkmuster bestimmen, wie Kultur/ Natur, Vernunft/ Gefühl, die als Dichotomien in Erscheinung treten. Im Folgenden soll dies an einigen Begriffen erläutert werden.

5.6.1 Historisch-politische Wertbegriffe

Freiheit als ein abstrakter Begriff scheint völlig geschlechtsneutral zu sein. Unter dem Genderaspekt werden derartige Begriffe, von denen es viele gibt, jedoch fragwürdig.

Mit dem Begriff Freiheit hat sich Adriana Cavarero schon vor vielen Jahren genauer befasst:

> Jahrtausendelang hat das männliche Geschlecht den Begriff von Freiheit nach eigenem Maß entwickelt und seinen Merkmalen angepasst, so dass das Risiko besteht, mit Freiheit *diese* Art von Freiheit zu meinen, die von der patriarchalen Kultur her bestimmt worden ist. Dieser männliche Begriff von Freiheit meint im Wesentlichen politische Freiheit, d.h. Freiheit in der Polis, in der Stadt, im Staat. Um uns nur auf die moderne Epoche zu beschränken, heißt das schematisch ausgedrückt: Freiheit zur Selbstregierung und Freiheit zur ökonomischen Initiative.
>
> Dabei zeigt sich sogleich, dass diese patriarchale Freiheit als neutraler/ universaler Begriff, der auch die weibliche Freiheit definieren soll, nicht funktioniert. Denn diese Freiheit sieht vor, dass es anderswo, nicht am politischen und ökonomischen Ort, das Haus, die Familie geben muss, einen Ort, an dem diese Freiheit die Rolle der Reproduktion und Befriedigung der primären Bedürfnisse der Frau zuweist (eine Art gesellschaftlicher *maternage*). (...)
>
> Dass es sich um eine männliche Freiheit handelt, d.h. um eine dem Mann angepasste Freiheit handelt, geht aus vielen Anhaltspunkten hervor. Ich beschränke mich, einige davon zu nennen.
>
> 1. Das Paradigma der freien Initiative zielt nur auf Leistung, ist individua-

listisch und wettbewerbsorientiert: wenn die Frauen Karriere machen und geschätzt werden wollen, müssen sie dieses Paradigma voll übernehmen.

2. Trotz dieser Anpassung ist es für Frauen schwierig, Zugang zu leitenden Posten in der Wirtschaft und in der Politik zu finden: Der Grund liegt darin, dass das männliche Modell in der Tat diskriminierend wirkt.

3. Der familiäre Bereich wird weiterhin in der Mehrzahl der Fälle gemäß dem Modell der ‚doppelten Arbeit‘ von den Frauen betreut. Jedenfalls werden die sowohl physisch als auch psychisch anstrengendsten ‚Momente‘ dieser familiären Arbeit – wie zum Beispiel die Betreuung der Kranken und Alten – nicht ‚geteilt‘ und heute zunehmend spezifischen Institutionen überlassen. Dieser dritte Punkt ist beispielhaft; damit behaupte ich nicht, dass die Frauen in der Aufregung der Emanzipation böse geworden seien, weil sie die Kranken und Alten nicht mehr pflegen. Was ich dagegen sagen will, ist, dass das männliche Modell von Freiheit – welches nämlich die Trennung zwischen Öffentlichem und Privatem nicht nur vorsieht, sondern vor allem ohne sie gar nicht existieren kann – unberührt von den Prozessen weiblicher Befreiung weiter existiert. Oder: Indem die Frauenbefreiung den patriarchalen Begriff von Freiheit akzeptiert, lässt sie die als Rollendifferenz verstandene Geschlechterdifferenz weiterleben.“

Cavarero, Adriana: Die Perspektive der Geschlechterdifferenz. In: Gerhard, Ute et al.(Hg.): Differenz und Gleichheit. Menschenrechte haben (k)ein Geschlecht. Frankfurt am Main 1990, S. 102 f.

Für den Begriff der *Gleichheit*, auch ein historisch-politischer Begriff, gilt Ähnliches. Auch er bezog sich nicht auf Frauen, auch nicht auf alle Männer. Gleichheit sollte nur gelten zwischen weißen, besitzenden Männern. Nicht wenige Frauen wehren sich bis heute, den von Männern definierten Standards zu folgen, Regeln und Erwartungen nachzukommen, die zwar als universell deklariert sind, sich aber trotzdem einseitig an männlichen Bedürfnissen und Fähigkeiten orientieren.[16]

Die Problematisierung historisch-politischer Begriffe kann durchaus im Unterricht nachvollzogen werden, zumindest in höheren Klassenstufen. Die folgenden Begriffserörterungen jedoch sind weniger für den Unterricht gedacht, eher für die Erweiterung des persönlichen Sachwissens.

5.6.2 Gender und Sex als „Arbeitsbegriffe“

In der Wissenschaft müssen die verwendeten Begriffe, die eigentlich als Analyseinstrumente fungieren, selbst auch immer auf ihre Tauglichkeit überprüft werden. Drei Gesichtspunkte haben eine genaue Überprüfung dieser Begriffe notwendig erscheinen lassen:

◆ Erstens gehörte diese Art der Aufspaltung von Geschlecht in Sex und Gender genau zu jenen Dichotomien wie Privatheit/Öffentlichkeit, Natur/Kultur, die in den Blick der Genderforschung geraten waren, weil ihnen männliche Konnotationen zugrunde lagen. Ähnliches trat nun auch bei Gender und Sex zu Tage: Gender wurde der Kultur zugesprochen, Sex hingegen wurde der Natur zugewiesen.

◆ Zweitens hatte man bemerkt, dass mit diesen Begriffen etwas vorausgesetzt wurde, was es eigentlich erst zu untersuchen galt.

◆ Drittens konnte Gender als dem sozial konstruierten Geschlecht eine Geschichte zugesprochen werden, das biologische als das gleichsam natürliche Geschlecht wurde zunächst als ahistorisch verstanden.

Die rigide Trennung zwischen den beiden Begriffen ist inzwischen aufgehoben, und die Auffassungen haben sich im Laufe der beiden letzten Jahrzehnte deutlich verändert. Historische Untersuchungen haben aufgezeigt, wie verschieden Gender und Sex, insbesondere das biologische Geschlecht, in der Vergangenheit wahrgenommen und gedeutet wurden.[17] Auch in anderen Wissenschaftsdisziplinen rückten die kulturellen Einschreibungen in den Körper allmählich stärker ins Blickfeld. Mit besonders massiven Eingriffen macht sich hier die Gentechnologie bemerkbar. Der Wirkungsbereich des Soziokulturellen beginnt demnach nicht erst auf der Basis der natürlichen Unterschiede zwischen den Geschlechtern, sondern schließt diese selbst bereits ein, auch wenn die Erkenntnis, dass es sich bei Gender wie bei Sex um soziale Konstruktionen handelt, nicht von der Tatsache der Materialität der Körper freimacht.[18]

5.7 Gender und Dekonstruktion

Der dekonstruktivistische Denkansatz in der Genderforschung befasst sich mit gesellschaftlichen Machtverhältnissen und zeigt auf, wie Personen(gruppen) durch bestimmte Ein- und Ausschlussverfahren konstruiert und konstituiert werden. Die Genderforschung wird hier von Foucault, Lacan, Bourdieu und Derrida und deren Denkansätzen beeinflusst und in ihren Anliegen unterstützt. Ich konzentriere mich im Folgenden auf den dekonstruktivistischen Ansatz von Derrida, weil er derjenige war, der den Begriff Dekonstruktion entwickelt hat.

Dieser Denkansatz ist recht kompliziert, dennoch soll im Folgenden versucht werden, ihn so knapp und einfach wie möglich darzustellen, ihn gleichsam für den didaktischen, weniger für den unterrichtspraktischen Hausgebrauch verständlich zu machen:[19]

1. Dekonstruktion meint eine Strategie, die Verwerfungen, Verfestigun-

gen, Verschiedenheiten auflöst, in Frage stellt, in Unentscheidbarem belässt, wohl aber neue Konstruktionen ermöglicht. Diese Strategie kann bei vielen Begriffspaaren bzw. Dichotomien angewendet werden, wie beispielsweise auch bei Mann und Frau, öffentlich und privat oder, wie im vorigen Teilkapitel, bei Gender und Sex. Es handelt sich um Begriffe, die ständig in Gebrauch sind, wobei die Trennlinien, die von den Begriffen vorgegeben werden, in der Realität oft gar nicht so klar gezogen werden können. Obwohl solche Begriffe in alt hergebrachtem Sinn ständig verwendet werden, haben sich doch schon Verfestigungen gelockert oder gar aufgelöst, meist durch gesellschaftliche Entwicklungen bedingt.

2. Dekonstruktion befasst sich mit dem Nicht-Gedachten, dem Unterdrückten, dem Verdrängten im philosophischen Denken, also mit dem, was in der Denktradition der westlichen Gesellschaften verschwiegen, außer Acht gelassen, idealisiert oder sublimiert wird und als das Nicht-Identische, Nicht-Gedachte oder Nicht-Begriffliche negiert wird. Das Nicht- Gedachte zu denken ist so einfach nicht. Es kann aber bei jedem Begriff gefragt werden, was er einbezieht, vor allem, was er ausschließt und in welchem Verhältnis das, was ausgeschlossen wird, zu diesem Begriff und zu anderen ausgeschlossenen steht. Der Begriff Mann schließt nicht nur das Weibliche aus, sondern u.a. das Unmännliche. Demnach ist zu untersuchen, in welchem Verhältnis das Weibliche zu Mann steht und wie sich das Weibliche und das Unmännliche zueinander verhalten.

3. Derrida unternimmt den Versuch, ein anderes Verhältnis von Nicht-Identität als das Andere zu bestimmen. Demnach bedeutet Dekonstruktion weder Aufhebung oder Auflösung von Gegensätzen – ggf. zu einer Synthese -, noch deren Neutralisierung, sondern sie bedeutet eine Verschiebung. Kein Begriff darf zugunsten eines anderen verworfen werden, sondern ein Begriff stellt die Notwendigkeit für den anderen her. Dies gilt ebenso für die Begriffe Mann und Frau. Sie wären überflüssig, wenn nicht die eine Bezeichnung jeweils auf die andere verwiese. Gegensätze sind demnach differentielle Verweisungen von einer Spur auf die andere. Jeder Begriff ist die konstitutive Bedingung für den anderen. Differenzen stehen danach nicht in einem Verhältnis von „das eine" oder „das andere", sondern als „weder das eine noch das andere". Gegensätze werden als ein Verhältnis bestimmt, in dem das eine auch immer das andere ist.

Derrida entwickelt also eine Denkstrategie, nach der binäre Gegensätze, d.h. Gegensätze, die aus zwei Zeichen, Teilen oder Einheiten bestehen, weder neutralisiert (Mann und Frau = Mensch) noch bestätigt werden. Da es sich nach Derrida bei allen klassischen philosophischen Gegensätzen niemals um ein unmittelbares Vis à Vis handelt, sondern immer um gewaltsame Hierarchien (wie auch im Verhältnis von Mann und Frau), besteht für Derrida die Dekonstruktion des Gegensatzes darin, „im gegebenen Augenblick die Hierarchien umzustürzen" und eine Phase des Umbruchs zu durchlaufen. Die Anerkennung der Umbruchphase heißt, die „konfliktgeladene und unterwerfende Struktur des Gegensatzes" nicht zu übersehen. Wird nämlich die Struktur des Gegensatzes nicht berücksichtigt, ist eine schnelle Neutralisierung die Folge, die das frühere Feld praktisch intakt lässt und die Möglichkeit vergibt, dort tatsächlich einzugreifen. Dies geschieht beispielsweise dadurch, dass Frauen sich männliche Maßstäbe zu Eigen machen und somit Differenz ausschalten, oder indem Männer und Frauen sich gemeinsam und immer aus Gründen der Leseerleichterung auf die männliche Sprachform einigen (Lehrer, Schüler etc.). Dies kann auch leicht bei Gender und Sex geschehen, wenn Sex dem dominanten Begriff einfach einverleibt wird, was im täglichen Sprachgebrauch, auch hier in diesem Buch, durchaus schon geschieht und sich auch nicht immer vermeiden lässt. Der Vorschlag Joan Scotts, „beide, das biologische wie das soziale Geschlecht, als komplex miteinander verflochtene Wissenssysteme" zu begreifen, scheint ein brauchbarer Ausweg aus dieser Schwierigkeit zu sein.[20]

In ganz ähnlicher Weise befasst sich auch Judith Butler u.a. mit der Frage, in welche Identifizierungen wir verwickelt sind, die andere Identifikationen ausschließen und negieren.[21]

Nach Butler entscheiden hegemoniale Zwänge darüber, was konstruiert werden kann und was nicht. Ohne diese Zwänge aber kann kein lebendes und begehrendes Wesen seinen Weg gehen. Es ist also der Zwang, sich zuordnen zu müssen: entweder das eine oder das andere.

So durchlaufen wir vielfältige Identifizierungen, entscheiden uns aber auf Grund sozialer und kultureller Vorgaben oder Zwänge für bestimmte anerkannte Identifizierungen auf Kosten von anderen möglichen. Mit derartigen Negierungen konstruiert das Subjekt seine Grenzen und somit seine Identität. Die Kohärenz eines Individuums wird durch das geschaffen, was es verwirft, ablehnt oder verleugnet. Butler plädiert stattdessen für die Anerkennung der Inkohärenz als Ausdruck individueller Vielschichtigkeit.

Derridas Bedeutung für den Umgang mit der Kategorie Geschlecht kommt u.a. in den Alternativen zur Zweigeschlechtlichkeit zum Ausdruck. Sie sind überaus vielfältig, führen aber leicht zu einer neuen hierarchischen Festschreibung von Geschlecht, die andere mögliche ausschließt. Daher scheint es ratsamer zu sein, die verschiedenartigen Geschlechter, Identitäten und Subjektivitäten in ihrer Offenheit und differentiellen Verweisung anzuerkennen, das heißt auch: der Spannung ihren Raum zu geben. Damit jedoch ergibt sich für die Genderforschung ein nicht unerhebliches Problem: „Die Spannung, einerseits nicht mehr bestimmen zu können, was eine Frau oder ein Mann ist, andererseits die Notwendigkeit, die Kategorien Frau und Mann als analytische Begriffe anzuerkennen. Denn solange das Geschlechterverhältnis ein soziales Ungleichheitsverhältnis und immer auch ein potentielles Gewaltverhältnis ist, brauchen wir die Kategorien Mann und Frau zur Erforschung gesellschaftlicher Macht- und Herrschaftsverhältnisse. Um aber nicht im Status quo verhaftet zu bleiben, brauchen wir die Perspektive der Dekonstruktion."[22]

Wie Dekonstruktion in der Geschichtswissenschaft sachadäquat zur Geltung kommen kann, zeigt Karin Hausen in ihrer Arbeit auf, in der sie für die Nicht-Einheit bzw. Vielheit der Geschichte eintritt. Sie plädiert dafür, „ein Höchstmaß an kritischer Umsicht" nicht nur bei der Quellenanalyse, sondern auch bei der Weiterverwendung altbewährter Konzepte und Begriffe" walten zu lassen.

Kritische Dekonstruktion ist angesagt, wenn in den Quellen vom männlich besetzten weiten Raum des Politischen, des Öffentlichen, des Allgemeinen und dem weiblich besetzten engen Raum des Privaten, des Besonderen, des Unpolitischen die Rede ist. (...) Ich halte es für dringlich, sehr viel kritischer als bisher nachzufragen, was die in der Geschichtswissenschaft wirkungsmächtige Fiktion einer Einheit der Geschichte geleistet hat und weiterhin zu leisten vermag bzw. was sie verstellt hat und zukünftig nicht länger verstellen sollte.

(...)

Vor allem kommt es darauf an, auf neue Weise die historische Bedeutung von Ungleichheit und Dominanz so zu analysieren und zu vergegenwärtigen, dass in der historischen Analyse und Darstellung das Nicht-Dominante gleichberechtigt berücksichtigt und die historiographische Marginalisierung des Nicht-Dominanten erfolgreicher als bisher abgewehrt wird. (...) Die Schwierigkeiten, im Rahmen der behaupteten Einheit der allgemeinen Geschichte die bislang ausgegrenzten bzw. abgedrängten oder nachgeordneten Bereiche von Geschichte gleichberechtigt zum Zuge kommen zu lassen, sind groß und vermutlich kaum überwindbar. (...) Obwohl diese hierarchisierenden historiographischen Ordnungsverfahren schon längst ihre ideologische Legitimierung eingebüßt haben, funktionieren sie in der Praxis der

Geschichtsforschung und Geschichtsübermittlung weiter, ohne prinzipieller Kritik ausgesetzt zu sein. (...)

Demgegenüber zielt das von mir vorgeschlagene Programm der Nicht-Einheit der Geschichte auf eine historische Konstruktion mehrsinniger Relevanzen. Die Vieldeutigkeit in den historischen Bildern, Sprachen, Einrichtungen, Erfahrungen und Handlungen soll herausgearbeitet, gedeutet und historisch so vergegenwärtigt werden, dass das Nebeneinander, Ineinander oder Gegeneinander von gleichzeitig beobachtbarer Differenz oder auch Gleichheit historisch gleichermaßen berechtigt aufscheint.

Hausen, Karin: Die Nicht-Einheit der Geschichte als historiographische Herausforderung. Zur historischen Relevanz und Anstößigkeit der Geschlechtergeschichte. In: Medick, Hans; Trepp, Anne-Charlott (Hg.): Geschlechtergeschichte und Allgemeine Geschichte. Herausforderungen und Perspektiven. Göttingen 1998, S. 32,33,35,40,54.

Anmerkungen

1   Vgl.: Reiche, Reimut: Gender ohne Sex. In: PSYCHE, Zeitschrift für Psychoanalyse und ihre Anwendungen, hg. von Margarete Mitscherlich. 51, 9/10 1997, S. 928. Erwähnt ist Robert Stoller in diesem Zusammenhang in einer Arbeit von Joan W. Scott: Millenial Fantasies. The future of „Gender" in the 21st Century. In: Honegger, Claudia; Arni, Caroline (Hg.): Gender – Die Tücken einer Kategorie. Zürich 2001, S. 22.

2   Der im Deutschen umstrittene und hier erwähnte Begriff Rasse bezieht sich auf den amerikanischen Sprachgebrauch. Dort wird *race* im Sinne von Ethnie verwendet.

3   Lenz, Karl: Im ehernen Gehäuse der Kultur: Geschlechterkonstruktion in heterosexuellen Zweierbeziehungen. In: Brückner, Margrit; Böhnisch, Lothar (Hg.): Geschlechterverhältnisse. Gesellschaftliche Konstruktionen und Perspektiven ihrer Veränderung. Weinheim; München 2001, S. 180. – Kühne, Thomas: Männergeschichte als Geschlechtergeschichte. In: Ders.: (Hg.): Männergeschichte – Geschlechtergeschichte. Männlichkeit im Wandel der Moderne. Frankfurt; New York 1996, S. 13.

4   Kühne, Thomas: Männergeschichte (Anm. 3), S. 13.

5   Vgl.: Schissler, Hanna: Einleitung. Soziale Ungleichheit und historisches Wissen. Der Beitrag der Geschlechtergeschichte. In: Dies. (Hg.): Geschlechterverhältnisse im historischen Wandel. Frankfurt am Main./New York 1993, S. 26.

6   Scott, Joan W.: Gender: Eine nützliche Kategorie der historischen Analyse. In: Kaiser, Nancy: Selbst Bewusst. Frauen in den USA. Leipzig 1994, S. 58.

7   Scott, Joan W.: Gender: Eine nützliche Kategorie (Anm. 6), S. 61ff.

8   Scott, Joan W.: Gender: Eine nützliche Kategorie (Anm. 6), S. 62 f.

9   Verdrängungen in der Geschichte konstituieren ein geschichtswissenschaftliches Forschungsfeld, dass methodologisch stringent erst noch zu erschließen ist. Erste Überlegungen dazu bietet: Schulz – Hageleit, Peter: Verdrängungen in der

Geschichte – kein Thema für die Geschichtswissenschaft? In: Zeitschrift für Geschichtswissenschaft 3/1999, S. 237-253.

10 Scott, Joan W.: Gender: Eine nützliche Kategorie (Anm. 6), S. 54

11 Heinrich Roth: Pädagogische Psychologie des Lehrens und Lernens. Hannover, 12. Auflage 1970, S. 116 f.

12 Scott, Joan W.: Gender: Eine nützliche Kategorie (Anm. 6), S. 65

13 Eine der ersten Arbeiten auf diesem Gebiet ist der von Karin Hausen und Helga Nowotny herausgegebene Band: Wie männlich ist die Wissenschaft? Frankfurt am Main 1986.

14 Schissler, Hanna: Diskussionsbeitrag in: Frauen und Geschichte. Loccumer Protokolle 11/86. Loccum 1987, S. 182.

15 Kühne, Thomas: Staatspolitik, Frauenpolitik, Männerpolitik: Politikgeschichte als Geschlechtergeschichte. In: Medick, Hans; Trepp, Anne-Charlott (Hg.): Geschlechtergeschichte und Allgemeine Geschichte Herausforderungen und Perspektiven. Göttingen 1998, S. 175.

16 Vgl. Frevert, Ute: Frauen-Geschichte. Zwischen bürgerlicher Verbesserung und neuer Weiblichkeit. Frankfurt am Main 1986, S. 8.

17 Verschiedene Beiträge dazu finden sich in: Eifert, Christiane et al. (Hg.): Was sind Frauen? Was sind Männer? Geschlechterkonstruktionen im historischen Wandel. Frankfurt am Main 1996.

18 Lenz, Karl: Im ehernen Gehäuse der Kultur. Geschlechterkonstruktion in heterosexuellen Zweierbeziehungen. In: Brückner, Margrit; Böhnisch, Lothar: Geschlechterverhältnisse. Gesellschaftliche Konstruktionen und Perspektiven ihrer Veränderung. Weinheim und München 2001, S. 180.

19 Die Ausführungen erfolgen auf der Grundlage folgender Literatur: Engelmann, Peter: Postmoderne und Dekonstruktion. Texte französischer Philosophen der Gegenwart. Stuttgart 1999. – Insbesondere ist die gut nachvollziehbare Darstellung bei Birgit Wartenpfuhl zu empfehlen, die gleichsam das Gerüst auch für meine Ausführungen bildet. Wartenpfuhl, Birgit: Destruktion – Konstruktion – Dekonstruktion. Perspektiven für die feministische Theorieentwicklung. In: Fischer, Ute Luise et al. (Hg.): Kategorie: Geschlecht? Empirische Analyse und feministische Theorien. Opladen 1996. – Daniel, Ute: Clio unter Kulturschock. Zu den aktuellen Debatten in der Geschichtswissenschaft, Teil II. In: Geschichte in Wissenschaft und Unterricht 48, 1997, Heft 5/6, S. 259-278.

20 Scott, Joan W.: Millenial Fantasies. The future of „Gender" in the 21st Century. In: Honegger, Claudia; Arni, Caroline (Hg.): Gender – Die Tücken einer Kategorie. Zürich 2001, S. 48.

21 Butler, Judith: Das Unbehagen der Geschlechter. Gender Studies. Frankfurt/ M. 1996. – Dies.: Körper von Gewicht. Gender Studies. Frankfurt/M.1997. Dies.: Psyche der Macht. Das Subjekt der Unterwerfung. Gender Studies. Frankfurt/M.2001

22 Wartenpfuhl, Birgit: Destruktion (Anm. 19), S. 207.

6. Projektionen

Geschlechterverhältnisse unterliegen historischem Wandel. Das Spannungsverhältnis zwischen Vergangenheit und Gegenwart muss auch bei der Geschlechtergeschichte beachtet werden. Das heißt: Verhältnisse der Vergangenheit sollten nicht unreflektiert in die Gegenwart transponiert werden, wie auch die Vergangenheit nicht als Ort gegenwärtiger Projektionen dienen sollte.

6.1 Ausflüge in die Steinzeit und zurück

In einem südfranzösischen Parc préhistorique war eine Szene aufgebaut, die Folgendes darstellte:[1]

Ein Mann steht vor einem Abri, einem höhlenartigen Felsvorsprung, und malt ein Tierbild. Ein bis zwei Meter neben ihm kniet eine Frau mit dem Blick zur Felswand und stellt aus nicht näher bestimmten Extrakten Malfarben her. Keine sonderlich dramatische, aber eine etwas ärgerliche Szene für diejenigen, die sich mit der Lebensweise der frühgeschichtlichen Menschen genauer befassen wollen. Obwohl auf Grund der Quellenbefunde, ohne schriftliche Zeugnisse, so gut wie gar nichts über die Art der Beziehungen zwischen Mann und Frau und über die Arbeitsteilung zwischen den Geschlechtern ausgesagt werden kann, ist beim Anblick dieser Szene klar: So ist es mit Sicherheit nicht gewesen. Mit Gewissheit lässt sich lediglich sagen, dass die Gestalter dieser Szene ein ihnen selbst bekanntes und vertrautes Beziehungsmuster reproduziert haben: Der Mann ist zuständig für die Kultur, die Frau hingegen arbeitet in ihrem Bereich dem Kulturschaffenden zu, sie erspart ihm zeitraubende, langwierige, hinderliche Arbeiten. Diese Form der Arbeitsteilung kennen wir aus dem bürgerlichen Geschlechterverhältnis. In Tätigkeit und Haltung befindet sich der Mann zudem in hervorgehobener Position. Die kniende Position der Frau signalisiert Unterordnung, so dass sich auch der Vergleich mit einer Sklavin aufdrängt. Sklaven und Sklavinnen haben, wie wir wissen, die Tätigkeiten ausgeübt, die ihren Herren, weniger den Herrinnen, den Freiraum für politische und kulturelle Tätigkeiten ermöglichten.

Weitere Bilder, in denen die Herstellung der Höhlenmalereien dargestellt wird, bestätigen diesen Befund. Die Haltung der Frau zeigt zwar

Abb. 14: Szene aus dem prähistorischen Park in Tursac-Les Eyzies

weniger Demut, die Arbeitsteilung aber ist die gleiche wie auf dem ersten.

In einem dritten Beispiel waren neben Tierbildern auch menschliche Hände abgebildet, was bei den Höhlenmalereien sehr selten ist.

Auf dem Boden vor den Bildern waren außerdem Fußspuren erhalten, die aus der gleichen Zeit wie die Malereien und Handabdrücke stammen. Dabei handelte es sich um verschieden große Fußspuren. Wie der Guide erklärte, entsprachen die größeren denen eines damaligen erwachsenen Mannes, die kleineren hingegen hatten einige Rätsel aufgegeben. Man war aber, wie er sagte, zu dem Schluss gekommen, dass es sich um die Fußabdrücke eines ungefähr zwölfjährigen Jungen handeln könnte.

Die Möglichkeit, es könnten die Abdrücke einer Frau sein, wurde gar nicht in Betracht gezogen, was nach den mir bekannten Theorien zumindest nicht auszuschließen war. (Kapitel 1.2)

Für alle vier Beispiele ist festzuhalten: wir wissen nicht, ob die Bilder von einem steinzeitlichen Künstler oder einer Künstlerin stammen. Das heißt aber: Die Festschreibungen und Darstellungen der Männer als Künstler sind projektive Vermutungen.

Fazit dieser Ausflüge in die Steinzeit:

1. Die dargestellte Szenen in den prähistorischen Parks, die in ihnen
   sichtbar werdenden Geschlechtervorstellungen, ebenso die Deutung

in der Höhle scheinen mir symptomatisch für den Umgang mit der Geschichte, insbesondere der Steinzeit, zu sein. Je weniger wir über eine Zeit wissen, vor allem über eine Zeit, aus der es keine schriftlichen Überlieferungen gibt, desto mehr projizieren wir unsere Denkweisen und Vorstellungen in die Vergangenheit.

2. Bilder und Berichte dieser Art formen unsere Vorstellungen über Geschlechterverhältnisse in der Vergangenheit. (Das Medium ist die Botschaft!) So entsteht der Eindruck, das Verhältnis zwischen Männern und Frauen sei „schon immer so" gewesen.

3. Neben der oben schon oft erwähnten doppelten Optik ist hier zusätzlich noch der *stets zweifelnde Blick* gefordert. Der könnte sich auch in den Szenerien eines historischen Parks Geltung verschaffen, nicht nur bei den Betrachtenden, sondern bei den Herstellern solcher Arrangements. Das Wenigste wären Hinweise auf verschiedene Theorien, die durchaus auch in den Darstellungen erkennbar werden könnten.

Noch verfahrener wird die Angelegenheit, wenn in einer Art Purzelbaumlogik gegenwärtig gewünschte Verhältnisse erst einmal in die Vergangenheit projiziert werden und diese Projektion dann als Argument dienen soll, um die gewünschten Positionen scheinbar wissenschaftlich zu fundieren. Ein Beispiel dafür ist der Bestseller von Allan und Barbara Pease: *Warum Männer nicht zuhören und Frauen schlecht einparken.*

Zu diesem Buch heißt es:

> Allan und Barbara Pease erklären *wissenschaftlich fundiert* (Hervorhebung B.D.) die Unterschiede zwischen Mann und Frau. Sie gehen der Frage nach, warum Männer und Frauen unterschiedliche Fähigkeiten besitzen, warum sie sich in vielen Situationen völlig verschieden verhalten, warum sie anders denken und fühlen. Zugleich geben sie aber auch praktische Tipps, wie man am besten mit diesen Unterschieden umgehen sollte, damit ein harmonisches Zusammenleben der Geschlechter möglich ist.[2]

Hier ein Beispiel für die angeblich wissenschaftliche Fundierung im geschichtlichen Bereich:

Wie wir das geworden sind, was wir sind

> Es war einmal vor langer, langer Zeit, da lebten Frauen und Männer noch glücklich zusammen und gingen in Harmonie ihrer Arbeit nach. Der Mann wagte sich Tag für Tag in eine feindliche und gefährliche Welt hinaus, wo er als Jäger sein Leben riskierte, um seiner Frau und seinen Kindern Nahrung zu beschaffen, und zu Hause verteidigte er sie gegen wilde Tiere und andere

Feinde. Um ergiebigere Nahrungsquellen auszumachen und dann die Beute nach Hause bringen zu können, entwickelte er einen ausgeprägten Orientierungssinn über große Distanzen. Damit er auch eine sich bewegende Beute erlegen konnte, eignete er sich eine große Zielsicherheit an. Sein Aufgabenbereich war klar und eindeutig festgelegt: Er war der *Beutejäger* – und mehr wurde von ihm nicht erwartet.

Die Frau fühlte sich gewürdigt, weil ihr Mann sein Leben für das Wohl der Familie riskierte. Sein Erfolg als Mann wurde an seiner Fähigkeit gemessen, eine Beute zu erlegen und heimzubringen, und sein Selbstgefühl hing davon ab, inwieweit die Frau seine Leistungen und Bemühungen würdigte. Die Familie war darauf angewiesen, dass er seinen Aufgaben als Beutejäger und Beschützer nachkam – und sonst nichts. Für ihn war es völlig unerheblich, die „Beziehung zu analysieren", ebenso wenig erwartete man von ihm, den Müll rauszubringen oder dem Nachwuchs die Windeln zu wechseln. Die Rolle der Frau war ebenfalls klar: Sie gebar den Nachwuchs, was entscheidend die evolutionsgeschichtliche Entwicklung und Ausbildung der Fähigkeiten bestimmte, die sie benötigte, um ihrer Rolle gerecht werden zu können. Sie musste in der Lage sein, ihre direkte Umgebung nach Zeichen von Gefahren abzusuchen, brauchte einen ausgezeichneten Orientierungssinn für kurze Strecken, wobei sie sich an auffälligen Formationen oder ähnlichem orientierte. Außerdem musste ihre Fähigkeit, auch kleine Veränderungen im Verhalten und im Äußeren ihrer Kinder und anderer Erwachsener wahrzunehmen, hochentwickelt sein. Es war ziemlich einfach: Er war der *Beutejäger*, sie die *Nesthüterin*.

Die Frau verbrachte ihren Tag damit, sich um die Kinder zu kümmern. Sie sammelte Früchte, essbare Pflanzen und Nüsse und knüpfte Beziehungen zu den anderen Frauen in der Gruppe. Die Beschaffung von größeren Nahrungsstücken und die Abwehr von Feinden war Aufgabe des Mannes, und so maß sich der Erfolg der Frau allein an ihrer Fähigkeit, sich um ihre Familie zu kümmern. Ihr Selbstwertgefühl hing von der Würdigung ihrer Fähigkeiten als Mutter und ‚Hausfrau' durch den Mann ab. Ihre Fähigkeit, Kinder zu bekommen, galt als magisch oder sogar heilig, denn sie allein kannte das Geheimnis, Leben zu schenken. Nie kam jemand auf die Idee, von ihr zu erwarten, dass sie Tiere erlegte, Feinde bekämpfte oder Glühbirnen auswechselte.

Wenn Menschen bereit wären, dieses Rollenverhalten anzuerkennen, und sich als Tier akzeptieren könnten, dessen Triebe durch jahrmillionenlange Evolution abgeschliffen wurden, könnten sie ihre Grundbedürfnisse besser verstehen sowie sich und andere leichter akzeptieren.

„Und darin", schreiben die Verfasser, „liegt der Weg zur wahren Glückseligkeit."

Aus: Pease, Allan und Barbara: Warum Männer nicht zuhören und Frauen schlecht einparken. Ganz natürliche Erklärungen für eigentlich unerklärliche Schwächen. München 12. Auf.l 2001, S. 37 ff., S. 41 u. 43.

Die so genannten wissenschaftlichen Ableitungen in anderen Bereichen, wie Hirnforschung, Hormonforschung, Psychologie etc. lesen sich nicht anders und folgen gleichen Mustern: Mit einigen wenigen wissenschaftlichen Versatzstücken wird mit Verweisen auf alltägliche Erfahrungen zum Nutzen der eigenen Botschaft frei jongliert. Nun brauchte man ja solche merkwürdigen Sentenzen nicht weiter ernst nehmen, das Problem ist nur: Das Buch wird erschreckend ernst genommen.[3] Dafür gibt es Gründe:

◆ Die in diesem Buch geschilderten Beobachtungen spiegeln persönliche Erfahrungen wider, die in der Tat durch Differenzen zwischen den Geschlechtern geprägt sind. Niemand mehr braucht bei alltäglichen Auseinandersetzungen der Meinung zu sein, nur sie oder vielleicht auch er habe das Problem. Nein, denn wir erfahren in dem Buch, es geht ja allen so. Es entlastet also von als persönlich empfundenen Irritationen oder Problemen, die sicher nicht gering zu schätzen sind, sonst wäre das Buch kein Bestseller.

◆ Geschlechterdifferenzen werden hier scheinbar einleuchtend und vor allem allgemein erklärt.

Differenzen werden in den Bereich der Natur und des Überzeitlichen verlagert und sind damit unumstößlich. Somit vermitteln die Erklärungen vordergründig Sicherheit und Eindeutigkeit hinsichtlich der Positionen im Geschlechterverhältnis, auch wenn oder gerade weil diese gesamtgesellschaftlich erheblich ins Wanken geraten sind.

6.2 Die Projektion von Begriffen und ihren Bedeutungen

Am Beispiel des Wortes „Emanzipation" lässt sich erläutern, wie kompliziert der Umgang mit den gleichen Begriffen zu verschiedenen Zeiten ist. In der römischen Gesellschaft bezeichnet „emancipatio" einen genau definierten juristischen Vorgang, nämlich den der Entlassung von Söhnen, Töchtern oder Enkeln aus der väterlichen Gewalt. Autoren des 19. Jahrhunderts, die über die römische Antike schrieben, orientierten sich nicht allein an den antiken Schriften, sondern auch an dem zeitgenössischen Frauenbild. Dem widersprachen weibliche Aktivitäten in der politischen Öffentlichkeit, und demzufolge erfuhren beispielsweise die römischen Frauengestalten der Kaiserzeit eine negative Bewertung, die von Publikation zu Publikation fortgesetzt wurde. In diesem Zusammenhang bedeutet „Emanzipation" die Auflösung einer gesellschaftlichen Ordnung und erhält somit einen negativen Beiklang.[4]

In seinem kürzlich erschienenen Buch „Wendepunkte in der Frauengeschichte II" nennt Bodo von Borries im Kapitel Frauenunterdrükkung und Frauenbefreiung bei den Römern" ein Teilkapitel „Frauenemanzipation durch Weltherrschaft?" Er spricht in diesem Kapitel wiederholt von Emanzipation, meint damit jedoch eine Befreiung aus rechtlicher und sozialer Benachteiligung. Zwischen den verschiedenen Bedeutungen von Emanzipation wird aber auch hier nicht differenziert.[5]

Ähnliche Bedeutungsunterschiede finden wir bei zahlreichen alltäglichen Begriffen wie Familie, Männlichkeit, Weiblichkeit, die in verschiedenen Zeiten immer Verschiedenes meinen.

Anmerkungen

1   Ein Bild davon oder ein Foto befindet sich leider nicht in meinem Besitz. Erst nachdem ich im Verlauf dieser Reise in anderen prähistorischen Parks gleichartige Arrangements vorgefunden hatte, fing ich an, Bilder davon zu sammeln.

2   Pease, Allan und Barbara: Warum Männer nicht zuhören und Frauen schlecht einparken. Ganz natürliche Erklärungen für eigentlich unerklärliche Schwächen. München, 12. Auflage 2001, S.2.

3   Dieses Buch hat hohe Auflagen erzielt und unter den Leserinnen befinden sich auch zahlreiche Lehrerinnen.

4   Späth, Thomas: „Frauenmacht" in der frühen römischen Kaiserzeit? Ein kritischer Blick auf die historische Konstruktion der „Kaiserfrauen". In: Dettenhofer, Maria H. (Hg.): Reine Männersache? Frauen in Männerdomänen der antiken Welt. München 1996, S 163.

5   Borries, Bodo v.: Wendepunkte der Frauengeschichte II. Über Muttergöttinnen, Männeransprüche und Mädchenkindheiten. Herbolzheim 2003, S. 143, S. 147, S.148, S.149.

Teil III

7. Zielvorstellungen und Unterrichtspraxis

7.1 Das Ziel: Genderbewusstsein als Dimension des Geschichtsbewusstseins

Jungen wie Mädchen sollen nicht unreflektiert traditionelle Männlichkeits-bzw. Weiblichkeitsmuster übernehmen, sondern vielmehr lernen, die ihnen eigenen Potenziale zu entwickeln, möglichst ohne Abspaltungen. Es ist schon viel erreicht, wenn bestehende Rollen und Verhaltensmuster und die mit ihnen verbundenen Probleme für Jungen wie Mädchen sichtbar werden und sie dadurch Anregungen für eine bewusste Auseinandersetzung und Bearbeitung erhalten.[1]

Diese Zielvorstellung ist als ein Essential für den Umgang mit Geschlechterdifferenzen zu verstehen und verweist auf die Gegenwart und die Zukunft. In dieser allgemeinen Formulierung gilt dieses Ziel für alle Fächer und überdies auch für Lebensbereiche außerhalb der Schule. Bei einer geschichtsdidaktischen Ausformung, die hier versucht werden soll, avanciert die Zielvorstellung zu *Genderbewusstsein als einer Dimension des Geschichtsbewusstseins.*[2] Genderbewusstsein enthält drei Aspekte:
1. Schüler und Schülerinnen lernen unterschiedliche Männlichkeits- und Weiblichkeitsmuster sowie Geschlechterverhältnisse in der Geschichte kennen und sind in der Lage, in ihrem eigenen Umfeld genderspezifische Normen und Traditionslinien aus der Vergangenheit, die bis in die Gegenwart fortwirken, wahrzunehmen.
Wenn Schüler und Schülerinnen beispielsweise den Entstehungsprozess und den Werdegang bestimmter Vorstellungen von Männlichkeit und Weiblichkeit und die mit ihnen verbundenen Normen und Traditionen nachvollziehen können, einzelne Aspekte in den jeweiligen gesellschaftlichen Begründungszusammenhang und zeitlichen Kontext einordnen können, werden sie diese Vorstellungen als historisch geworden und nicht mehr als ewig, natürlich oder in anderer Weise als selbstverständlich ansehen.
Inhaltlich gefasst können die Schüler und Schülerinnen aufgrund historisch fundierter Kenntnisse zu aktuellen familienpolitischen Konzepten vielleicht eine kritische Einstellung entwickeln, die ihnen ohne diese Kenntnisse nicht möglich wäre. Wird beispielsweise das

gesellschaftspolitische Muster der Verschmelzung von Frau und Familie zu einer natürlich genannten Einheit historisch verortet, können die Schüler und Schülerinnen vielleicht in gegenwärtigen politischen Vorschlägen, wie Frauen Familie und Beruf vereinbaren können, die verengte Sichtweise wahrnehmen, denn die Vereinbarkeit von Beruf und Familie müsste dementsprechend eigentlich auch für Männer ein Problem bedeuten.

Womöglich können sie sogar das zugrunde liegende gesellschaftliche Strukturproblem benennen, nämlich die in der Gesellschaft seit der Industrialisierung strukturell angelegte geschlechtsbezogene Aufteilung der Arbeit, die allein den Frauen den reproduktiven Bereich zugewiesen und die Männer davon gleichsam entbunden hatte. (Kap.1.6; 1.7; Kap.13; 14.3; 15.4)

Mit derartigen Kenntnissen gewinnen die Schüler und Schülerinnen für die Gegenwart und Zukunft ein gewisses Orientierungs- und Handlungspotenzial, und so kann auch das umgesetzt werden, was das Konzept des Geschichtsbewusstseins meint: die Verbindung von Vergangenheit, Gegenwart und Zukunft.

2. Um aber Strukturprobleme zu erfassen, müssen die Schüler und Schülerinnen lernen, in gesellschaftlichen Strukturen, Denkmustern, Begriffen und Maßstäben, die universal und geschlechtsneutral zu sein scheinen, die in ihnen enthaltenen wirkungsmächtigen Genderaspekte zu erkennen.

Als Beispiel sei hier noch einmal auf den Begriff Freiheit hingewiesen, der sich keinesfalls als universal und geschlechtsneutral, sondern als ausgesprochen *gendered* erweist und geschichtlich auch so konzipiert war (Kap. 5.7.1).

3. Für die Umsetzung der beiden ersten Zielaspekte ist methodisches Können erforderlich. Dazu brauchen die Schüler und Schülerinnen Strategien und Wege, die *geschichtsspezifische* Erkenntnisprozesse ermöglichen, wie beispielsweise beim geschichtlichen Erkunden oder Erforschen.[3] Das heißt hier: Sie erlernen den Umgang mit Gender als Kategorie historischer Analyse u.a. anhand von Analysefragen, wie sie sich in allen Kapiteln dieses Bandes finden.

Mit der Zielvorstellung eines Genderbewusstseins gehe ich weit über die bisherigen Forderungen in der Geschichtsdidaktik hinaus, die sich mit der Berücksichtigung von Geschlecht befasst haben. Susanne Thurn und nach ihr Klaus Bergmann haben bereits vor Jahren vorgeschlagen, die bisherigen Dimensionen des Geschichtsbewusstseins um eine eigenständige Dimension Geschlecht zu erweitern. Sie bleiben mit ihrer

Forderung aber auf der Ebene der Individuen und entsprechen damit nur dem ersten Teilaspekt des Ziels.

Susanne Thurn:

Für die Geschichtssozialisation in der Schule kann dies nur heißen, bewusst und systematisch – neben den von Pandel entfalteten sieben Dimensionen des Geschichtsbewusstseins – auch jene Dimension des Geschichtsbewusstseins zu fördern, die die gegenwärtige und vergangene Wirklichkeit mit dem kategorialen Wahrnehmungs- und Unterscheidungsvermögen „weiblich – männlich" erschießt. Nur wenn Kinder und Jugendliche, Mädchen und Jungen gleichermaßen, lernen, habituell die Frage nach dem Geschlechter verhältnis zu stellen, können ihnen die Probleme, die Ungleichheiten, die Ungerechtigkeiten, die Vorenthaltungen, die überfälligen historischen Rechte überhaupt bewusst werden. Alles weitere ist eine Frage der Unterrichtsmaterialien und der Geschichtsmethodik.

Thurn, Susanne: Geschlechtersozialisation und Geschichtssozialisation. In: Bergmann, Klaus et al. (Hg.): Handbuch Geschichtsdidaktik. 5. überarb. Aufl. Seelze-Velber 1997, S. 356.

Dieser Forderung schließt sich später auch Klaus Bergmann ausdrücklich an, reduziert sie aber um die bei Susanne Thurn bereits im Ansatz enthaltenen kategorialen Aspekte:

Ich meine, noch eine weitere, eine achte Dimension einführen zu müssen: – Geschlechtsbewusstsein mit der Unterscheidung von ‚männlich' und ‚weiblich': Wie sah die Lebenswelt von Männern und Frauen, Jungen und Mädchen in historischen Gesellschaften aus und wie waren die Verhältnisse zwischen den Geschlechtern geregelt?

Bergmann, Klaus: Kinder entdecken Geschichte. Historisches Lernen in der Grundschule. In: Demantowsky, Marco; Schönemann, Bernd (Hg.): Neue geschichtsdidaktische Positionen. Bochum 2002, S. 98.

Hans-Jürgen Pandel erweitert in einer neuen Publikation die andernorts bereits erläuterte Dimension Identitätsbewusstsein um den Aspekt „männlich-weiblich", er bleibt damit aber ebenfalls auf der Ebene des Individuellen:

Das Individuum sagt zu verschiedenen Gruppen „wir" und schließt sich in diese Wir-Gruppe mit ihren tatsächlichen oder eingebildeten Eigenschaften ein. Diese Gruppe ist ein kulturelles Konstrukt. Sie kann durch Religion, politische Anschauung, Ethnizität, Sozialschicht oder Geschlecht definiert sein. (…)

Identität ist immer *kulturelle Identität*. Sie wird über Kultur konstituiert und diese Kultur ist ein kulturelles Gebilde. (…) Auch wer sich als Mann oder Frau identifiziert, vollzieht dies über die kulturelle Tradition, in der er/sie steht.

> Pandel, Hans-Jürgen: Geschichtsunterricht nach PISA. Kompetenzen, Bildungsstandards und Kerncurricula. Schwalbach/Ts. 2005, S.17.

Im Unterschied zu Thurn, Bergmann und Pandel nutzt mein Vorschlag *Genderbewusstsein* auch das kritische Analysepotenzial der Kategorie Gender (nach Joan W. Scott), das die Auseinandersetzung mit traditionellen Denkmustern, Begrifflichkeiten und Inhalten der bisherigen Geschichte einbezieht. Denn nur auf diese Weise lässt sich das anfangs genannte allgemeine, fachunspezifische Ziel erreichen.

Was hier als Zielvorstellungen für den Geschichtsunterricht formuliert wurde, gilt nicht nur für Schüler und Schülerinnen, sondern auch, ja sogar vorrangig für die Lehrer und Lehrerinnen in den Schulen, insbesondere auch für Geschichtsdidaktiker und –didaktikerinnen.

Bei einer solchen Zielsetzung werden Lehrer und Lehrerinnen aufgefordert, die jeweils eigenen Männer- und Frauenbilder sowie die eigenen Denkmuster zu reflektieren. Das erweist sich nicht immer als ganz einfach. Wie deshalb vorsichtige, kleinschrittige Annäherungen an dieses Ziel möglich werden, soll im Folgenden an einem historischen Inhalt, der sowohl in der Seminararbeit als auch im Unterricht erprobt wurde, entfaltet und veranschaulicht werden. Da er Einsichten auf verschiedenen Ebenen vermittelt, werden die Arbeit im Seminar wie auch der Unterrichtsverlauf dargestellt.

7.2 Ein historisches Inhaltsbeispiel: „Erziehung und ihre Wirkungen"

Historischer Hintergrund und ausgewählte Texte:
Der Jenaer Pädagoge und spätere Universitätskurator Moritz Seebeck (1805–1884), zeitweise als Prinzenerzieher beim Erbprinzen Georg II von Sachsen-Meiningen (1836–1845) tätig, hat in den vierziger Jahren des 19. Jahrhunderts Aufzeichnungen über die Entwicklung seiner Kinder August, Bernhard und Julie angefertigt.[4] In den für den Unterricht vorliegenden Texten schildert Moritz Seebeck in Briefen an die Großmutter der Kinder vor allem die Entwicklung seiner Kinder Bernhard, geb. Mai 1836, und Julie, geb. September 1839; August hingegen wird hier nur am Rande erwähnt. Anhand dieser Texte lässt sich die Wirksamkeit damaliger Geschlechtervorstellungen hervorra-

gend vertiefen, denn in seinen Vorstellungen und seiner Erziehungspraxis folgt Moritz Seebeck ganz den Werten seiner Zeit. Zugleich wird aber deutlich, wie er einzelnen Wesenszügen seiner Kinder, die nicht ins Bild passen und die seiner Meinung nach „überwunden sein wollen", dennoch ein liebevolles Verständnis und eine hohe Wertschätzung entgegenbringt. So sollte bei Julie Zurückhaltung und Bescheidenheit erreicht, Eigensinn hingegen abgewöhnt werden. Das Besondere und Liebenswerte an den Texten besteht darin, dass einige unerwünschte Eigenschaften in einem Ton der Anerkennung geschildert werden.

Diese Ambivalenz, die hier sichtbar wird, war für die Arbeit im Unterricht wie im Seminar insofern wichtig, als in den Äußerungen Seebecks zum einen die strikten Rollenzuweisungen erkannt, zum anderen aber diese Klischees zugleich in Frage gestellt und reflektiert werden können.

Moritz Seebeck (1805–1884) berichtet über seine Kinder:

Sie (Julie) weiß sich immer zu beschäftigen, namentlich mit ihren Puppen, die sie handeln und sprechen lässt. Dabei klingt es gar nett, wenn sie ihr feines Stimmchen in der höchsten Lage vernehmen lässt: denn so lässt sie stets die Puppen reden. Z.B. fragt sie: ‚Albertine, willst du mitkommen und sehen, wie artig sich die Julchen waschen lässt?' und im feinsten Diskant: ‚Ja, ich will mitgehen.' So nimmt sie ihre Albertine mit und setzt sie sich auf einen Stuhl gegenüber, und indem sie nun die Unannehmlichkeiten des Waschens tapfer überwindet, sieht sie immer auf die Puppe, als ob sie das Staunen in ihrem Gesicht sehen wollte, und da sagt die Puppe wieder mit der reinen Stimme: ‚Ei, das Julchen ist mal recht artig', sie selbst aber ist nun über das Selbstlob, das sie sich im Namen der Puppe erteilt, so glücklich, als ob sie wirklich gelobt worden wäre. (...)
Ich bin sehr in ihrer Gunst: neulich Abend drückte sie mich an sich und sagte: ‚Du bist mein, immer und immer mein Papa.' (...)
Neulich waren meine beiden Jungen in einer großen Bubengesellschaft, wo man Soldat spielte. Am andern Tag sah der Hofjägermeister von Gemmingen meine Ida und rief ihr zu: ‚Was haben sie für prächtige Jungen! Aber das sieht man, in denen ist echtes Soldatenblut, da ist Kraft und Leben; wie wissen die Burschen zu kommandieren; die kennen ja alle Kommandos, und geben sie in einer Art, als ob sie schon vor einem Bataillon ständen.' (...)
Neulich auf einem Spaziergang, den ich mit dem Prinzen und meinen zwei Jungen machte, spielten wir Krieg, indem auf der einen Seite ich mit August war und auf der andern der Prinz mit Bernhard. Dabei tat sich der Kleinste so durch Bravour und Gewandtheit hervor, dass der Prinz und ich es mit Verwundern ansahen. Als der Krieg aus war und ich das Bürschchen belobte,

sagte er, indem er mich treuherzig ansah, mit dem gemütlichsten Tone: ,Ja, ja, Papa, sag es nur, der Prinz und ich haben den Sieg gewonnen!'

1842:

Auch unser Bernhard ist im Lernen fortdauernd wacker; aber mehr noch als seine intellektuelle Begabung ist sein prächtiges Gemüt zu rühmen, sein offenes warmes, treues, an Liebe reiches Herz. Wenn Christus sagte: ,Solchen ist das Himmelreich', da musste er Kinder im Sinn haben, wie unser Bernhard ist. Er ist gut aus unmittelbarem Trieb des Herzens, aus innerstem Bedürfnis seiner Seele. Es klingt wunderlich und ist doch wahr; man muss das Kind nicht nur lieben sondern auch achten.

Bei der kleinen Julie sind die Fähigkeiten des Kopfes vorwiegend bemerkbar, und die sind auch, soweit schon geurteilt werden kann, recht erfreulich. In ihrem Gesichtchen drückt sich schon viel geistiges Leben aus und ihre Worte bekunden das nicht weniger. Dabei hat sie viel Anmut, aber noch steckt ein Eigensinn in ihr, der überwunden sein will. (...)

Bei der kleinen Julie ist Entschiedenheit des Willens ein hervorstechender Zug und dass sich der oft als kindischer Eigensinn darstellt, ist natürlich. Doch ist es nicht Eigensinn aus Schwäche, und da wird er schon in sich selbst die Kraft finden, sich zu überwinden. Neulich wurde sie zu etwas aufgefordert, was sie nicht wollte, da sagte sie ganz fest: ,Nein, und das bleibt es.' Dass man es nicht immer dabei bleiben lässt, versteht sich, aber dass in solchem Sinn auch der Keim zu moralischer Kraft liegt, ist nicht zu verkennen. (...)

Von Bernhard ist weniger einzelnes zu erzählen, aber er ist in allem, wie er spricht und handelt, anmutig und eigentümlich.(...) Solch ein Herz ist wohl ein seltener Schatz, und dies Herz spricht aus ihm vom Morgen bis Abend.(...) Bernhard lernt recht wacker, und nächstens werdet Ihr auch von ihm Briefe erhalten. Seine Hand wird nach und nach fest, und mit dem Auswendiglernen, das ihm erst viel Mühe machte, geht es auch im erfreulichsten Fortschritt immer besser. Ich bin überzeugt, er wird mit seinem steten Eifer noch recht gut lernen.

Die kleine Julie hat ein offenes Köpfchen und wird vielleicht einmal mehr Freude an den Büchern wie am Kochen haben; sie hat einen lebhaften Geist, ist aufmerksam und behält sehr gut, was sie einmal gehört hat.

1844:

(Bernhard) Ein Hauptschmuck ist bei dem allem sein selbstloses Wesen, das Wohlgefallen und Wohlbehagen anderer gilt ihm höher als sein eigener Vorteil. Neid, Missgunst, Schadsucht wird ihm immer fremd sein, und List und Trug kommt bei ihm niemals zum Vorschein; er ist allerwärts redlich, wahr und offen, und das ohne nur einen Schein von Kampf; seine innerste

Natur fordert es, er kann nicht anders. Sehr erfreulich ist es mir, zu bemerken, dass er anfängt, derber, knabenhafter in seinem Wesen und Benehmen zu werden. Emmrich wirkt in dieser Beziehung sehr günstig, und das Beispiel seines Bruders, der eine rechte Bubenambition hat, tut dabei auch das Seine.

Mit dem Schlittschuhlaufen geht es noch schwach, es wird ihm schwer; aber auch hier ist es ihm durch ausdauernden Willen gelungen, doch Fortschritte zu machen. (...) In der Woche kommen beide Knaben nur hinaus, um spazieren zu laufen, und das täglich vor und nach dem Essen; aber am Sonntag sind sie immer bei fremden Knaben oder sehen ihre Kameraden bei sich, und da sind sie oft zu sechs und sieben vereinigt. Ich sehe, dass dieser Knabenumgang auf beide nur günstig wirkt, und darum halte ich auch diese Reunionen im geregelten Gang.

Von meinem lieben Töchterchen kann ich nur Erfreuliches berichten. Sie macht mir auch nicht den leisesten Verdruss; vom Morgen bis Abend ist sie in ihrer kleinen Sphäre geschäftig; nie ist sie müßig, sie räumt auf, näht, beschäftigt ihr Brüderchen, pflegt und erzieht ihre Puppen; kurz und gut, sie ist immer emsig und dabei immer heiteren, kindlichfrohen Sinns, freundlich und gefällig gegen jedermann, herzlich und innig zu Eltern und Geschwistern und, so fest ihr Sinn ist, doch durch Wort und Blick im Momente lenksam. Eine milde Mahnung tut bei ihr die beste Wirkung; ich sage nur ‚Das ist nicht meine Julie‘, so wird sie rot und die Tränen treten ihr in die Augen, und wenige Momente, so ist alles in Ordnung. (...)

Die Freundschaft zwischen ihr und der kleinen Emma Gemmingen besteht ungemindert fort; es hat etwas wahrhaft Rührendes, zu sehen, wie innig die beiden Kinder sich lieben. Ihr Hauptinteresse sind ihre Puppen; Julie sorgt für die ihrigen wie eine Mutter, sie ist unermüdlich in allem, was sie die eigene Mutter tun sieht.

Aus: Borries, Bodo v.: „Wie Mädchen gemacht und Frauen geformt wurden" – Geschlechtsspezifische Erziehung und weiblicher Charakter im bürgerlichen Zeitalter 1763–1914. In: Bergmann, Klaus; Borries, Bodo v; Schneider, Gerhard (Hg.): Kindheit in der Geschichte I. Düsseldorf 1985, S. 26 f., S. 33 f. Als Quelle dieser Texte ist angegeben: Moritz Seebeck: Aus sonniger Kindheit. Berlin 1916.

Die didaktische Konzeption:
Die Arbeit im Seminar:
Nach dem Prinzip, dass Lehrende das, was sie von ihren Schülern und Schülerinnen erwarten, auch selbst ausprobieren, um für den Unterricht bessere Einschätzungen zu erhalten, wurden manche Unterrichtskonzeptionen, wie auch die hier vorliegende, im Seminar erprobt.

Die Lehrerinnen und Lehrer bearbeiteten in Kleingruppen die Texte, indem sie heraussuchten,

◆ welche Erwartungen an Bernhard bzw. Julie gestellt werden,
◆ welche Fähigkeiten, Eigenschaften und Verhaltensweisen gefördert werden und
◆ welche Eigenschaften und Verhaltensweisen weniger gewünscht und entwickelt werden sollen.

Dazu wurden Figurenskizzen von Julie und Bernhard angefertigt. In das Innere der Person wurden alle Eigenschaften und Verhaltensweisen geschrieben, die weniger erwünscht waren und nicht gefördert wurden. Die Erwartungen und Anforderungen, die „von außen" an beide gestellt wurden sowie die Eigenschaften, die als förderungswürdig galten, wurden auch außerhalb der Figur vermerkt.

Es ergaben sich folgende Bilder:

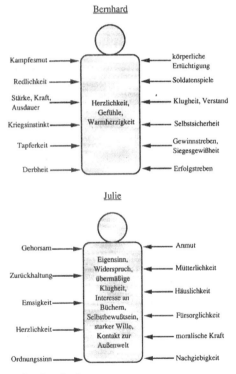

Abb. 15: Bernhard und Julie

In jeder Gruppe kam das Gespräch auf das Problem reduzierter Persönlichkeitsentwicklungen, nicht nur bei Mädchen und Frauen, sondern auch bei Jungen und Männern, und nicht nur in der Vergangenheit, sondern auch in der Gegenwart. Bei der anschließenden gemeinsamen Erörterung dieses Problems wurde ein Ausweg aus derartigen Einschränkungen darin gesehen, *dass Männer mehr weibliche und Frauen mehr männliche Anteile entwickeln sollten. Was dabei unter „männlich" und „weiblich" verstanden werden sollte, wurde allerdings als gegeben vorausgesetzt.* Im vorliegenden Beispiel hieße dies, dass Julie Bernhards geförderte Eigenschaften übernehmen müsse und umgekehrt Bernhard diejenigen Julies.

Diese Anregung wurde zunächst einmal aufgegriffen, und die Eigenschaften, die bei Julie gefördert worden waren, wurden nun durch Bernhards „männliche" Eigenschaften ergänzt. Julie müsste demnach u.a. Soldatentum, Kampfesmut u.ä. entwickeln. Die Unsinnigkeit einer solchen Prozedur wurde gerade an diesem Beispiel offensichtlich. Außerdem blieb gut erkennbar, dass Julies unerwünschte Eigenschaften immer noch weitgehend unterdrückt blieben und sie die ihr eigenen Potenziale nicht würde entfalten können, sondern im Gegenteil die Übernahme sogenannter männlicher Eigenschaften eine weitere Entfremdung von eigenen Potenzialen zur Folge hätte.

Das gängige Denkmuster, nach dem Geschlechterdifferenzen dadurch vermindert werden können, dass Jungen und Männer mehr weibliche Anteile sowie Mädchen und Frauen mehr männliche Anteile entwickeln müssten, erweist sich gerade an diesem historischen Inhalt als irrig. Auch die scheinbare Eindeutigkeit, mit der mit Begriffen wie „männlich" und „weiblich" umgegangen wird, vor allem auch bei denen, die behaupten, keine differenten Geschlechtervorstellungen zu haben, gilt es aufzulösen. Wer aber nachfragt, was denn weibliche und männliche Anteile seien, wird sofort ein heftiges Streitgespräch auslösen oder erleben, wie schnell die Aufzählung nach den ersten Nennungen ins Stocken gerät. Denn die Vorstellungen, die sich aufdrängen, werden verstandesmäßig nicht akzeptiert. Sie sind anscheinend derart klischeehaft, dass der rationale Verstand sie sofort blockiert, und das Gespräch mündet sehr rasch in einer gewissen Ratlosigkeit. Da nun die Zusammenstellung einer Liste von als männlich oder weiblich bezeichneten Anteilen nicht das Ziel der Übung war, sondern die Problematisierung des selbstverständlichen Umgangs mit solchen Bezeichnungen, ist die Ratlosigkeit durchaus erkenntnisfördernd. Deutlich wird nämlich, dass trotz des widerstrebenden Verstandes die klischeehaften Vorstellungen existieren und nach wie vor ihre Wirkungen zeigen. Die Wahrnehmung, Beachtung und Reflexion solcher Wirkungen auch im Unterricht bleibt daher eine wichtige Aufgabe für Lehrer und Lehrerinnen. Ein vorschnelles Nicht-Beachten oder Neutralisieren der Geschlechterbilder und ihrer Äußerungen würde das Problem bestehender und fragwürdiger Differenzen nicht lösen. Es würde stattdessen verdrängt werden, dadurch höchst wirksam bleiben und sich rationaler Auseinandersetzung entziehen. Das anfangs allgemein formulierte Ziel kann in einem solchen Beobachtungs- und Reflexionsprozess durchaus richtungweisend sein.

Der Unterricht in einer 8. Klasse:
In diesem Zusammenhang werden nur der erste und dritte Teilaspekt der Zielsetzung ins Auge gefasst. Im Unterricht war das „Erziehungsthema" in das übergeordnete Thema „Gesellschaft zwischen Revolution und Restauration" eingeordnet. In diesem Zusammenhang ist auch auf die partiellen Beziehungen zwischen Adel und Bürgertum hingewiesen worden und auf die spezifische Kultur, die aus dieser Interaktion erwuchs und die sowohl adlige als auch bürgerliche Elemente einschloss. Die Werte dieser neuen Elite wurden in besonderen Erziehungsinstitutionen und Sozialisationsprozessen ausgedrückt und tradiert.[5]

Im Weiteren wird jedoch der historische Bezug zurückgestellt und ausschließlich die geschlechterspezifische Erziehung im 19. Jahrhundert in dem beschriebenen Umfeld ins Auge gefasst.

Erste Stunde:
Nach dem gemeinsamen Lesen der Aufzeichnungen Moritz Seebecks über seine Kinder und ersten Äußerungen dazu werden einzelne Textabschnitte in Partnerarbeit bearbeitet und die Beobachtungen und Erwartungshaltungen des Vaters auf Folienteile geschrieben, die dann für die anschließende gemeinsame Besprechung zusammengestellt werden. Eine von solchen Zusammenstellungen sah folgendermaßen aus:

Julie artig, zurückhaltend, spielt mit Puppen, sorgt für Ordnung, soll nicht eigensinnig, aber trotzdem moralisch sein, kleine Sphäre: emsig sein, nähen, aufräumen, freundlich, inniglich, lenksam, herzlich, gehorsam, Mutter als Vorbild, Anmut
Bernhard/August Soldatenblut, Kommandos, Kraft, gewinnen, tapfer und selbstsicher, feste Hand, Eifer, redlich und offen, derb und knabenhaft, Bubenambitionen.
In einem ersten gemeinsamen Gespräch wurden u.a. folgende Aspekte angesprochen:

- die Erziehung zu einem „richtigen" Mädchen und Jungen, wobei die Erziehung Julies kritisiert wird, die Bernhards hingegen selten oder nie;
- die überraschende, weil ungewohnte Aufmerksamkeit des Vaters für die Erziehung und Entwicklung seiner Kinder;
- die geringe Präsenz der Mutter bei der Erziehung;
- gegenwärtige Erwartungen seitens der Eltern an Mädchen und Jungen.

In der Folgestunde werden – wie im Seminarverlauf beschrieben – in Gruppen Figurenskizzen hergestellt und anhand der Zusammenstellung auf der Folie, der Texte und der Arbeitsaufträge wie im Seminar die Figuren in gleicher Weise beschriftet.

Deutlicher als in der vorangegangenen Stunde rückten im gemeinsamen Auswertungsgespräch u.a. folgende Probleme bzw. Fragen ins Blickfeld:

- die absichtsvolle Förderung bestimmter Verhaltensweisen und Eigenschaften,
- die ebenso absichtsvolle Ablehnung bestimmter Eigenheiten, die „überwunden" werden sollen,
- Das Zurückdrängen einiger Eigenschaften bei Bernhard, obwohl der Vater diese schätzt.
- die „Benachteiligung" Julies, obgleich der Vater sie offensichtlich sehr liebt,
- die Chancen und Einschränkungen einer solchen Erziehung und deren mögliche Folgen,
- Verbleib bzw. Kompensationen nicht erwünschter Verhaltensweisen.

Die Mädchen und Jungen beschäftigte hier insbesondere der Sinn einer solchen geschlechtsspezifischen Erziehung und zugleich auch die Frage, ob, in welcher Weise und zu welchem Zweck heutzutage ebenfalls in geschlechtsspezifisch eingeschränkter Weise erzogen wird und wie es gelingen könnte, die bei Kindern und Jugendlichen vorhandenen eigenen Potenziale geschlechts*un*spezifisch zu fördern.

Mit diesen Fragen werden die Aussagen zur Zielvorstellung angesprochen und erörtert.

Fazit der Erörterung ist im Allgemeinen:

- Eigene Potenziale sind schwer zu erkennen, da erstens jede Beeinflussung von außen (Eltern, Geschwister, Lehrer, Freunde etc.) zu einer bestimmten Ausrichtung führt und zweitens schwer festzustellen ist, ob es sich bei bestimmten Persönlichkeitsmerkmalen immer um Potenziale handelt.

◆ Was als normal und üblich empfunden wird, ist meist geschlechts-spezifisch festgeschrieben.

◆ In der Erziehung wird auch heute nicht so sehr die Individualität gefördert als vielmehr die Entwicklung zum Mädchen und zum Jungen, wobei die Vorstellungen von Jungen und Mädchen durchaus etwas variieren können.

◆ Das Einleben in die Mädchen- bzw. Jungenrolle ist zwar mitunter hinderlich, schafft aber Sicherheit, Selbstbewusstsein und ein nicht zu unterschätzendes Zugehörigkeitsgefühl.

7.3 Gesellschaftliche Relevanz der Zielvorstellungen

Kindern bleibt zunächst gar keine andere Wahl als unreflektiert vorgegebene Männlichkeits- und Weiblichkeitsmuster zu übernehmen. Diese Muster werden nachgelebt und innerlich angenommen. Eine kritische Distanz ist erst während der Pubertät möglich. Hier können die Jugendlichen nun in stärkerem Maße als bisher prüfen, ob sie die Zuschreibungen bereitwillig beibehalten, ob sie sich in ihren Interessen und Bestrebungen von geschlechtsspezifischen Mustern eingeengt fühlen und ob, unter welchen Bedingungen und zu welchem Preis sie diesbezügliche Grenzen zu überschreiten in der Lage wären.

Wie genau die Jugendlichen ihre Verhaltensmuster reflektieren können, zeigt beispielsweise ein Gespräch in dieser 8. Klasse über Kompensationen bei Mädchen und Jungen:

Mädchen, die das Gefühl haben, sich zu weit vorzuwagen, ziehen sich in eine Kleinmädchen-Haltung zurück („ganz wie Julie"), machen „auf lieb Kind" und „ganz brav".

Jungen, die ihre Schwächen nicht zeigen wollen, gemeint sind damit vor allem Gefühle und Verletzlichkeiten, verfügen ebenfalls über eine Vielfalt von Kompensationen: „Dann tut man so, als ob einem alles egal wäre", „...versucht genau das Gegenteil zu zeigen", „...zurückziehen und mit etwas anderem beschäftigen, was einem Spaß macht".

Es ist in der Tat schon viel erreicht, wenn in Geschichte und Gegenwart geschlechtsspezifische Verhaltensmuster und die mit ihnen verbundenen Probleme sichtbar werden, die Mädchen und Jungen Anregungen für eine bewusste Auseinandersetzung mit diesen Männlichkeits- und Weiblichkeitsmustern erhalten und wenn sie merken, ob ihre Individualität von Rollenzuweisungen eingeschränkt und/oder gestützt wird.

Für die Lehrenden gilt es, die eigenen geschlechtsspezifischen Vorstellungen und deren Auswirkungen im erzieherischen Handeln zu reflektieren. Auch hier ist schon viel erreicht, wenn sie bemerken, ob ihr Handeln eher der Förderung eines allgemeinen Mädchen-Verhaltens bzw. eines allgemeinen Jungen-Verhaltens gilt oder ob sie die Individualität eines Schülers oder einer Schülerin im Blick haben. Wünschenswert wäre eine differenzierte und reflektierte Haltung, die auf pauschale Zuweisungen wie „Jungen sind nun mal aggressiver" oder „Mädchen sind nun mal fleißiger" verzichten kann und die statt dessen Mädchen wie Jungen dabei behilflich ist, bisher nicht zugelassene Anteile ohne Angst vor Sanktionen zu entfalten.

Zur Entfaltung eigener Potenziale gehört auch die Ausformung der eigenen Geschlechtsidentität und dazu gehört nicht nur die Heterosexualität, sondern auch die Homosexualität. Dieser Bereich ist in diesem Band jedoch weitgehend ausgeklammert. Nach meinen Erfahrungen kann diese Thematik in der Sekundarstufe I nur indirekt angesprochen werden, d.h. am Beispiel historischer Personen. Da aber ist das Interesse vor allem bei Jungen geradezu brennend und sollte auch genutzt werden (Kap. 8).

Je reflektierter und offener die Haltung der Erwachsenen ist, desto eher sind auch Jugendliche zur Auseinandersetzung mit den eigenen geschlechtsspezifischen Prägungen bereit. Wer beispielsweise als Lehrer oder Lehrerin die eigenen geschlechtsspezifischen Verhaltensmuster und Einschränkungen benennt, auch die inneren Widersprüche, wird Jugendliche nicht nur zur Reflexion, sondern auch zur Souveränität ermuntern.

Nicht zuletzt können die Zielvorstellungen auf ihre Funktion in unserer Gesellschaft betrachtet werden. Individualität wird von beiden, Mann und Frau, gefordert, damit sie sich im Wettbewerb unserer immer komplexer und komplizierter werdenden Gesellschaft zurechtfinden können.

Das Konzept der Gleichheit von Mann und Frau, insbesondere der Chancengleichheit für Frauen, wird nicht aus Menschen- bzw. Frauenfreundlichkeit favorisiert, sondern weil unsere Wissensgesellschaft, die auch im globalen Wettbewerb Schritt halten will und sich um ihre „Stellung in der Welt" sorgt, auf das Potenzial intelligenter und gut ausgebildeter Frauen nicht verzichten kann (Kap.15.3.2). Seit PISA stehen die Berufstätigkeit der Frauen und die Einrichtung von Ganztagsschulen, deren Bildungskapazitäten und -kompetenzen man viele Jahre stark in Zweifel gezogen hatte, hoch im Kurs. Denn andere Länder haben mit berufstätigen Müttern und mit gerade dieser Schulform im

Wettbewerb der Wissensgesellschaften, bei dem schon Kompetenzen und Leistungsfähigkeiten von Schülern und Schülerinnen auf dem Prüfstand stehen, im Unterschied zu unserer Gesellschaft gute bis hervorragende Ergebnisse erzielen können.

Anmerkungen

1 Diese Zielvorstellung habe ich zusammen mit Barbara Kühn Ende der Achtzigerjahre entwickelt, als wir im Auftrag der Berliner Senatsverwaltung unterrichtspraktische Vorschläge für eine stärkere Berücksichtigung der Frauen in der Geschichte sowie der Mädchen im Geschichtsunterricht erarbeiten sollten. Diese Arbeit (Dehne, Brigitte; Kühn, Barbara: Männer und Frauen – Mädchen und Jungen im Geschichtsprozess, hg. von der Senatsverwaltung für Schule, Jugend und Sport. Berlin 1991) ist wegen des bald darauf in Berlin folgenden Regierungswechsels nie veröffentlicht worden.

2 Pandel unterscheidet sieben aufeinander verweisende und miteinander kombinierbare Dimensionen des Geschichtsbewusstseins. Als die drei grundlegenden Dimensionen nennt er Temporalbewusstsein, Wirklichkeitsbewusstsein und Wandelbewusstsein. Das Ineinander dieser drei Dimensionen ermöglicht die Erkenntnis von Geschichtlichkeit. Die anderen vier machen den gesellschaftlichen Charakter von Geschichtsbewusstsein aus. Dazu gehören: Identitätsbewusstsein, politisches Bewusstsein, ökonomisches Bewusstsein und moralisches Bewusstsein. In: Pandel, Hans-Jürgen: Dimensionen und Struktur des Geschichtsbewusstsein. In: Süssmuth, Hans (Hg.): Geschichtsunterricht im vereinten Deutschland. Auf der Suche nach Neuorientierung (Teil I). Baden-Baden 1991.

3 Eine sehr differenzierte Auseinandersetzung mit dem Methodenverständnis findet sich bei: Borries, Bodo v.: Geschichtsdidaktik am Ende des 20. Jahrhunderts. Eine Bestandsaufnahme zum Spannungsfeld zwischen Geschichtsunterricht und Geschichtspolitik. In: Pandel, Hans-Jürgen; Schneider, Gerhard (Hg.): Wie weiter? Zur Zukunft des Geschichtsunterrichts. Schwalbach/Ts. 2001, S. 27 ff.
Das Zusammenspiel von Arrangement durch den Lehrenden und dem Erlernen fachspezifischer Methoden wird besonders einrucksvoll geschildert bei Mayer, Ulrich: Historisches Denken und Geschichtsmethodik. Über den Zusammenhang von historischen Erkenntniswegen, geschichtsdidaktischen Standards und methodischen Entscheidungen. In: Schönemann, Bernd; Uffelmann, Uwe; Voit, Hartmut (Hg.): Geschichtsbewusstsein und Methoden historischen Lernens. Weinheim 1998, S. 95-107.

4 Dieser Inhalt und die anschließend wiedergegebenen Texte finden sich in: Borries, Bodo v.: „Wie Mädchen gemacht und Frauen geformt wurden" – Geschlechtsspezifische Erziehung und weiblicher Charakter im bürgerlichen Zeitalter 1763–1914. In: Bergmann, Klaus; Borries, Bodo v; Schneider, Gerhard (Hg.): Kindheit in der Geschichte I. Düsseldorf 1985, S. 26 f., S. 33 f. Als Quelle dieser Texte ist angegeben: Moritz Seebeck: Aus sonniger Kindheit. Berlin 1916.

5   Siehe dazu: Kocka, Jürgen: Bürgertum und bürgerliche Gesellschaft im 19. Jahrhundert. Europäische Entwicklungen und deutsche Eigenarten. In: Bürgertum im 19. Jahrhundert, herausgegeben von Jürgen Kocka unter der Mitarbeit von Ute Frevert. Band 1. München 1988, S. 11-76.Darin insbesondere: Mosse, Werner: Adel und Bürgertum im Europa des 19. Jahrhunderts. Eine vergleichende Betrachtung, S. 276-314.

8. Geschlechterdifferente Voraussetzungen

Mädchen und Jungen im Unterricht gleichwertig zu beachten, verlangt eine aufmerksame und bewusste Haltung gegenüber ihren jeweils spezifischen Eigenheiten und Interessen. Die gleichsam parallele gleichwertige Beobachtung ist jedoch nicht als Anerkennung der gegebenen Zustände misszuverstehen.[1]

Diese Auffassung wird auch von Harriet Nielsen und Marianne Horstkemper vertreten, die beide als Voraussetzung für den reflektierten Umgang mit Geschlechterdifferenzen die Forderung erheben, solche Unterschiede zur Kenntnis zu nehmen, sie aber nicht gleichzeitig festzuschreiben. Damit wird nach Horstkemper ein Paradoxon angesprochen: Sie meint die schwierige Situation, dass wir durch die starke Lenkung der Aufmerksamkeit auf die Unterschiede zwischen Mädchen und Jungen möglicherweise gerade das zu zementieren helfen, was wir überwinden wollen.[2]

In der geschichtsdidaktischen Literatur finden sich zwar Angaben über geschlechtsbezogene Vorlieben und Interessen hinsichtlich der jeweils bevorzugten Inhalte und Arbeitsweisen von Jungen und Mädchen (Kapitel 9), kaum untersucht sind aber deren geschlechtsspezifische Einstellungen und Haltungen, die in die Auseinandersetzung mit historischen Personen und Sachverhalten einfließen.[3] Um dennoch ein genaueres Wissen über die geschlechtsspezifische Situation zu erhalten, helfen da zum einen Forschungsergebnisse der Sozialwissenschaften, vor allem der Sozialisations- und der Unterrichtsforschung weiter, zum anderen erweisen sich direkte Befragungen und Beobachtungen im Unterricht als überaus ergiebig.

Reflexionen über geschlechterdifferente Voraussetzungen scheinen wenig mit dem Geschichtsunterricht zu tun zu haben. Sie wirken jedoch täglich in den Unterricht hinein, und die Schüler und Schülerinnen entnehmen dem Unterricht an „Genderangeboten" das, was ihnen in ihren Befindlichkeiten passend erscheint. Die Wechselwirkung zwischen genderspezifischen Voraussetzungen und Geschichtsunterricht sollte nicht geringgeschätzt werden. Daher soll daran erinnert werden, dass die Bedingungsfeldanalyse integraler Bestandteil eines didaktisch verantwortlichen Geschichtsunterrichts ist. Die hier vorgelegten Reflexionen lösen also mit einer bisher verschlossenen Sichtweise ein, was seit langem didaktisch- theoretisch unbestritten ist.

8.1 Möglichkeiten der Ermittlung geschlechterdifferenter Voraussetzungen im Unterricht

Die Informationen, die ich zu geschlechterdifferenten Voraussetzungen im Laufe vieler Jahre in verschiedenen Klassen und Jahrgangsstufen ermittelt habe, sind eine Mischung aus Beobachtungen, Befragungen, direkten Gesprächen, mündlichen oder schriftlichen Äußerungen im Zusammenhang mit Unterrichtsinhalten und schriftlichen Äußerungen über ihre jeweils aktuellen geschlechtsbezogenen Einstellungen und Erwartungen und den damit verbundenen Männer- und Frauenbildern.[4]

Die Aussagen sind nur bedingt repräsentativ, sowohl hinsichtlich der Population als auch der Erhebungsmethoden. Sie beziehen sich lediglich auf einen recht eingeschränkten Erfahrungsbereich: auf die eigene Unterrichtspraxis in einer Realschule in den Klassenstufen 7–10. Ob und inwiefern sie auch für andere Bereiche gelten können, wäre Aufgabe breiter angelegter und wissenschaftlich abgesicherter Untersuchungen. Bei einer solchen Untersuchung müssten beispielsweise Schultyp, Einzugsbereich, Lernsituation, die Positionen der Lehrenden, kultureller Hintergrund der Schüler und Schülerinnen u.a.m. berücksichtigt werden. Da die Erhebungen stets während der einzelnen Phasen der Pubertät durchgeführt werden, variieren die Befindlichkeiten der Schüler und Schülerinnen erheblich, nicht nur von einem Jahr zum andern, sondern unter Umständen von einem Tag zum andern. Die von mir beschriebenen Phasen mögen sich in anderen Schularten zeitlich verschieben. So scheint im Gymnasium der Siedepunkt der Pubertät eher im 9. Jahrgang festzumachen sein, während ich ihn jeweils im 8. Jahrgang beobachten konnte.

Die Informationen, die in meinem Unterricht ermittelt wurden und die sich nicht ohne weitere Erhebungen verallgemeinern lassen, werden jedoch von mehreren Untersuchungen bestätigt.[5]

Damit vorhandene Übereinstimmungen oder Unterschiede leicht festgestellt werden können, werden die Ergebnisse der persönlichen Erhebungen immer sofort zu allgemeineren Aussagen in der sozialwissenschaftlichen Forschung in Beziehung gesetzt.

Während Ausschnitte aus dem gesellschaftlichen Umfeld, in denen Geschlechtervorstellungen wirksam sind, wie beispielsweise bei der Werbung, direkt und systematisch erkundet werden können, werden persönliche Befindlichkeiten und Einstellungen besser indirekt erfragt. Wer nach den persönlichen Männer- oder Frauenbildern fragt, wird zu hören bekommen, dass dies für die Jugendlichen angeblich „kein Thema" ist. Einige mittelbare Befragungssituationen ergeben zusammen genommen jedoch klare und mit großem Eifer zusammen gestellte Auskünfte über die Männer- und Frauenbilder der Kinder und Jugendlichen. Zur Verdeutlichung und als Anregung sollen hier einige Fragestellungen wiedergegeben werden, die in allen Jahrgängen gut aufgenommen werden:

◆ Es empfiehlt sich, bei passender Gelegenheit und vor allem zuerst mündlich zu erfragen, was sie unter einem „idealen" oder auch „guten Menschen" verstehen. Ganz schnell werden alle, Jungen wie Mädchen, so jedenfalls meine Erfahrung, einen idealen oder guten *Mann* entwerfen. Erst wenn das klar geworden ist, lässt sich die Frage auf Männer und Frauen hin präzisieren, und ggf. gemeinsam mit anderen schriftlich beantworten.

◆ Besonders ergiebig ist die Frage nach „guten Eltern". Hier werden strikte, aber als normal und natürlich empfundene Rollenzuweisungen an Männer und Frauen offensichtlich.

◆ Um die eigene Position ins Verhältnis zu der des anderen Geschlechts zu setzen, eignen sich folgende Statements, zu denen sich die Schüler und Schülerinnen äußern: „Frauen haben es gut!"/ „Männer haben es gut"! Oder: „Frauen haben es nicht leicht!"/ „Männer haben es nicht leicht!

◆ Ertragreich sind auch Kurzaufsätze zum Thema: „Mein Leben in zwanzig Jahren."

◆ In jüngeren Jahrgängen eignet sich der Vorschlag zum fiktiven Rollentausch: „Stell dir vor, du würdest eine Zeit lang als Mädchen/ Junge leben. Was wäre anders? Was würde dich interessieren? Was würde dir gefallen, was würde dir weniger zusagen?"

◆ Instanzen und kulturelle Objekte, die Gendervorstellungen über Generationen hinweg transportieren, können durch Befragungen in der Eltern- oder Großelterngeneration ermittelt werden. Fragen wie „Was sollten Mädchen/Jungen für ihr späteres Leben als Frau/Mann lernen, können, lassen etc." Oder „Was galt für Mädchen/Jungen bzw. Frauen/Männer als angemessen/als unangemessen?"

Derartige Befragungssituationen können ab und zu in den laufenden Geschichtsunterricht eingeschoben werden. Die Analyse des gesellschaftlichen Umfelds hingegen bleibt wohl eher dem Sozialkunde- bzw. Politikunterricht überlassen. Die Erkundung und Bearbeitung der beispielsweise auf dem Arbeitsmarkt, in der Mode oder in der Politik wirksamen Gendervorstellungen erfordern eine gründlichere und daher auch zeitaufwändigere Vorgehensweise.

8.2 Geschlechterdifferente Voraussetzungen
– gibt es die überhaupt?

Sämtliche Untersuchungen zur Koedukation stellen übereinstimmend fest, wie gerade auch durch die Schule geschlechterdifferente Verhaltensweisen produziert und verfestigt werden, je weniger man darüber weiß, desto mehr. Danach werden, so lautet eine der wesentlichen Aussagen dieser Untersuchungen, Jungen eher begünstigt und Mädchen eher benachteiligt. Selbstverständlich unbeabsichtigt und meist völlig unbewusst. Manche Untersuchungen sind jedoch allein aus der feministischen Perspektive und nicht von vornherein aus einer Perspektive, die Mädchen- und Jungeninteressen in gleicher Weise im Blick hat, durchgeführt worden. Zwar sind die Ergebnisse deshalb nicht falsch, es ist nur nicht mit gleicher Einfühlung nach Aspekten Ausschau gehalten worden, in denen u.U. auch Jungen benachteiligt und Mädchen begünstigt werden.

Für beide, Jungen und Mädchen, aber gilt: Auffällige Verhaltensweisen bei Jungen und Mädchen werden von den Lehrenden meist dem persönlichen Charakter oder dem Temperament von Schülern und Schülerinnen zugesprochen, mitunter erfolgt auch ein Hinweis auf die Pubertät, nicht aber auf den Prozess der Formung und Verfestigung geschlechterdifferenter Verhaltensweisen.

All denen, die geschlechtsdifferente Beobachtungen im Unterricht noch nie bewusst oder nicht systematisch gemacht haben, seien einige Beobachtungsaufgaben zur Überprüfung oder zur Schärfung der eigenen Wahrnehmung empfohlen, die am besten an andere Personen (Kollegen oder Kolleginnen, Studierende etc.) übertragen werden.

Zum Verhalten der Schüler und Schülerinnen, getrennt nach Jungen und Mädchen:

◆ Melden sie sich selbst oder werden sie aufgerufen?
◆ Wie viel Redezeit steht ihnen prozentual zur Verfügung?
◆ Werden sie beim Sprechen unterbrochen? Wird ihr Beitrag abgebrochen?
◆ Wie viele melden sich und kommen nicht zu Wort?
◆ Wird ein zögernder Sprechbeginn zugelassen, wird abgewartet oder kommt gleich der/die Nächste zu Wort?

◆ Gibt es Zwischenbemerkungen oder Wertungen, die nicht zur Sache gehören, auch mimisch oder gestisch?

Zum Verhalten der Lehrerin oder des Lehrers bezogen auf Mädchen und Jungen:
◆ Welche Schüler/innen befinden sich im Blickfeld, welche nicht?
◆ Wer wird aufgerufen, wer meldet sich vergeblich?
◆ Wem wird genaues Zuhören signalisiert?
◆ Bei wem wird nachgefragt?
◆ Welche Zeiten werden den Sprechenden gewährt?
◆ Wer wird mit deutlicher Zuwendung bedacht?

Die nach diesen Fragen angelegten Beobachtungsergebnisse werden wahrscheinlich überraschend sein. Selbst wenn über geschlechterdifferentes Verhalten prinzipiell keine Zweifel (mehr) bestehen, bleibt es für manche unklar, welche Handlungskonsequenzen sich daraus ergeben. Dazu drei Bemerkungen:

Erstens: Zweifellos kann ein Differenz-Denken selbst zur Hervorbringung von Geschlechterdifferenzen beitragen. Bestandteil der Erhebungen sind daher immer auch deren Problematisierung und Reflexion.[6] Erst dann, wenn Differenzen beobachtet werden, können sie im didaktischen Handeln berücksichtigt werden.

Zweitens: Es empfiehlt sich, seitens der Lehrenden geschlechterdifferentes Verhalten auf der Metaebene im Unterricht nach Möglichkeit *nicht* ausdrücklich zu thematisieren, um eben diesbezügliche Zuweisungen an Schüler und Schülerinnen zu vermeiden, wie beispielsweise: „Da ihr Mädchen euch nicht traut euch zu melden, machen wir Partnerarbeit, da könnt ihr euch erst einmal mit eurer Freundin austauschen, bevor ihr rankommt."

Drittens: Auch ohne ausdrückliche Thematisierung ist für die Lehrenden die *Kenntnis* der geschlechterdifferenten Voraussetzungen von großer Bedeutung: In der Interaktion mit gesellschaftlichen Normen, Vorstellungen und Erwartungen und mit den Menschen in ihrer Umgebung bilden die Schüler und Schülerinnen in diesen Jahren ihre Geschlechtsidentität heraus. Die Schule beeinflusst diese Entwicklung institutionell und personell. Sie unterstützt damit aber auch, sofern nicht bewusst gegengesteuert wird, die Herausbildung der gesellschaftlichen Hierarchisierung zwischen den Geschlechtern.

Hannelore Faulstich-Wieland, die sich bereits Jahrzehnte mit Fragen der geschlechterdifferenten Situation in der Schule befasst und viel beachtete Arbeiten zu Problemen der Koedukation verfasst hat, untersuchte vor ein paar Jahren die soziale Konstruktion von Geschlecht in schulischen Interaktionen in der Sekundarstufe und kam zu folgenden Aussagen:

Hannelore Faulstich-Wieland:

Soziale Unterschiede auf der Ebene der Arbeitsteilung in Familie und Beruf sind entscheidend für die gesellschaftliche Aushandlung dessen, was als geschlechtsangemessenes oder –unangemessenes Verhalten gilt. Dieses wird als Selbstsozialisation oder Selbst-Bildung in sozialen Praktiken zugleich erworben wie reproduziert und verändert. (...) Menschen lernen in sozialen Praktiken Konzepte oder Schemata der Geschlechterdifferenzierung, an denen sie ihre Entwicklung orientieren. Im Kindesalter werden diese Schemata zunächst relativ rigide umgesetzt, im Laufe der Schulzeit eröffnen sich mehr Möglichkeiten für Individualisierungen. Institutionelle Strukturen bieten das Gefüge für soziale Praktiken – in koedukativen Schulen z. B. können Mädchen und Jungen in direkten Interaktionen ihr Verhältnis zueinander bestimmen. Erwachsene ebenso wie peers sind als Interaktionspartnerinnen und –partner beteiligt an den sozialen Praktiken und damit an der Konstruktion von Geschlecht.

Während in der Grundschule gleichgeschlechtliche Gruppen eine wichtige Rolle spielen – so dass einige sogar von Mädchen- und von Jungenwelten sprechen (...), stellt die Phase der Adoleszenz einen Umbau der sozialen Bindungen dar. Die Schulklasse bietet hier das zentrale Feld, in dem soziale Definitionen des „Normalen", des „Richtigen" und des „Attraktiven" vermittelt werden (...).

Faulstich-Wieland, Hannelore: Soziale Konstruktion von Geschlecht in schulischen Interaktionen in der Sekundarstufe. Zitiert in: Bührmann, Andrea et al.: Arbeit, Sozialisation, Sexualität. Zentrale Felder der Frauen- und Geschlechterforschung. Lehrbuch zur sozialwissenschaftlichen Frauen- und Geschlechterforschung, Band 1. Opladen 2000, S. 187 f.

8.3 Geschlechterdifferente Voraussetzungen in den Jahrgangsstufen 7–10

Die ermittelten Voraussetzungen werden recht ausführlich vorgestellt, denn sie bilden später neben der Auseinandersetzung mit den Inhalten die Grundlage meiner didaktischen Entscheidungen, wie die Akzentuierung der Inhalte, die Bestimmung der Unterrichtsmethode etc. Wenn ich weiß, dass Jungen männliche Vorbilder vermissen, die Stärke ausstrahlen, ich aber nicht bereit bin, Stärke und Gewalt in eins zu setzen, kann ich beispielsweise Stresemann im Unterricht mehr Raum geben, als ich dies ohne dieses Wissen getan hätte.

7. Jahrgang:

In der 7. Klasse weisen die Mädchen und Jungen eine relativ große Offenheit auf, sich mit der eigenen und der andersgeschlechtlichen Lebenswelt zu beschäftigen. Zur Ermittlung der genderbezogenen Einstellungen und Interessen eignet sich deshalb in der 7. Klassenstufe (ggf. auch bei jüngeren Jahrgängen) der Vorschlag zum fiktiven Rollentausch: „Stell dir vor, du würdest eine Zeit lang als Mädchen/Junge leben. Was wäre anders, was würde dich interessieren, was würde dir gefallen, was würde dir weniger zusagen?"

Bei einem derartigen Rollentausch nehmen die Mädchen die Lebenswelt der Jungen als attraktiv und verschieden zu ihrer Lebenswelt wahr. Es wird eine Sehnsucht nach mehr Freiheit und unbeaufsichtigten Aktivitäten deutlich. Mädchen in diesem Alter haben noch Kontakt zu ihrem eigenen Aggressionspotential, denn sie beschreiben immer wieder das Ausleben von Aggressionen als positiv und verlockend. Dieser Aspekt verschwindet in höheren Klassenstufen fast völlig. Die Mädchen sind oft fasziniert von den Freiheiten, die Jungen eher eingeräumt werden als ihnen. So schreiben sie beispielsweise: „Ich würde gern ein Junge sein, dann dürfte ich viel mehr machen...". „...ob Jungen wirklich überall hingehen dürfen, wo sie hingehen wollen?" Sie sind neugierig auf die Gefühlswelt der Jungen („Wie ist das, wenn sie sich nicht richtig freuen dürfen, also niemand um den Hals fallen können und immer cool bleiben müssen?") und wollen wissen, wie Jungen untereinander sind und wie sie über Mädchen denken.

Die Jungen wollen mehr über die Periode und Schwangerschaft wissen. Sie schreiben zum Beispiel: „...was das mit den Tagen auf sich hat und wie man sie bekommt." „Ich würde überhaupt gern wissen, was das für ein Gefühl ist, ein Mädchen zu sein". Auch die Beziehungen der Mädchen untereinander, das Verhältnis zu den Eltern, die Einstellung gegenüber Jungen und die Frage, wie Mädchen sich durchsetzen, beschäftigt sie.

Zwar äußern sie sich nicht ablehnend gegenüber der Mädchenwelt, doch die häufige Benutzung des Wortes „müssen" lässt die Vermutung zu, dass sie die möglichen Veränderungen im Leben eines Mädchens eher als einschränkend ansehen, keinesfalls als verlockend.

Die bemerkenswerte Offenheit soll nicht darüber hinweg täuschen, wie stark die geschlechtsspezifischen Prägungen sind und wie aktiv sich die Jungen und Mädchen mit den jeweils an sie gerichteten gesellschaftlichen Erwartungen sowie mit Männer- und Frauenbildern befassen. Die von den Schülern und Schülerinnen in meinem Unterricht verfassten *Lebensentwürfe* – „Mein Leben in zwanzig Jahren" – geben Auskunft über diese Prägungen und persönlichen Bestrebungen.

Bei den Jungen nimmt die Berufstätigkeit eine zentrale Bedeutung ein. Sie äußern fast alle Berufsvorstellungen, die im Bereich ihrer schulischen Möglichkeiten liegen: Polizist, Handwerker oder Computerfachmann. Nur wenige nennen Berufsträume wie Bankdirektor, Sänger, Erfinder, die immer mit der Vorstellung verbunden sind, einmal Millionär zu werden. Die meisten stellen sich ihr Leben mit Frau und Kindern vor, aber wie sich ihr Leben mit Frau und Kindern gestaltet, darüber machen sie sich noch nicht allzu viele Gedanken. Das berufliche Leben steht klar im Vordergrund. Einige erfüllen sich noch den Traum vom Superauto. Insgesamt aber wirken die Wünsche an Luxus oder Statussymbole eher bescheiden. Im Zusammenhang mit der Freizeit werden unterhaltende Veranstaltungen, Urlaub und sportliche Aktivitäten genannt.

Sie sind weitgehend an einem traditionellen Männerbild orientiert, wonach sie für die Familie die Ernährerrolle übernehmen, die Frau nur etwas dazu verdient, im Falle einer zeitweiligen Arbeitslosigkeit oder falls das Geld nicht reicht. Dieses Männerbild gilt insbesondere für Schüler nichtdeutscher Herkunft, die eine mögliche Berufstätigkeit der Frau gar nicht erwähnen. Gegenwärtige Veränderungen im Männerbild liegen außerhalb ihrer Männlichkeitsvorstellungen oder -prägungen.

Mädchen entwickeln viel differenziertere Vorstellungen von ihrem Leben mit ca. 33 Jahren. Die meisten gehen davon aus, dass sie verheiratet sind. Aber nur wenige führen ein Leben als Hausfrau und Mutter. Deren Anzahl steigt jedoch bei einem größeren Anteil von Mädchen nichtdeutscher Herkunft in der Klasse. Die anderen sind wie ihr Mann berufstätig, beschreiben aber ausführlich ihr Leben mit Mann und Kindern. Als Berufswünsche nennen sie beispielsweise Krankenschwester, Sekretärin, Verkäuferin oder Friseuse.

Mehrere Mädchen schildern ein Leben ohne Kinder, zum Teil auch ohne Mann, oft allerdings mit einem Haustier. Sie sehen sich als beruflich erfolgreiche Frauen bei ihren Tätigkeiten in einer leitenden Stellung im Büro oder als Innenarchitektin, Pilotin, Reiseleiterin, Lehrerin, Fotografin.

Es gibt immer wieder Mädchen, die deutlich *zwei* mögliche Lebenswege vor sich sehen und dementsprechend ausdrücklich zwei Lebensentwürfe formulieren. Der eine handelt immer vom Leben mit Mann und Kindern und nur partieller und zeitweiliger Berufstätigkeit, der andere von einem Leben ohne Kinder, manchmal als Single, manchmal mit Partner. Hier beispielsweise die Angaben einer Schülerin:

Entwurf A: Sie ist verheiratet, hat ein Kind und arbeitet seit kurzem wieder halbtags in ihrem Beruf als Krankenschwester. Sie beschreibt hier hauptsächlich das Familienleben, das Berufsleben wird eher am Rande erwähnt.

Entwurf B: Sie ist Single und beschreibt ihr unabhängiges und interessantes Leben als Journalistin. Der Beruf macht Spaß. Sie lernt viele interessante Menschen und Orte kennen, reist häufig, kommt mit den Kollegen gut aus, ist umgeben von Freundinnen, hat guten Kontakt zu den Eltern und Geschwistern, so dass sie eine eigene Familie nur zeitweise vermisst. Aber sie weiß, in einer Ehe, vor allem mit Kindern, könnte sie ihren Beruf nicht mit dem gleichen Zeit- und Energieaufwand ausüben.

Mädchen sind demnach anders als Jungen gefordert. Sie müssen entweder zwischen verschiedenen Lebensperspektiven wählen oder versuchen, Familie und Beruf irgendwie zu vereinbaren. Sie können aber in ihrem Umfeld beobachten, welche „akrobatischen Kunststücke" Frauen abverlangt werden und ziehen zunehmend die Entscheidung entweder für die Familie oder für den Beruf vor. In dieser Altersstufe erscheint die Vereinbarung von Familie und Beruf den meisten als zu kompliziert und schwierig, zum einen wegen der Risiken und härteren Anforderungen auf dem Arbeitsmarkt, zum anderen aber weil sie keine Lust dazu haben, wie die Mehrzahl der Frauen in ihrer Umgebung, die Doppel- und Dreifachbelastung weitgehend allein auf sich zu nehmen.

8. Jahrgang:
Offensichtlich befinden sich die Schülerinnen und Schüler dieser Altersstufe in der kritischsten Phase der Pubertät. Infolge deutlicher körperlicher Veränderungen ist die Phase der Pubertät mit einer Neubestimmung der Identität verbunden. Mädchen wie Jungen sind schnell verunsichert, zweifeln an sich selbst und sind mit ihrer Männlichkeit/Weiblichkeit noch nicht im Klaren.[7]

Die pubertäre Entwicklung wirkt sich bei Jungen und Mädchen jedoch recht verschieden aus.

Erfahrungsgemäß demonstrieren Jungen lautstark und raumgreifend Stärke und Überlegenheit. Vielfältige Äußerungen zeigen ihre Kämpfe gegen Autoritäten aller Art, zugleich aber ihre Suche nach festen, sicheren und gerechteren Orientierungen. Der Kampf gegen die Autoritäten ist gleichzeitig Ausdruck des für die Pubertät typischen und notwendigen Bemühens, die Bindungen an die Eltern und Ersatzeltern aufzulösen und neue Beziehungen einzugehen. So werden auch Lehrkräfte und Institutionen kämpferisch ausgetestet. Die Beschäftigung mit Frauen wird in verschiedenen Varianten nachhaltig und eindeutig abgelehnt. Weibliches – in welcher Erscheinungsform auch immer – wird verneint, abgewehrt, verspottet, abgewertet.

Jungen müssen öfter bis ständig ermahnt und zurechtgewiesen werden und meinen daher, sie würden Mädchen gegenüber benachteiligt werden. Sind andere Personen anderer Auffassung, gibt es gute Gelegenheiten, deren Meinung zu bekämpfen und abzuwerten. Meist sind sie zudem an der Meinung anderer wenig interessiert. Dies alles entspricht ihrer inneren Entwicklung. Innere Unsicherheiten können kaum ausgehalten werden. Das Ausweichen in demonstrierte Stärke ist die Folge, jedenfalls in der Öffentlichkeit. In persönlichen Gesprächen hingegen zeigen sie sich zugänglich und durchaus differenziert in ihrem Denken und ihren Meinungen.

Mädchen ziehen sich stärker auf die eigene Person zurück. Sie werden im Unterricht zunehmend leiser, zaghafter und zurückhaltender in ihrem Sprachverhalten. Sie folgen aber andererseits ungehemmt ihrem Drang, mit der jeweils besten Freundin die neuesten Ereignisse und Empfindungen auszutauschen, das heißt: sie schwatzen unaufhörlich. In diesen Gesprächen dreht es sich häufig um Jungen oder Medienstars, die entweder abgelehnt oder favorisiert werden, um die eigenen Chancen und Erfolge bei Jungen. Anregungen für ihr Outfit holen sie sich aus Mode- und Jugendzeitschriften, und von ihren Mitschülerinnen werden sie mit Ratschlägen und Kritik versehen. Trotz dieses oft recht munteren Gebarens ist diese Phase für die Mädchen mit einem Verlust an Selbstvertrauen und Selbstbewusstsein verbunden, wie es auch in der im Folgenden zitierten Studie festgestellt wird.

Karin Flaake:

Die solchen Tendenzen zur Selbstzurücknahme zugrunde liegenden Motive sind vielfältig: Die Anpassung an gesellschaftlich dominierende traditionelle Vorstellungen von Weiblichkeit in dieser besonders verunsichernden lebensgeschichtlichen Phase (...) spielt ebenso eine Rolle wie die verführerische Kraft von Weiblichkeitsbildern, die Weiblichkeit stark binden an ‚Liebe‘, an das Dasein für andere und eine regressive Lösung der adoleszenten Problematik, den Verzicht auf Eigenes, nahe legen. (...)

Zwar ist Selbständigkeit und Selbstbewusstsein mittlerweile eine Erwartung, die sich auch an junge Frauen richtet, in den gesellschaftlichen Definitionen weiblicher Körperlichkeit sind jedoch latente Botschaften enthalten, die ein aktives, lustvolles In-die-Welt-Gehen eher bremsen, als dass sie es befördern. Weiblichkeitsdefinitionen werden auf diese Weise 'in den Leib geschrieben' und sind damit folgenreicher, tiefsitzender verankert, als es einer bloßen Orientierung an gesellschaftlichen Geschlechtsrollenerwartungen entspräche. Sie werden Teil der eigenen Körperlichkeit. (...) Weiblichkeit ist gesellschaftlich immer noch weniger durch ein eigenes sexuelles Begehren, durch ein aktives Wünschen und Wollen, durch Lust und Potenz bestimmt, denn auf Begehrtwerden, auf Attraktivsein für das andere Geschlecht ausgerichtet. (...) In gesellschaftlichen Bildern von weiblicher 'Schönheit' und Attraktivität, die mit der Adoleszenz für Mädchen besonders wichtig werden, ist ihre Nichterfüllbarkeit immer schon angelegt, sie scheint zentraler Bestandteil dieser Normen zu sein.(...) Das kann eine spezifische Verwundbarkeit des Selbstbildes und des Selbstgefühls von jungen Frauen schaffen, durch die Bestätigungen der Männer besonders wichtig werden."

Flaake, Karin: Weibliche Adoleszenz. Neue Möglichkeiten, alte Fallen? Widersprüche und Ambivalenzen in der Lebenssituation und den Orientierungen junger Frauen. Zitiert in: Bührmann, Andrea et al.: Arbeit, Sozialisation, Sexualität. Zentrale Felder der Frauen- und Geschlechterforschung. Lehrbuch zur sozialwissenschaftlichen Frauen- und Geschlechterforschung, Band 1. Opladen 2000, S. 164 und 165.

Die beschriebenen Verhaltensänderungen sind nicht nur als Folge körperlicher Wandlungen oder als Anforderungen des Umfelds zu verstehen. Die Jugendlichen entwerfen vielmehr in Interaktionen mit ihrem Umfeld eine Vorstellung von sich selbst, wie sie als Frau oder als Mann sein wollen.

Hannelore Faulstich-Wieland:

Bisher hat man vor allem danach gesucht, worin sich Mädchen und Jungen unterscheiden, wie sie sich jeweils verhalten, nicht jedoch, wie sie selbst an der Herstellung des Geschlechterverhältnisses beteiligt sind, wie Konstruktionsprozesse von Geschlecht aussehen. Entscheidend für ein derartiges Verständnis von Geschlecht bzw. Geschlechtszugehörigkeit ist die Annahme, dass es sich dabei nicht um eine Zuschreibung auf Grund eines natürlichen Unterschieds (Askription) handelt, sondern um den Erwerb dieser Zugehörigkeit (Achievement). Von Candace West und Don Zimmermann ist dies als „doing gender" bezeichnet worden: Man hat nicht ein Geschlecht, sondern man 'tut' es.
In den Interaktionen zwischen Menschen wird die Geschlechtszugehörigkeit ständig dargestellt und zugleich zugeschrieben, so dass daraus unser

Wissen um die ‚Normalität' der Geschlechterverhältnisse entsteht. Die Praxis dieser Inszenierung und Attribuierung ist störanfällig, dennoch sorgen wir dafür, dass sie immer wieder geglättet und stimmig gemacht wird. Wenn man die Kategorie Geschlecht in dieser Weise fasst, (…) erkennt man, dass Geschlecht nicht an Individuen gebunden ist, sondern durch viele kulturelle Objekte ‚hergestellt' wird. Stefan Hirschauer nennt hier einerseits ‚bezeichnende' (semiotische) Objekte wie Kleidungsstücke, Körperteile, Tätigkeiten, Verhaltensweisen, andererseits handlungsrelevante (praxeologische) Momente wie Gesten, Gesichter, Haltungen. (…) Wir haben es also sowohl mit situationsübergreifenden Elementen der Geschlechterkonstruktion wie mit situativen Herstellungsprozessen zu tun.

Faulstich-Wieland, Hannelore: Soziale Konstruktion von Geschlecht in schulischen Interaktionen in der Sekundarstufe. Zitiert in: Bührmann, Andrea et al.: Arbeit, Sozialisation, Sexualität. Zentrale Felder der Frauen- und Geschlechterforschung. Lehrbuch zur sozialwissenschaftlichen Frauen- und Geschlechterforschung, Band 1. Opladen 2000, S. 189 f.

Derartige Konstruktionsprozesse laufen auch im Geschichtsunterricht ab. Je nachdem, mit welchen historischen Personen sich die Schüler und Schülerinnen befassen, d.h. mit ihnen auch interagieren, werden auch geschlechtliche Aspekte, nämlich Muster von Männlichkeit und Weiblichkeit, angesprochen. Der Aspekt der Gender- Interaktion hat Folgen, bewusst oder unbewusst, ob real oder nur als Wunschbild.

Es ist also nicht gleichgültig, welche Personen oder welche Männer- und Frauenbilder (auch Fotos!) wir den Schülern und Schülerinnen zur Auseinandersetzung anbieten. Wenn sie beispielsweise zu Personen der Alten Frauenbewegung und ihren Forderungen eine positive innere Beziehung einnehmen, wird vor allem bei Mädchen der innere Bezug beim Anblick der Fotos dieser Frauen blockiert. Die Blockade wird fast zur Abwehr verstärkt, wenn in deren Umfeld kein Mann weit und breit in Sicht ist. Werden dagegen Bilder von Salons aus dem 19. Jahrhundert mit schönen Frauen und Männern gezeigt, geht von ihnen eine große Anziehungskraft aus, und die Schülerinnen und Schüler wollen sofort mehr über die Menschen damals wissen. Wenn also eine Zuwendung der Schüler und Schülerinnen zur Frauenfrage beabsichtigt ist, empfiehlt es sich, die Frauenfrage zum Hauptgesprächsthema eines Salons zu machen.[8]

Es ist auch nicht gleichgültig, welche Personen wir ins Zentrum der Auseinandersetzung stellen, ob im Unterricht über den Weg Deutschlands in den Nationalsozialismus Hitler in den Mittelpunkt des Unterrichtsgeschehens gestellt wird oder Otto Wels, der bei der Abstimmung

Abb. 16: „Der Empfangstag", nach P. Hey, 1898. Aus: Jacobeit, Sigrid und Wolfgang: Illustrierte Alltagsgeschichte des deutschen Volkes 1810–1900. 2. Aufl. Köln 1988

des sogenannten Ermächtigungsgesetzes die ablehnende Haltung der SPD begründet hatte und den Nationalsozialisten entgegengetreten war. Hier geht es um keine moralische, oder gar moralisierende Erziehung durch Geschichtsunterricht, ob etwa Vorbilder konstruiert werden sollen oder nicht, sondern allein einmal um die Frage, welche Muster von Männlichkeiten wir im Geschichtsunterricht permanent anbieten, über deren nachhaltige Wirkungen wir uns dann wundern und womöglich empören.

Speziell zu Entwicklungsproblemen der Jungen hat sich Lothar Böhnisch geäußert.

Lothar Böhnisch:

Das geläufige Sozialisationsmodell für Jungen gleicht einer Gabel. Sie müssen sich auf der Suche nach ihrer Geschlechtsidentität früh von der Mutter lösen, werden nach außen gedrängt, der Weg zu ihrem inneren Selbst, ihrer Gefühlswelt ist ihnen weitgehend verwehrt, zumal ihre männlichen Bezugspersonen – vor allem der Vater – sich ihnen hier eher verschließen. So sind sie gedrängt – um handlungsfähig zu bleiben – das Innere, die Gefühle und damit auch das Weibliche – abzuwerten und das Männliche, damit es als Stärke präsentierbar wird, zu idolisieren. Die Bewältigung und Auflösung dieser Spannung von Abwertung und Idolisierung ist – strukturell gesehen- zentrale Bewältigungsaufgabe jedweden Mannseins in unserer Gesellschaft.

Dieses Sozialisationsmodell ist allerdings ein Strukturmodell. Es konstituiert sich im Zusammenspiel von tiefenpsychischen und gesellschaftlichen Faktoren. Den Jungen selbst ist es nicht bewusst. Auch nicht den Eltern. Viele von ihnen möchten ja, dass die Jungen keine Machos werden, dass sie gefühlvoll aufwachsen. Gleichzeitig wollen sie aber auch, dass sie mithalten, sich durchsetzen, später in der Gesellschaft ,ihren Mann' stehen können. (...) Dann, mit der Jugend scheint das alles wieder offen. Da interessiert nicht so sehr, ob man ein Mann ist, sondern da steht das Ausleben der pubertären Jugendphase im Vordergrund – und das kann sich gerade gegen die herrschenden Erwartungen und Idolisierungen von Männlichkeit, wie sie den Jungen aus der Welt der Erwachsenen entgegengebracht werden, richten.

Böhnisch, Lothar: Männlichkeiten und Geschlechterbeziehungen – Ein männertheoretischer Durchgang. In: Brückner, Margrit; Böhnisch, Lothar (Hg.): Geschlechterverhältnisse. Gesellschaftliche Konstruktionen und Perspektiven ihrer Veränderung. Weinheim und München 2001, S. 78.

Die Beobachtung, dass Jungen sich von gesellschaftlich üblichen Erwartungen und Idolisierungen von Männlichkeit durchaus distanzieren wollen, wurde auch von Reinhard Winter und Gunter Neubauer in einer Jungenstudie gemacht, „in der nicht die Frauen abwertenden und Männer idolisierenden Machos auftreten, sondern sensible Jugendliche, die Beziehungen suchen, Mädchen akzeptieren, den anderen Jungen als empathischen Freund finden wollen."[9] Die Ergebnisse der Studie standen im Widerspruch zu den Erwartungen der Autoren wie auch zu den Befragungsergebnissen bei erwachsenen Experten aus pädagogischen und medizinischen Bereichen, die mit Jungen zu tun haben. Die Studie zeigt eine deutliche Diskrepanz zwischen den Zuschreibungen der erwachsenen Experten an die Jungen und den offenbarten Einstellungen der Jungen selbst.

Aus diesem Widerspruch zog Böhnisch folgende Schlussfolgerungen:

◆ Dort, wo Jungen ihre Jugend ausleben und sich mit sich selbst auseinandersetzen können, werden ihre gesellschaftlich übergangenen inneren Qualitäten frei.

◆ Da, wo sie dem Duck der geschlechtsarbeitsteiligen Gesellschaft und mithin männlichen Erwartungen ausgesetzt sind, dazu gehören Schule, Ausbildung und Beruf, ist diese Chance kaum gegeben. Die Jugendlichen sind gespalten, sie möchten eigentlich ihre Jugend ausleben, können es aber nicht, denn dort, wo die Schatten der Arbeitswelt auftauchen, wie in der Bildungskonkurrenz in der Schule, bei der Suche nach einer Lehrstelle, beim Problem der Übernahme in den Beruf, bei der Erfahrung der Arbeitslosigkeit in der Familie, sehen sie schon früh soziale Risiken auf sich zukommen.

„Deshalb", so Lothar Böhnisch, „ ist es nicht verwunderlich, dass das Erwachsensein und damit die erwachsene Männlichkeit für viele der Jungen nicht attraktiv ist, weil sich mit ihr oft nicht mehr das Bild von Selbständigkeit und Anerkennung, sondern von Bedrohung und Sorge verbindet. Wenn man dann aber einmal erwachsen ist, wird man mit männlichen Bewältigungsmustern konfrontiert, die einem in der Jugend noch gleichgültig waren."

Weil ihnen die männlichen Bewältigungsmuster vertraut sind, greifen sie nach ihnen und wenden sie an, zumal die Erwachsenenwelt heute nur wenige sichere und verfügbare Orientierungs- und Integrationsmuster bereithält. Deshalb kommt es darauf an, dass den Jungen Erwachsene begegnen, die ihnen vermitteln, dass gerade auch die Identitäten der Erwachsenen fragil sind und immer wieder biografisch zur Disposition stehen. Hinweise in dieser Richtung gibt auch die Winter/Neubauer-Studie, „indem sie aufzeigt, dass Jugendliche an solchen ‚anderen' Erwachsenen, die beziehungsfähig sind und selbst ihr Inneres zeigen können, interessiert sind." Solche Untersuchungen seien wichtig, „weil sie zeigen, dass bei Jungen und Männern das Innen da ist, dass es aktiviert werden kann, wenn es Raum bekommt und dass es dort, wo es verloren scheint, meist nur verwehrt ist." [10]

Die Suche nach dem „anderen" Mann und der zum Teil aggressive Rückgriff auf die traditionelle Männlichkeit liegen dicht beieinander. Es hängt also auch von unseren Angeboten im Geschichtsunterricht ab, welche Aspekte wir herausfordern und fördern.

9. und 10. Jahrgang

In der 9. Klasse finden wir eine je eigene Haltung bei den Mädchen und Jungen vor. Obwohl der Prozess der weiblichen/männlichen Identitätsbildung noch lange nicht abgeschlossen ist, haben die Jungen und Mädchen mehr Klarheit darüber, wie sie als Mann/Frau sein wollen. Sie fühlen sich der Männer- oder Frauenwelt zugehörig und zeigen wieder Interesse und Neugier aneinander.

Daher eignet sich u.a. folgende Aufgabenstellung zur Wahrnehmung von Männern und Frauen:

„Stell dir vor, ein Wesen von einem anderen Stern besucht die Erde und fertigt einen Bericht über die Menschen an. Woran erkennt es

Frauen bzw. Männer?" (Ähnliches, auf das Thema „Gleichberechtigung" bezogen, siehe Kap. 15.3)

Die Ausführungen der Schüler und Schülerinnen in einer Klasse bezogen sich zunächst auf rein äußerliche Erkennungsmerkmale wie z.B. Körperbau und Kleidung.

Männer werden als körperlich kräftig und leistungsfähig, Frauen eher als zierliche und zurückhaltende Personen beschrieben. Die Unterscheidung hinsichtlich der Kleidung wird an Rock und Hose fest gemacht und die Bedeutung des Hübschseins bei Frauen, wie Schminken, Frisur, Kleidung, betont. (Das mag ein wenig verwundern, da sich Jungen und Mädchen in ihrer Kleidung oft nur wenig unterscheiden.) In ihrem Auftreten werden Männer als weniger sensibel und teilweise aggressiv, Frauen als freundliche und hilfsbereite Menschen charakterisiert.

Jungen bewerten Männer als das stärkere, Frauen als das schönere Geschlecht. Mädchen nehmen Männer ebenfalls als das stärkere Geschlecht war, bewerten dies aber kritischer. Sie stellen fest, dass Männer häufig unhöflich und weniger rücksichtsvoll sind. Frauen beschreiben sie nicht als das schönere, sondern als das einfühlsamere Geschlecht und stellen fest, dass Frauen ihre Gefühle besser zeigen können. Alle Mädchen betonen, dass die Frauen sich um die Kinder und um ihre Erziehung kümmern.

Bei den Ausführungen der Mädchen wird immer wieder die Ungleichwertigkeit zwischen Mann und Frau anhand einer kritischeren Beschreibung männlicher Verhaltensweisen und einer sicher parteilichen Sicht als Frau erkennbar. So schreibt ein Mädchen über die Frauen: „Ihre persönlichen Meinungen werden nicht akzeptiert. Sie müssen mehr leisten, um zu beweisen, dass sie klug und schlau sind wie die Männer."

Um einen Einblick in die Wahrnehmung der Mädchen und Jungen zu ermöglichen, werden im Folgenden zwei Schülerarbeiten wiedergegeben:

Ein Mädchen schreibt:

Gleich nach meiner Landung beschloss ich, meinen ersten Streifzug durch die City zu machen. Da sah ich große Werbetafeln, auf denen z.B. stand: ‚Der starke Mann trinkt Bier' oder ‚Frauen brauchen Vitaminkapseln für den Alltag'. Als ich weiter ging, kamen mir immer wieder die Wörter ‚Mann' und ‚Frau' zu Gesicht. Ich beschloss herauszufinden, was das nun ist. Nach einigen hundert Metern stieß ich schon auf die ersten Merkmale von Frauen und Männern. Ich stand nämlich vor einer Apotheke. Im Schaufenster stand ein Plakat mit der Überschrift: Anatomie des Menschen – Frau/ Mann. Man konnte erkennen, dass die Körperstrukturen sich bei beiden unterscheiden. Doch das sollten nicht die einzigen Unterschiede sein. Als ich in Richtung Innenstadt ging, fiel mir auf, dass fast nur Frauen unterwegs waren. Sie liefen alle, bepackt mit Tüten, durch Straßen und Kaufhäuser und hetzten. Ganz anders die wenigen Männer, die unterwegs waren. Sie schlenderten durch die Straßen, trugen keine Tüten und mussten sich nicht um kleine schreiende Kinder kümmern. Es schien mir wie eine Rangfolge zwischen den beiden Geschlechtern. Als ich im Fernsehen in der Rundfunkabteilung eines Kaufhauses eine Sendung sah, fiel mir auf, dass die Männer als starkes Geschlecht und als ‚Herrscher' auftraten. Die Frauen zeigte man in der Küche, im Badezimmer, beim Staubsaugen und sonstigen Dreckarbeiten. Mir gefiel das nicht, dass Frauen eine solche Position einnahmen, auch wenn es nur im Film war, und ich beschloss, wieder zu meinem Planeten zu fliegen, meinen Freunden davon zu berichten und mit ihnen weitere Merkmale herauszufinden.

Ein Junge schreibt:

Bitte herhören! Hier meldet sich der Berichterstatter vom galaktischen Hyperraum-Planungsrat. Auf der Erde leben Spezies namens Menschen. Ihre Haut ist anscheinend so empfindlich, dass sie eine zweite Haut tragen müssen. Ihre zweite Haut wechseln sie fast täglich in den unterschiedlichen Farben. Die meist größeren und muskulöseren Menschen sind Männer, die etwas zierlicheren nennen sie Frauen, und die Kleinausgaben dieser nennt man Kinder. (Sie weisen in Bezug auf ihre Erzeuger Ähnlichkeit auf.) Die Männer sind im Gegensatz zu den Frauen leistungsfähiger (im körperlichen Geschehen.) Die Frauen hingegen kümmern sich mehr um ihre Nachfolger und alles, was damit zusammenhängt. Es gibt auch Frauen, die selbständiger sind, man nennt sie emanzipiert. Die Frauen nehmen ihre Nahrung mit Bedacht zu sich, um ihrem Körper kein Leid anzutun. Auch sehen Frauen meist molliger aus als Männer. Sie streiten sich häufiger, wobei der gewinnt, der die besten Argumente vorlegt. Das Aussehen der Menschen ist sonderbar. Die Frauen sind kleiner als die Männer und sind an bestimmten und gewissen Stellen behaart. Um ihre Schönheit hervorzuheben, klatschen sie sich Farbe ins Gesicht und stehen manchmal stundenlang vor einem Kasten, in dem sie ihrer eigenen Gestalt gegenüberstehen. Dies ist aber bei den Männern auch kein Einzelfall. Die Frauen müssen, um Nachwuchs zu schaffen, erst eine Schwangerschaft austragen. Dabei nimmt die Form des Körpers eine runde an. Circa neun Monate muss die Frau warten, bis sie das Kind gebären kann. Nach dem Entstehen vom Kind wird die Frau dann ‚Mutter' genannt, und weil zum Entstehen von Nachwuchs immer zwei dazugehören, nämlich Mann und Frau, wird der Mann dann ‚Vater' genannt. Da sie sehr zierliche Wesen sind, gönnen sie sich meist, wenn es dunkel ist, ein wenig Ruhe.

Ende, und vielen Dank für Ihr Interesse!

Die Beziehungen zwischen Jungen und Mädchen drehen sich viel um erotische und sexuelle Attraktivität. Erste Liebe, Flirts, Balzverhalten und Imponiergehabe spielen eine Rolle in den Interaktionen. Aber sie sind auch stark an ihrer Zukunft interessiert und spüren, dass es viele Herausforderungen und Ungewissheiten im Erwachsenenleben gibt.

In der Selbst- und Fremdwahrnehmung der Schülerinnen und Schüler hat sich eine deutliche Hierarchisierung herausgebildet. Jungen fühlen sich als die „Überlegenen" und werden von den Mädchen auch als die „nach außen hin" Stärkeren erlebt. Sie haben diffus ein Gefühl der Überlegenheit gegenüber Mädchen, Frauen und der weiblichen Lebenswelt. Einerseits müssen sie deshalb alles Weibliche nicht mehr so heftig abwehren, weil sie wissen, dass sie „darüber" stehen, andererseits ist eine unterschwellige Verachtung und ein Nicht-Ernstnehmen von Frauenbelangen latent vorhanden. Der Gleichberechtigung von Männern und Frauen stimmen sie im Allgemeinen verbal, d.h. vom Kopfe her, zu. Gefühlsmäßig aber lehnen sie diese ab, sie brauchen für ihre eigene männliche Positionierung das Gefühl der Überlegenheit, das sich in Machtdemonstrationen vielschichtiger, auch subtiler Art äußert. Der Verzicht auf Überlegenheitsgefühle würde sie in ihrer Männlichkeitsvorstellung verunsichern. Sie wollen weder ein „Softie" noch ein „Schlappie" sein. Ihnen fehlen, wie oben schon erwähnt, überzeugende männliche Vorbilder, die Stärke in anderer Weise zeigen als durch Überlegenheitsgebaren.

Mädchen richten sich in einem Weiblichkeits- und Lebenskonzept ein, das weitgehend durch das so genannte Drei-Phasen-Modell, d.h. Berufstätigkeit, Kinderpause und Wiedereinstieg in den Beruf, bestimmt ist, einige von ihnen zwar widerstrebend, ohne es aber grundsätzlich in Frage zu stellen. Viele Mädchen würden die anderen und von ihnen als größer empfundenen Vorteile der Jungen bevorzugen wollen, so zum Beispiel größere Freiheiten, vor allem in der Lebensgestaltung, und weniger Pflichten innerhalb und außerhalb des Hauses.

Insgesamt sind gravierende Unterschiede zu ihren Einstellungen und Lebensentwürfen, die schon im 7. Jahrgang formuliert wurden, zu beobachten. (Damalige Berufswünsche wie Pilotin, Entwicklungshelferin, Geschäftsinhaberin, Reiseleiterin, Juristin haben sich verändert zu Friseurin, Kosmetikerin, Einzelhandelskauffrau u.ä.). Erklären lassen sich diese Unterschiede weniger mit einem gewachsenen Realitätsbewusstsein, denn die früheren Berufswünsche ließen sich durchaus verwirklichen, als vielmehr mit den Stichwörtern „Liebe" und „Arbeitsmarkt".

Zuerst zum Stichwort „Liebe": Der Traum von der großen Liebe ist nun im 9. Jahrgang allgegenwärtig. In den Wunsch, die große Liebe zu erfahren, mischt sich aber ziemlich vehement auch die Angst, nicht begehrt zu werden. Dem Wunsch, attraktiv und begehrt zu sein, werden andere Wünsche, wie beispielsweise nach Eigenständigkeit und Erfolg in der Schule, später im Beruflichen, bereitwillig untergeordnet.

Diese in Fachkreisen so genannte *gender anxiety*[11] bewirkt bei den Mädchen die Übernahme der traditionellen weiblichen Rolle, wie sie bei den Jungen zur Identifikation mit der traditionellen männlichen Rolle geführt hat. Für beide gilt im Großen und Ganzen immer noch das um partielle weibliche Berufstätigkeit und partielle väterlich-häusliche Hilfsbereitschaft modifizierte bürgerliche Geschlechtermodell[12]. Dies mag heutzutage vielleicht überraschen.

Barbara Vinken:

> „In modernen Zeiten, wo es um den ganzen Menschen oder die Gleichheit aller in Androgynie geht, die Differenz der Geschlechter jedenfalls im Diskurs übersprungen wird, und in postmodernen Zeiten, wo sie zwar in Rechnung gestellt, aber gleichzeitig scheinbar zur Disposition zu stehen scheint, wo gender bending und cross dressing an der Tagesordnung sind, wird diese Angst oft übersehen. Sie fällt unter die Rubrik Rollenklischees, aus denen es sich zu lösen gilt, um zu einem autonomen Selbst zu gelangen (...) Dabei ist die unbefragte Geschlechtsidentität nicht nur Norm und Ideologem, sondern absolut begehrt. Sich ganz als Mann oder ganz als Frau zu erfahren, ist die Beschreibung eines Glückszustandes. Das Gefühl hingegen, seinen Mann nicht stehen zu können oder keine wirkliche Frau zu sein, ist angstbesetzt. Diese Angst trifft beide Geschlechter, wenn auch in unterschiedlicher Weise."

Vinken, Barbara: Die deutsche Mutter. Der lange Schatten eines Mythos. München 2001, S. 90.

Zum Stichwort „Arbeitsmarkt", insbesondere zu den veränderten Berufswünschen der Mädchen:
Untersuchungen über Berufswünsche von Mädchen schränken die bisher gültige Annahme erheblich ein, nach der die geschlechtsspezifische Sozialisation in Familie und Schule letztendlich die Ursache für die geschlechtstypische Verteilung der Jugendlichen auf das vorhandene Berufsspektrum sei.

Nach den Ergebnissen einer Untersuchung der „schrittweisen Verweiblichung der Bildungs- und Berufsbiografien von Hauptschülerinnen" richten sich Mädchen ebenso wie die Jungen nach den objektiv gültigen Qualifikationsstrukturen und –anforderungen auf dem Arbeitsmarkt, sind sich der besonderen Risiken auf dem Arbeitsmarkt bewusst, einschließlich drohender Arbeitslosigkeit, und zeigen sich allen Möglichkeiten gegenüber offen, die ihnen eine berufliche Perspektive bieten, unabhängig davon, ob es sich um geschlechts-„untypische" oder geschlechts-„typische" Berufe handelt. Bei der dann schrittweise erfolgenden Anpassung der Berufsfindung an das Spektrum erreichbarer Berufe zeigt sich im Falle der Mädchen jedoch, dass

„die tatsächlich biografisch bedeutsame, geschlechtsspezifische Lenkung (…) über den Arbeitsmarkt und das – ebenfalls ungebrochen tradierte – geschlechtsspezifische Berufsbildungssystem (erfolgt). Hier werden Fähigkeiten, Fertigkeiten und jene beruflichen Optionen gefördert, die den jungen Frauen aus arbeitsmarkt- und bildungspolitischer Sicht zugleich als geschlechtsspezifische Defizite angelastet werden…"[13]

Anmerkungen

1   Dehne, Brigitte; Kühn, Barbara: Männer und Frauen – Mädchen und Jungen im Geschichtsprozess. Didaktische Handreichung für das Fach Geschichte im Sekundarbereich I, hg. von der Senatsverwaltung für Schule, Berufsbildung und Sport. Berlin 1991. Diese Arbeit ist wegen des bald darauf in Berlin folgenden Regierungswechsels nie veröffentlicht worden.

2   Horstkemper, Marianne: Unterricht gestalten für eine reflexive Koedukation. In: Senatsverwaltung für Schule, Jugend und Sport: Evaluation und Perspektiven für die Förderung von Mädchen + Jungen in den Schulen Europas. Berlin 1997, S. 101.

3   Über geschlechterdifferente Vorlieben hinsichtlich der Inhalte, Arbeitsweisen und Interessen im Geschichtsunterricht äußert sich Bodo von Borries mehrfach, so beispielsweise mit: Frauengeschichte in der Schule – Chancen und Erfahrungen. In: Löhr, Brigitte et al. (Hg.): Frauen in der Geschichte. Grundlagen – Anregungen – Materialien für den Unterricht. Band 1. Tübingen 1993; - Ders.: Geschlechtsspezifisches Geschichtsbewusstsein und koedukativer Geschichtsunterricht. In: Udo Arnold u.a. (Hg.): Stationen einer Hochschullaufbahn. Festschrift für Annette Kuhn zum 65. Geburtstag. Dortmund 1999. – Über die Einstellungen zur Gleichberechtigung finden sich Angaben bei Bodo von Borries: Jugend und Geschichte. Ein europäischer Kulturvergleich aus deutscher Sicht. Reihe: Schule und Gesellschaft, hg. von Franz Hamburger, Marianne Horstkemper, Wolfgang Melzer, Klaus-Jürgen Tillmann, Band 21. Opladen 1999, S. 172 f.

4   Informationen dieser Art habe ich – damals zusammen mit Barbara Kühn – erstmals Ende der achtziger Jahre erhoben.

5   Nielsen, Harriet Bjerrum: Sophie and Emile in the class-room. In: Senatsverwaltung für Schule, Jugend und Sport (Hg.): Evaluation und Perspektiven für die Förderung von Mädchen + Jungen in den Schulen Europas. Berlin 1997. - Borries, Bodo v: Frauengeschichte in der Schule (Anm. 3).

6   Vgl. Metz-Göckel, Sigrid: Sozialisation der Geschlechter: Von der Geschlechterdifferenz zur Dekonstruktion der Geschlechterdualität. In: Bührmann, Andrea; Diezinger, Angelika; Metz-Göckel, Sigrid: Arbeit, Sozialisation, Sexualität. Zentrale Felder der Frauen- und Geschlechterforschung. Lehrbuch zur sozialwissenschaftlichen Frauen- und Geschlechterforschung, Band 1. Opladen 2000, S. 111.

7   Die Frage verschiedenster Geschlechtsidentitäten außerhalb der Heterosexualität, die in der Genderforschung inzwischen eine wichtige Rolle spielt, wird in diesem Band im Ganzen nicht berücksichtigt. Homosexualität wird ab und zu im Unterricht, aber auch nur indirekt, angesprochen, wenn bestimmte Inhalte dafür geeignet erscheinen.

8   Zur Frage, welchen Inhalten und Personen wir uns zuwenden oder welche wir ablehnen, siehe auch: Schulz-Hageleit, Peter: Was lehrt uns die Geschichte? Pfaffenweiler 1989, insbesondere das achte Kapitel.

9   Zitiert in: Böhnisch, Lothar: Männlichkeiten und Geschlechterbeziehungen – Ein männertheoretischer Durchgang. In: Brückner, Margrit; Böhnisch, Lothar (Hg.): Geschlechterverhältnisse. Gesellschaftliche Konstruktionen und Perspektiven ihrer Veränderung. Weinheim und München 2001, S. 79.

10 Böhnisch, Lothar: Männlichkeiten und Geschlechterbeziehungen (Anm. 9), S. 79-82; die nachfolgenden Zitate finden sich S. 82 und 83.

11 Vinken, Barbara: Die deutsche Mutter. Der lange Schatten eines Mythos. München 2001, S. 97.

12 Vgl.: Hausen, Karin: Die Polarisierung der Geschlechtscharaktere. In: Heidi Rosenbaum (Hg.): Seminar: Familie und Gesellschaftsstruktur. Frankfurt a. M. 4. Aufl. 1988.

13 Rettke, Ursula: Berufswünsche von Mädchen unter dem Diktat des Arbeitsmarktes. Die schrittweise Verweiblichung der Bildungs- und Berufsbiografien von Hauptschülerinnen. Zitiert in: Bührmann, Andrea et al.: Arbeit, Sozialisation, Sexualität. Zentrale Felder der Frauen- und Geschlechterforschung. Lehrbuch zur sozialwissenschaftlichen Frauen- und Geschlechterforschung, Band 1. Opladen 2000, S. 174-178.

9. Lernhaltungen und Lerninteressen

Die Eigenheiten und Interessen der Schüler und Schülerinnen können nicht ausdrücklich als geschlechtsspezifisch bezeichnet werden. Gleichwohl kann von Tendenzen in diesem Zusammenhang gesprochen werden.

Nach meinen Erfahrungen arbeiten *Mädchen* unter Einbeziehung ihrer Phantasie und vor allem personenbezogen. Sie versuchen, Unsicherheiten durch gesteigerten Fleiß wettzumachen. Sie fertigen sorgfältige und ausführliche schriftliche Arbeiten an, um so zu Lob und Wort zu kommen. Im Denken halten sie Ambivalenzen relativ gut aus. „Sowohl als auch" wie „einerseits – andererseits" liegen im Bereich ihrer Äußerungen. Ihr Interesse gilt Schilderungen von Lebensläufen und Lebensweisen wie überhaupt Ausschnitten aus komplexen Lebenszusammenhängen, denen sie sich besonders aufmerksam zuwenden, wenn dort schwierige Lebensprobleme zu erörtern sind, für die Lösungen gefunden werden müssen. Dieses Interesse ist aber nicht zu verwechseln mit dem, was wir gemeinhin als problemorientierten Unterricht verstehen, und nicht zu verwechseln mit der Art von Problemen, die dort im allgemeinen erörtert werden, darin stimmt meine Erfahrung mit den Untersuchungsergebnissen von Bodo v. Borries überein.

Bodo von Borries über geschlechtsspezifische Differenzen des Geschichtsinteresses nach Ergebnissen einer Befragung in Hamburg, Nordrhein-Westfalen und Sachsen 1991:

> Offenbar haben Jungen und Mädchen auch unterschiedliche Wahrnehmungen des Unterrichtsverlaufes. Deutsche Schülerinnen empfanden 1991 die erteilten Geschichtsstunden als wesentlich schwächer „problemorientiert", d.h. u.a. weniger auf offene Diskussionen und prüfende Abwägungen ausgerichtet. Da die Befragten beider Geschlechter jedoch jeweils in Koeedukationsklassen den gleichen Unterricht besucht haben, kann es sich nur um subjektive Eindrücke handeln; als solche sind die Angaben allerdings aufregend genug. Lassen sie doch eine unterschiedliche Art des äußeren und inneren Beteiligtseins vermuten – und das trotz der weiblichen Überlegenheit an Solidarität und Kritik.
> Zudem haben Jungen und Mädchen tendenziell verschiedene Medien- und Methodenvorlieben. Nach dem Mittel der drei Kriterien „Spannung",

„Verständlichkeit" und „Zuverlässigkeit" bevorzugen 1991 Schülerinnen der drei Bundesländer gegenüber Schülern erkennbar „lebhafte Erzählungen und Schilderungen des Lehrers/der Lehrerin" und auch ein wenig „historische Romane und Spielfilme", während sie „geschichtliche Dokumente (Quellen)" und besonders „Schulbücher" im Fach Geschichte eher skeptischer betrachten als Schüler. Daher spüren sie möglicherweise kein besonderes Bedürfnis nach „problemorientiertem Unterricht". Die europäische Studie 1992 zeigt ebenso deutlich eine weibliche Präferenz für fiktionale, eine männliche für dokumentarische Medien.

Borries, Bodo v: Frauengeschichte in der Schule – Chancen und Erfahrungen. In: Löhr, Brigitte et al. (Hg.): Frauen in der Geschichte. Grundlagen – Anregungen – Materialien für den Unterricht. Band 1: Beiträge. Tübingen 1993, S. 16 f.

Die Aussagen Bodo von Borries' über die *Interessen und Vorlieben von Mädchen und Jungen* möchte ich auf Grund meiner Unterrichtserfahrungen in einigen Punkten deutlich variieren:

1. Die Vorliebe der *Mädchen* gilt *konkreten* Personen, mit denen sie mitdenken und mitfühlen können, zu denen sie eine innere Beziehung herstellen können und deren Probleme sie berühren und beschäftigen. Das wäre in ihrem Verständnis problemorientierter Unterricht. Konkrete Lebensprobleme (nicht zu verwechseln mit Alltagsproblemen) und deren Lösung aber sind zunächst ergebnisoffen, das heißt, „auf offene Diskussionen und prüfende Abwägungen ausgerichtet".

2. Konkrete Personen und Lebensprobleme kommen aber im üblichen Geschichtsunterricht selten vor, fast nur in „fiktionalen Medien". Werden aber im Geschichtsunterricht konkrete historische Personen in ihrer Lebenswelt und mit ihren Problemen, denen sie ausgesetzt sind, aufgezeigt, brauchen Mädchen keine Fiktionen, sondern interessieren sich auch für „dokumentarische Medien".

3. Die in einem problemorientierten Unterricht (im üblichen Sinn) erörterten Fragen hingegen werden von Mädchen oft gar nicht als Probleme wahrgenommen, sie können zu ihnen keinen inneren Bezug herstellen und sprechen deshalb von „Kopfproblemen" oder „künstlichen", das heißt didaktisch zubereiteten Problemen, die ihnen daher ziemlich gleichgültig sind.

4. Auch bei *Jungen* ist ein großes Interesse für fiktionale Medien zu beobachten, ich verweise hier auf die vielen Spielfilme und zum Teil auch Bücher. Es kommt jedoch auf das Thema an: Hauptsache, die Fiktionen handeln von Abenteuer, Gefahren, Krieg und Ähnlichem.

Es ist dann oft recht schwierig, die Eindrücke, die sie durch diese Medien gewonnen haben, in Frage zu stellen, sie zu ändern oder zu ergänzen, ggf. zu korrigieren.

Bei der Einteilung, die Bodo von Borries im obigen und im nachfolgenden Zitat vornimmt, wird das Problem des Umgangs mit Begrifflichkeiten, die eine ordnende Funktion ausüben, noch einmal konkret: Die Ordnungsmuster und -kriterien, die wir aus der Lebenswelt wie aus der Wissenschaft kennen und anwenden, wirken neutral, sie sind es aber nicht. Vielmehr geben sie Einteilungskriterien aus tradierter männlicher Sicht wieder (Waffen versus Mode; fiktional versus dokumentarisch), die im Allgemeinen aber – selbstverständlich auch von Frauen – als allgemein gültig verstanden und akzeptiert werden. Erst wenn die mit einer anderen, erweiterten Sichtweise verbundenen Erfahrungen diesen Ordnungsmustern widersprechen oder in diese nicht einzupassen sind, werden bestimmte Begrifflichkeiten und Ordnungsraster fragwürdig (Kapitel 5.5: Gender und Wissenschaft; 5.6: Gender und Begriffe).

Dies gilt auch für den folgenden zitierten Abschnitt, dem in Teilen zugestimmt werden kann, in manchen Aussagen wegen der dort vorgenommenen Einteilung jedoch nicht.

Bodo v. Borries über *geschlechtsspezifische Differenzen des Geschichtsinteresses* nach Ergebnissen einer Befragung in Hamburg, Nordrhein-Westfalen und Sachsen 1991:

In allen drei Bundesländern erweisen sich die Mädchen 1991 erneut als mitleidiger, solidarischer, sensibler für Unrecht und Unterdrückung. (...) Bei Wissen, Texterfassung, Bilderfassung und anderen stark kenntnisabhängigen Konstrukten bleiben die deutschen Mädchen 1991 zurück, wenn auch nur sehr geringfügig (etwa ein bis zwei Prozent der Varianz). (...) ...interessieren sich Mädchen deutlich mehr für „Alltagsgeschichte", Jungen merklich mehr für „Herrschaftsgeschichte". Die größten geschlechtsspezifischen Differenzen finden sich bei „Mode" einerseits und „Waffen" andererseits. (...)
Eine spezifisch weibliche Vorliebe bei Mädchen für „Alltagsleben gewöhnlicher Menschen", „Rolle von Kindern in der Geschichte" und „Könige, Königinnen und berühmte Leute" steht überall einer spezifisch jungenhaften Zuwendung zu „Kriegen und großen Ereignissen" sowie „Entstehung von Nationen" gegenüber. Motivationale Differenzen dürften die kognitiven und moralischen quantitativ übertreffen und historisch überleben.

Borries, Bodo v.: Frauengeschichte in der Schule – Chancen und Erfahrungen. In: Löhr, Brigitte et al. (Hrsg.): Frauen in der Geschichte. Grundlagen

Mit Bodo von Borries stimme ich überein, dass sich bei Jungen in vielem ein anderes Bild als bei Mädchen ergibt: Sie bevorzugen Arbeitsaufgaben, die klar sachorientiert sind, die Inhalte abfragen und wiedergeben. Zwiespältiges scheint für sie schwer erträglich zu sein. Alles sollte besser klar, genau und eindeutig sein. Ihre Vorliebe für sachorientierte, intellektuelle Auseinandersetzungen, allgemeine Aussagen und abstrakte Abhandlungen nimmt ab dem 9. Jahrgang deutlich zu. Ihr Hauptinteresse in der Geschichte gilt jeder Art von Macht. Bei vielen von ihnen ist sogar jedes Interesse immer auf Macht bezogen ist, auf den Erwerb von Macht, auf Formen der Macht, auf Formen der Herrschaft, auf Machtüberlegenheit, Machterhaltung, Machterweiterung u.a.m.

Die Differenzen zwischen Bodo von Borries' und meiner Sichtweise bestehen wieder bei der Art der schematischen Einteilungen und Zuordnungen, die zugleich verhindert, dass auch andere entscheidende Aspekte der Lernhaltungen und Lerninteressen in Betracht gezogen werden.

So muss die Einteilung in Alltags- und Herrschaftsgeschichte mit ihren jeweiligen Akzentuierungen wie auch die Zuordnung der Mädchen zur Alltagsgeschichte und die Zuordnung der Jungen zu Herrschaftsgeschichte zumindest problematisiert werden. Es ist durchaus zu überlegen, ob die von Bodo von Borries erwähnten Interessen als geschlechtsspezifische Voraussetzungen des Geschichtsunterrichts anzusehen sind, oder ob sie nicht vielmehr die Folge und das geschlechtsspezifische Ergebnis scheinbar selbstverständlicher Angebotsstrukturen sind.

1. Eine Alltagsgeschichte, aus der entscheidende Lebensfragen, die immer auch mit Politik und Herrschaft zu tun haben, ausgeblendet werden, geht am Alltag der Menschen vorbei. Wenn Themen, wie Migration in der Geschichte, Arbeitslosigkeit, Gerechtigkeit im Zusammenleben der Menschen, alles Themen, die Mädchen durchaus interessieren (einschließlich der dort behandelten Machtfragen), aus der Geschichte ausgeklammert werden und statt dessen „Mode" angeboten wird, dann interessieren Mädchen sich eben für Mode, weil auch da ein Stück konkretes Leben sichtbar wird. Solche Reduktionen aber werden weder dem Leben der damaligen Menschen noch den Interessen der Schülerinnen gerecht.

Das auffallende Interesse der Jungen für Herrschaftsgeschichte, Krieg und Waffen, also für Macht und Stärke, verdient ebenfalls eine genauere

Betrachtung. Wenn im Geschichtsunterricht männliche Macht und Stärke vorwiegend in Form von Herrschaft über andere, Eroberungen und Kriegshandlungen demonstriert werden, interessieren sich Jungen, die zu ihrer Männlichkeit finden müssen, selbstverständlich dafür, einschließlich der dazu benötigten Waffen. Denn das lernen sie täglich und auch im Geschichtsunterricht: Die Überlegenheit von Waffen und Waffensystemen verschafft Macht und bestimmt – von Ausnahmen abgesehen –, wie und zu wessen Gunsten Kriegshandlungen enden.

Wird im Geschichtsunterricht aber männliche Stärke auch in anderen Zusammenhängen gezeigt, gilt die konzentrierte Aufmerksamkeit diesen Männern mindestens ebenso. Es sind Männer, sie sich für Recht und Gerechtigkeit aussprechen und denjenigen, die ohne Krieg trotzdem „das Beste für ihr Land rausholen". Zu nennen sind da Pater Spee während der Hexenverfolgungen, Stresemann und die Männer des Widerstands im Nationalsozialismus. (Wie sonst wäre es zu erklären, dass Schüler auf die Straße gehen, um gegen Krieg zu demonstrieren.)

Das Interesse der Jungen kann also wie bei Mädchen auf konkrete Personen, vor allem aber auf Männer, gerichtet sein. Das Interesse für Macht und Stärke wird dabei ohne jede Einbuße auf Bereiche und Männer übertragen, die ohne Eroberungen, Krieg und Waffen auskommen.

2. Jungen interessieren sich ebenfalls für Alltagsgeschichte, wenn dort Probleme angesprochen werden, die sie berühren. Sie sprechen nur sehr selten über eigene Befindlichkeiten und Gefühle, schon gar nicht vor anderen. Am wenigsten über Unsicherheiten. Wenn ihre eigenen Befindlichkeiten aber in historischen Personen und deren Konflikten gespiegelt werden, zeigen sie geradezu brennendes Interesse. Erstmals war mir diese Art von Interesse aufgefallen, als wir im Unterricht über die SA sprachen. Auf die direkte Nachfrage eines Jungen über die Homosexualität Röhms (ob das denn wirklich stimme, weil er doch in der SA gewesen sei) sprachen wir über Männerbünde und deren verschiedene Funktionen. Interesse und Konzentration der Jungen waren für mich irritierend. Wiederholt zeigte sich diese besondere Art der Konzentration bald darauf in einem Gespräch über rechtsextreme Jugendliche. Da war die Frage, ob die Rechten wirklich alle Neonazis seien, also direkt politisch motiviert seien. In meinen Antworten, in denen ich mich um Differenzierung, vor allem hinsichtlich politischer Motivationen, bemühte, erwähnte ich u.a. zwei andere Komponenten, die männliche Jugendliche in den Kreis der Neonazis führen können: Zum einen böte die Zugehörigkeit einen Ausweg aus einer männlichen Unsicherheit, die

auch Angst machen kann, in demonstrierte Stärke. Zum anderen glaubten einige, in deren Umkreis sich zahlreiche Neonazis befänden, mitmachen zu müssen, um nicht als Schwächling da zu stehen. Wenn also männliche Jugendliche indirekt, wie in einer historischen Auseinandersetzung, ihre Befindlichkeiten thematisiert finden, nimmt ihr Interesse auffallend zu.

Dazu seien noch einmal die Schlussfolgerungen Lothar Böhnischs aus der Jungenstudie von Reinhard Winter und Gunter Neubauer erwähnt (Kap. 8.3: Geschlechterdifferente Voraussetzungen in den Klassenstufen 7–10): „Dort, wo Jungen (...) sich mit sich selbst auseinandersetzen können, werden ihre gesellschaftlich übergangenen inneren Qualitäten frei."[1]

Anmerkung

1   Böhnisch, Lothar: Männlichkeiten und Geschlechterbeziehungen – Ein männertheoretischer Durchgang. In: Brückner, Margrit; Böhnisch, Lothar (Hg.): Geschlechterverhältnisse. Gesellschaftliche Konstruktionen und Perspektiven ihrer Veränderung. Weinheim und München 2001, S.79.

10. Genderbewusste Strategien für den Unterricht

Den Verhaltensmustern und Interessen der Mädchen und Jungen gegenüber eine aufmerksame Haltung anzunehmen, ist die eine Sache. Eine andere ist es, sie im praktischen Unterrichtshandeln zu berücksichtigen und die parallele Beobachtung der Jungen und Mädchen nicht als Anerkennung der gegebenen Zustände misszuverstehen.

Schüler und Schülerinnen können nur gleichwertig beachtet werden, wenn Lehrer und Lehrerinnen die jeweils eigenen Männlichkeits- und Weiblichkeitsvorstellungen einer kritischen Reflexion unterziehen und sich der Relativität des eigenen Wertesystems bewusst sind. Die je eigenen Parteilichkeiten und unbewussten Bewertungen verhindern oftmals, sowohl dem eigenen Anspruch als auch den Jungen und Mädchen gerecht zu werden

Wer im Unterricht nun mit dem Ziel der Gleichheit beider Geschlechter nicht die Verschiedenartigkeit der Interessen beachtet, gerät unversehens in männlich besetzte Muster, die insgesamt eine höhere Wertschätzung genießen. Der Fähigkeit beispielsweise zu einer rein sachbezogenen Auseinandersetzung mit geschichtlichen Inhalten wird als Kompetenz allgemein ein höherer Wert zugemessen als einer Inhaltsbefassung, die Konkretes beansprucht, reflexiv angesetzt ist und auf gefühlsmäßige Aspekte nicht verzichten mag. Die Ausblendung von Gefühl, Persönlichem, auch als Abwehr, aber ist eher kennzeichnend für Männer und Jungen.

Geben wir als Lehrende dem nach oder bewerten wir diese Arbeitsweise sogar höher, so vernachlässigen wir damit nicht nur die spezifischen Interessen der Mädchen, sondern überformen sie partiell mit männlichen Mustern, die in anderen Bereichen ihres Lebens später wieder keine Wertschätzung erfahren. Wenn wir also dem Prinzip der Gleichheit folgen, dann ist es unerlässlich, die jeweiligen sozialisations- und kulturbedingten Unterschiede, wie sie sich nun einmal ausgeformt haben, auf beide, auf Jungen und Mädchen, zu beziehen. Denn nur, wenn man die Unterschiede kennt, mit und an ihnen arbeitet, kann man zu ihrer Minderung beitragen.

10.1 Das Konzept der reflexiven Koedukation in der Unterrichtsforschung

In der Unterrichtsforschung wird das Konzept der reflexiven Koedukation als Möglichkeit des Umgangs mit sozialisations- und kulturbedingten Unterschieden zwischen Jungen und Mädchen vorgeschlagen.

Harriet Bjerrum Nielsen stellt drei verschiedene Herangehensweisen an dieses Konzept vor, die sie von der dänischen Erziehungsforscherin Anne-Mette Kruse übernommen hat[1]:

1. Der kompensatorische Ansatz,
2. der mädchenfreundliche oder feminine Ansatz,
3. der differenzierte, Fairness fördernde Ansatz.

Die ersten beiden sind eigentlich schon überholt. Sie werden hier aber trotzdem vorgestellt, weil viele Lehrer und Lehrerinnen, die erst damit anfangen sich mit Genderfragen zu befassen, spontan die im Folgenden zuerst genannten Ansätze praktizieren, meist ohne zu wissen, dass es sie als theoretische Ansätze überhaupt gibt.

Der kompensatorische Ansatz

Beim ersten, dem *kompensatorischen Ansatz* sollen Inhalte, Methoden und Beispiele für Mädchen interessanter, erkennbarer, oft auch einfacher gemacht werden, damit es ihnen besser gelingt, mit den im Ganzen männerorientierten Wissensstandards der Schule umzugehen.

Dazu gehört beispielsweise, explizit den Mädchen abstraktere Vorgänge anhand der Erlebnisse konkreter Personen bzw. eines konkreten Vorgangs zu erläutern oder als schriftlichen Arbeitsauftrag für Mädchen folgenden Passus hinzuzufügen: „Was fühlst du dabei?"

Auch die vielfältigen Stützkurse haben hier ihren Ort, wie zum Beispiel Computerkurse, die ausdrücklich eingerichtet werden, um Mädchen eine Art Nachhilfeunterricht zu erteilen. Stützkurse für Jungen hingegen gibt es nur als Rarität und oft auch nur auf Grund eines feministischen Impetus. In einem Wochenendseminar für die Gewerkschaftsjugend wurden die Mädchen deshalb zum Karatekurs zusammengefasst, während die Jungen sich mit dem Märchen „Einer, der auszog, das Fürchten zu lernen" auseinandersetzen mussten.

Im Allgemeinen aber werden kompensatorische Ansätze weder von Mädchen noch von Jungen gemocht, selbst oder gerade, wenn es sich um stützende oder ergänzende Maßnahmen für Mädchen handelt. Erstens werden diese dadurch permanent in die defizitäre Ecke gestellt und zweitens sollte nicht eintreten, was Goffman als die „Dramatisierung der Geschlechterdifferenz" bezeichnet. Auch diese Beobachtung teile ich uneingeschränkt mit Marianne Horstkemper, die schreibt: „Sobald Jugendliche den Eindruck bekommen, weniger als Individuum wahrgenommen, sondern qua Geschlecht als Träger(in) bestimmter Merkmale und Eigenschaften gesehen zu werden, blockieren sie jeden Versuch, das subtile Zusammenwirken der Geschlechter bei der Konstruktion der ja tatsächlich durchaus in unserer Gesellschaft auszumachenden Ungleichheit zu analysieren."[2] Versuche, Mädchen und Jungen in bestehende Männer- und Frauenbilder einordnen zu wollen, sie mit ihnen direkt zu konfrontieren, scheitern daher schon im Ansatz.

Der mädchenfreundliche oder feminine Ansatz

Bei diesem Ansatz wird versucht, spezielle Wertorientierungen und Interessen der Mädchen aufzuwerten und den Lehrplan weiblicher zu machen. Jungenfreundliche Inhalte und Methoden werden durch eine weibliche Alternative ergänzt. Beispielsweise wird in den laufenden Unterricht, in dem sonst Frauen ausgespart sind, eine „Frauenstunde" eingefügt, wie z.B. „Frauen in Athen", ohne dass jedoch die Männer in Athen thematisiert werden. Dieser Ansatz korrespondiert mit einigen Ansätzen aus der Frauengeschichtsforschung, wie dem additiv- kompensatorischen, dem kontributorischen oder dem Konzept der Herstory, wenn beispielsweise statt der männlichen die weibliche Perspektive vorgegeben und hervorgehoben wird. In der Geschichtsdidaktik praktiziert insbesondere Bodo von Borries mit den beiden Bänden „Wendepunkte in der Frauengeschichte" einige Aspekte dieses Ansatzes, so vor allem die Aufwertung, positive Betonung und Hervorhebung der Frauen.

Mit diesem Konzept aber wird, was eigentlich nicht beabsichtigt ist, eine dualistische Auffassung von Geschlecht als das Wesentliche verfestigt statt in Frage gestellt. Außerdem ändert es kaum etwas an der bisherigen androzentrischen Struktur des Geschichtsunterrichts

Der differenzierte, Fairness fördernde Ansatz

Bei diesem Ansatz der differenzierten Gleichberechtigung steht ein demokratischer Differenzbegriff im Zentrum. Er wendet sich gegen Hierarchien und damit gegen die Legitimation von Unterdrückung, Nachordnung und Ausgrenzung. Diesem Ansatz liegt der Gedanke zu Grunde, dass Unterschiede zwischen Menschen produktiv und positiv sind, solange man diese nicht als das Wesentliche betrachtet oder zu feststehenden Charakterzügen der Menschen macht.

Es ist der Ansatz, der von vielen Lehrerinnen und Lehrern spontan favorisiert wird. Er berücksichtigt Differenzen, ist dem Prinzip der

Gleichwertigkeit verpflichtet und lässt sich überdies nicht allein auf Mädchen und Jungen, sondern auch auf Minderheiten in der Schule anwenden.

Aber auch dieser Ansatz enthält seine Tücken, die nicht ausgeblendet werden sollen.

Zuerst jedoch zum Positiven: Dem Ziel, ein breites Spektrum von Fähigkeiten bei Jungen und Mädchen zu fördern kann ohne Einschränkung zugestimmt werden. In der Unterrichtspraxis heißt das, die oben festgestellten differenten Interessen aus der mädchen- bzw. jungenspezifischen Ecke herauszuholen und sie auszugleichen und damit gleichsam für beide zur Pflicht zu machen.

Die Tücken des differenzierten Ansatzes liegen jedoch in dem eigentlich positiven Anliegen, Unterschiede zu akzeptieren, Ungerechtigkeiten aber entgegenzuwirken, eine unterschiedliche Behandlung zuzulassen, aber niemanden zu bevorzugen. Dazu ein Beispiel aus der Praxis: Eine Lehrerin in der Grundschule mit einigen afrodeutschen Kindern in der Klasse hatte ein Tanzlied eingeübt. Sie gab den zwei afrodeutschen Mädchen die Gelegenheit, dazu zu tanzen, da diese Kinder, wie sie sagte, sich eben ganz anders bewegen können als die anderen. Die anderen sollten singen oder mit Orffschen Instrumenten den Gesang begleiten. Von dem afrodeutschen Jungen wurde (zum Glück!) nicht erwartet zu trommeln. Bei einer kritischen Betrachtung der Situation ist zu überlegen:

Unterschiede in der Bewegungsfähigkeit mögen durchaus vorhanden gewesen sein, was in dieser Unterrichtssituation jedoch nicht erkennbar wurde, da nur diese beiden Mädchen tanzen sollten und es ihnen offensichtlich unangenehm war. Differenzen zwischen diesen beiden und den anderen Mädchen können aber auch schlicht auf Grund von Vorurteilen, die tradierte, imperialistische Rudimente enthalten (Schwarze bewegen sich geschmeidiger = tierhafter), oder auf Grund der pointierten Wahrnehmung anderer historischer Lebenswelten produziert werden. Diese Vorurteile werden dann bei dem differenzierten Ansatz oft nicht mehr überprüft, sondern geradezu gepflegt. Auf wahrgenommene Unterschiede wird dadurch ständig verwiesen, sie werden betont statt ausgeglichen. So wird aus dem differenzierten ein differenzierender Ansatz.

Birgit Rommelspacher hat sich zu diesem Problem mit einer vortrefflichen Formulierung geäußert:

Die Differenzen anzuerkennen bedeutet nicht, die anderen auf die Differenz festzulegen und sie in der Differenz einzuschließen. Denn damit würden sie

ausschließlich über ihre Gruppenidentität definiert und im vorgestanzten
Bild des Anderen eingekerkert.

Rommelspacher, Birgit: Dominanzkultur. Texte zu Fremdheit und Macht.
Berlin 2. Aufl. 1998, S. 100.

10.2 Unterrichtspraktische Konsequenzen und Strategien

Gleichheit, die auch Differenzen berücksichtigt, kann mit vielfältigen
Maßnahmen inhaltlicher, pädagogischer, didaktischer und metho-
disch-organisatorischer Art angestrebt werden, von denen einige hier
angeführt werden sollen:

1. Ich-Positionierung: Mit diesem Begriff ist gemeint, dass Schüler und
Schülerinnen zu den jeweils behandelten Inhalten eine eigene Position
entwickeln bzw. sich diese bewusst machen. Diese Position wird jedoch
nicht „nach getaner Tat" abgerufen, gleichsam als Bewertung historischer Ereignisse, sondern *bevor* die Schüler und Schülerinnen sich mit
den Positionen und Handlungen der historischen Personen befassen (
Kapitel 2.1). In dieser Weise sind Schüler und Schülerinnen nicht nur
unbeteiligte, distanzierte Rezipienten geschichtlicher Ereignisse, sondern gleichsam „Mitwirkende", bleiben aber sie selbst. Sie werden nach
dem Prinzip der originalen Begegnung (Heinrich Roth) in die damaligen Geschehnisse hineinversetzt, bereits getroffene Entscheidungen
werden in die ursprünglichen Überlegungen, Verhandlungen und
Debatten zurückverwandelt. Sie stimmen nach diesem Verfahren beispielsweise über Gesetzesvorlagen ab, beteiligen sich an öffentlichen
Debatten u.a.m.

Die Ich-Positionierung dient nicht allein der Stärkung der eigenen
Meinungsbildung und -vergewisserung, sondern auch der genaueren
Wahrnehmung historischer Positionen. Die historische Situation kann
klarer von der heutigen abgegrenzt und als historisch Besonderes
verstanden werden.

Die methodischen Möglichkeiten der Ich-Positionierung sind im
Einzelnen äußerst vielfältig.

In dieser Position arbeiteten die Schüler und Schülerinnen auch, als
sie wie Journalisten und Journalistinnen über die Geschehnisse in
Frankreich berichteten und diese kommentierten. Das heißt, sie haben
anders als im eben beschriebenen Ablaufschema bereits Geschehenes
kommentiert. Sie sind beim Verlauf der Französischen Revolution aber
in einen laufenden Prozess eingebunden und müssen sich zu den sich
überschlagenden Ereignissen stets neu verhalten, das heißt, sie müssen

Zustimmung oder Ablehnung, Nähe oder Distanz immer wieder aufs Neue herstellen und formulieren.

2. *Wahlmöglichkeiten:* Im Allgemeinen konnten die Schüler und Schülerinnen in meinem Unterricht selbst entscheiden, mit welchen inhaltlichen Aspekten sie sich befassen, welchen Schwierigkeitsgrad und welches Ausmaß an Informationen (z. B. Textlänge) sie sich zutrauen, welche Art des Mediums sie anspricht u.a.m. Ähnliche Entscheidungsmöglichkeiten gelten auch bei der Produktion von Arbeitsergebnissen.

Mit der Wahl eines Inhaltsaspekts ist gemeint, dass die Schüler und Schülerinnen nach Möglichkeit selbst entscheiden können, mit welchen Personen sie sich beschäftigen wollen, mit einem Mann oder einer Frau. Sollte dies wegen der zentralen Bedeutung einzelner Quellen nicht zweckmäßig sein, wie bei den Texten von Condorcet und Olympe de Gouges (Kap.2.2), so ist es selbstverständlich sinnvoller, wenn alle sich das eine Mal auf die Argumente einer Frau, ein anderes Mal auf die eines Mannes konzentrieren.

Vermieden werden sollte aber, dass Mädchen sich unausgesetzt mit männlichen Positionen und deren Denk- und Handlungsweisen befassen müssen, sich in Männer hineinversetzen sollen, und darüber gar nicht mehr bemerken, wo sie sich selbst eigentlich befinden.

Im Zusammenhang mit dem Unterricht über die Entdeckung Amerikas kann als Beispiel für solch unbedachte Zuweisungen der oft anzutreffende Arbeitsauftrag angeführt werden, nach der die Schüler (Mädchen sind da offensichtlich und selbstverständlich immer „mitgemeint") sich in die Rolle von Matrosen hineinversetzen und aus deren Sicht die Seefahrt und die Landung in Amerika beschreiben sollen. Umgekehrt würde wohl kaum jemand die Jungen auffordern, sich in die Rolle einer Textilarbeiterin mit vier Kindern hineinzuversetzen und aus deren Sicht ihr Leben mit all den vorhandenen Problemen zu beschreiben.

Beim Thema „Entdeckungen und Eroberungen" ist es in der Tat schwierig, weibliche Personen ausfindig zu machen, die als Pendant zu männlichen angeboten werden können, es sei denn durch umständliche und eher unzutreffende Konstruktionen. Finden wir eine derartige Situation vor, halte ich es für vertretbar, die Schüler und Schülerinnen zu einer *den Gegenstand umspielenden Fantasie* zu ermutigen, so dass auch Mädchen oder Frauen gleichsam mitspielen, hier mitfahren können.

Im folgenden Beispiel sollten sie sich also ebenfalls vorstellen, auf dem Schiff des Kolumbus mitzufahren, in welcher Position oder Funktion jedoch war ihnen überlassen. Die Entscheidungen, die sie getroffen hatten, sind höchst aufschlussreich, nicht zuletzt auch hinsichtlich ihrer geschlechtsspezifischen Einstellungen. Stringente methodische Vorgaben verhindern oft Informationen über persönliche Einstellungen, Vorlieben, Vorstellungen, Erfahrungen etc., während der Umgang mit offeneren Angeboten den Schülern und Schülerinnen Raum gibt, etwas von sich mitzuteilen.

Positionen und Funktionen, die *Jungen* gewählt haben:
- ◆ Matrosen, die die Welt kennen lernen wollten, denen es zu Hause zu langweilig geworden war, die Abenteuer und Gefahren bestehen wollten, die aus kriminellen Zusammenhängen oder gar aus dem Gefängnis geflohen waren, etc.;
- ◆ ein als portugiesischer Matrose verkleideter Spion;
- ◆ ein königlicher Schreiber;
- ◆ ein Priester;
- ◆ ein Zimmermann für eventuell erforderlich werdende Reparaturen;
- ◆ ein Seiler für die Ausbesserung der Taue und außerdem auch der Segel;
- ◆ ein Küchenchef;
- ◆ ein Animateur, der die Seeleute bei auftretender Langeweile bei Laune halten sollte;
- ◆ ein berühmter Seefahrer, der von einem späteren Zeitpunkt aus von seiner Lehrzeit auf dem Schiff des Kolumbus berichtet.

Positionen und Funktionen, die *Mädchen* gewählt haben:
- ◆ Zwei Touristinnen, die eigentlich eine Kreuzfahrt hatten antreten wollen, statt eines Münztelefons im Hafen aber versehentlich eine Zeitmaschine bedient hatten und somit auf dem Schiff des Kolumbus gelandet waren; (Während die eine permanent über die primitiven Verhältnisse an Bord jammerte, befand sich die andere in ständigen Auseinandersetzungen mit den Seeleuten, da ihr als Bewohnerein des 20. Jahrhunderts ja Dauer und tatsächliches Ziel der Fahrt bekannt waren, sie also die ungläubigen Seeleute ständig mit ihrem Wissen konfrontierte und bei ihnen scharfe Reaktionen hervorrief.)
- ◆ eine als Küchenjunge verkleidete Frau eines Steuermanns;
- ◆ eine Frau mit Tarnkappe;
- ◆ eine als Mitglied eines wissenschaftlichen Forscherteams (bestehend aus Männern und zwei Frauen), die in Indien die Tier- und Pflanzenwelt erforschen wollten;
- ◆ zwei Mädchen jeweils als Teil eines Pärchens, das auf der Flucht ein

vorübergehendes Versteck gesucht hatte, erschöpft eingeschlafen und plötzlich auf hoher See erwacht war;

◆ als Matrosen.

Bemerkungen zur Wahl der Schülerinnen und Schüler:
Der Entscheidung mehrerer Mädchen, als *Matrose* zu fungieren, galt gerade wegen 'meiner Einwände gegen eine solche Rollen*zuweisung* mein besonderes Interesse. Daher habe ich hier ausdrücklicher als bei den anderen nach den Motiven für ihre Wahl gefragt: Einige Mädchen erklärten die Wahl mit dem Wunsch, auch mal Abenteuer zu erleben, was – so ihre Erfahrungen – ihnen stets vorenthalten wird und allein Jungen vorbehalten bleibt. (Kapitel 9: Lernhaltungen und Lerninteressen) Andere hatten den männlichen Part gewählt, weil sie, wie sie meinten, sonst zur sexuellen „Beute" der Seefahrer geworden wären. Dieser Aspekt galt auch für die Frau mit der Tarnkappe, zusätzlich zu dem anderen, dass sie nämlich auf diese Weise auskundschaften wollte, wie Männer sich verhalten, wenn sie unter sich sind. Zwei Mädchen sahen keinen Anlass, besondere Figuren zu erfinden. Sie meinten, für diese Fahrt wären eben nur Männer in Frage gekommen und deshalb müssten sie eben auch Männer sein.

Bei den Mädchen fällt außerdem auf, dass sie erstens umständlichere Konstruktionen vornehmen mussten (die ich als Lehrerin hatte vermeiden wollen!), um Situationen herzustellen, in denen sie „mit"fahren konnten. Zweitens hatten mehrere ihre Position als Teil eines Paares oder eines Teams gewählt. Ob dafür der Beziehungsaspekt oder die Schutzfunktion ausschlaggebend war, vermag ich nicht zu sagen, weil ich nicht danach gefragt hatte. Fest steht jedoch, dass mehrere Mädchen im Vorfeld der Wahl miteinander über ihre Positionen und Funktionen gesprochen haben.

Die Wahl der Jungen kommt mir eindeutiger vor. Wichtig war ihnen eine gewisse persönliche Bedeutung, die sie während oder mittels der Fahrt erlangen wollten. Das gilt auch für den Seiler und den Zimmermann.

Mit der Auflistung, die ich hier vorgenommen habe, mache ich Lehrenden keine indirekten Vorschläge, welche „Rolle" sie ihren Schülern und Schülerinnen anbieten oder zumuten könnten. Vielmehr versuche ich zu zeigen, inwiefern eine von den Mädchen und Jungen vorgenommene Wahl nicht nur Auskunft über sie selbst, sondern immer auch über genderspezifische Voraussetzungen gibt. Zudem wird vielleicht auch erkennbar, wie auf Grund verschiedener Perspektiven die Beschäftigung mit den historischen Ereignissen deutlich bereichert

werden kann. Sofern sie bei sich selbst bleiben und selber wählen
können, haben sie außerdem keine Probleme, fantastische Elemente
und historische Fakten auseinanderhalten, was sich deutlich ändert,
wenn sie gleichsam in vorgegebene historische Personen hineinschlüp-
fen und von sich absehen sollen. Einzelheiten in ihren Darstellungen,
die nicht den historischen Fakten entsprechen, können im beschriebenen Vorgehen leicht korrigiert werden.

Die gleichwertige Berücksichtigung der Interessen von Mädchen und Jungen
– eine Zusammenfassung
Wie die Genderforschung gezeigt hat, sind geschlechtsspezifische Einstellungen, Haltungen und Vorstellungen von Mädchen und Jungen
nicht einfach naturgegeben. Bestimmte Merkmale im Verhalten werden gesellschaftlich zugewiesen und in interaktiven Prozessen angeeig-
net. In der schulischen Alltagspraxis ist es daher von großer Bedeutung,
den Prozess der Zuschreibung von Differenzen zwischen Jungen und
Mädchen nicht noch weiter zu verstärken und auf Dauer zu festigen,
auch nicht durch ein angeblich neutrales Verhalten, sondern erkennba-
re differente Muster gezielt in neuer Weise zu kombinieren, das heißt,
mit den Differenzen auf eine mögliche Minderung hin zu arbeiten.
Sofern dies als grundlegendes Prinzip akzeptiert werden kann, können
einzelne Maßnahmen, wie sie im Folgenden noch einmal aufgezählt
werden, jeder Zeit ausgetauscht und um viele weitere ergänzt werden:
◆ Mädchen werden verstärkt zu Sachauseinandersetzungen angehal-
  ten, Jungen werden durch besondere methodische Maßnahmen Be-
  ziehungsaufnahmen nahegelegt, wie z.B. einen Brief zu schreiben
  (Kap. 2.1; Kap. 15.2.3.1; 15.3.1).
◆ Abstrakte Vorgänge werden im Unterricht grundsätzlich konkreter
  ausgestaltet und Konkretes verbleibt nicht auf dieser Ebene, sondern
  wird ins Allgemeinere, ins Abstrakte geführt. Es werden methodische
  Verfahren angewendet, die Mädchen befähigen, sich sprachlich auch
  öffentlich besser zur Geltung zu bringen, während Jungen dabei
  lernen, sich sprachlich zurückhaltender, umsichtiger und beziehungs-
  intensiver zu äußern. Damit werden die Fähigkeiten aller erweitert.
◆ Different bevorzugte Arbeitsweisen werden ebenfalls stärker kombi-
  niert. So können Mädchen eher die selbstbewusste Darstellung und
  Jungen kooperatives Arbeiten lernen.
◆ Auf der Inhaltsebene des Unterrichts werden Dokumente ausgewählt, in denen sich historische Personen zu Lebensfragen äußern,
  die einen direkten Sachbezug haben und über Alltagserleben weit
  hinausgehen (Kap. 3.2).

◆ Es werden Machtaspekte aufgezeigt, die nicht allein als Gegensatz von Ohnmacht oder als Herrschaft über andere verstanden werden, sondern ebenfalls auch Machtaspekte im Sinne von Handlungsfähigkeit verdeutlichen, auch in schwierigen, scheinbar aussichtslosen Situationen (Kapitel 15.2.3.2).

◆ Jungen wie Mädchen wird die Beschäftigung mit verschiedenartigen Mustern von Männlichkeit und Weiblichkeit ermöglicht.

◆ Es werden verschiedenartige Positionierungen eingeübt. Dabei wird von Mädchen gefordert, sich nicht hinter anderen (Positionen) zu verstecken, und Jungen lernen über die Folgen ihrer Positionen genauer nachzudenken (Kapitel 2.1).

Damit bei diesen Kombinationen nicht das Problem einer doppelten Fremdbestimmung auftritt, wie dies im 7. Kapitel geschildert wurde, erhalten die Mädchen und Jungen zahlreiche Möglichkeiten der Mit- und Selbstbestimmung, so wie es F.E. Weinert aus allgemein didaktischer Sicht für das Lernen der Schüler und Schülerinnen empfiehlt:

F.E. Weinert:

◆ „In der Lernsituation müssen Spielräume für die selbständige Festlegung von Lernzielen, Lernzeiten und Lernmethoden vorhanden oder erschließbar sein."

◆ Die Lernenden müssen „diese Spielräume wahrnehmen und tatsächlich folgenreiche Entscheidungen über das eigene Lernen treffen und diese wenigstens zum Teil im Lernhandeln realisieren". (...)

◆ Dabei übernehmen die Lernenden zugleich die Rolle der „sich selbst Lehrenden". (...)

◆ „Die lernrelevanten Entscheidungen müssen zumindest teilweise auch subjektiv als persönliche Verursachung der Lernaktivitäten und der Lernergebnisse erlebt werden und somit im Ansatz Selbstverantwortlichkeit für das eigene Lernen einschließen."

Weinert, F. E.: Selbstgesteuertes Lernen als Voraussetzung, Methode und Ziel des Unterrichts. In: Unterrichtswissenschaft 10, 1982, H. 1, S. 1-13. Zitiert in: Wenzel, Hartmut: Unterricht und Schüleraktivität. Probleme und Möglichkeiten der Entwicklung von Selbststeuerungsfähigkeiten im Unterricht. Weinheim 1987, S. 38.

Das Zitat ist von mir öfter unterbrochen und abgeändert worden, da ich Weinerts Wortwahl „der Lernende" jeweils durch „die Lernenden" ersetzt habe, eine Formulierung, die Mädchen nicht von vornherein ausschließt oder nur „mit"meint.

Anmerkungen

1   Nielsen, Harriet Bjerrum: Sophie und Emile in der Schule. In: Senatsverwal-
    tung für Schule, Jugend und Sport (Hg.): Evaluation und Perspektiven für die
    Förderung von Mädchen + Jungen in den Schulen Europas. Tagungsbericht.
    Berlin 1997, S. 98 f.

2   Horstkemper, Marianne: Unterricht gestalten für eine reflexive Koedukation.
    In: Senatsverwaltung für Schule, Jugend und Sport: Evaluation und Perspekti-
    ven für die Förderung von Mädchen + Jungen in den Schulen Europas. Berlin
    1997, S. 102.

Teil IV

11. Unterrichtskonzeption

11.1 Geschichtsdidaktische Überlegungen

Gender im Geschichtsunterricht bedeutet, die jeweiligen Genderaspekte in die historischen Inhalte einzuarbeiten und die genderspezifischen Voraussetzungen der Schüler und Schülerinnen zu den jeweils unterrichteten Themen bewusst in Beziehung zu setzen.

Nach wie vor gelten also fachspezifische Zielsetzungen, die jedoch um die Geschlechterperspektive zu erweitern und somit auch zu spezifizieren sind.

Die besonderen Bedingungen des Unterrichts erfordern eine pragmatische Vorgehensweise bei der Erarbeitung eines didaktischen Konzepts. Gender im Geschichtsunterricht ist kein unmittelbares Abbild der wissenschaftlichen Genderforschung. So wenig, wie Geschichtsunterricht allgemein als ungebrochene direkte Ableitung aus der Geschichtswissenschaft konzipiert werden kann, so wenig ist Genderforschung ein direkt anwendbarer Maßstab für den Unterricht. Wir haben es im Unterricht mit einem eigenständigen didaktischen Vorgang zu tun, der im Sinne der Wissenschaftsorientierung Ergebnisse der Genderforschung zwar einbezieht, sich aber nicht ausschließlich an ihnen ausrichtet. So sind zum Beispiel bestimmte Kontroversen in der Genderforschung für den Unterricht wenig bedeutsam.

Andere Faktoren des didaktischen Feldes, vor allem die genderspezifischen Erfahrungen und Prägungen der Schüler und Schülerinnen und nicht zuletzt die curricularen Vorgaben führen zu besonderen Akzentuierungen und Ausformungen der Ergebnisse der Genderforschung. Das kann unter Umständen bedeuten, dass die Möglichkeiten der Integration der Geschlechterperspektive nicht immer den Auffassungen und Ansprüchen der historischen Genderforschung genügen. Beispielsweise sind die Kategorien „Mann" und „Frau" in der Wissenschaft im Prozess der Dekonstruktion ins Wanken geraten, und Geschlechtergeschichte gilt bereits vielfach als überholt. Derartige Wissenschaftsdiskurse sind für den Unterricht meist irrelevant, von Leistungskursen der Oberstufe vielleicht abgesehen. Wir können im Geschichtsunterricht nicht mit differentiellen Verweisungen von Kategorien arbeiten, wenn die Kategorien Frau und Mann als solche im Unterricht nicht einmal vorkommen. Ferner halten viele Genderforscherinnen eine Integration der Geschlechterperspektive in die so genannte allgemeine Geschichte für wenig sinnvoll, wenn nicht sogar für unmöglich. Statt dessen geht die Tendenz eher dahin, die bisherige Meistererzählung[1] durch eine Vielheit der Geschichte zu ersetzen, das heißt, an die Stelle des Zyklopen tritt nun der hundertäugige Argos[2] (Kapitel 5.5 und 5.7). Im Geschichtsunterricht jedoch ist ein zweiäugiges, normal übliches Sehen völlig ausreichend.

Wie interessant und einleuchtend viele Positionen der Genderforschung auch sein mögen, sie können nicht unmittelbar in die Unterrichtspraxis umgesetzt werden. Im Unterricht muss mit dem dort Vorgefundenen gearbeitet werden, was nicht ausschließt, dass es innerhalb des Bestehenden zu Akzentverschiebungen und Öffnungen kommt. Gleichwohl ist das im Folgenden dargestellte Konzept wissenschaftsorientiert, indem es wissenschaftliche Erkenntnisse berücksichtigt und einarbeitet. Der Wissenschaftsorientierung wird vor allem beim Methodenlernen genauestens Rechnung getragen. Diesem Anspruch versuche ich insofern gerecht zu werden, als ich den geschlechtergeschichtlichen Erkenntnisweg in Untersuchungsfragen (direkte und indirekte) aufschlüssele, von denen ich annehme, dass sie bei geschlechtergeschichtlichen Erkenntnisprozessen dienlich sein können. (Siehe die in den einzelnen Kapiteln aufgelisteten *Genderaspekte*.)

11.2 Das Unterrichtskonzept – didaktische Leitlinien

Für die Einbeziehung der Geschlechterperspektive in den Geschichtsunterricht habe ich einige didaktische Leitlinien entwickelt, die gleichsam als geschlechtergeschichtliche Grundausstattung des Geschichtsunterrichts angesehen werden können:

1. Gleiche Repräsentation von Männern und Frauen.
2. Zeitbedingte Vorstellungen von Männlichkeiten und Weiblichkeiten.
3. Analyse des sozialen Verhältnisses der Geschlechter.
4. Analyse des Zusammenhangs von Politik und Geschlecht.

Die erste dieser Leitlinien, die gleichwertige und ständige Repräsentation von Männern und Frauen in der Geschichte, bildet die Grundlage für alle anderen zu untersuchenden Aspekte. In allen erwähnten Unterrichtsbeispielen werden unterschiedliche Frauen und Männer als Subjekte in der Geschichte in gleicher Weise zur Geltung kommen. Sie werden mit ihren Lebensweisen, Gedanken, Erlebnissen, Erfahrungen und Handlungen als konkrete Personen sichtbar gemacht und kom-

men, wann immer dies möglich ist, mit ihren Äußerungen zu gesellschaftlichen Ereignissen, Zuständen und Prozessen selbst zu Wort. In
einigen Unterrichtsbeispielen gerät das Beziehungsgefüge zwischen
ihnen unmittelbar in den Blick, in anderen nicht.

Da Genderaspekte nicht ab und zu in Sonderstunden behandelt
werden sollen, sondern ständig, muss auch gesagt werden, *wie* diese
Integration vonstatten gehen soll. Denn nach dem, was an Büchern und
sonstigem Unterrichtsmaterial vorliegt, ist meist nur von Männern die
Rede, und meist kommen auch nur sie zu Wort. Es gibt inzwischen
zahlreiche Quellentexte über Frauen und von Frauen, kaum aber Texte,
die ausdrücklich für eine Geschlechtergeschichte taugen, insofern als sie
die Beziehungen zwischen Männern und Frauen verdeutlichen. Ich
werde daher auch aufzeigen, wie trotz offenkundiger Mängel in vorgegebenen Inhaltsakzentuierungen und in den Textbeständen verfahren
werden kann, wie also mit dem Bestehenden, Vorgefundenen gearbeitet
werden kann, welche „Reparaturmöglichkeiten" dort genutzt werden
können.

Methodische Reparaturmöglichkeiten
Wie kann verfahren werden, wenn nur von Männern *oder* Frauen die
Rede ist?
1. Wenn in vorhandenem Unterrichtsmaterial nur Männer thematisiert
   werden, können zum gleichen Thema aus frauengeschichtlichen
   Quellensammlungen Texte und Bilder über Frauen hinzugefügt
   werden. Abschließend können Bezüge zwischen ihnen hergestellt
   werden.
2. Bei der ausschließlichen Thematisierung von Männern können auch
   verschiedene Männer und deren unterschiedliche Positionen bearbeitet werden.
3. Wenn nur von Frauen die Rede ist, können die Verbindungen zu
   Männern schneller hergestellt werden, da indirekt in diesen Texten
   fast immer auch die Auffassungen von Männern thematisiert werden.
4. Bei der Thematisierung von Frauen können auch verschiedene
   Frauen und deren unterschiedliche Positionen bearbeitet werden.
5. Kommen gar keine Menschen vor, wie bei Vorgängen und Zuständen, die vom konkreten menschlichen Leben abstrahieren, können
   diese Vorgänge oder Zustände wieder auf Lebensbedingungen, Gedanken, Vorstellungen, Forderungen und Handlungen von Menschen zurückgeführt werden.
Im Unterrichtsteil bin ich jeweils so vorgegangen, dass ich nur die

fehlenden Partien berücksichtigt habe. Finden sich beispielsweise in Schulbüchern und gängigen Unterrichtsmaterialien überreichliche Angaben über Männer, wie z. B. zum Thema „Athen", wird immer nur der weibliche Part berücksichtigt, damit dann im Unterricht beide in gleicher Weise zur Geltung kommen können.

Außerdem gibt es auch zahlreiche methodische Möglichkeiten, in denen die Schülerinnen und Schüler als Subjekte verstärkt in geschichtliche Prozesse eingebunden werden können:

1. Sichtweisen der Mädchen und Jungen in Form einer den historischen Gegenstand umspielenden Fantasie zur Geltung bringen.
2. Mädchen und Jungen werden in andere Zeiten hineinversetzt und erkunden die Lebensumstände historischer Menschen.
3. Mädchen und Jungen, in vergangene Zeiten versetzt, beschreiben und kommentieren als fiktive Zeitgenossen aus ihrer Sicht historische Prozesse oder Zustände.
4. Die Mädchen und Jungen werden in eine historisch bedeutsame Verhandlungs- und Entscheidungssituation versetzt und treffen entweder aus zeitgenössischer oder gegenwärtiger Sicht die erforderliche Entscheidung, bevor sie die historischen Positionen kennen lernen.
5. Mädchen und Jungen befassen sich auf ihre Weise mit Männern und Frauen in der Vergangenheit, das heißt, sie können aus einem differenzierten Angebot wählen, mit welcher Person sie sich befassen wollen.
6. Schülerfragen als Leitfragen des Unterrichts bringen Interessen der Mädchen und Jungen zur Geltung.

Die Aufteilung der Kapitel mit Unterrichtsbeispielen folgt der Systematik der Leitlinien, nicht der Chronologie. Eine chronologisch angeordnete Übersicht aller Unterrichtsbeispiele in diesem Buch findet sich im Anschluss an dieses Kapitel. Sie soll helfen, Anregungen für den jeweils eigenen Unterricht leichter aufzufinden.

Mit einer weiteren Übersicht in Form einer Tabelle kann der jeweils eigene Unterricht eingeordnet und genauer eingeschätzt werden. Auf der waagerechten Koordinate finden sich die genderbezogenen didaktischen Leitlinien, auf der senkrechten Koordinate sind vom Konkreten zum Abstrakten hinführend deren Anwendungsbereiche vermerkt. Links von der senkrechten Koordinate kann der Unterricht zeitlich eingeordnet werden.

Die nebenstehende Übersicht weist auf beiden Koordinaten eine nur geringe Trennschärfe auf. Wenn beispielsweise in einem Unterrichts-

	Gleiche Repräsentation von Frauen u. Männern	Zeitbedingte Vorstellungen v. Männlich-keiten u. Weiblichkeiten	Analyse des sozialen Verhältnisses der Geschlechter	Analyse des Zusammen-hanges von Politik und Geschlecht
Männer, Frauen				
Paare				
Familie				
Standort, Umfeld, Schicht, Stand				
Ereignisse, Zustände				
Gesellschaftl. Organisatio-nen u. Institutionen				
Arbeitsmarkt, Medien Ideologien, Recht				
Diplomatie, Krieg Außenpolitik				

beispiel ein Arbeiterhaushalt geschildert wird, werden auf der senkrech-ten Koordinate die Felder Paare, Familie, Stand und Arbeitsmarkt tangiert. Bei allen Verortungen der erwähnten Beispiele in der Über-sicht sind daher fast immer auch Platzierungen an anderer Stelle möglich.

Bei der Darstellung der unterrichtspraktischen Beispiele folge ich nicht den Mustern von Stundenentwürfen, wie sie in der Ausbildung üblich sind.

Die Unterrichtsbeispiele dienen dem Einarbeiten in einen genderbe-wussten Geschichtsunterricht.

Dazu dienen folgende Strukturelemente:

◆ Informationen über den historischen Zusammenhang,
◆ Hinweise auf die jeweils wichtigen Genderaspekte, einschließlich Erläuterungen und Analysefragen,

- ◆ Vorschläge zur Integration von Gender in den laufenden Unterrichtskontext,
- ◆ für den Unterricht geeignete Texte, auch einige Bilder,
- ◆ Anregungen für die Gestaltung des Unterrichts.

Der Bezug zwischen Gender und dem ausgewählten Inhalt wird über die Auflistung der Genderaspekte hergestellt, die den Blick auf das richten sollen, was im Einzelnen beachtet werden soll. Die Genderaspekte wie die auch oft vorzufindenden Analysefragen beziehen sich sowohl auf den dargestellten Inhalt als auch auf ähnlich gelagerte Inhaltskonstellationen. Wenn beispielsweise Analysefragen zu Männlichkeit und Weiblichkeit gestellt werden, sind sie so gehalten, dass sie an den ausgewählten Inhalt gestellt werden, damit auch als Leitfragen im Unterricht dienen können, zugleich aber sind sie bei ähnlich gearteter Sachlage übertragbar auf andere Geschlechterverhältnisse zu anderen Zeiten.

11.3 Chronologische Übersicht über die Inhalte

Frauenräume – Männerräume im klassischen Athen	14.1
Arbeiten im mittelalterlichen Dorf	12.1
Arbeiten in der mittelalterlichen Stadt	12.2
Entdeckungen und Eroberungen im 15./16. Jahrhundert	10.2
Pater Spee und die Verfolgung von „Hexen"	12.3
Emile und Sophie – Geschlechtermerkmale nach Rousseau	13.1
Amerikanische Revolution	2.1
Französische Revolution	2.2
Die Industrialisierung und die Geschlechterordnung	14.2
Erziehung und ihre Wirkungen im 19. Jahrhundert	7.2
Ein Arbeiterhaushalt im 19. Jahrhundert – erforscht von einem Bürger	13.2
Die Gebärstreikdebatte	15.1
Nationalsozialismus:	
– Frauen und Nationalsozialismus	3.2
Krieg	15.2
– Vorkrieg und Nachkrieg	15.2.2
– Zweiter Weltkrieg	15.2.3
Gleichberechtigung in Deutschland: 1949 und 1999	15.3

Anmerkungen

1 Die Verwendung des Begriffs Meistererzählung bzw. *master narrative* in der Geschichtswissenschaft wird u.a. mit Hayden White und die von ihm angestoßene Thematisierung des narrativen Grundcharakters historischer Darstellungen verbunden. Eine weitere Quelle des Konzepts der historischen Meistererzählung waren die sozialanthropologischen Studien von Claude Levi-Strauss. Er hatte im wörtlichen Sinn die *master narratives* den *slave narratives* entgegengesetzt. Im allgemeinen Verständnis von Historikern und Historikerinnen bezeichnet der Begriff seitdem „eine kohärente, mit einer eindeutigen Perspektive ausgestattete und in der Regel auf den Nationalstaat ausgerichtete Geschichtsdarstellung, deren Prägekraft nicht nur innerfachlich schulbildend wirkt, sondern öffentliche Dominanz erlangt." Jarausch, Konrad H.; Sabrow, Martin: „Meistererzählung" – Zur Karriere eines Begriffs. In: Dies. (Hg.): Die historische Meistererzählung. Deutungslinien der deutschen Nationalgeschichte nach 1945. Göttingen 2002, S. 9-32, Zitat S. 16.

2 Argos ist in der griechischen Mythologie ein Hirte mit hundert über seinen ganzen Leib verteilten Augen. Hera hatte ihn zum Wächter über Io, eine in eine Kuh verwandelte Geliebte des Zeus, gemacht. Argos wurde von Hermes getötet, nachdem es diesem gelungen war, ihn mit seinem Flötenspiel einzuschläfern.

12. Gleiche Repräsentation von Männern und Frauen

Die didaktische Leitlinie dieses Kapitels, die gleiche Repräsentation von Männern und Frauen, meint einen selbstverständlichen Umgang mit Männern und Frauen in der Geschichte. Selbstverständlich heißt: Frauen und Männer kommen in jedem Unterrichtsinhalt vor, so wie in unserem gegenwärtigen Leben ja auch immer beide vorkommen und weder Männer noch Frauen aus ihm wegzudenken sind. Als erster Schritt in einem genderbewussten Unterricht reicht es schon aus, wenn beide in Erzählungen, Berichten oder Quellentexten überhaupt erwähnt und gezeigt werden. Noch besser ist es allerdings, wenn Frauen wie Männer über historische Begebenheiten berichten, als Handlungsträger und -trägerinnen in Erscheinung treten und in den Quellen selbst zu Wort kommen.

Zu einem selbstverständlichen Umgang mit Männern und Frauen in der Geschichte gehört auch, Frauen nicht als „besonders" anzusehen und herauszustellen. Frauen sollen nicht deshalb erwähnt werden, weil sie Frauen sind. Denn damit werden sie permanent auf ihr anatomisches Geschlecht verwiesen und nach Kriterien der Geschlechtszugehörigkeit bewertet. Stattdessen sollten eher geschlechtsunabhängige Gemeinsamkeiten von Frauen und Männern deutlich werden können. Je beiläufiger also von Frauen die Rede ist, desto besser. Das bedeutet jedoch auch, ökonomische, gesellschaftliche und kulturelle Leistungen in der Vergangenheit nicht mehr allein Männern zuzuordnen.

12.1 Arbeiten im mittelalterlichen Dorf

Historischer Zusammenhang [1] *und Genderaspekte*
Obwohl die Arbeit der Bauern und Bäuerinnen die Grundlage der mittelalterlichen Gesellschaft bildete, wurde Arbeit, vor allem körperliche Arbeit, gering geschätzt und als Folge des Sündenfalls betrachtet. Seit dem 9. Jahrhundert jedoch verbreitete sich die Lehre von der dreigeteilten Gesellschaft. Danach kam den Arbeitenden die gleiche Bedeutung innerhalb der göttlichen Ordnung zu wie den Betenden und Kämpfenden.

Ungefähr neunzig Prozent der Bevölkerung im christlichen Westeuropa waren Bauern. Deren Lebensverhältnisse unterschieden sich beträchtlich, je nach regionalen, wirtschaftlichen und rechtlichen Voraussetzungen, vor allem auch darin, ob es sich um landlose Bauern oder um besitzende Bauern handelte. Die Geschlechterbeziehungen auf dem Lande waren durch die jahreszeitlich anfallenden Arbeiten bedingt und geregelt. Für Mann und Frau galten verschiedene Zuständigkeitsbereiche, die partiell, wie bei der Ernte, miteinander verbunden waren.

Bei der Verteilung der Aufgaben lag die grobe Einteilung innen – außen zugrunde, ohne dass sie jedoch strikt eingehalten wurde. Auch für Männer gab es zahlreiche Arbeiten in Haus und Hof, und die Frau musste, wann immer es nötig war, auf dem Felde anpacken. Der Beitrag der Eheleute zum gemeinsamen Haushalt war nicht nur gleichrangig, sondern auch gleichartig. Beide waren in ihrer Arbeit und mit ihrer Arbeitskraft vollständig aufeinander angewiesen. Keinem Bauern wäre es eingefallen, sich eine empfindsame, zarte und zurückhaltende Frau zu suchen, wie dies später beim bürgerlichen Ehemodell favorisiert wurde.

Heiratsbeschränkungen, vor allem bei landlosen Bauern, waren zahlreich und vielfältig, auch für diese gab es jedoch regionale Unterschiede. Die Herauslösung aus dem grundherrschaftlichen Wirtschaftssystem mit seinen abhängigen Familien und der großen Anzahl lediger Männer und Frauen gelang jedoch nicht dem einzelnen Bauern, sondern nur dem Ehe- und Arbeitspaar. Unterstützt wurden diese Bestrebungen durch eine erhöhte Mobilität, das Aufkommen der Geldwirtschaft, zunehmende Spezialisierung auf dem Land und Produktion auch für den Markt. An die Stelle der Fronhofsverbände traten nun vermehrt die Familienwirtschaften. Wem es nicht gelang zu heiraten, blieb in Abhängigkeit eines anderen Familienverbandes.

Arbeiten gegen Lohn wurden im Laufe des Mittelalters immer häufiger. Dabei handelte es sich zunächst vorwiegend um Saisonarbeiten infolge der Intensivierung und Spezialisierung in der Landwirtschaft. Auf größeren Höfen fielen zudem Tagelohnarbeiten an. Die wachsende Bedeutung der Geldwirtschaft führte dazu, dass über die haus- und landwirtschaftlichen Tätigkeiten hinaus weitere Einnahmequellen im Kleinhandel gesucht wurden.

Anregungen zur methodischen Gestaltung

Die Thematik „Gesellschaft und Lebensbedingungen im Mittelalter" (oder ähnlich formuliert) wird meist in folgende Themenbereiche untergliedert: Bäuerliche Lebenswelt und Grundherrschaft; Kirchen und Klöster; Adel und Rittertum, Städte.

Folgt man dieser Struktur, entsteht in der Unterrichtspraxis leicht der Eindruck, Adel und Ritter wie auch die Klöster hätten mit Agrargesellschaft und Grundherrschaft nichts zu tun. Zumindest werden Zusammenhänge oder auch nur Querbezüge in den Schulbüchern so gut wie gar nicht hergestellt. Entgegen dieser Segmentierung eines in sich geschlossenen Zusammenhangs schlage ich vor, Themen wie Kriegsdienstverpflichtung der Bauern, Entwicklung des Rittertums, Burgenbau und Lehnswesen in die bäuerliche Lebenswelt zu integrieren, zumindest aber die Zusammenhänge deutlicher herauszustellen und am Leben konkreter Personen, Männern wie Frauen zu verdeutlichen.

Im Mittelpunkt des hier konzipierten Unterrichts stehen daher keine wissenschaftlichen Systematisierungen, sondern die Menschen, die in einem Dorf und von ihrer Arbeit auf dem Lande leben. Themen wie Dorfgenossenschaft, Grundherrschaft, Fortschritte in der Landwirtschaft werden anhand ihres Lebens erläutert.

Da sich die Strukturen der bäuerlichen Gesellschaft bis zum Beginn des 19. Jahrhunderts nur geringfügig ändern, sie im weiteren Unterricht aber noch mehrfach thematisiert werden, empfiehlt es sich, bei den Schülern und Schülerinnen konkrete und nachhaltige Vorstellungen von dieser Gesellschaft zu entwickeln. Vorstellungen auf dem Verständnisniveau der Schüler und Schülerinnen lassen sich jedoch nur dann erreichen, wenn die Gesamtgesellschaft in einem repräsentativen Ausschnitt behandelt und nicht abstrahierend strukturell aufgespalten wird.

Es gibt jedoch nur wenige Quellen, die über das Leben der Bauern berichten. Darüber hinaus ist es schwierig, aus ihnen allgemeine Aussagen abzuleiten, weil jede Quelle immer nur die örtlichen Verhältnisse berücksichtigt. Dieses Manko lässt sich in einen Vorteil verkehren, indem ganz bewusst zusammen mit den Schülern und Schülerinnen ein imaginäres Dorf entworfen wird, wohl wissend, dass es sich um eine Konstruktion handelt. Bereiche, die ansonsten thematisch getrennt sind, können so für die Schüler und Schülerinnen sichtbar miteinander verbunden werden. Auf dieses Dorf können die ausgewählten Texte und Bilder bezogen werden.

Diese Überlegungen bilden den Rahmen für die Darstellung des Lebens in einem Dorf, an dessen Rand sich der Herrenhof befindet, der später zur Burg ausgebaut wird, und in dessen Nähe auch ein Kloster errichtet wurde.

Mögliche Konstruktionsgrundlagen:

◆ Das Buch von Sheila Sancha: „Das Dorf. So lebte man im Mittelalter auf dem Lande." Die Zeichnungen in diesem Buch ermöglichen Einblicke in alle Einzelheiten des dörflichen Lebens. Gezeigt wird die

Arbeit von Männern und Frauen in Haus und Hof, ihre Arbeiten auf dem Feld und auf den Wiesen, wie auch die Arbeit im dörflichen Handwerk. Auch einige Merkmale der Grundherrschaft werden ins Bild gesetzt.

◆ Die Abbildung von „Heudorf bei Meßkirch 1576". Dieses Bild ist in den meisten Schulbüchern zu finden. Hinzuzufügen sind hier lediglich ein Herrenhof, ggf. eine Burg und ein Kloster.

◆ Eine von den Schülern und Schülerinnen angefertigte Skizze einer Dorfanlage mit den einzelnen Höfen, der Allmende, sowie einer Burg und einem Kloster im Hintergrund. Hörigkeitsverhältnisse und grundherrlicher Streubesitz können nach und nach eingezeichnet werden.

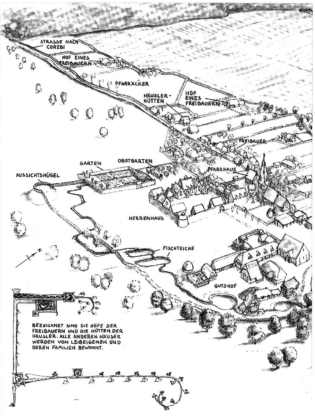

Abb. 17: Sicht auf ein mittelalterliches Dorf

Sofern die Zeit und die Gelegenheit vorhanden sind, wäre die Besichtigung einer dörflichen Museumsanlage, in denen alte bäuerliche Arbeiten gezeigt werden, eine didaktisch zweckdienliche Ergänzung des Unterrichts. Außerdem erweist sich eine direkte Erkundung heutiger bäuerlicher Tätigkeiten als überaus wirkungsvoll. Denn in und neben modernen Bearbeitungsmethoden hat sich altes Brauchtum mit den geschlechterdifferenten Tätigkeiten bis heute erhalten.

Anhand mehrerer Bilder, die im differenzierten Unterricht bearbeitet werden, können die Tätigkeiten aller Frauen und Männer in einem mittelalterlichen Dorf zusammengetragen werden.

Abb. 18: Blick in ein mittelalterliches Haus

Arbeiten der Bäuerinnen und der Mägde	Arbeiten der Bauern und Knechte
Versorgung der Tiere	Versorgung der Tiere
Zubereitung der Mahlzeiten	
Herstellung von Nahrungsmitteln	Herstellung von Nahrungsmitteln (Schlachten)
Säuberung der Räume	Reparaturarbeiten
Feldarbeiten	Feldarbeiten
Kinderversorgung	
Anlernen der Kinder	*Anlernen der Kinder*
Verkauf bzw. Tausch von Waren auf dem Markt	Verkauf bzw. Tausch von Waren auf dem Markt
Herstellung von Kleidung	Holzarbeiten
Herstellung von Garn, Wolle und Stoffen	
Waschen	
Arbeiten im Stall	Arbeiten im Stall
Gartenarbeiten	Zäune setzen

Ein Vergleich mit der folgenden Auflistung „weiblicher und männlicher Tätigkeiten im Bauernhaus als Grundlage spezialisierter Handwerkszweige" zeigt sowohl die Ergiebigkeit der bearbeiteten Bilder als auch die gründliche Beschäftigung der Schüler und Schülerinnen mit dieser Thematik.

Häusliche Arbeit von Frauen	*Männerhandwerk*
Weben	Weber
Färben	Färber
Walken	Walkmüller
Stampfen	Stampfmüller
Mahlen von Getreide mit der Handmühle	Müller
Brennen irdener Ware	Hafner
Kleidung nähen	Schneider
Bearbeitung des Hausgartens	Gärtner
Verkauf von Eiern, Geflügel und Milchprodukten	Kleinhändler
Sammlung von Heilkräutern	Apotheker
Wundbehandlung	Bader
Brotbacken	Bäcker
Bierbrauen	Brauer
Gästebeherbergung	Gastwirt

Häusliche Arbeit von Männern	*Männerhandwerk*
Hausbau	Maurer
	Zimmermann
	Dachdecker
Herstellung von hölzernen Geräten	Binder
	Drechsler
Herstellung von Holzschuhen	Holzschuhmacher
Schmiedearbeiten	Schmied
Herstellung von Seilen	Seiler
Zubereitung von Häuten	Gerber
Herstellung von Lederwaren	Riemer, Sattler
Tötung von Haustieren	Fleischhauer
Brunnen graben	Brunnengräber

Aus: Mitterauer: Geschlechtsspezifische Arbeitsteilung in vorindustrieller Zeit. 1981, S. 83. Zitiert in: Ketsch, Peter: Frauen im Mittelalter, hg. von Annette Kuhn. Band 1. Quellen und Materialien. Düsseldorf 1983, S. 118.

Bei der Beschäftigung mit den Funktionen und dem Arbeitsumfeld der dörflichen Bevölkerung wird deutlich: Ob Männer, ob Frauen – alle haben ihren Ort, ihre klar umrissenen Aufgaben, feste Tagesabläufe. Die Kinder wachsen von klein auf in die als weiblich und männlich verstandenen Tätigkeiten hinein und üben sie bereits als Kinder aus. Die

Abb. 19: Auf dem Hof eines mittelalterlichen Gehöfts

Mädchen werden z.B. zum Hüten des Geflügels („Gänseliesel") und die Jungen zum Hüten der Schweine (Schweinehirt) eingesetzt.

Grundsätzlich sind die Arbeitsbereiche von Männern und Frauen getrennt, es gibt aber auch zahlreiche Arbeiten, z.B. bei der Ernte, die gemeinsam verrichtet werden.

Methodenlernen:
Während die bäuerlichen Tätigkeiten ohne jede vorherige Erwähnung von Geschlechterdifferenzen anhand der verschiedenen Bilder zusammengetragen wurden, können nun rückblickend von den Ergebnissen aus einige Fragen formuliert werden, die sich auch im weiteren Unterricht, d.h. in späteren historischen Epochen zur Erschließung der jeweiligen Geschlechterverhältnisse eignen.

Abb. 20: Bei der Feldarbeit

Wenn also überlegt wird, was die Schüler und Schülerinnen getan haben, um zu den erzielten Ergebnissen zu kommen, dann könnte eine vorläufige oder erste Zusammenstellung von genderbezogenen Untersuchungsaspekten etwa folgendermaßen lauten:

Wir haben aus den Bildern herausgesucht,

- welche Arbeiten die Bauern und die Bäuerinnen verrichtet haben;
- welche Arbeiten nur von Frauen ausgeführt wurden, welche nur von Männern;
- wann Männer und Frauen gemeinsam gearbeitet haben;
- in welcher Weise Männer und Frauen mit ihrer Arbeit aufeinander angewiesen waren;
- wie Kinder in ihre späteren Arbeitsbereiche eingeführt wurden;
- welche Berufe es damals auf dem Dorf schon gab.

Diese Zusammenstellung kann – ähnlich formuliert – im folgenden Unterricht nunmehr in Form von Leitfragen direkt angewendet und um weitere Fragestellungen ergänzt werden. (Kap.12.2: Arbeiten in der mittelalterlichen Stadt; Kap. 13.2: Eine Arbeiterfamilie – erforscht von einem Bürger;)

Die Integration in den Unterricht
Den empfohlenen unterrichtsmethodischen Anregungen entsprechend erfolgt zuerst die Beschäftigung mit
◆ der Anlage eines idealtypischen Dorfes und
◆ den Männern und Frauen, die in einem Dorf leben.
Weitere Themen sind:
◆ Kriegsdienstverpflichtung;
◆ Herausbildung der Grundherrschaft;
◆ Herrenhöfe, Burgen und Klöster als Zentren der Grundherrschaft;
◆ Rittertum;
◆ Klöster;
◆ Städte („Stadtluft macht frei")
Bezugspunkt bei allen Inhalten bleibt dieses Dorf und die Menschen, die jeweils in ihm leben. Sofern die Quellenlage es ermöglicht oder erfordert, werden selbstverständlich Bezüge zu anderen Dörfern, anderen Gegenden und anderen Herrschaftsverhältnissen hergestellt.

12.2 Arbeiten in der mittelalterlichen Stadt

Historischer Hintergrund[2]
Mit dem Anwachsen der europäischen Bevölkerung, der Entwicklung der Städte und nicht zuletzt infolge zahlreicher technischer Neuerungen ging auch die allmähliche Arbeitsteilung zwischen Stadt und Land einher. Diese Entwicklung führte zu einer verstärkten Spezialisierung und Intensivierung der Arbeit, die ihrerseits eine neue Arbeitsteilung zwischen Männern und Frauen mit neuen Formen der Arbeitsorganisation zur Folge hatte. Auch in der Stadt bildete sich die Familienwirtschaft heraus mit dem Ehepaar als Arbeitspaar und daran gebunden verschiedene Formen der Lohnarbeit (Saisonarbeiter/innen, Tagelöhner/innen, Gesinde).
Die ländlichen Zuständigkeitsbereiche für Männer und Frauen wurden auch in die Arbeitsorganisation der Städte übernommen, aber den veränderten Bedingungen angepasst. Obwohl die Frauen vorrangig für Haus, Hof, Garten, Kinder, Gesinde, Kleinvieh zuständig waren, wurde die geschlechtsspezifische Arbeitsteilung keineswegs streng durch-

gehalten. Alle arbeiteten da, wo es nötig war. Die Maximierung des Familieneinkommens, das zum Leben gerade so reichte, war das Ziel aller Bemühungen in den Familienwirtschaften.

Die Spezialisierung hatte dazu geführt, dass zumindest in den Städten nicht mehr alles selbst für den eigenen Hausstand hergestellt werden musste, denn in den Städten waren die so genannten Versorgungshandwerke (Nahrung und Bekleidung) besonders zahlreich vertreten.

Das Handwerk produzierte für den innerstädtischen Bedarf. Die Vorstellung, die Handwerkerfrau habe alles für den eigenen Bedarf selbst hergestellt, ist unzutreffend. Auch alle andern im Haus anfallenden Arbeiten konnten zumindest teilweise als Lohnarbeit weitergegeben werden, wenn sich für die Ehefrauen dadurch bessere Verdienstmöglichkeiten ergaben. Sie arbeiteten in der Werkstatt, wie schriftliche und bildliche Quellen belegen, sie arbeiteten im Verkauf, übernahmen auch Arbeiten für andere Betriebe, fertigten also in „Lohnwerk", waren im Kleinhandel tätig oder gingen Geschäften „auf eigene Rechnung" und in eigener Verantwortung nach.

Betrachtet man die ökonomische Entwicklung, so zeichneten sich seit dem 11. Jahrhundert in der Stadt wie auf dem Land hinsichtlich des Arbeitens drei Tendenzen ab:[3]

1. Familialisierung von Arbeiten und Leben,
2. Professionalisierung von Arbeit,
3. Kommerzialisierung und Spezialisierung agrarischer und gewerblicher Warenherstellung.

Die heute als selbstverständlich betrachtete Aufteilung in private und öffentliche Sphäre gab es nicht, also auch nicht den Ausschluss der Frauen aus der höher bewerteten Öffentlichkeit und ihre Beschränkung auf die niedriger bewertete private Sphäre. Auch eine Trennung der Arbeitsleistungen in Produktion und Reproduktion waren dem damaligen Denken fremd. Die Arbeit von Männern und Frauen war jedoch zwischen ihnen nicht gleichwertig aufgeteilt, sondern hierarchisch strukturiert. Die Hauptprozesse waren – nach den Regeln der Zünfte – Männern vorbehalten (z.B. Zuschneiden der Stoffe des Leders bei Schneidern und Schuhmachern).

Fast alle Haushalte waren darauf angewiesen, dass die Frauen etwas einbrachten. Die Versorgung der Kinder nahm dagegen eine nachrangige Stelle ein. Säuglinge und Kleinkinder wurden im Allgemeinen auch von älteren Geschwistern, Verwandten oder Dienstmägden versorgt und beaufsichtigt. Sobald Kinder das Kleinkindstadium verlassen hatten, wurden sie ohnehin für diverse Arbeiten herangezogen. Ihre Bildung erfolgte im familiären Rahmen, sie beschränkte sich auf Lese-,

Schreib- und Rechenfertigkeiten. Öffentliche Schulen, in denen Mädchen unterrichtet wurden und in denen auch Frauen unterrichten konnten, finden sich im deutschsprachigen Raum ab dem späten 13. Jahrhundert.

Arbeit im Bewusstsein der Schüler und Schülerinnen – einige Anregungen für den Unterricht

Wie sehr das bäuerliche Dasein von unentwegter harter Arbeit geprägt war, ist im Bewusstsein der Schüler und Schülerinnen fest verankert. Völlig andere Vorstellungen hingegen haben viele von ihnen über das Leben in der Stadt. Hier projizieren sie leicht gegenwärtige, sie vertraut anmutende Verhältnisse ins Mittelalter. Insbesondere gilt dies für die Aufteilung der Arbeit zwischen Männern und Frauen, wonach Männer arbeiten und Frauen zu Hause ein Hausfrauendasein führen. Solche Vorstellungen werden durch viele Unterrichtsmaterialien bestärkt, die von der Arbeit der Männer in der mittelalterlichen Stadt, vor allem im Zunftwesen, berichten. Zwar werden auf einigen Bildern auch Frauen gezeigt, der Eindruck wird aber sofort wieder relativiert, indem in den Texten meist wieder nur die männliche Sprachform verwendet wird. Um solche Einäugigkeiten auszugleichen, empfiehlt es sich, für den Unterricht zusätzliche Bilder und Texte auszuwählen, in denen Frauen gezeigt werden oder von ihnen die Rede ist. Auf diese Weise können auch ausschließlich frauengeschichtlich orientierte Quellensammlungen verwendet und für die Geschlechtergeschichte nutzbar gemacht werden.[4] Diese Texte und Bilder werden den vorhandenen hinzugefügt und können von den Schülern und Schülerinnen je nach zentraler Fragestellung, nach Schülerinteressen oder anderen Gesichtspunkten ausgewählt und bearbeitet werden.

Irgendwann im Laufe des Unterrichts also sollte der Begriff Arbeit geklärt werden, entweder direkt oder anhand von Situationen, die Anlass geben, über die Vorstellungen, die sich mit dem Begriff Arbeit verbinden, bewusst nachzudenken.

Ein Beispiel aus dem eigenen Unterricht:
Als wir einmal im Unterricht Fragen zum Leben in der Stadt sammelten, die an eine imaginierte mittelalterliche Stadtbevölkerung gerichtet waren, hatten meine Schüler und Schülerinnen u.a. gefragt: „Mussten Männer und Frauen arbeiten?" und „Mussten Frauen *auch* arbeiten?" Ich habe ihnen daraufhin eine erfundene Anfrage der ebenfalls erfundenen mittelalterlichen Stadtbevölkerung vorgelesen:

Liebe Jungen und Mädchen aus dem 21. Jahrhundert, ...wir haben uns sehr aufmerksam mit Euren Fragen zu unserem mittelalterlichen Leben befasst. Mit einigen Eurer Fragen wissen wir aber nichts Rechtes anzufangen. Was meint ihr beispielsweise mit der Frage: Mussten Männer und Frauen arbeiten? Diese Frage verstehen wir nicht. Müssen in Eurer Zeit Männer und Frauen nicht mehr arbeiten? Was habt Ihr für Vorstellungen von der Arbeit der bei uns im Mittelalter lebenden Frauen und Männer? Wir sehen Eurer Antwort oder Euren weiteren Fragen mit Interesse entgegen...

Derartige methodische Elemente entlasten durch ihren Spiel- und Spaßcharakter den Unterricht, fördern aber auch die Arbeitsbereitschaft und Intensität der Auseinandersetzung. Auf diese „Anfrage" hin wurden – nun in ernsthafter Weise – die verschiedenen Vorstellungen von Arbeit zusammengetragen:

Unter Arbeit wurde vor allem die außerhäusliche Erwerbsarbeit verstanden, wie: „Meine Eltern gehen beide arbeiten." Oder: „Mein Vater ist arbeitslos." Das heißt: Arbeit findet außerhalb des häuslichen Bereiches statt und ist bezahlte Erwerbsarbeit. Dazu gehört die gegenteilige Vorstellung: „Manche Frauen sind zu Hause und arbeiten nicht". Das heißt, in den Köpfen der Jugendlichen (u.a.) steckt die Vorstellung, Hausarbeit sei keine Arbeit, weil sie nicht bezahlt wird. Hausarbeit gehört zwar zu den Tätigkeiten, die mit Aufwand oder Mühe verrichtet werden, so wie Schularbeiten, Bastelarbeiten etc., aber eben keine „richtige" Arbeit sind.

Eine weitere Version lautet: „Frauen gehen arbeiten und haben zu Hause noch die Hausarbeit". Das heißt: Arbeit wird hier sowohl als bezahlte Erwerbsarbeit als auch als nicht bezahlte häusliche Arbeit verstanden.

Genderaspekte und Methodenlernen:

Auf der Subjektebene sind - wie eben beschrieben - die gegenwärtigen mit dem Begriff Arbeit verbundenen Vorstellungen zu berücksichtigen. Die Fragen, die aus diesen Vorstellungen resultieren, dienen dann auch im Unterricht als Leitfragen. Aber auch auf historischer Ebene können die Schüler und Schülerinnen das Ihre einbringen, nämlich die Fragen, die im Anschluss an die Ermittlung bäuerlicher Arbeiten im Dorf zusammengetragen wurden. Diese Fragen sind nun, vielleicht noch um weitere Aspekte ergänzt, direkt als Untersuchungfragen für die Arbeiten in einer mittelalterlichen Stadt zweckdienlich, sofern sie in der Formulierung leicht abgeändert werden (Bauern und Bäuerinnen wird z. B: durch Männer und Frauen ersetzt):

- Welche Arbeiten haben Männer und Frauen verrichtet?
- Welche Arbeiten wurden nur von Frauen ausgeführt, welche nur von Männern?
- Wann haben Männer und Frauen gemeinsam gearbeitet?
- Waren Männer und Frauen mit ihrer Arbeit aufeinander angewiesen?
- Wie wurden Kinder in ihre späteren Arbeitsbereiche eingeführt?
- Welche Berufe gab es damals in der Stadt?

Auf der Sachebene sind die jeweiligen gesellschaftlichen Arbeitsverhältnisse aus der Genderperspektive zu untersuchen. Dabei können nicht alle Aspekte auf einmal untersucht werden. Wenn wir aber die oben erwähnten ökonomischen Tendenzen, wie Familialisierung von Arbeit und Leben etc. zugrunde legen, dann können im Geschichtsunterricht noch einige weitere Teilbereiche näher betrachtet werden:

- Wer gehört zur Familie?
- Wie wird die anfallende Arbeit zwischen den Familienangehörigen verteilt?
- Gibt es geschlechtsspezifisch festgelegte Arbeiten?
- Werden bäuerliche Traditionen fortgesetzt oder verändert?
- Gibt es Vorschriften für die Ausübung von Berufen oder anderen Tätigkeiten?
- Wie sind die Ausbildungsbedingungen?
- Ist die Ausbildung geschlechtsspezifisch geregelt?
- Welche geschlechtsspezifischen Vorschriften hinsichtlich der Warenherstellung und des Warenvertriebs sind bekannt oder waren die Regel?
- Welche Folgen hatte die jeweilige Arbeitsteilung für Frauen, welche für Männer?

Texte für die differenzierte Bearbeitung:

Frauen im Dienst der Stadt

1. Bericht eines Augsburger Ratsherrn über die Ehefrau des Zöllners Clemens Jäger an den Rat der Stadt, nach 1550:

Wir haben uns auf dem Land erkundigt und erfahren, dass des Jägers Ehefrau ein gutes Lob habe und sie richte (als Zöllnerin) mit ihren guten Worten mehr aus, während man zuvor viel Zank und Uneinigkeit gehabt habe. So hält sie sich auch gegen den Zöllner des Bischofs unnachgiebig, wenn der eine Neuerung einführen will, und will solches nicht gestatten.

(Am 29.11.1561 übertrug der Rat der Sara Jäger nach dem Tod ihres Mannes die weitere Verwaltung des Zolls, die sie noch rund weitere 20 Jahre wahrnahm.)

Zit. in: Ketsch, Peter: Frauen im Mittelalter, hg. von Annette Kuhn. Bd 1: Frauenarbeit im Mittelalter. Quellen u. Materialien. Düsseldorf 1983, S. 256.

2. Eintragung in das Lübecker Niederstadtbuch über die Anstellung einer Witwe bei der städtischen Waage v. 6.1.1453:

Die Herren, der Rat zu Lübeck, haben auf Bitten der rechtschaffenen Männer, der Brüder Ludeke, Hans und Hermen Bere, sowie von Bertold Warmbok die ehrbare Frau Methe, nachgelassene Witwe des seligen Hermen Wulues, mit ihrer Stadtwaage und allem Zubehör belehnt. Sie darf sich, beginnend vom nächsten St.-Peters-Tag, über ein Jahr ihrer bedienen.

Zit. in: Ketsch, Peter: Frauen im Mittelalter, hg. von Annette Kuhn. Bd 1: Frauenarbeit im Mittelalter. Quellen u. Materialien. Düsseldorf 1983, S. 255.

Während die beiden eben erwähnten Quellentexte Ausnahmeregelungen wiedergeben, erwähnen die folgenden Texte, in welchem Handwerk und unter welchen Bedingungen Frauen auch in den Zünften arbeiten konnten.

Männer und Frauen in den mittelalterlichen Handwerkszünften

Ordnung der Gewandschneider zu Frankfurt/Main vom 9.3.1377:

§ 16. Weiterhin soll auch keine Frau Gewand messen, außer ihr Mann steht neben ihr. Wer das übertritt, der verfällt einer Buße von 5 Schilling Heller.

Zit. in: Ketsch, Peter: Frauen im Mittelalter, hg. von Annette Kuhn. Bd 1: Frauenarbeit im Mittelalter. Quellen u. Materialien. Düsseldorf 1983, S. 242.

Eidformel der Nürnberger Köche und Köchinnen vom 25.2.1531

Es sollen die Köche und Köchinnen schwören bei Gott, dass sie alle Speisen, die sie zubereiten oder verkaufen, aus reinem Fleisch, reinen Fischen und anderen reinen Sachen bereitet haben. (...) Kein Koch und keine Köchin sollen sich unterstehen, eine öffentliche Küche aufzumachen, ohne diese beim Pfänder angemeldet zu haben.

Zit. in: Ketsch, Peter: Frauen im Mittelalter, hg. von Annette Kuhn. Bd 1: Frauenarbeit im Mittelalter. Quellen u. Materialien. Düsseldorf 1983, S. 252.

Pfänder: *der zuständige städtische Beamte*

Abb. 21:
Der Zinner

Abb. 22:
Aalen-Schmied
und Lanzeten-
macher

Abb. 23:
Der Stein-
schneider
(Edelstein-
schneider bzw.
-schleifer)

Die Abb. 21 bis 24 sind entnommen aus einer Regensburger Schrift von
1698; in: Wolf-Graaf, Anke: Die Verborgene Geschichte der Frauenarbeit.
München 1994, S. 44 f.

Abb. 24:
Der
Schriftgießer

Aus den Kölner Zunfturkunden – Dritter Amtsbrief der Kölner Seidmacherinnen von 20.6.1469:

§ 1. Zum ersten soll sich keine Frau von diesem Amt in unserer Stadt als Meisterin oder selbständige Seidmacherin niederlassen oder davon ernähren, wenn sie nicht zuvor drei Jahre lang in demselben Amt gelernt und gedient hat. Diese Lehrzeit soll sie bei den Meisterinnen des Amts lernen und dienen, die es jetzt sind oder später sein werden, in solcher Weise, dass, wenn sie sich mit einer Meisterin nicht vertragen kann, so kann sie ihre Zeit bei einer anderen weiterlernen, wie es zuvor steht, alles mit Wissen des Amts.

§ 3. Und eine jegliche Meisterin darf vier Töchter halten, wenn sie will, und nicht mehr in ihrem Hause mit einem Male; ausgenommen die eigenen Kinder einer jeglichen Meisterin.

Zit. in: Ketsch, Peter: Frauen im Mittelalter, hg. von Annette Kuhn. Bd 1: Frauenarbeit im Mittelalter. Quellen u. Materialien. Düsseldorf 1983, S. 191.

Den folgenden Texten, vor allem der Sprachform „Jungen und Mädchen", ist zu entnehmen, dass sowohl Jungen als auch Mädchen ein Handwerk erlernen konnten. Handelte es sich hingegen bei Mädchen um eine Art Ausnahmeregelung, wäre dies sprachlich in einer anderen Weise dargestellt worden. Im Unterschied zu heute üblichen Gepflogenheiten (ausgenommen ist hiervon inzwischen der politisch-öffentliche Bereich) werden Mädchen und Frauen in mittelalterlichen Quellen nicht „mitgemeint", d.h. unter die männliche Sprachform subsumiert, sondern jeweils ausdrücklich benannt.

Jungen und Mädchen können ein Handwerk erlernen

Bestimmung des Augsburger Stadtbuchs v. 1276 über die Lehre von Jungen und Mädchen:

§ 129, 4. Wer sein Kind ein Handwerk lernen lässt, es sei Sohn oder Tochter, kommt es dann zur Klage über den verheißenen Lohn (d.h. die zugesagte Lehrgebühr), so soll der Burggraf darüber richten, wie die Schuld beschaffen ist.

Zit. in: Ketsch, Peter: Frauen im Mittelalter, hg. von Annette Kuhn. Bd 1: Frauenarbeit im Mittelalter. Quellen u. Materialien. Düsseldorf 1983, S. 133.

Bestimmung des Nürnberger reformierten Stadtrechts von 1564 über die Lehre von Jungen und Mädchen:

§ 17, 11. Wenn jemand einen Knaben oder ein Mädchen zur Erlernung eines Handwerks oder einer Kunst verdingt, und der Vertrag rechtmäßig ist und nicht der Ordnung desselben Handwerks oder Kunst widerspricht, so soll derselbe Junge, Knabe oder Mädchen dem Meister getreulich dienen, und was dasselbe Handwerk und dessen Ordnung betrifft, dieser gehorsam folgen.

Zit. in: Ketsch, Peter: Frauen im Mittelalter, hg. von Annette Kuhn. Bd 1: Frauenarbeit im Mittelalter. Quellen u. Materialien. Düsseldorf 1983, S. 133.

Entgegen der auch bei den Schülern und Schülerinnen vorherrschenden Meinung, die Frauen hätten sich nur im unmittelbaren Umfeld des Hauses bewegt, zeigen die weiteren Quellentexte, dass sie nicht nur auf dem städtischen Markt tätig waren, sondern auch Geschäftsreisen in entferntere Gegenden unternommen haben.

Frauen im Handel

Ordnung der Lübecker Höker vom 30.10.1507:
(...) Weiterhin die beiden Frauen auf dem Markt, die an den Tischen der Fischweiber mit dem (vom Salz) ausgewässerten Hering sitzen, sollen guten Hering auswässern und verkaufen, der mit einem doppelten Kreis (auf der

Abb. 25: Frau beim Verkauf. Holzschnitt v. 1531; aus: Wolf-Graaf, Anke: Die verborgene Geschichte der Frauenarbeit. München 1994, S. 60 f.

Abb. 26: Verkauf gebrauchter Kleidung durch Frauen, Kupferstich von 1689, aus: Wolf-Graaf, Anke: Die verborgene Geschichte der Frauenarbeit. München 1994, S. 60 f.

Heringstonne) gekennzeichnet ist, und keinen anderen, bei Strafe an die Ratsherren.

Weiterhin, welcher Mann auf dem Salzmarkt belehnt ist, der soll seine Ware selbst verkaufen und nicht die Frau. (...) Wenn der Mann aber krank ist, so darf seine Frau die Ware verkaufen. Weiterhin, wenn ein Mann verstirbt, so soll die Frau zu den Älterleuten gehen, die sollen ihr zugestehen, ihre Ware, die der Mann eingekauft hat, zu verkaufen. (...)

Zit. in: Ketsch, Peter: Frauen im Mittelalter, hg. von Annette Kuhn. Bd 1: Frauenarbeit im Mittelalter. Quellen u. Materialien. Düsseldorf 1983, S. 249.

Eintragung in das Briefbuch der Stadt Köln vom 29.4.1445:

Köln beurkundet, dass Hilgijn, die Ehefrau des Buntwörters Johann van Hamersteyn, Kölner Bürgerin ist und eidlich gelobt hat, bei ihren Geschäftsreisen zu Einkauf und Verkauf in den niederen Landen nur ihr und des Mannes Propergut führen zu wollen.

Zit. in: Ketsch, Peter: Frauen im Mittelalter, hg. von Annette Kuhn. Bd 1: Frauenarbeit im Mittelalter. Quellen u. Materialien. Düsseldorf 1983, S. 238.

Buntwörter: Kürschner
Propergut: eigenes Gut
Properhandel: Handel auf eigene Rechnung und Gefahr

12.3 Pater Spee und die Verfolgung von „Hexen"

Geschichtsdidaktische Überlegungen für die Unterrichtspraxis und Gender-
aspekte
Die Hexenverfolgungen gehören zu den Themen, die fast zwangsläufig
die Dichotomie Opfer –Täter evozieren. Dichotomisierungen führen
jedoch bekanntlich in eine Sackgasse. Daran ändert sich auch nichts,
wenn, wie dies in der Geschichtsdidaktik manchmal vorgeschlagen
wird, einmal die Geschehnisse aus der Sicht des Opfers, also der Hexen,
ein anderes Mal aber auch aus der Sicht der Täter, vor allem der Verfasser
des so genannten Hexenhammers, betrachtet werden.[5]

Eine didaktische Alternative liegt darin, Aussagen von Personen zu
finden, die nicht in dem Machtgefüge aufgehen und sich außerhalb der
Täter-Opfer-Perspektive befinden.[6] In unterrichtspraktischer Hinsicht
können sie Schülern und Schülerinnen verschiedene Orientierungs-
möglichkeiten anbieten, zum einen hinsichtlich der Auseinandersetzung mit dem Thema, zum anderen auch für die eigene persönliche
Entwicklung (Kap. 8.3). Eine solche Orientierungsmöglichkeit lässt
sich in der Person des Jesuitenpaters Friedrich Spee von Langenfeld
finden, der damals zeitweise als so genannter Hexenbeichtiger eingesetzt
war, das heißt, er hatte den als Hexen zum Tode verurteilten Frauen und
Männern die Beichte abzunehmen und ihnen die Absolution zu erteilen. Nicht erst seit dieser Tätigkeit, sondern schon vorher waren bei ihm
Zweifel an den Verfolgungen aufgetaucht. In seinem Buch „Cautio
Criminalis" (um 1630) meldete er öffentlich rechtliche Bedenken gegen
die Hexenprozesse an.

Indem sie Pater Spees Bedenken und Einwände gegen die Unsinnigkeit und den Wahnsinn der Verhaftungen, Folterungen und Brände
kennen lernen, erfahren die Schüler und Schülerinnen viele Einzelheiten der systematischen Verfolgung von Frauen und auch Männern und
deren angebliche Verfehlungen. Mit Pater Spee können sie die Geschehn-
nisse aus der Distanz und dennoch empathisch betrachten. Die Schüler
und Schülerinnen lernen einen historischen Mann kennen, der sich für
Vernunft und Gerechtigkeit einsetzt, dem Wahn auf seine Weise und
mit seinen Möglichkeiten widersteht, sich herrschenden Strömungen
widersetzt, seinen Wahrnehmungen und seinen mitmenschlichen Gefühlen folgt und nicht geltenden Parolen und Gewalttendenzen. Jungen
in dieser Altersstufe bietet Pater Friedrich Spee insofern eine weitere
Orientierung, als er ein Mann ist, der sich für Frauen einsetzt, ohne sich
ihnen ausgeliefert zu fühlen, ohne Abhängigkeit von ihnen zu befürch-
ten. Den Mädchen leistet Pater Spee eine Art Beistand, da Jungen

schnell die Phantasie entwickeln, „die Weiber gehören sowieso alle auf den Scheiterhaufen". Solche Bemerkungen zeigen eine Parallele zwischen geschichtlichem Ereignis und lebensgeschichtlichen Entwicklungsstadien.[7] Frauen, bzw. Phänomene, die eher Frauen als Männern zugeordnet wurden, galten damals historisch als bedrohlich, und bedrohlich wirken sie mitunter auch auf Schüler einer 8. Klasse, wenn auch in ganz anderen Zusammenhängen. Deshalb ist es wichtig, dass es ein Mann ist, der gegen Hexenwahn opponiert und diese Phantasien durchbricht und erdet. Zudem finden sich in seinen Überlegungen

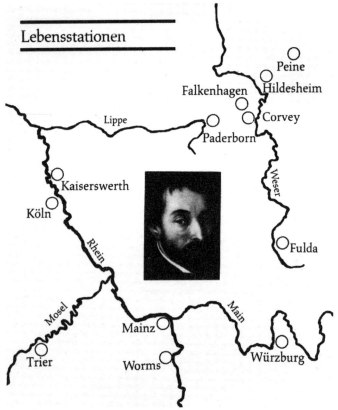

Lebensstationen

Peine

Falkenhagen · Hildesheim

Lippe · Corvey

Paderborn

Weser

Kaiserswerth

Köln

Fulda

Rhein

Mosel

Main

Mainz

Trier · Worms · Würzburg

Abb. 27: Lebensstationen Friedrich von Spees. Aus: Miesen, Karl-Jürgen: Friedrich Spee. Pater, Dichter, Hexenanwalt. Wiesbaden 1998, neben dem Titelblatt

keine moralisierenden Appelle, die von Jugendlichen, insbesondere von Jungen, schnell abgelehnt werden. Seine Überlegungen basieren vielmehr auf Prinzipien der Logik wie auch einer geschärften, dennoch empathischen Wahrnehmung menschlicher Verhaltensweisen.

Pater Friedrich von Spe: Texte zur differenzierten Bearbeitung des Hexenwahns, um 1630

Über die Quellen des Hexenwahns:

Dieser Glaube an eine Unmenge von Hexen in unserem Lande wird aus wichtigen Quellen genährt.

Deren erste heißt Unwissenheit und Aberglauben des Volkes. Alle Naturforscher lehren, dass auch solche Erscheinungen auf ganz natürlichen Ursachen beruhen, die bisweilen ein wenig vom gewöhnlichen Lauf der Natur abweichen, und die man als außerordentlich bezeichnet, wie beispielsweise ein übermäßiger Platzregen, besonders starker Hagel oder Frost, ein übergewaltiger Donnerschlag und Ähnliches.

Es lehren auch die Mediziner, dass das Vieh nicht minder als die Menschen seine Krankheiten hat; dass bei Mensch und Tier häufig mancherlei neue Leiden auftreten, die von den Ärzten noch nicht genügend erforscht sind; dass die Natur viel Wunderbares birgt, das dann zum Erstaunen derer ans Tageslicht kommt, die nichts ahnen von ihrem Reichtum; und dass auch die größten Gelehrten der vergangenen Jahrhunderte nicht den ganzen Umfang ihrer Kräfte haben ermessen können. Aber lass einmal irgend so etwas in Deutschland, besonders unter der Landbevölkerung, sich zeigen; bewölkt sich der Himmel, und stürmt es einmal heftiger als gewöhnlich; kennt einmal der Arzt nicht eine neue Krankheit, oder weicht ein altes Leiden nicht gleich unter seiner Behandlung; kurz, lasst irgend ein Unglück sich ereignen, das ungewöhnlich erscheint, und schon überlässt man sich Gott weiß welchem Leichtsinn, Aberglauben und Unsinn, denkt nur an Hexenwerk und schiebt die Schuld auf die Zauberer. (...)

Die zweite Quelle des Glaubens an die unzähligen Hexen heißt Neid und Missgunst des Volkes. In jedem anderen Land wird man zugeben, dass es immer wieder Leute gibt, die der Herrgott ein wenig reichlicher mit irdischen Gütern gesegnet hat, die ihre Waren rascher absetzen, mit mehr Glück einkaufen, kurz, eher zu Einfluss und Reichtum kommen als andere. Geschieht dies aber einmal im deutschen Volk, so stecken gleich ein paar Nachbarn, denen das Glück weniger hold ist, die Köpfe zusammen und setzen, von Hexerei raunend, haltlose Verdächtigungen in die Welt.

Spee, Friedrich v.: Cautio Criminalis oder Rechtliches Bedenken wegen der Hexenprozesse. München 3. Auflage 1985, S. 3-5.

Über die Art und Weise der Verhöre:

Der Inquisitor lässt die Gefangene zu sich rufen. Er sagt, es sei ihr ja nicht unbekannt, weshalb sie gefangen sei, die und die Indizien seien gegen sie vorgebracht, sie solle sich also dazu äußern und sich rechtfertigen. Antwortet sie und widerlegt sie auch – wie ich es selbst oft erlebt habe – ganz genau die einzelnen Verdachtsmomente, so dass nicht das Geringste dagegen zu sagen ist und die Haltlosigkeit der ganzen Anklage mit Händen zu greifen ist, so wird ihr gleichwohl doch nur gesagt, sie solle in ihr Gefängnis zurück gehen und es sich besser überlegen, ob sie bei ihrem Leugnen bleiben wolle, man werde sie nach ein paar Stunden wieder rufen

Wenn sie dann wieder hervorgerufen ist, bekommt sie lediglich zu hören: Wir haben dich heute hier vernommen und du hast geleugnet. Wir haben dir Zeit gelassen, dich eines Besseren zu besinnen und von deiner Halsstarrigkeit abzustehen. Was hast du nun also zu sagen? Willst du weiter hartnäckig bleiben und leugnen? Wenn du weiter leugnest, hier ist das Protokoll: Das decretum torturale (wie sie es nennen) ist bereits abgefasst. Wenn die Gefangene daraufhin noch bestreitet, dann wird sie zur Folterung abgeführt. Von dem, was sie zur Widerlegung der Indizien vorgebracht hat, ist überhaupt keine Rede, gerade als ob alles schon durch bloßes Schweigen abgetan wäre, und es würde ganz dasselbe sein, ob sich die arme Frau nun verteidigte oder ob sie es bleiben ließe.

Wozu hat man sie denn überhaupt verhört? Warum sie aufgefordert sich zu rechtfertigen, wenn nichts sie je zu rechtfertigen vermag? Hat denn jemals eine dort gestanden, die nicht zur Folter geschleift worden wäre, mochte sie sich auch gerechtfertigt haben, soviel sie wollte ?

Spee, Friedrich v.: Cautio Criminalis oder Rechtliches Bedenken wegen der Hexenprozesse. München 3. Aufl. 1985, S. 69.

Was geschieht mit denen, die sich für Angeklagte einsetzen?

Advokaten, die in Hexenprozessen nicht tätig sein wollen und andere davon abschrecken, sind Dummköpfe. Doch nein, ich muss mich berichtigen: Sie tun wohl daran. Wehe dem, der sich in diesen Prozessen für einen Beschuldigten einsetzen will; er zieht sich selbst einen Prozess zu, als ob er womöglich selbst nicht ganz unerfahren in der Zauberkunst wäre. (...).

Wehe, so es ist heute um die Freiheit bestellt! Wenn einer nur wagt, einem Angeklagten beizustehen, dann macht er sich schon selbst verdächtig. Ja, ich sage noch mehr, verdächtig oder wenigstens verhasst macht sich auch, wer es hier nur wagt, in aller Freundschaft die Richter zu warnen. Deshalb will ich auch dieses schon längst von mir verfasste Warnungsbuch nicht im Druck veröffentlichen, sondern teile es unter Geheimhaltung meines Namens als Manuskript nur einigen wenigen Freunden mit.

Spee, Friedrich v.: Cautio Criminalis oder Rechtliches Bedenken wegen der Hexenprozesse. München 3. Aufl. 1985, S. 67.

Was wird aus dem Vermögen der Verurteilten?
Ich würde auch den Fürsten nicht raten, das Vermögen der Verurteilten einzuziehen. Auch hier gibt es ungeahnte Gefahren und Stoff für Gerüchte, denn schon jetzt heißt es überall im Volke, das schnellste und bequemste Mittel reich zu werden, seien die Hexenverbrennungen; es sei recht einträglich, wenn man den Verdacht vom Dorf in die Stadt auf reichere Familien lenken könne; manche Inquisitoren hätten schon begonnen, sich Häuser zu bauen und ihren Wohlstand zu vermehren, man könne auf diese Weise auch Äcker, Landgüter und noch manches andere sich anzueignen suchen. Ich weiß wohl, dass solche Dinge manchmal mehr aus Leichtfertigkeit denn mit wirklichem Grund ausgestreut werden, und doch ist es besser, jeden Anlass für derartige Redensarten von vornherein abzuscheiden.

Spee, Friedrich v.: Cautio Criminalis oder Rechtliches Bedenken wegen der Hexenprozesse. München 3. Aufl. 1985, S. 54.

Über die Unschuld der verurteilten Frauen
Ich kenne da einen Fürsten, der hatte die ganze Zeit lang die Hexeninquisition durchführen lassen und fragte dann aber bei irgendeiner Gelegenheit den Geistlichen, der die Seelsorge zu versehen und die Verurteilten zum Scheiterhaufen zu geleiten pflegte, ob er im Ernst glaube, dass auch einige wirklich Schuldlose mit den Schuldigen hingerichtet worden seien. Der antwortete darauf achselzuckend ganz unumwunden, daran zweifle er freilich nicht, ja, bei seiner Seelen Seligkeit könne er nichts anderes aussagen. Der Fürst nahm sich das so zu Herzen, dass er sofort mit den Prozessen einhielt und seinen Leuten befahl, hier nicht fortzufahren. (…)
Was soll ich es denn verheimlichen, die Wissbegierde hat mich getrieben und fast übers Ziel hinausschießen lassen, dass ich in so zweifelhafter Sache doch irgend etwas Sicheres fände. Aber ich habe nichts finden können als Schuldlosigkeit allenthalben. Da ich diese Schuldlosigkeit aus mancherlei triftigen Überlegungen für erwiesen halten musste und ich doch aus bestimmten Gründen mich beim Gericht nicht ins Mittel legen durfte, so wird man sich leicht ausmalen können, mit was für Gefühlen ich solch bejammernswerten Tod mitangesehen habe.

Spee, Friedrich v.: Cautio Criminalis oder Rechtliches Bedenken wegen der Hexenprozesse. München 3. Aufl. 1985, S. 31.

217

Im Denken und Handeln des Pater Spee wird sichtbar, dass Ratio und Gefühl nicht zwangsläufig aufgespalten werden müssen, sondern beides miteinander verbunden ist und gelebt werden kann. Damit wirkt sein Handeln aber dem zu seiner Zeit einsetzenden gesellschaftlichen Trend entgegen, die Ratio vom Bereich des Gefühls zu trennen. Diese Trennung findet dann später im 19. Jahrhundert ihren Höhepunkt in der bürgerlichen Geschlechterordnung, in der den Männern die Ratio und den Frauen das Gefühl zugeordnet wird

Anmerkungen

1   Die Informationen in diesem Teilkapitel basieren auf: Duby, Georges; Perrot, Michelle (Hg.): Geschichte der Frauen. Band 2: Mittelalter, hg. von Christiane Klapisch-Zuber. Frankfurt a.M.; New York 1993. Darin insbesondere die Arbeiten von: Dalarun, Jacques, Fonay Wemple, Suzanne; L'Hermite-Leclercq, Paulette; Opitz, Claudia. – Gleba, Gudrun: Klosterleben im Mittelalter. Darmstadt 2004. – Opitz, Claudia: Frauenalltag im Mittelalter. Biographien des 13. und 14. Jahrhunderts. Weinheim; Basel, 2. Aufl. 1987. – Otis-Cour, Leah: Lust und Liebe. Geschichte der Paarbeziehungen im Mittelalter. Frankfurt a. M. 2000. - Pernoud, Régine: Leben der Frauen im Hochmittelalter. Pfaffenweiler 1991.

2   Die Informationen basieren auf den bereits in Kap. 12.2 angegebenen Werken.

3   Nach: Wunder, Heide: „Er ist die Sonn', sie ist der Mond". Frauen in der frühen Neuzeit. München 1992. – Dies.: „Jede Arbeit ist ihres Lohnes wert. Zur geschlechtsspezifischen Teilung und Bewertung von Arbeit in der frühen Neuzeit. In: Hausen, Karin (Hg.): Geschlechterhierarchie und Arbeitsteilung. Zur Geschichte ungleicher Erwerbschancen von Männern und Frauen. Göttingen 1993.

4   Dafür eignen sich die von Annette Kuhn u.a. herausgegebenen Bände der Reihe „Frauen und Geschichte".

5   Sowohl bei Klaus Bergmann als auch bei Bodo von Borries sind diese Tendenzen nachzuweisen.

6   Ausführlicher wird dieses Problem behandelt in: Dehne, Brigitte: Geschichte zum Einmischen. In: Geschichte – Erziehung – Politik 7/91, Berlin, S. 607-621.

7   Mit dem Verhältnis von lebensgeschichtlichen Erfahrungen und geschichtlichen Ereignissen, vor allem aber mit der Frage der Reflexivität setzt sich Peter Schulz-Hageleit schon seit Jahren auseinander, zuletzt in: Schulz-Hageleit, Peter: Geschichtsbewusstsein und Zukunftssorge. Unbewusstheiten im geschichtswissenschaftlichen und geschichtsdidaktischen Diskurs. Herbolzheim 2004, S. 65-75; S. 90-103; S. 147-171.

13. Zeitbedingte Vorstellungen von Männlichkeiten und Weiblichkeiten im Wandel

Die Unterrichtsbeispiele in diesem Kapitel befassen sich entweder mit Männer- bzw. Frauenbildern, die gesellschaftlich so bedeutsam waren, dass man sich immer wieder auf sie berufen hat, oder mit Veränderungen der Muster von Männlichkeit und Weiblichkeit. Bereits im vorangegangenen Kapitel spielten Zuschreibungen an Männer und Frauen eine Rolle, so zum Beispiel bei der Aufteilung der Arbeiten zwischen ihnen.

In diesem Kapitel werden nun einige zeitbedingte Idealvorstellungen von Männlichkeit und Weiblichkeit vorgestellt, die als allgemeine Normen das Leben von Männern und Frauen stark und nachhaltig geprägt haben.

Für die Bildung eines Methodenbewusstseins bei der Untersuchung zeitbedingter Vorstellungen von Männlichkeit und Weiblichkeit können folgende Untersuchungsfragen zweckdienlich sein:

◆ Welche Vorstellungen von Männlichkeit und Weiblichkeit existierten in den jeweils betrachteten Gesellschaften und Zeiten?
◆ Welche Verhaltensweisen und Merkmale werden dem jeweiligen Geschlecht zugeschrieben?
◆ Was galt jeweils als richtiger Mann bzw. als richtige Frau?
◆ Galten die Zuschreibungen für alle Männer und alle Frauen in der jeweiligen Gesellschaft oder gab es Unterschiede zwischen den Ständen, Klassen oder Schichten?
◆ Welche gesellschaftlichen Institutionen (Kirche, Staat) waren an den geschlechtsspezifischen Konstruktionen maßgeblich beteiligt?

Diese Fragen, die auch um andere ergänzt werden können, finden sich nicht als direkte, angewendete Fragen in den folgenden Unterrichtsbeispielen wieder, sondern bilden gleichsam deren didaktischen Hintergrund. Sie gelten auch nicht nur für die hier angeführten Beispiele, sondern grundsätzlich für jede Untersuchung von Männlichkeits- und Weiblichkeitsvorstellungen in der Geschichte.

13.1 Emile und Sophie – Geschlechtermerkmale nach Rousseau

Historischer Hintergrund und ausgewählte Texte[1]:
Gegen Ende des 18. Jahrhunderts stand das Geschlechterverhältnis zur Disposition und wurde öffentlich auf breiter Ebene diskutiert. Ein neues Leitbild wurde propagiert, das gekennzeichnet war durch eine angeblich *naturgegebene* Differenz der Geschlechter und die durch Polarisierung in der Arbeitsteilung von häuslichem und öffentlich-beruflichem Aufgabenfeld, während frühneuzeitliche Vorstellungen von verschiedenen *Funktionen* der Geschlechter ausgingen und die Differenzen nicht als geschlechtsspezifische Eigenschaften verstanden.

Initiiert wurde diese europaweite Diskussion (auch in Nordamerika während des Unabhängigkeitskampfes) von Jean-Jacques Rousseau.

Abb. 28: Jean-Jacques Rousseau

Nachdem Rousseau in vielen Ländern Europas durch politische Schriften und den Briefroman „Julie ou La Nouvelle Héloise" bekannt geworden war, wurden 1762 zwei seiner Werke von ihm veröffentlicht, die beide eine nachhaltige Wirkung erzielen sollten: Erstens der „Gesellschaftsvertrag", in dem Rousseau den politisch mündigen Bürger entwirft, der durch willentliche Abtretung seiner Naturfreiheit an einen gemeinsamen, übergeordneten Willen, den Gemeinwillen, den idealen Staat schafft. Dieses Werk, in dem in scharfer Weise gegen den absolutistischen Machtstaat argumentiert wird, gehört seitdem zu den Basiswerken der Demokratie. Zweitens erschien ein pädagogisches Lehrbuch, eher als Roman gedacht, mit dem Titel „Emile oder Über die Erziehung", bestehend aus fünf Einzelbüchern. In den ersten vier Büchern wird am Beispiel Emiles die Erziehung des von ihm erwünschten mündigen Bürgers, also eines konstruierten Modellmenschen, beschrieben. Damit nicht unliebsame und unerwünschte Traditionen in diese Erziehung hineinwirken, nahm er Emile Vater und Mutter, weil Eltern gleichsam als Vorbilder ein starkes gesellschaftliches Element sind und Traditionen verkörpern und fortsetzen. Statt dessen gibt er Emile einen ebenso modellhaft konstruierten Erzieher an die Seite: „Ich habe mich also entschlossen, mir einen Zögling vorzustellen, mir selber aber Alter, Gesundheit, Kenntnisse und alle Gaben, die man zu seiner Erziehung braucht, anzudichten, um ihn von der Geburt bis zu der Stunde zu führen, wo er Mann und sein eigener Führer ist."[2]

Bei der Erziehung Emiles werden alle nur denkbaren äußeren und inneren Entwicklungsmöglichkeiten bedacht, auf die hier jedoch nicht weiter eingegangen wird. Das fünfte Buch, das mit „Sophie oder die Frau" überschrieben ist, handelt nun nicht nur von Sophie, sondern von der Begegnung beider und den verschiedenen Eigenschaften von Mann und Frau. Die einleitenden Worte zum fünften Buch lauten folgendermaßen: „Wir sind beim letzten Akt der Jugend angekommen, aber nicht bei seiner Lösung. Es ist nicht gut, wenn der Mensch allein ist. Emile ist ein Mann, wir haben ihm eine Gefährtin versprochen, jetzt müssen wir sie ihm geben. Diese Gefährtin ist Sophie."[3]

Von Anfang an also wird Sophie als dem Mann Emile zugeordnet gedacht. Er verkörpert das Allgemeine, sie ist als durchaus notwendige Ergänzung dieses Allgemeinen gedacht.

Rousseau beginnt mit der Feststellung, dass es in allem, was mit dem Geschlecht zusammenhängt, bei Frau und Mann gleich viele Ähnlichkeiten wie Verschiedenheiten gibt und führt dann weiter aus:

In allem, was nicht mit dem Geschlecht zusammenhängt, ist die Frau Mann: Sie hat die gleichen Organe, die gleichen Bedürfnisse und die gleichen Fähigkeiten; die Maschine ist auf die gleiche Weise gebaut; die Teile sind die gleichen, die Bewegung des einen ist wie die Bewegung des anderen; die Gestalt ist ähnlich; und unter welchem Gesichtspunkt man sie betrachtet, sie unterscheiden sich nur durch ein Mehr oder Weniger voneinander.

Rousseau, Jean-Jacques: Emile oder Über die Erziehung. Paderborn 9. Aufl. 1971, S. 385.

Sogar beim Geschlecht, gemeint ist die Geschlechtlichkeit, gibt es seiner Beobachtung nach bei Mann und Frau gleich viele Ähnlichkeiten wie Verschiedenheiten und es sei daher schwer festzustellen, was bei der Konstitution jeweils geschlechtsgebunden sei und was nicht.

„Das einzige", führt er aus, „was wir sicher wissen, ist, dass alles, was sie gemeinsam haben, zur Art, alles was sie unterscheidet, zum Geschlecht gehört."[4] Aus diesen Überlegungen bzw. Feststellungen zieht er einen gravierenden, folgenreichen Schluss:

> Diese Ähnlichkeiten und diese Verschiedenheiten müssen auch die Moral beeinflussen. Diese Folgerung ist einleuchtend und entspricht der Erfahrung. Sie zeigt zugleich, wie töricht es ist, über den Vorrang oder die Gleichberechtigung der Geschlechter zu streiten. (...)
> In der Vereinigung der Geschlechter tragen beide gleichmäßig zum gemeinsamen Zweck bei, aber nicht auf die gleiche Weise. Daraus ergibt sich der erste bestimmbare Unterschied in ihren gegenseitigen moralischen Beziehungen. Der eine muss aktiv und stark sein, der andere passiv und schwach: Notwendigerweise muss der eine wollen und können; es genügt, wenn der andere wenig Widerstand leistet.
> Steht dieser Grundsatz fest, so folgt daraus, dass die Frau eigens geschaffen ist, um dem Mann zu gefallen. Es ist weniger zwingend notwendig, dass ihr der Mann auch seinerseits gefällt: Sein Vorzug liegt in der Kraft; er gefällt allein dadurch, dass er stark ist. Ich gebe zu, dass das noch nicht das Gesetz der Liebe ist; aber es ist das Gesetz der Natur, das älter ist als die Liebe selbst. Wenn die Frau dazu geschaffen ist, zu gefallen und sich zu unterwerfen, dann muss sie sich dem Mann liebenswert zeigen statt ihn herauszufordern.

Rousseau, Jean-Jacques: Emile oder Über die Erziehung. Paderborn 9. Auflage 1971, S. 386.

Die an dieser Stelle erwähnten Unterschiede in den *gegenseitigen moralischen Beziehungen*, nach denen dem Mann Aktivität und Stärke, der Frau Passivität und Schwäche zuzuordnen sind, verwandeln sich in den weiteren Ausführungen unter der Berufung auf die Natur zu wesensgemäßen Merkmalen.

Als weitere Geschlechtermerkmale werden auf Seiten der Männer Verstand, Rationalität, Erfindung, Kampfesmut, werbendes Verhalten etc., auf Seiten der Frau Gefühl, Empfindsamkeit, Intuition, Anwendung des vom Mann Erdachten, Sanftmut, Zurückhaltung, Schamgefühl etc. als anzustrebende Eigenschaften entfaltet (Kap. 2.2). Damit diese Geschlechtermerkmale nicht nur Vokabeln bleiben, sollen im Folgenden einige Auszüge aus dem Kontext, in dem sie entwickelt wurden, wiedergegeben werden:

(Alle folgenden Textauszüge sind aus:
Rousseau, Jean-Jacques: Emile oder Über die Erziehung. Paderborn 9. Auflage 1971. Die Seitenzahlen sind jeweils am Ende des Textauszugs angegeben.)

Gott wollte das Menschengeschlecht in allen Dingen ehren: Gab er dem Mann Neigungen ohne Maß, gibt er ihm zur gleichen Zeit das Gesetz, das sie zügelt, damit er frei sei und sich beherrsche! Lieferte er ihn maßlosen Leidenschaften aus, so verbindet er sie mit Vernunft, um sie zu beherrschen. Lieferte er die Frau unbegrenzten Begierden aus, so verbindet er sie mit der Scham, um sie in Schranken zu halten (S. 387).

Eine dritte Folge des Unterschiedes der Geschlechter ist, dass der Stärkere nur scheinbar der Herr ist und in Wirklichkeit vom Schwächeren abhängt; nicht aus leichtfertiger Galanterie, nicht aus selbstherrlicher Beschützergroßmut, sondern aus einem unabänderlichen Naturgesetz, das es der Frau leichter macht, Begierden zu erregen, als dem Mann, sie zu befriedigen, und ihn so, ob er will oder nicht, vom Gutdünken des anderen abhängig macht und ihn zwingt, seinerseits danach zu trachten, ihr zu gefallen, damit sie ihn den Stärkeren sein lässt (S. 388).

Die Pflichten, die beiden Geschlechtern zufallen, sind nicht gleich zwingend und können es auch nicht sein. Wenn die Frau sich beklagt, dass die Ungleichheit zwischen ihr und dem Mann ungerecht ist, so hat sie unrecht. Diese Ungleichheit ist keine menschliche Einrichtung, zum mindesten nicht das Werk eines Vorurteils, sondern das der Vernunft. Wem die Natur Kinder auszutragen anvertraut hat, der ist dem anderen dafür verantwortlich.(...) Gibt es etwas Schrecklicheres auf Erden als einen unglücklichen Vater (...) der, wenn er seine Kinder küsst, daran zweifelt, ob er nicht das Kind eines anderen küsst, das Unterpfand seiner Entehrung, den Dieb des Gutes seiner eigenen Kinder. (...)

Es kommt also nicht nur darauf an, dass die Frau treu ist, sondern dass sie auch von ihrem Mann, ihren Nächsten und von jedermann dafür gehalten wird. Sie muss bescheiden, aufmerksam und zurückhaltend sein und in den Augen anderer wie in ihrem eigenen Gewissen ihre Tugend bestätigt finden (S. 390).

Von der Gesundheit der Frauen hängt die der Kinder ab; von ihrer Sorgfalt hängt die erste Erziehung der Männer ab; von den Frauen hängen ihre Sitten und Leidenschaften, ihre Neigungen und Vergnügungen, ja ihr Glück ab. Die ganze Erziehung der Frauen muss daher auf die Männer Bezug nehmen.

Ihnen gefallen und nützlich sein, ihnen liebenswert und -achtenswert sein, sie in der Jugend erziehen, und im Alter umsorgen, sie beraten, trösten und ihnen das Leben angenehm machen und versüßen: Das sind zu allen Zeiten die Pflichten der Frau, das müssen sie von ihrer Kindheit an lernen (S. 394).

Da der Leib sozusagen vor der Seele geboren wird, muss die Körperpflege auch zuerst kommen: diese Ordnung ist beiden Geschlechtern gemeinsam, aber das Ziel ist verschieden. Bei dem einen müssen die Kräfte entwickelt werden, bei dem anderen die Anmut (S. 395).

Abb. 29: „Nähstunde", von Johann Michael Voltz (1784-1858). Aus: Weber-Kellermann, Ingeborg: Frauenleben im 19. Jahrhundert, 2. Auflage München 1988, S. 55

Mädchen müssen umsichtig und fleißig sein. Das ist aber nicht alles: sie müssen beizeiten an den Zwang gewöhnt werden. Dieses Unglück (wenn es für sie ein Unglück ist) gehört untrennbar zu ihrem Geschlecht. (...) Ihr ganzes Leben sind sie dem beständigsten und grausamsten Zwang unterworfen, nämlich dem der Schicklichkeit. Sie müssen also zuerst an den Zwang gewöhnt werden, damit es ihnen später keine Mühe mehr macht, ihre Launen zu beherrschen und sie dem Willen eines andern unterzuordnen (S. 399). Aus diesem zur Gewohnheit gewordenen Zwang entsteht die Folgsamkeit, die die Frauen ihr ganzes Leben lang brauchen, weil sie immer entweder einem Mann oder den Urteilen der Gesellschaft unterworfen sind und sich niemals über die Urteile hinwegsetzen dürfen. Die erste und wichtigste Eigenschaft einer Frau ist die Sanftmut: Bestimmt, einem so unvollkommenen Wesen wie einem Mann zu gehorchen, der oft selbst voller Laster und immer voller Fehler ist, muss sie frühzeitig lernen, Unrecht zu erdulden und Übergriffe eines Mannes zu ertragen, ohne sich zu beklagen (S. 401).

Die Erforschung der abstrakten und spekulativen Wahrheiten, die Prinzipien und Axiome der Wissenschaften, alles, was auf die Verallgemeinerung der Begriffe abzielt, ist nicht Sache der Frauen. Ihre Studien müssen sich auf das Praktische beziehen. Ihre Sache ist es, die Prinzipien anzuwenden, die der Mann gefunden hat. (...) Um in den exakten Wissenschaften Erfolge zu haben, fehlt es ihnen an ausreichender Genauigkeit und Aufmerksamkeit. Die Naturwissenschaften soll der treiben, der von beiden Geschlechtern der Tätigste und Beweglichste ist, der die meisten Dinge sieht; der die meiste Kraft hat und sie auch übt, um die Beziehungen der Lebewesen und der Naturgesetze zu beurteilen. Die Frau ist schwach und sieht nichts von der Welt draußen. Sie schätzt und beurteilt die Kräfte, die sie in Bewegung setzen kann, um ihre Schwäche wettzumachen. Und diese Kräfte sind die Leidenschaften der Männer (S. 420f.).

Rousseaus Erziehungsroman „Emile" wurde zum Bestseller. Die in ihm entfalteten Überlegungen fanden europaweit großen Anklang. Sie wurden für die verschiedensten Zwecke aufgegriffen: In Ratgebern für das tägliche Leben, in literarischen Werken, in Bildungsprogrammen, in juristischen Festlegungen und in gedankenreichen Abhandlungen wurden Männer und Frauen nun ihrer „natürlichen Bestimmung" zugewiesen. Leitbegriff wurde nun die Natur. Damit konnte der Unnatur der höfischen Konventionen, die ein Synonym für Unmoral war, ein anderes Leitbild entgegengesetzt werden.

Ein weiteres Problem, ob nämlich auch Frauen als politisch mündige Individuen anzusehen seien, konnte mit Rousseau gleichsam im Handstreich gelöst werden: Frauen waren demnach keine, d.h. sie wurden überhaupt nicht als Individuen anerkannt. Diese Debatte, die kurz vor der Wende zum 19. Jahrhundert, insbesondere durch die Folgen und Begleiterscheinungen der Französischen Revolution in ihrem Für und Wider entfacht war, lief tatsächlich unter der Fragestellung ab, „ob die Weiber Menschen sind".[5]

Rousseaus Gedanken wurden weiterentwickelt, z.B. von Wilhelm von Humboldt und Johann Gottlieb Fichte.[6] Wilhelm von Humboldt hat mit seiner Abhandlung „Über den Geschlechtunterschied und dessen Einfluss auf die organische Natur" eine naturwissenschaftlich „abgesicherte" Grundlegung für den Geschlechterdualismus publiziert. Fichte hat in seiner „Deduktion der Ehe" aus den „Grundlagen des Naturrechts" die Frau im Vergleich zum Mann als das höhere sittliche Wesen bezeichnet, bei der sich der Geschlechtstrieb zur Liebe veredelt habe, während der Mann nach wie vor ganz auf die Triebhaftigkeit seiner sexuellen Natur angewiesen sei. Folglich habe *sie den moralischen Trieb*, aus Liebe *seinen natürlichen* zu befriedigen, während es wohl umgekehrt keinen Mann gäbe, der „nicht die Absurdität fühle, ...ein Bedürfnis des Weibes zu befriedigen, welches er weder bei ihr voraussetzen, noch sich als Werkzeug desselben denken kann, ohne sich bis ins Innerste seiner Seele zu schämen."[7] Wegen ihrer höheren Sittlichkeit hört die Frau auch auf, „das Leben eines Individuums zu führen ... dies wird trefflich dadurch bezeichnet, dass sie den Namen des Mannes annimmt." Außerdem bestehe der erste Liebesbeweis in der Ehe darin, ihrem Mann ihr gesamtes Vermögen zu überschreiben.

Aus den vorgefundenen Übereinstimmungen und Verschiedenheiten bei Männern und Frauen wird, wie Sigrid Lange es formuliert, in einem „sophistischen Salto mortale eine Metaphysik der sozialen Ungleichheit, deren politische und rechtliche Konsequenzen auf der Hand liegen" und in den Ausführungen Rousseaus und Fichtes schon sichtbar werden.

Öffentlich formulierte Gegenstimmen zu diesem Geschlechterkonzept hat es damals aber auch gegeben, u.a.:

◆ Marquis de Condorcet (Kap.1.2),
◆ Olympe de Gouges (Kap.1.2),
◆ Mary Wollstonecraft, deren Schrift über die „A Vindication of the Rights of Woman"(1792) von Christian Gotthilf Salzmann übersetzt und auch im deutschsprachigen Raum publik gemacht wurde,
◆ Theodor Gottlieb von Hippels „Über die bürgerliche Verbesserung der Weiber"(1792).

Damit die Gegenstimmen nicht untergehen, soll im Folgenden auch aus Hippels Schrift von 1792 ein Auszug vorgestellt werden:

Soll es denn aber immer mit dem andern Geschlechte so bleiben, wie es war und ist? Sollen ihm die Menschenrechte, die man ihm schnöde entrissen hat, sollen ihm die Bürgerrechte, die ihm so ungebührlich vorenthalten werden – auf ewig verloren sein? (...) Soll es nie an der Staatsgründung und Erhaltung einen unmittelbaren Anteil behaupten? Soll es nie für sich und durch sich denken und handeln? (...)

Männer, würdet ihr die Furcht nicht barbarisch und unmenschlich finden, wenn man euch alles und jedes von Freiheit bloß darum entzöge, weil ihr es missbrauchen könntet? Wie wollt ihr denn jene Furcht nennen, die euch abhält, dem andern Geschlecht seine Ehre wiederzugeben? Die Zeiten sind nicht mehr, um das andere Geschlecht überreden zu können, dass eine Vormundschaft wie bisher für dasselbe zuträglich sei, dass sie seinen Zustand behaglicher und sorgloser mache als eine Emanzipation, wodurch es sich mit Verantwortungen, Sorgen, Unruhen und tausend Unannehmlichkeiten des bürgerlichen Lebens belasten würde, die es jetzt kaum dem Namen nach zu kennen das Glück habe. Wahrlich ein abgenutzter Kunstgriff des unmenschlichen Despoten, wodurch er seinen feigen Sklaven das Gewicht der Ketten erleichtern will!

Hippel, Theodor Gottlieb v.: Über die bürgerliche Verbesserung der Weiber. In: Lange, Sigrid (Hrsg.): Ob die Weiber Menschen sind. Geschlechterdebatten um 1800. Leipzig 1992, S. 140f.

Möglichkeiten der Integration in den laufenden Unterricht:
1. Wenn im Verlauf der Französischen Revolution der Ausschluss der Frauen aus der Politik thematisiert wird, können die oben zusammengestellten Texte zur Erweiterung bzw. zur Vertiefung des Problems herangezogen werden.
2. Wird die Frauenbewegung unterrichtet, können die Prozesse und Diskurse verdeutlicht werden, in denen sich das Geschlechterverhältnis, gegen das die Frauen aufbegehren, herausgebildet hatte.
3. Die Texte können ferner immer dann herangezogen werden, wenn das Geschlechterverhältnis im 19. u. 20. Jahrhundert thematisiert wird.

Unterrichtstipp
Durch Bilder und vielleicht auch andere Texte werden weitere Einblicke in die damalige Zeit vermittelt und besprochen. Daraufhin werden die Schüler und Schülerinnen gedanklich als Gastschülerinnen und Gastschüler in damaligen Familien untergebracht, die Mädchen bei einem Mädchen im gleichen Alter, die Jungen bei einem Jungen im gleichen Alter. Sie selbst *bleiben* Jugendliche aus dem 21. Jahrhundert und verwandeln sich nicht in historische Gestalten. Ihre Aufgabe ist es, aus der gegenwärtigen Perspektive einen Tag oder eine Woche aus dem Alltag dieser Familien zu schildern. Sie können Situationen frei auswählen und sollen auf Unterschiede, aber auch auf Gemeinsamkeiten achten. Unterschiede wie Übereinstimmungen werden erfahrungsgemäß durch vorhandene Fremdheitsgefühle besonders deutlich registriert.

(Einige Mädchen, die vorher die Aussagen über Sophie als „hirnrissig" abgetan hatten, waren selbst überrascht, wie viele dieser Verhaltensmerkmale sie selbst beispielsweise bei der Aussicht auf eine Verabredung mit einem Jungen produziert hatten, wie viele Verhaltenserwartungen ähnlicher Art, zwar in Abwandlungen, auch heute an sie gerichtet werden etc.)

Genderaspekt als Denkanstoß, auch für den Unterricht:
Seit 1800 werden zwar auf verschiedene Weise und mit verschiedenen Argumenten, aber kontinuierlich, Geschlechterdifferenzen immer wieder auf die Natur zurückgeführt und „wissenschaftlich" untermauert. Später waren es – und auch heute sind sie es wieder – die unterschiedlichen Beschaffenheiten der Gehirne. Damals ging es um die Größe des Gehirns, heute geht es um verschieden ausgeprägte und verschieden arbeitende Teile des Gehirns. Heute werden zur Verstärkung des Naturarguments außerdem die Hormon- und die Genforschung herangezogen. Wie alle Debatten in der Vergangenheit gezeigt haben, nicht nur die oben beschriebene, ist sowohl beim Argument Natur als auch beim Argument Wissenschaft Vorsicht geboten. Dabei ist es im Zuge der Gleichberechtigung unerheblich, ob es nun tatsächlich „natürlich bedingte" Unterschiede gibt oder nicht. Vielmehr wären bei allen Untersuchungen, die eine natürliche Geschlechterdifferenz festzustellen meinen, einige wesentliche Fragen zu stellen, zum Beispiel:

◆ Warum, wozu oder für wen ist die Feststellung der Differenz von Bedeutung?

◆ Werden auch Untersuchungsergebnisse mitgeteilt, die keine nennenswerten Geschlechterdifferenzen herausgefunden haben?

◆ Welche Motive, Anlässe oder Aufträge haben zu der Untersuchung geführt?

◆ Werden aus einer festgestellten Differenz bestimmte Fähigkeiten oder Defizite abgeleitet? Wenn ja, für wen könnten sie von Interesse sein?

◆ Werden aus den Untersuchungen Konsequenzen abgeleitet, z. B. soziale, arbeitsmarktpolitische, familienrechtliche etc.?

◆ Werden die festgestellten Differenzen als gegensätzlich beschrieben oder sozial verschieden bewertet? Wenn ja, welches Ergebnis könnte unter Umständen eine soziale Abwertung zur Folge haben?

◆ Welche Traditionen oder wessen Positionen in der Gesellschaft werden durch die Untersuchungsergebnisse bestätigt, in Frage gestellt oder ggf. bekämpft?

◆ Welche gesellschaftlichen Prozesse oder welche persönlichen Positionen sollen mit Hilfe des Untersuchungsergebnisses unterstützt oder untermauert werden?

◆ Welche gesellschaftlichen oder persönlichen Anstrengungen scheinen sich durch die Ergebnisse zu erübrigen?

Diese Fragen sind keine Arbeitsfragen für den Unterricht, sie können ohne komplizierte Recherchen ohnehin nicht beantwortet werden, es sind vielmehr Impulse zum Nachdenken und zum Sich-Einmischen, falls in Diskussionen, in welchem Bereich auch immer, auf natürliche Differenzen zwischen den Geschlechtern (die anatomischen Unterschiede sind hier nicht gemeint) verwiesen wird, vor allem mit dem Argument: „Die neuesten Untersuchungen in der Hormonforschung haben ergeben ..." oder: „Wie neueste amerikanische Forschungen gezeigt haben..." Hier ist genaues Zuhören und genaues Nachfragen geboten. Das, was als Theorie beginnt, kann leicht zur Ideologie werden, falls sie es nicht schon ist.

13.2 Ein Arbeiterhaushalt im 19. Jahrhundert – erforscht von einem Bürger

Historischer Hintergrund
In den 80er Jahren des 19. Jahrhunderts hatte der Nationalökonom H. Mehner in der chemischen Industrie Leipzigs mehrere Untersuchungen durchgeführt. Deren Ergebnisse wurden 1886 und 1887 jeweils im Jahrbuch für Gesetzgebung, Verwaltung und Volkswirtschaft veröffentlicht. Als Quellen seiner Arbeit dienten ihm die Leipziger Ratsakten, vor allem aber „persönliche Befragung und eigener Augenschein. Über viele Wochen hatte er deshalb Fabrikanten wie auch Arbeiter befragt.

Im Sommer 1883 untersucht er über mehrere Wochen die Lebenshaltung einer Arbeiterfamilie. Dazu befragt er die Familienmitglieder, verbringt dementsprechend viele Stunden in ihrer Wohnunterkunft, beobachtet genau ihr häusliches Lebensumfeld wie auch die Arbeitsstelle. Er erforscht

◆ Tageslauf und Ernährung,
◆ die ökonomische Situation,
◆ Wohnverhältnisse,
◆ Kleidung,
◆ Haushaltsausstattung,
◆ Teilhabe am kulturellen Leben.

Die Lebensverhältnisse der Arbeiterfamilie werden präzise, konkret und anschaulich geschildert. Mehner konzentriert sich also nicht nur auf die Arbeit in der Fabrik, sondern bemüht sich, ein umfassendes Bild der gesamten Lebensbedingungen einer Arbeiterfamilie zu ermitteln.

Aus der Untersuchung können im Folgenden nur einige Auszüge übernommen werden, obwohl die gesamte Untersuchung lesenswert und zum größten Teil auch für den Unterricht bestens geeignet ist, eben weil sie in allen Teilen sehr konkret und informativ ist.

Der folgende Auszug befasst sich mit den unterschiedlichen Verdienstmöglichkeiten aller Familienmitglieder. Zwar ist allgemein bekannt, dass Frauen weniger als Männer verdient haben, selten aber finden sich so genaue Angaben. Selbstverständlich haben Mehners Beobachtungen, Befragungen und Bemerkungen nicht nur die Untersuchung wie auch die Bewertung des Vorgefundenen beeinflusst, sondern auch die untersuchte Familie. Sein Hinweis beispielsweise auf die Absicht der Frau, „so bald als möglich die Arbeit in der Fabrik mit der im Hause wieder zu vertauschen, weil sie mit Bedauern wahrnimmt, wie ihre häusliche Wirtschaft durch ihre unnatürliche Abwesenheit zu Grunde geht, ohne dass sie etwas dagegen tun kann," ist genauer zu betrachten, vor allem wenn man bedenkt, dass sich die häusliche Wirtschaft einem notdürftig ausgebauten und unterteilten Schuppen gleicht. Die Worte, die er der Frau in den Mund legt, sind mit Sicherheit seine Worte, die auch seinen Vorstellungen von familiärer Lebenshaltung entsprechen. Ob die Frau tatsächlich den Wunsch hat, zu Hause zu bleiben bzw. mit welchen Worten *sie* den Wunsch geäußert hat, wird in dem Text selbst nicht erkennbar. Hier kollidieren bürgerliche Vorstellungen von der Platzierung der Geschlechter mit der Lebensrealität der Arbeiterfamilien.

H. Mehner: Der Haushalt und die Lebenshaltung einer Leipziger Arbeiterfamilie, 1887:

> Ich teile im folgenden mit, was ich bei einem Arbeiter mit Frau und drei Kindern, einem Mädchen von 11 Jahren, einem Jungen von 8 und einem Jungen von 4 gefunden habe.
>
> 1. Ökonomische Situation
> Die Mittel, aus denen der Haushalt dieser Familie bestritten wird, werden von allen Mitgliedern derselben gemeinsam beschafft, trotzdem sind dieselben äußerst beschränkte. Der Mann ist in der Knochenstampfe in der von mir eingehend untersuchten Kunstdüngerfabrik beschäftigt und bekommt täglich bei normaler Arbeitszeit 2,20 Mark Lohn; die Frau sortiert die alten Knochen und erhält für den Tag 1, 20 Mark. Die Kinder suchen durch kleine Gelegenheitsdienste auch schon Geld ins Haus zu schaffen oder führen dem Haushalt Naturalien zu. Die Wohnung ist im Hintergebäude einer Schankwirtschaft mit Kegelschub; dadurch hat der älteste Knabe Gelegenheit, an Sonntagen und an den Abenden der Woche durch Kegelaufsetzen einige Pfennige oder ein paar Dreierbrote mit Wurst zu verdienen.

Seine Schwester hilft ihm bisweilen bei der Arbeit auf der Kegelbahn. Die Eltern schätzen die jährliche Kegelgeldeinnahme auf 4-5 Mark. In der Regel sammelt die Tochter in ihrer schulfreien Zeit im Sommer Kamillen (nur für den Haushalt), läuft Wege für die Schänkwirtin im Vorderhause, geht Ähren lesen und Kartoffeln ,stoppeln'. (...)

Die Einnahme des Mannes von 2,20 Mark täglich wird zuweilen etwas vermehrt durch Überstunden, welche aber nicht in jeder Woche vorkommen. (…) Außer den Überstunden leistet der Mann noch vereinzelte, aber in der letzten Zeit vor Beginn dieser Untersuchung (Sommer 1883) seltene Nachtschichten von 8 Uhr abends bis 4 Uhr morgens zu 2 Mark. Ferner arbeitet er zuweilen, er meint im Durchschnitt alle 3 Wochen einmal, sonntags einen halben Tag zum gewöhnlichen Lohne. (...)

Der Verdienst der Frau ist gleichmäßiger, sobald sie in der Fabrik arbeitet; sie hat dann wöchentlich sechsmal 1,20 Mark = 7,20 Mark. Aber sie arbeitet nicht immer dort, gegenwärtig ist sie in der Fabrik seit 14 Tagen vor Ostern beschäftigt, aber sie hat die Absicht, so bald als möglich die Arbeit in der Fabrik mit der im Hause wieder zu vertauschen, weil sie mit Bedauern wahrnimmt, wie ihre häusliche Wirtschaft durch ihre unnatürliche Abwesenheit zu Grunde geht, ohne dass sie etwas dagegen tun kann. (…) Den Verdienst der Frau auf das Jahr zu berechnen, wäre die reine Willkür. Um einigermaßen einen Überblick zu gewinnen, wird es am besten sein, ihn mit dem Verdienste des Mannes zu vereinigen und mit Rücksicht auf die zufälligen Einnahmen der Kinder zu sagen, die Familie habe eine Wocheneinnahme von etwa 20 Mark. Wenn Nachtschichten gemacht werden, und zugleich die Frau voll arbeitet, dürfte der Wochenverdienst 22 bis 24 Mark betragen."

Mehner, H.: Der Haushalt und die Lebenshaltung einer Leipziger Arbeiterfamilie. Aus: Jahrbuch für Gesetzgebung, Verwaltung und Volkswirtschaft, N.F. 11 Jg. (1887), S. 301ff.

Zit. nach: Rosenbaum, Heidi (Hg.): Seminar: Familie und Gesellschaftsstruktur. Materialien zu den sozioökonomischen Bedingungen von Familienformen, S. 309-333, hier: S. 310-312.

Die akribische Untersuchung wie auch die daraus gezogenen Schlussfolgerungen (die Frau sollte besser zu Hause bleiben und sich um die Wirtschaft kümmern) blenden jedoch die realen Lebensbedingungen der Frau aus: Erstens wird ihre Erwerbsarbeit zum Überleben der Familie dringend benötigt, zweitens lässt sich die häusliche Wirtschaft, auch wenn die Frau als Hausfrau fungieren wollte, nicht besser herrichten, fehlt es doch auch dafür vor allem an Geld.

Mehner aber ist Angehöriger des Bürgertums. Seine Auffassungen von Haushaltsführung, Lebenshaltung, vor allem vom Verhältnis der Geschlechter fließen trotz aller Bemühungen um eine objektive Bestandsaufnahme und Rücknahme persönlicher Beeinflussungen in die Untersuchung ein und führen zu entsprechenden Bewertungen. Diese Sichtweise kommt auch in den anderen ausgewählten Texten zur Geltung. In ihnen wird aber auch deutlich, wie die bürgerlichen Vorstellungen als Leitvorstellungen vorausgesetzt und verallgemeinert werden und nicht ohne Wirkung auf Arbeiter und Arbeiterinnen bleiben, wie im Folgenden in drei weiteren Auszügen dokumentiert wird:

Mehner stellt zum Abschluss der Untersuchungen ein Haushaltsdefizit fest und bemerkt abschließend nach einigen wirtschaftlichen Kalkulationen, dass das Defizit verschwinden dürfte für den Fall, dass die Frau das ganze Jahr mit um Lohn arbeitet. Er führt weiter aus:

Die Frau beurteilt ihren Hausstand nach dem Maßstabe eines geordneten Familienlebens, welcher ihr noch nicht abhanden gekommen ist. Bemerkungen wie: „Man muss lüderlich wirtschaften" (nämlich jetzt), bei Schilderung der früher in Wiederitzsch für 30 Taler gemieteten Wohnung (jetzt in Eutritzsch, näher bei der Stadt, 24 Taler) und die oft wiederkehrenden Klagen über die jetzt unvermeidbare „polsche wirtschaft" beweisen das. Wenn der Hausstand, nach diesem Maß gemessen, nicht ganz zu Grunde gehen soll, so muss die Frau, wie sie erklärt, nach einiger Zeit wieder zu Hause bleiben. Im Winter ist ihr das auch wegen der größeren Feuersgefahr wünschenswert. Wenn sie das tut, so wird, nach ihrer Meinung, die Familie noch wesentlich elender leben müssen als jetzt, wie sie es früher auch schon getan hat. (...) Der jetzige Zustand erscheint dieser als recht gut: „wenn ich egal mit fortginge, da ging's" – „glücklicher wollten wir uns gar nicht wünschen".

Vor der Einkommensvermehrung durch die Arbeit der Frau kann derselbe in der Tat nicht ganz so glücklich gewesen sein, denn die sehr ordentlichen Leute waren die Wiederitzscher Miete schuldig geblieben und hatten ein nötiges Stück Mobiliar nach dem anderen auf das Leihhaus geschafft, wie bereits mitgeteilt, sogar eines von den ohnedies unzureichenden Betten.

Mehner, H.: Der Haushalt und die Lebenshaltung einer Leipziger Arbeiterfamilie. Aus: Jahrbuch für Gesetzgebung, Verwaltung und Volkswirtschaft, N.F. 11 Jg. (1887), S. 301 ff.

Zit. nach: Rosenbaum, Heidi (Hrsg.): Seminar: Familie und Gesellschaftsstruktur. Materialien zu den sozioökonomischen Bedingungen von Familienformen, S. 309-333, hier: S. 328 f.

Der Konflikt ist offensichtlich: Arbeitet die Frau *nicht* außer Haus, geht der Haushalt zugrunde, weil wegen des Geldmangels Schulden gemacht und die ohnehin schon spärlichen Möbel ins Leihhaus gebracht werden müssen. Arbeitet sie außer Haus, entspricht sie nicht den Erwartungen, die an eine Frau gestellt werden, denn die Haushaltsführung bleibt allein ihr zugeordnet.

Aus der Zusammenfassung der Untersuchung:

> Zum Abschlusse der Darlegung des Haushalts sei noch bemerkt, dass derselbe sich im Laufe der Untersuchung und infolge derselben etwas geändert hat. Die Leute kaufen jetzt am Ende derselben nichts mehr zehnpfennigweise in der Fabrikschänke ein, was sie früher mit Rücksicht darauf taten, dass der Budiker derselbe Mann ist, welcher die Nachtschichten austeilt. Sie hoffen, infolge meiner Vorstellungen, dass sie keine Benachteiligungen erfahren, wenn sie ihre Wurst gleich im Ganzen einkaufen, am Sonnabend gleich für den Bedarf der ganzen Woche.
>
> Diese Hoffnung scheint sich nach mir später zugegangenen Nachrichten nicht erfüllt zu haben. Sie sind wegen einer, nach ihrer Meinung ohne Grund, ihnen auferlegten Geldstrafe mit dem Beamten in Differenzen geraten und haben die Fabrik verlassen. Sie urteilen sehr abfällig über den Kleinhandel mit Lebensmitteln durch den Beamten: „Wer den dritten Teil des Lohnes nicht draußen lässt, den schafft er sich vom Halse."

Am Beispiel der im Text erwähnten Wurst zeigt sich der Widerspruch zwischen bürgerlichen Haushaltsauffassungen und der Lebensrealität der Arbeiterschaft: Eine sparsame, sorgsame, auf ein Gedeihen des Haushalts angelegte Wirtschaftsführung nutzt hier nichts. Das Gegenteil ist der Fall: Wer das versucht, fliegt.

Im nachfolgenden Text wird ein Angehöriger des Arbeiterstandes in „seinen höheren Schichten" erwähnt. (Womöglich war der Mann Vorarbeiter. Kap.14.2). Dort werden ganz direkt Angleichungen an bürgerliche Lebensweisen angestrebt und deren Wertvorstellungen, einschließlich der Geschlechterplatzierung, übernommen.

Aus dem Nachtrag zur Untersuchung:

> Jemand, welcher selbst dem Arbeiterstande (in seinen höheren Schichten) angehört, und von dem von mir im obigen dargestellten Arbeiterhaushalte gründliche Einsicht genommen hat, versicherte mir, dass die Lebensweise der Familie durchaus nicht den dafür aufgewandten Geldmitteln entspräche. Er glaubt nach den Erfahrungen in seiner Wirtschaft zu den Behaup-

tungen berechtigt zu sein, dass die Leute mit einem wöchentlichen Haushaltsgelde von 10 Mark bei verständiger Wirtschaft besser hätten leben müssen, als sie mit etwa 13 Mark taten. Bei der Begründung, zu welcher ich ihn veranlasste, gab er an, dass die geschilderte Ernährung mit kaltem und ungekochtem Essen verhältnismäßig sehr teuer zu stehen komme und dass eine Hauptmahlzeit abends erfahrungsmäßig nicht im Stande sei, die Hauptmahlzeit mittags zu ersetzen; er bezeichnete überhaupt den Haushalt mit starken Ausdrücken als einen völlig unwirtschaftlichen.

Mein Hinweis, dass *seine* Frau zu Hause wirtschafte, *während die Frau des behandelten Haushalts von früh bis Abend in der Fabrik stehe*, führte zu der übereinstimmenden Meinung, *dass dies die Ursache der anomalen Kostbarkeit der Wirtschaft sei.*

(...) Diese ergänzenden Nachforschungen (...) zeigen, dass die häusliche Tätigkeit der Frauen ein bedeutender Teil der Nationalproduktion ist, und dass die bloße Rückgabe der Hausfrau für ihren eigentlichen Beruf ohne weiteres eine ganz gewaltige Lohnerhöhung bedeuten würde, wenn dem Arbeiter die Möglichkeit geschafft würde, die bewirkte Erhöhung der Lebenshaltung zu bewahren.

Die Arbeit verheirateter Frauen in den Fabriken raubt dem Arbeiterstande das Familienglück, außerdem raubt sie einen Teil von dem Sachlohn, auf welchen der Geldlohn des Mannes ohne sie die Anweisung wäre.

Mehner, H.: Der Haushalt und die Lebenshaltung einer Leipziger Arbeiterfamilie. Aus: Jahrbuch für Gesetzgebung, Verwaltung und Volkswirtschaft, N.F. 11 Jg. (1887), S. 301ff.

Zit. nach: Rosenbaum, Heidi (Hrsg.): Seminar: Familie und Gesellschaftsstruktur. Materialien zu den sozioökonomischen Bedingungen von Familienformen, S. 309-333, hier: S. 329 und S. 332.

(Über Männer- und Frauenarbeit in den Fabriken: Kap.14.2)

Nur selten können die Lebensrealitäten zweier gesellschaftlicher Schichten – einschließlich der Vorstellungen vom Verhältnis der Geschlechter – unmittelbar zueinander in Beziehung gesetzt werden wie hier, wenn die Lebensverhältnisse der Arbeiterschaft aus einer bürgerlichen Position heraus betrachtet und untersucht werden.

Zugleich wird in den hier ausgewählten Texten in einem winzigen Ausschnitt ein überaus bedeutsamer Prozess beleuchtet. Er zeigt, wie die Arbeiterschaft, die selbst über keine bewusst ausdifferenzierten Geschlechtervorstellungen verfügt, die den bürgerlichen entgegen zu setzen wären, die Wertvorstellungen und Normen des Bürgertums übernimmt und zu eigen macht, obwohl die eigene Lebensrealität diesen massiv widerspricht.

Bis weit in die zweite Hälfte des 20. Jahrhunderts hinein, als das bürgerliche Modell sich ökonomisch und ideologisch schon überlebt hatte, waren Männer aus dem Arbeiterstand stolz, wenn sie sagen konnten: „Meine Frau braucht nicht zu arbeiten, sie kann zu Hause bleiben." Dies war das äußerlich sichtbare Zeichen dafür, dass sie es beruflich zu etwas gebracht hatten, vielleicht sogar zum Angestellten „aufgestiegen" waren.

Anmerkungen

1   Rousseau, Jean-Jacques: Emil oder Über die Erziehung. Paderborn 9. Auflage 1971. - Hausen, Karin: Die Polarisierung der „Geschlechtscharaktere". Eine Spiegelung der Dissoziation von Erwerbs- und Familienleben. In: Rosenbaum, Heidi (Hg.): Seminar: Familie und Gesellschaftsstruktur. Frankfurt/Main 4. Auflage 1988, S. 161-191. - Lange, Sigrid (Hg.): Ob die Weiber Menschen sind. Geschlechterdebatten um 1800. Leipzig 1992.

2   Rousseau, Jean-Jacques: Emil (Anm. 1), S.25.

3   Rousseau, Jean-Jacques: Emile (Anm. 1), S. 385.

4   Rousseau, Jean-Jacques: Emile (Anm. 1), S. 385 f.

5   Dem aus „der Schrift und dem gesunden Menschenverstand" im Jahre 1782 dargelegten „Beweis, daß die Weibsbilder keine Menschen sind" wurde 1791 von einem anonymen Verfasser eine andere Schrift entgegengesetzt, die den Titel trug: „Apologie des schönen Geschlechts oder Beweis, daß Frauenzimmer Menschen sind". Nach: Lange, Sigrid (Hg.): „Ob die Weiber Menschen sind" (Anm. 1), S. 411.

6   Die Angaben über Humboldt und Fichte erfolgen nach: Lange, Sigrid (Hg.): „Ob die Weiber Menschen sind" (Anm.1), S. 421 f.

7   Zit. in: Lange, Sigrid (Hg.): „Ob die Weiber Menschen sind" (Anm.1), S. 422.

14. Analyse des sozialen Verhältnisses der Geschlechter

Bei der Analyse von Geschlechterverhältnissen wird es erforderlich, nicht nur Zustände, sondern vor allem *Prozesse* zu untersuchen. Nach Joan W. Scott ist nicht nur das aufzuzeigen, *was* geschieht, sondern *wie* etwas geschieht.[1] Ins Blickfeld rücken also Prozesse der Entstehung, Formung und Veränderung von Geschlechterordnungen innerhalb einer Gesellschaft. Die Normen, die sich in diesen Prozessen als dominierende herausgebildet haben, wirken oft so, als spiegelten sie einen gesellschaftlichen Konsens, als hätte es keine anderen Positionen neben der als Norm überlieferten gegeben. Daher ist nach Joan W. Scott „die Auffassung des Unveränderlichen vom Sockel zu stoßen, das Wesen der Debatte oder der Verdrängung aufzudecken, welche zum Eindruck einer zeitlosen Beständigkeit in der Repräsentation des binären Genders geführt hat."[2] Dies geschieht im Folgenden insbesondere anhand der Industrialisierung. Die Französische Revolution, die in dieses Kapitel gehört und in gleicher Weise zu betrachten ist, findet sich an anderer Stelle des Buches (Kap. 2.2). Gleiches gilt auch für die Geschlechterordnungen der DDR und der Bundesrepublik (Kap.1.7; Kap. 15.3), die hier jedoch unter einer anderen didaktischen Leitlinie behandelt werden.

Wenn es aber gilt, das „Wesen der Verdrängung" aufzudecken, so muss sich das Augenmerk auch auf einen anderen Prozess richten: den der Herausbildung, Überlieferung und Rezeption von Geschichtsbildern hinsichtlich der Geschlechterverhältnisse in einer Gesellschaft (Kap.5 und 6). Das Unterrichtsbeispiel über Männerräume und Frauenräume im klassischen Athen verdeutlicht einige Aspekte eines solchen Verdrängungsprozesses im überlieferten Geschichtsbild.

Für das Methodentraining zur Analyse von Geschlechterordnungen eignen sich folgende Fragestellungen, die nicht nur für die hier angegebenen Beispiele gelten. Sämtliche Geschlechterordnungen in der Geschichte können damit untersucht werden:

◆ Welche Argumente werden für die Formierung des Geschlechterverhältnisses herangezogen? Politische, ökonomische, kulturelle, religiöse?

- Welche Funktionen für das gesellschaftliche Ganze werden Männern und Frauen zugeschrieben?
- Welche gesellschaftlichen Vorteile oder Einschränkungen sind erkennbar?
- Werden durch diese Zuschreibungen Machtpositionen hergestellt, begründet oder verhindert?
- Wie wirken wirtschaftliche oder politische Veränderungen auf bestehende Geschlechterverhältnisse?
- Welche Normen und Traditionen werden unter sich verändernden Verhältnissen aufgegeben? Welche werden befestigt oder gar intensiviert?
- Welche konkurrierenden Vorstellungen wurden öffentlich diskutiert?
- Welche gesellschaftlichen Prozesse wandelten Geschlechts*unterschiede* in *Ungleichheiten* der Geschlechterwelten um?
- Wurden Machtverhältnisse zwischen Männern und Frauen mit Hilfe überlieferter Geschichtsbilder oder Traditionen begründet und stabilisiert?

Einige dieser Fragen stehen im Mittelpunkt der in diesem Kapitel dargestellten Beispiele, sie sind jedoch nicht direkt formuliert, sondern befinden sich im didaktischen Hintergrund.

14.1 Frauenräume – Männerräume im klassischen Athen

Das in gängigen Geschichtsdarstellungen vermittelte Verhältnis zwischen Männern und Frauen im klassischen Athen[3] muss aus der Genderperspektive in einigen Punkten revidiert werden. Um die Geschlechterordnung präziser als bisher üblich wiedergeben zu können, müssen Position und Funktionen der Frauen in ihrem Verhältnis zu Männern und zum gesellschaftlichen Ganzen genauer erläutert werden. Betrachtet werden deshalb im Folgenden

- das Verhältnis zwischen Mann und Frau,
- die Kultpraktiken von Mädchen und Frauen außerhalb des Hauses,
- die Funktion der Frau innerhalb des Oikos und die Funktion des Oikos für die Polis.

14.1.1 Das Verhältnis zwischen Männern und Frauen[4]

Nach Aristoteles (4. Jh. v. Chr.) ist das Verhältnis des Männlichen zum Weiblichen von Natur aus so, dass das eine führe und das andere geführt werde. Gemeint war damit aber ein politisches Führen, das auf Argumentieren und Überzeugen basierte – wie in den politischen Gremien seiner Zeit, der Volksversammlung und dem Rat. Führung beruhte nicht auf Befehl und Gehorsam, wie beispielsweise gegenüber Sklaven und Kindern, sondern auf einer Übereinstimmung in den Entscheidungsmechanismen zwischen häuslicher und politischer Sphäre, wie Aristoteles selbst anmerkt:

> Denn es gibt drei Teile der (Lehre von der) Leitung des Hauses. Der hausherrschaftliche, der (...) väterliche und drittens der eheliche, denn sowohl über die Frau und über die Kinder regiert (der Mann), über beide als über Freie, aber nicht von derselben Weise (ist) die Herrschaft, sondern bezüglich der Frau (ist sie) nach politischer Art, hinsichtlich der Kinder ist sie von königlicher Art (...)

> Aristoteles: Politik, 1259 a 37-b 1. Zit. nach: Wagner-Hasel, Beate: Das Diktum der Philosophen: Der Ausschluss der Frauen aus der Politik und die Sorge vor der Frauenherrschaft. In: Späth, Thomas; Wagner-Hasel, Beate (Hrsg.): Frauenwelten in der Antike. Geschlechterordnung und weibliche Lebenspraxis. Stuttgart/Weimar 2000, S. 213.

Das bedeutet, die in der Politik üblichen Muster der Entscheidungsfindung waren in der häuslichen Sphäre nicht unbekannt, sondern beruhten dort wie hier auf dem Konsensprinzip.

Dieses Prinzip lässt sich, achtet man darauf, an vielen anderen Stellen auffinden, wie beispielsweise auch in Tragödien von Aischylos sowie in der Orestie von Euripides. Noch deutlicher tritt dieses „politische" Verhältnis der Geschlechter in damaligen Autoritätsbezeichnungen zu Tage: In den Schriftquellen der klassischen Zeit findet sich neben dem Begriff des Herrn (despótes) der Begriff der Herrin (déspoina). Der Begriff kýrios (Herr), mit dem die unumschränkte Macht eines Hausherrn gegenüber Freien und Unfreien bezeichnet wurde, ist eher von besitzrechtlicher Bedeutung und wird deshalb funktional, gleichsam als Besitzherrschaft, verstanden.

Besser also als der Begriff des Patriarchats, der nicht nur den griechischen Geschlechterverhältnissen übergestülpt wird, eignet sich als Charakterisierung des griechischen Geschlechterverhältnisses das Konzept der komplementären und getrennten Räume. Damit aber verändert sich die Position der Athenerin nicht unerheblich.

Ausdrücklich sei in diesem Zusammenhang auf zweierlei hingewiesen: Erstens entspricht die Aufteilung in Frauenräume und Männerräume (verstanden als soziale Bereiche) nicht der gegenwärtigen Unterscheidung zwischen einem häuslich privaten Bereich und einem öffentlichen politischen Bereich. Grenzlinien gab es sowohl innerhalb des Hauses als auch innerhalb der Öffentlichkeit, wie am Beispiel des Oikos und der Kultpraxis der Athenerinnen noch gezeigt werden wird.

Zweitens soll für die Athener Frauen keine gleichberechtigte Stellung behauptet werden. Innerhalb der Athener Geschlechterordnung haben sie jedoch einen durchaus klar umrissenen und keineswegs unwichtigen Platz, und der darf ihnen historiographisch nicht streitig gemacht werden.

14.1.2 Die Athenerinnen und die Kulte der Stadt [5]

Frauen in Athen aus der Genderperspektive
Im Folgenden wird die Bedeutung der Kulthandlungen athenischer Frauen für die Polis hervorgehoben, die bisher kaum im geschichtlichen Bewusstsein vorhanden ist.

In der Geschichtsschreibung wird des Öfteren erwähnt, dass Kulte die einzige Möglichkeit für Frauen boten, öffentlich zu agieren, während sie sonst von politischen Entscheidungen ausgeschlossen und auf den häuslichen Bereich beschränkt waren. In Geschichtsdarstellungen werden sie jedoch meist nur als Teilnehmerinnen an Prozessionen und als Zuschauerinnen gezeigt. [6]

Ihre Funktionen in den Kulten, vor allem aber deren politische Dimension, bleiben hingegen unerwähnt. In der antiken Polis – und das ist zu betonen – bildeten Religion und Politik eine Einheit. Religion war immer Polisreligion. Die Priester waren Bürger und Bürgerinnen, die einen bestimmten Dienst stellvertretend für die Polis ausübten. De Polignac spricht sogar von einer Kultbürgerschaft, die von Anfang an beide Geschlechter miteinbezogen habe. [7]

Eine solch klar herausgestellte Bedeutung fehlt in den gängigen Geschichtsdarstellungen.

Dieses Fehlen lässt sich aus der Genderperspektive mit einigen Hinweisen erklären:

1. Geschichtsschreibung und Geschichtsdarstellungen orientieren sich weniger am Leben der Menschen, stattdessen werden sie bekanntermaßen nach Sachthemen strukturiert. Als ein typisches Beispiel seien hier nur einige Kapitelüberschriften aus dem informativen Buch von Robert Flacelière über das antike Griechenland angeführt: Das zweite Kapitel behandelt „Die Polis und ihre Bevölkerung: Bürger, Metöken, Sklaven", das dritte „Die Welt der Frauen: Ehe und Familie", das achte „Das religiöse Leben und Theater" [8] Bei solchen systematischen Strukturie-

rungen wird im Leben der Menschen Zusammenhängendes oft auseinander gerissen und voneinander isoliert.

2. Frauen werden in besonderem Maße aus dem Gesamtgeschehen herausgelöst und als gesonderter Lebenszusammenhang dargestellt, als ob sie nicht in der gleichen Welt wie die Männer lebten.

3. Besonders bedeutsam und besonders zu prüfen sind die Relevanzkriterien. Als ein bisher als allgemein wichtig erachteter Maßstab für das, was in der Geschichte relevant ist, gilt nach wie vor der Fortschritt der Zivilisation. Er wurde nach Karin Hausen als historische Zielperspektive angesetzt und in dieser Perspektive wurden bestimmt Gruppen von Menschen privilegiert und bestimmte Sachverhalte als wesentlich erachtet, andere dagegen an den Rand verwiesen oder gar nicht erwähnt[9] (Kap. 5.5). Für den so definierten „Fortschritt der Zivilisation" spielt die Religion in Athen mit ihrer Irrationalität und ihren Mythen keine Rolle. Götterwelt und Mythen wurden deshalb der Abteilung Sagen zugewiesen. Wesentlich unter dem Gesichtspunkt des zivilisatorischen Fortschritts sind dagegen in der gewohnten Geschichtsperspektive die Herausbildung der Polis als Staatsgebilde, damit auch die Demokratie und die Männer, die für politische Entscheidungen zuständig waren. Nicht relevant aber sind die Frauen, da sie kein politisches Mitspracherecht hatten. Dieses Grundmuster wird dann auch in didaktischen Darstellungen (Schulbücher, historische Sachbücher für Kinder und Jugendliche) übernommen und noch stärker reduziert, sodass nicht einmal die Funktion der Frauen innerhalb des Oikos für die Polis erläutert wird, sondern das Leben der Frauen auf Spinnen, Weben und Aufziehen der Kinder reduziert wird.

Die Stellung der Frauen in der Geschichte kann also anders gesehen und gewichtet werden, wenn diese zum gesellschaftlichen Ganzen in Beziehung gesetzt werden und somit das soziale Verhältnis der Geschlechter und seine gesellschaftliche Funktion erkennbar werden.

Die Kulte der Artemis in Brauron

Das Artemis-Heiligtum von Brauron lag knapp 40 km von Athen entfernt an der Ostküste Attikas. Die Lage an der Grenze des Territoriums der Polis, in Attika der Grenze zum Meer, ist typisch für Artemis-Heiligtümer. Das Artemis–Heiligtum von Brauron wurde vom 8. bis zum 3. Jahrhundert v. Chr. benutzt. Um die Wende vom 6. zum 5. Jahrhundert wurde auf den Fundamenten eines älteren Gebäudes ein Tempel errichtet. In dessen unmittelbarer Nähe befindet sich noch heute eine Quelle, in der Tausende von Votivgaben versenkt wurden, die eindeutig von Frauen stammen, z.B. Spiegel, Kämme etc. Zu der

Tempelanlage gehörten außerdem ein Kultplatz und ein Gebäude, in dem die Verzeichnisse der im Tempel vorhandenen Weihgeschenke aufbewahrt wurden. Die Tatsache, dass Athenerinnen so weit von der Stadt entfernt ein Fest feiern konnten, muss gleichzeitig ein sichtbares Zeichen für die politische Integrität ihres Territoriums gewesen sein. Der Artemis Brauronia war außerdem ein Heiligtum auf der Akropolis eingerichtet worden, das ebenfalls Weihgeschenke und Schatzverzeichnisse aufbewahrte, außerdem auch Abschriften der Verzeichnisse von Brauron. Die älteste dieser Abschriften stammt aus dem Jahr 416 v. Chr. Wahrscheinlich ist dieses zweite Heiligtum errichtet worden, weil kriegerische Auseinandersetzungen die Sicherheit des Heiligtums an der Peripherie bedroht hatten.

Weitere Angaben über den Artemis-Kult in Brauron finden sich in „Lysistrate", der Komödie des Aristophanes, die vom Liebesstreik der Frauen Athens und Spartas handelt. Dort begründet der Chor der Frauen das Eingreifen in die politischen Belange der Stadt mit den kultischen Leistungen der Athenerinnen. Die gängigen Übersetzungen sind jedoch recht ungenau, deshalb wird hier der Text in einer Übersetzung wiedergegeben, der die Ämter der Mädchen näher bezeichnet.

Wir nämlich, all ihr Bürger von Athen, mit einer Rede

Beginnen wir, die für die Stadt nützlich ist,
zu recht – denn üppig, prächtig zog sie mich auf:
Sieben Jahr alt geworden, war ich gleich Arrhephore,
dann war ich Kornmahlerin für die *Archegétis*,
und das Safrankleid zu Boden gleiten lassend war ich Bärin
an den Brauronia,
auch diente ich als Kanephore, als ich dann ein schönes Mädchen war, und hatte
aus getrockneten Feigen einen Kranz.
Arrhephore: Zwei Mädchen im Alter zwischen sieben und elf Jahren wurden zum Kultdienst auf der Akropolis herangezogen. Dort dienten sie der Athene und mussten rituell mit dem Weben des Peplos für Athene beginnen. (Siehe weiter unten: Panathenäenfest.)
Kornmahlerin: Das Mehl wurde für Opferkuchen verwendet, die bei vielen Opferfesten gereicht wurden. Die Herstellung dieses Mehls war ebenfalls eine besondere rituelle Aufgabe.
Archegétis: Eine Bezeichnung, die für viele Gottheiten gilt, männliche wie weibliche, sie bedeutet oft Gründer(in) oder Patron(in) einer Stadt; wahrscheinlich ist auch hier Athena gemeint.
Kanephore: Aus den angesehensten Bürgerfamilien wurden Jungfrauen

ausgewählt, die bei Götterprozessionen auf dem Kopf Körbe aus kostbarem Material trugen, in denen Opfergeräte zur Opferstätte transportiert wurden.

Zit. nach: Waldner, Katharina: Kulträume von Frauen in Athen: Das Beispiel der Artemis Brauronia. In: Späth, Thomas; Wagner-Hasel, Beate (Hg.): Frauenwelten in der Antike. Geschlechterordnung und weibliche Lebenspraxis. Stuttgart/Weimar 2000, S. 77.

Da aber kaum jemand über die Kultpraktiken im Einzelnen informiert ist, werden diese Zeilen oft ungenau übersetzt, häufig überlesen und in Aufführungen auch übergangen.

Eine recht genaue Übersetzung findet sich in der Reihe der Reclamheftchen, die besonders häufig herangezogen werden, sofern sich jemand über antike Theaterstücke informieren möchte. Um den Sinn der Zeilen zu verstehen, müsste man aber die einzelnen Ämter bereits kennen.

Aristophanes: Lysistrate 638-647:

Lass dir nun, Bürgervolk, sagen ein verständig Wort,
Das der Stadt nützlich ist!
Sie verdient's, denn auferzogen
Hat sie mich in Prunk und Lust!
Sieben Jahr' alt, trug ich schon
Herses Heiligtum beim Fest,
Mit zehn Jahren mahlt' ich dann
Opfermehl der Artemis,
Ward im Safrankleid in Brauron
Ihr geweiht beim Bärenfest,
Ward sodann als hübsche Jungfrau
Festkorbträgerin,
In der Hand die Feigenschnur!

Herse und *Oreithyia*, Töchter des schlangengestalteten Göttersohns Erichthonios, des Begründers des Panathenäenfestes, sind an einem solchen Fest von Hermes und dem Windgott Boreas entführt worden.

Aristophanes: Lysistrate. Komödie. Leipzig 1988, S. 34 f. Übersetzung von Ludwig Seeger.

In einer anderen Übersetzung wird jedoch so „frei" mit diesen Zeilen umgegangen, dass der Sinn gar nicht mehr zu erkennen ist:

„Ihr Städter, höret nun ein wohlgemeintes Wort:
Das nützt der Stadt, die das verdient, denn sie erzog mich.

Als Kind schon hat sie mir sehr viel gegeben und
Als kleines Mädchen mich den Gottesdienst gelehrt,
Im grünen Kranz, im langen Kleid, im heiligen Reigen."

Aristophanes: Lysistrata. Komödie des Aristophanes. Neu übersetzt von
Erich Fried. Berlin 1986, S.54.

Gleichwohl vermitteln gerade die hier mehrfach zitierten Zeilen, wie
wichtig Mädchen und Frauen für die Stadt waren: Der Chor hebt die
Bedeutung der Mädchen und Frauen für die Polisreligon und somit für
die Polis hervor. Der Krieg jedoch hat die Stadt und auch deren Ränder
samt den Heiligtümern der Artemis unsicher gemacht. Damit war die
Bewegungsfreiheit der Frauen wie auch die Ausübung der Kulte eingeschränkt. Dies gefährdete die traditionelle Geschlechterordnung, die in
Lysistrate genau deshalb aus allen Fugen gerät. Zugleich wird hier ein
anderer wichtiger Hinweis gegeben: Die Frauen übten die Dienste im
Auftrag der Polis aus, denn während ihres Dienstes in den verschiedenen
Kulten lebten sie dort auf Kosten der Stadt.

Während in Brauron nur Frauen anwesend waren, hielten sich in
einem nördlicher gelegenen Artemis-Heiligtum männliche Jugendliche
auf, die rituell in die Situation als Jäger und als Krieger eingeführt
wurden.

Die Kulthandlungen und ihre Deutung [10]

In diesem Zusammenhang hier sollen nur die Zeilen „und das Safrankleid zu Boden gleiten lassend war ich Bärin an den Brauronia" genauer
erläutert werden:

In Heiligtümern sind meist mehrere mythische Erzählungen für die
Ausgestaltung der Rituale maßgeblich, so auch in Brauron. In einem
vorhandenen Scholion[11] zu Aristophanes' Lysistrata werden mehrere
Erklärungen für den Dienst der Mädchen in Brauron angegeben.

Scholion zu Aristophanes, Lysistrate 645:

645a: Indem sie eine Bärin nachahmten, vollzogen sie einen geheimen Ritus.
Diejenigen, die für die Göttin Bärinnen waren, trugen ein Safrangewand.
Und sie verrichteten gemeinsam das Opfer für Artemis in Brauron und
Artemis in Munichia als ausgewählte Jungfrauen, die nicht älter als zehn und
nicht jünger als fünf Jahre waren. Die Mädchen vollzogen das Opfer, um die
Göttin zu besänftigen, da die Athener in eine Hungersnot geraten waren,
weil sie der Göttin eine zahme Bärin getötet hatten.

645c: Eine Bärin wurde ins Heiligtum der Artemis gegeben und gezähmt.
Einmal nun trieb irgendein Mädchen mit ihr Scherz und sein Gesicht wurde

von der Bärin zerkratzt. Sein Bruder grämte sich darüber und tötete die Bärin. Artemis aber geriet in Zorn und befahl, dass jede Jungfrau vor der Ehe die Bärin nachahme und das Heiligtum ehre, indem sie ein Safrangewand trage, und das werde ‚die Bärin sein' genannt. Die einen aber sagen, dass eine pestartige Krankheit die Athener befallen habe. Und die Göttin sagte, es werde eine Erlösung von dem Übel geben, wenn sie als Buße für die getötete Bärin ihre Jungfrauen zwingen würden, ‚die Bärin zu sein'. Als den Athenern dieser Orakelspruch verkündet worden war, beschlossen sie durch Abstimmung, dass eine Jungfrau nicht vorher mit einem Mann zusammenleben dürfe, bevor sie nicht für die Göttin ‚die Bärin gewesen sei'.

Zit. nach: Waldner, Katharina: Kulträume von Frauen in Athen: Das Beispiel der Artemis Brauronia. In: Späth, Thomas; Wagner-Hasel, Beate (Hg.): Frauenwelten in der Antike. Geschlechterordnung und weibliche Lebenspraxis. Stuttgart/ Weimar 2000, S. 78.

Diese Mädchen, von denen hier die Rede ist, wurden im Alter zwischen fünf und zehn Jahren für den Dienst im Heiligtum ausgewählt, wahrscheinlich als Repräsentantinnen ihres Demos oder ihrer Phyle. Das Ende ihres Aufenthalts im Heiligtum wurde im Rahmen eines großen Festes gefeiert. Dieses Fest in Brauron, wahrscheinlich alle fünf Jahre, begann mit einem Festzug von Athen nach Brauron, der von Beamten der Polis überwacht wurde. Die Kulthandlungen und Rituale während des Opferfestes in Brauron wurden von Frauen und Mädchen ausgeübt. Genaue Einzelheiten darüber sind nicht bekannt.

Fest steht aber Folgendes:

◆ Im Heiligtum von Brauronia wurden Mädchen vor ihrer Hochzeit der Artemis geweiht.

◆ Sie brachten Opfer, liefen um die Wette und tanzten. Dabei wurden sie von älteren Frauen betreut.

◆ Das Tragen und Ausziehen bestimmter Kleidungsstücke war bei den Ritualen ebenso wichtig wie der Zustand der Nacktheit. Eine besondere Rolle spielte dabei das erwähnte Safrangewand.

Die rituellen Handlungen der Mädchen haben nach den Erklärungen im Scholion einen überaus verpflichtenden Charakter: Würden sie sich der Göttin gegenüber falsch verhalten, könnten sie ganz Athen schädigen.

Die Verbindung der Mädchen mit der Bärin, die sich der Erzählung nach bereits im gezähmten Zustand im Heiligtum befindet, wird folgendermaßen gedeutet: Dadurch dass sich die Mädchen als Bärinnen im Heiligtum befinden, sind sie ebenfalls im gezähmten Zustand. Die

a)

b)

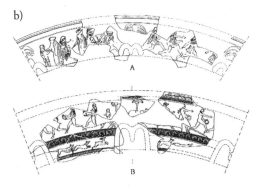

A

B

Abb. 30:
a) Gefäßscherben
aus Artemisheilig-
tümern um 430–
420 v.Chr.
b) Umzeichnun-
gen der Gefäß-
scherben I und II
Aus: Waldner,
Katharina:
Kulträume von
Frauen in Athen.
a.a.O.,S. 79

Wildheit, die durch ihren Aufenthalt gezähmt wird, kann nun aber nicht, wie oft gemeint wurde, ihre Weiblichkeit und ihre Sexualität sein, das entspräche nicht der Altersstufe. Zu zähmen ist vielmehr ihre Kindlichkeit, ihr Zustand, bevor sie ins Heiligtum kamen. Durch ihre Verwandlung von wilden Kindern, die mit Opfertieren gleichgesetzt wurden – indem sie das Safrangewand zu Boden gleiten lassen – werden sie zu kleinen Priesterinnen der Artemis. Als solche aber waren sie auch in diesem Fall nicht mehr nur an den Oikos gebunden, sondern sie waren damit Teil der gesamten Polis.

Anregungen für die Integration in den laufenden Unterricht:
Die Erziehung der Mädchen und Jungen in Athen gehört zu den Standardthemen des Geschichtsunterrichts in der 5. oder 6. Klasse.

Inhaltlich kann solch ein Thema an historischer Bedeutung zunehmen, wenn nicht nur besprochen wird, *womit* sich Jungen und Mädchen beschäftigt haben oder beschäftigt wurden, sondern *wozu* diese Tätigkeiten dienten. Für athenische Jungen finden sich in vorhandenen Darstellungen und in Unterrichtsmaterialien genügend Hinweise bis hin zum heimlichen Besuch einer Volksversammlung. Für athenische Mädchen können zum einen verschiedene Kulthandlungen – mit den dazugehörenden Rahmenerzählungen – und deren Bedeutung für die Polis bearbeitet werden. Zum anderen kann ihre Funktion innerhalb des Oikos behandelt werden bis hin zur Funktion des Oikos für die Polis. Damit in Verbindung können auch Gründe genannt werden, weshalb Frauen zur klassischen Zeit stärker als zuvor ins Haus zurückgedrängt wurden.

Zu den Vorschlägen seien einige weitere Hinweise gegeben:
Neben den oben erwähnten Erzählungen zum Artemiskult können auch die anderen in Lysistrata erwähnten Ämter besprochen werden. Weitere wichtige Dienste von Mädchen und Frauen finden sich beim *Panathenäenfest*, das alle vier Jahre im August mit gewaltigem Aufwand gefeiert wurde. Dem riesengroßen Standbild der Athene im Parthenon wurde bei jedem Panathenäenfest ein neues Gewand angelegt, das von Frauen in der Stadt gewebt und bestickt wurde. Bei der großen Prozession wurden auch zahlreiche Opfergaben mitgeführt.

Über dieses Fest gibt es einen sehr anschaulichen Bericht (der jedoch nicht als zeitgenössische Quelle zu verstehen ist, sondern in dem Bereich didaktisch konstruierter Geschichtserzählungen angesiedelt ist):

Ein Kleid für Athene – Das Panathenäenfest:

Im Moment formiert sich der Festzug im Hof des Pompeion zwischen dem Dipylon, dem großen Doppeltor, und dem Heiligen Tor. Vom Keramaikos kommend, wird er die Agora überqueren, den Marktplatz mit seinen Prachtbauten (...) An der Spitze die Kanephoren, junge Mädchen aus den vornehmsten Familien, die heute zum ersten und einzigen Mal in der Öffentlichkeit erscheinen. Auf dem Kopf tragen sie Körbe, in denen von heiliger Gerste bedeckt die Opfermesser ruhen, mit denen die Priester später die Opferrinder und -schafe töten werden. Es ist die Blüte der athenischen Jugend, junge, goldgeschmückte Mädchen, eben im heiratsfähigen Alter, die für ihre ehrenvolle Aufgabe von der Volksversammlung ausgewählt und durch ihre Teilnahme an der Prozession quasi öffentlich n die Gesellschaft aufgenommen werden. (...) Kaum ein Mann hat sonst Gelegenheit, einen Blick auf die Töchter Athens zu erhaschen, die ja streng auf das väterliche

Abb. 31: Übergabe des Peplos. Aus: Dersin, Denise (Hg.): Wie sie damals lebten im Griechenland der Antike 480-323 v.Chr. Amsterdam 1998, S. 78

Haus beschränkt sind. Poseidon muss schließlich besänftigt werden! Denn der Meeresgott hegt alten Groll gegen die Frauen dieser Stadt – haben die Athener doch einst bei der Wahl des Stadtnamens für Athene gestimmt.

Andererseits ist das auch ein Grund, warum heute beim Fest für die Stadtherrin die Frauen eine so wichtige Rolle spielen. Sie haben einen engen Bezug zur Göttin: Sie sind es, die das Gewand für Athene, den neuen Peplos, weben und besticken. Unter der Leitung von Priesterinnen und der Aufsicht der Volksversammlung und ihrer Vertreter arbeiten Frauen jeden Alters und Ranges daran. Die jüngsten, die Arrhephoren, sind gerade sieben Jahre alt! Alle Wünsche und Hoffnungen für die Stadt sind in den Peplos sozusagen hineingewebt, der, wie ein Segel über einem schiffsförmigen Wagen aufgespannt, jetzt durch die Stadt gefahren wird...

Die Frauen und mit ihnen alle Bürger ehren durch diese Weihgabe die Göttin und dienen ihr. Dafür dürfen sie die huldvolle Erneuerung der Bande mit der Stadtgöttin erwarten. Auf diese Weise sind die athenischen Frauen der Zukunft der Stadt eng verbunden.

Kolb, Heike: Ein Kleid für Athene – Athen feiert sich selbst. In: Geschichte mit Pfiff, Nürnberg, Heft 11/1997, S. 6-7.

Auch dieser Text zeigt die kultische Praxis der Frauen wie auch die enge Verbindung der Frauen mit den Kulten der Polis.

14.1.3 Die Funktion des Oikos für die Polis [12]

Der Oikos war ein Personenverband. Er umfasste die lebenden Familienmitglieder sowie die Vorfahren des Ehemannes. Dazu kam das gesamte Vermögen. Der Oikos und seine Erhaltung standen im Mittelpunkt der athenischen Familienverfassung und des Familienrechts. Dem dienten einerseits zahlreiche Kulte, andererseits rigorose Regelungen, die allein dem Hausherrn Rechte beließen. Die Besitzherrschaft ist bereits oben erwähnt worden. Hinzu kamen Regelungen, welche die legitime Nachkommenschaft des Oikos sichern sollten. Alle diese Maßnahmen sollten die Erhaltung des Oikos sichern, vor allem deshalb, weil der Oikos auch eine sakrale Einheit darstellte.

Die Frauen waren als Hausherrinnen verantwortlich für den Hausstand, den unbeweglichen Teil des Oikos. Ihre Wirtschaftsführung sowie die Arbeit der im Haus beschäftigten Sklaven und Sklavinnen diente der Erhaltung und Vermehrung des häuslichen Wohlstands und somit des Ansehens des Oikos in der Polis. Daneben war die Mutterschaft eine zentrale Aufgabe der athenischen Ehefrau, denn die legitimen Erben sicherten den Bestand des Oikos. Außerdem aber waren die Frauen intensiv in viele für das Gedeihen des gesamten Oikos erforderliche Kulthandlungen eingebunden.

Zu erwähnen bleibt noch, dass der Staat nach athenischer Vorstellung nicht aus einem Zusammenschluss einzelner Individuen, sondern einzelner Personenverbände bestand, wobei die Zugehörigkeit zu staatlichen Institutionen an die „Voraussetzung der intakten Zugehörigkeit zu diesen Verbänden geknüpft" war.[13]

Hier findet sich einer von mehreren Hinweisen auf das verstärkte Zurückdrängen der Frauen in den häuslichen Bereich, das in der zweiten Hälfte des 5. Jahrhunderts v. Chr. ganz offensichtlich war.[14] Zunächst sind die Auswirkungen des Bürgerrechtsgesetzes zu nennen, das von Perikles initiiert worden war: Nach diesem Gesetz konnte attischer Bürger nur sein, wer von beiden Eltern her Athener war und seine „intakte Zugehörigkeit" auch nachzuweisen hatte.

Die Wirkung des Gesetzes war, dass diese Intaktheit des Oikos noch genauer kontrolliert wurde, eine Athenerin nicht etwa ein Kind von einem Nicht-Athener bekommen konnte und dieses Kind dann womöglich wegen nicht genau feststellbarer Vaterschaft das athenische Bürgerrecht bekam, was durch das Gesetz ja gerade verhindert werden sollte.

Die Zurückdrängung der Frau hängt aber auch mit der wachsenden Inanspruchnahme der Männer durch Politik und Krieg zusammen. Die Sicherheit der Frauen außerhalb der Stadt, wie beispielsweise im Artemis-Heiligtum von Brauron war infolge der zunehmenden kriegerischen Auseinandersetzungen in dieser Zeit nicht gewährleistet.

14.2 Die Industrialisierung und die Geschlechterordnung

Anhand der Industrialisierung kann aufgezeigt werden, wie Gender und Arbeitsverhältnisse sich wechselseitig bedingen und wie die Wechselwirkung ihrerseits Veränderungen unterliegt. Für die Auswahl dieser Thematik waren außerdem didaktische Gründe maßgeblich: Die Industrialisierung gehört erfahrungsgemäß zu den Themen, die Lehrer und Lehrerinnen gern unterrichten. Dieses Thema findet auch bei Schülern und Schülerinnen Anklang. Ferner gibt es dazu eine Fülle interessanter Unterrichtsmaterialien, mit denen die Lehrenden den verschiedensten Interessen mühelos gerecht werden können. Diesen Materialien sollen hier keine weiteren hinzugefügt werden. Es geht vielmehr darum, die bisher *gewohnten* Inhalte und Unterrichtsstrukturierungen unter der Genderperspektive zu betrachten. Gerade am Bekannten kann am besten nachvollzogen werden, wie Inhalte und ihre Quellentexte, die vollständig erschlossen zu sein schienen, Details zu Tage treten lassen und damit die Erkenntnisstruktur verändern, wenn man sie aus einem anderen Blickwinkel betrachtet.

Bei der folgenden Darstellung der Arbeitsverhältnisse geht es also zunächst um eine Erweiterung des Blickwinkels auf Seiten der Lehrer und Lehrerinnen, erst danach um Anwendungsmöglichkeiten im Unterricht.

Die Wirtschaftsordnung aus der Geschlechterperspektive
Während des Industrialisierungsprozesses gerieten herkömmliche Geschlechterordnungen mit ihren hierarchisierten Arbeitsabläufen und den getrennten Männer- und Frauenbereichen ins Wanken. Denn für eine markt- und gewinnorientierte Produktion von Waren erwiesen sich derartige Arbeitsverhältnisse als unrentabel und waren eigentlich zu überwinden. Allen Marktgesetzen zum Trotz aber konnte sich dieser angeblich unwirtschaftliche Prozess der Aufspaltung, Trennung und

Hierarchisierung der Arbeitsverhältnisse im Erwerbsleben durchsetzen und bis heute seine Wirkungsmacht erhalten.

Speziell zur Industrialisierung hat Karin Hausen einige Überlegungen formuliert, die zeigen, wie scheinbar vertraute Strukturen auf neue Weise entschlüsselt werden können.[15] Die folgenden Fragen sind zum Teil wörtlich wiedergegeben, zum Teil sind einige Fragen und Überlegungen für den hier entwickelten Zusammenhang umformuliert worden:

> Wenn tatsächlich der geschlechtsneutral vorgestellte Markt allein nach Angebot und Nachfrage den Einsatz und die Entlohnung der verfügbaren Arbeitskräfte geregelt hat, (…)
>
> ◆ Warum haben kapitalistische Unternehmen nicht noch sehr viel konsequenter die Chance genutzt, aus der kulturell üblichen niedrigen Entlohnung der Frauenarbeit wirtschaftlichen Nutzen und Gewinn zu ziehen und sofern irgend möglich auf teurere Männerarbeit zu verzichten?
>
> ◆ Warum gelang es Männern, sowohl ihre höhere Entlohnung als auch ihre besseren Arbeitsmarktchancen dauerhaft zu behaupten?
>
> ◆ Warum war und ist es so schwierig, für Frauen eine Statusverbesserung in der Erwerbsarbeit durchzusetzen?
>
> ◆ Wie und warum wurden neu geschaffene Arbeitsplätze entweder nur mit Männern oder nur mit Frauen besetzt?
>
> ◆ Auf welche Weise erlangten Arbeitsplätze und Arbeitsfunktionen eine größere Bedeutung?
>
> ◆ Wie und warum wurden Arbeitsplätze mit einer angeblich größeren Bedeutung hauptsächlich Männern zugesprochen?
>
> ◆ Wie kam es dazu, dass Arbeitsplätze und Arbeitsfunktionen sogar als männlich oder weiblich definiert, bzw. umdefiniert wurden?
>
> ◆ Wie war es möglich, gegen die Dynamik technischer und wirtschaftlicher Veränderungen immer wieder die geschlechtsspezifischen Grundmuster der Segregierung und Hierarchisierung stabil zu halten?
>
> ◆ Wie hatte sich die Vorstellung verallgemeinern können, dass auch Frauen aus nicht bürgerlichen Kreisen, die immer durch eigene Erwerbsarbeit zum Familieneinkommen hatten beitragen müssen, sich primär dem „Beruf" der Hausfrau, Gattin und Mutter widmen sollten?

Nicht für alle, aber für einige dieser Fragen lassen sich im folgenden Beispiel, das sich mit dem Prozess der Trennung und Hierarchisierung von Arbeitsplätzen befasst, Antworten finden.

Die Trennung und Hierarchisierung von Arbeitsplätzen in der Baumwoll-spinnerei [16]

Im vorindustriellen Zeitalter wurde die Handspinnerei als Frauenarbeit definiert, demzufolge wurde sie auch gering entlohnt. Als in den Anfängen industrieller Weberei erhöhter Bedarf an Garn entstand und die Spinning-Jenny im Hausgewerbe eingesetzt wurde, wurde das Spinnen als hauptgewerbliche Tätigkeit für Männer attraktiv. Das führte jedoch noch nicht zum Ausschluss der Frauen aus dem Fein-spinnprozess, da während dieser Zeit die Aufteilung der Arbeit im Ermessen des Arbeitspaares lag und familienintern geregelt wurde. (Kap. 12.2)

Bereits die ersten Spinnereien wiesen eine geschlechtsspezifische Trennung des Arbeitsprozesses auf: Mit den Vor- und Nachbereitungs-arbeiten, wie dem Wolllesen (Reinigen), Krempeln (Auflockern mit der Krempel) und Weifen (Vorspinnen) wurden Frauen und Kinder be-schäftigt, an den Feinspinnmaschinen arbeiteten Männer und Kinder. Die höhere Produktivität der Spinning-Jennies erhöhte den Aufwand in den Vorbereitungsprozessen (reinigen, krempeln, vorspinnen). Des-halb wurde die aus dem Handwerk und aus den Manufakturen bekann-te Arbeitsteilung übernommen, wonach die Arbeit im technologischen Hauptprozess den Männern zugeordnet war. Ein großer Teil der Spinner kam aus dem Handwerk, in dem sich die Geschlechterhierar-chie als kulturelle Norm verfestigt hatte.

– Die Maschinisierung führte zu einer Arbeitsteilung auch innerhalb einzelner Fertigungsstufen. Es wurde unterschieden in Maschinen-haupt- und -hilfsarbeit, Diese Aufteilung geschah mit der Absicht, die menschlichen Arbeitsfunktionen auf Hilfsarbeiten zu reduzieren. In

Abb. 32: Kardier- und Vorspinnmaschinen in einer englischen Baumwollspinnerei, Stahlstich von 1836.

dieser Phase fortschreitender Arbeitsteilung wurde der Status von Frauen als Zu- bzw. Hilfsarbeit festgeschrieben.

– Die endgültige Rückstufung von Frauen zu Hilfskräften, bzw. ihre vollständige Verdrängung aus dem Feinspinnprozess erfolgt jedoch erst mit der Ausbreitung der Mule-Spinnerei. Für diese Maschinen braucht man Kraft, da sie per Hand angetrieben werden, obwohl das Vorwerk, in dem die Vorarbeiten durchgeführt werden, an den Kraftantrieb angeschlossen ist, was auch seit etwa 1790 bei der Mule-Spinnmaschine möglich ist. Die Maschinen werden vorerst nicht an den Kraftantrieb angeschlossen, sondern werden vergrößert, das erhöht den Kraftbedarf und erfordert demnach Männer für den Feinspinnprozess.

Abb. 33: Feinspinnen mit halbautomatischen Mulemaschinen, Stahlstich von 1836.
Abb. 32 u. 33 aus: König, Wolfgang (Hrsg.): Propyläen-Technikgeschichte. Dritter Band: Paulinyi, Akos: Troitzsch, Ulrich: Mechanisierung und Maschinisierung 1600–1840. Berlin 1997, S. 298, 304

– Nach der Umrüstung der Mule-Spinnmaschinen auf Kraftantrieb hätten Unternehmer eigentlich daran interessiert sein können, Frauen an diesen Maschinen arbeiten zu lassen. Fabrikarbeiter in Sachsen fordern aber, Frauen nur für die Vor- und Nacharbeiten in Spinnereien zuzulassen.

– Um Lohnkostensenkungen zu verhindern, setzt sich die Maschinenvergrößerung und die Mehrmaschinenbedienung durch. Mit wachsender Maschinengröße erhöht sich die Verantwortung des Spinners, was sich in der Lohndifferenzierung auswirkt.

– Bei der Weiterentwicklung der Mule zum Selfaktor (automatisch laufend) wird der Spinner eigentlich überflüssig. Da der automatische Ablauf nicht störungsfrei funktioniert, erhält der Spinner die neue Berufsbezeichnung „Regulator", ohne Status- und Lohneinbuße.

– In einigen Teilen Deutschlands bleibt die Teilung in Maschinenhaupt- und -hilfsarbeit erhalten, in anderen Teilen verwendet man Selfaktoren, die von Mädchen im Alter von 15-18 Jahren bedient werden. Drei bis sechs dieser Maschinen werden einer männlichen Aufsicht unterstellt, dem Selfaktorspinner. Er gilt nicht mehr als Facharbeiter, sondern als Vorarbeiter. Die Frauen an den Selfaktormaschinen heißen nicht mehr Spinnerinnen, sondern Fadenanlegerinnen, die zusammen mit den Andreherinnen arbeiten. Die Berufsbezeichnung verweist auf den Status der Hilfsarbeiterin.

– Die Ringspinnmaschine, eine Weiterentwicklung der Throstle, führt dann im Feinspinnprozess zur Ablösung der Männerarbeit durch Frauenarbeit.

Die Auswirkungen bis in die gegenwärtigen Arbeitsverhältnisse[17]

Die Geschlechtsspezifik ist in den Erwerbsverhältnissen fest verwurzelt, sie wird entweder gar nicht wahrgenommen und/oder als natürlich erklärt. Bis heute wird sie im Ganzen als selbstverständlich empfunden. Nach Karin Hausen sind die Mechanismen von Segregierung und Hierarchisierung in den Strukturen der Erwerbsarbeit „so tief verankert, dass sie sich bislang selbst gezielten Interventionen einer Gleichstellungspolitik als resistent erwiesen haben" oder gar als unsichtbar erscheinen.[18]

Außer dem Problem der geschlechtsspezifischen Zuweisung der Erwerbsarbeit besteht ein weiteres, das sich aus der Spaltung der Arbeit in unbezahlte und bezahlte ergibt. Beide Probleme lassen sich nicht durch individuelles Verhalten lösen.

Weil über das Geschlecht die Zuweisung der privaten Arbeit erfolgt (es wird immer nach Lösungsmöglichkeiten gesucht, wie *Frauen* Familie und Beruf vereinbaren können) und diese Arbeit keine reale Wertschätzung besitzt, gelten Frauen auf dem Arbeitsmarkt als unsichere und zweitrangige Arbeitskräfte. Die herrschende Geschlechterordnung schafft demnach viele Besonderheiten der Frauen auf dem Arbeitsmarkt, wie dies auch umgekehrt der Fall ist. Die geschlechtsspezifische Struktur des Erwerbsbereiches gilt fast automatisch für alle Frauen.

Im Allgemeinen, so heißt es, verdient eine Frau, die die gleiche Tätigkeit ausführt wie ein Mann, dasselbe Geld. Dennoch kommt es zur Lohndiskriminierung der Frauen. Das liegt vor allem daran, dass Frauen in vielen Bereichen gar nicht dieselbe Arbeit bekommen und die ihnen zugewiesene schlechter bewertet wird. Denn nicht nur Berufe und Arbeitssektoren sind geschlechtsspezifisch gekennzeichnet, auch die Arbeitsverhältnisse sind nicht neutral zugeordnet. Teilzeitarbeit, Diskontinuität der Erwerbsarbeit, Heimarbeit, neuerdings Mini-Jobs, ungeschützte Beschäftigungsverhältnisse bieten sich Frauen als so genannte Vereinbarkeitslösung an. Solche Arbeitsverhältnisse bedeuten jedoch weniger Verdienst und vor allem weniger soziale Sicherung. Weniger jedenfalls als das männliche Normalarbeitsverhältnis, von dem sie abweichen.

Abb. 34: Heimarbeit. Aus: Legnaro, Aldo: Frauenbilder, Männerbilder vom politischen Mythos der Geschlechterrollen im 19. und 20. Jahrhundert. In: Völger, Gisela, Welck, Karin v. (Hg.): Die Braut. a.a.O. 1985, S. 760

Die vorhandenen Lohndiskriminierungen sind zum großen Teil auch in den Tarifverträgen verankert, die hinsichtlich der Arbeitsbewertung und der tarifpolitischen Regelungen genauer analysiert werden müssen. Im Bericht der Bundesregierung zur Lohn- und Einkommenssituation von Männern und Frauen werden nach Barbara Stiegler neun Techniken im Rahmen der Arbeitsbewertung herausgefiltert, die dazu beitragen, Frauenarbeit tariflich abzuwerten. Einige dieser Techniken seien hier als Verständnishilfe wiedergegeben:

1. Die Anforderungen, die an frauendominierten Arbeitsplätzen auftreten, werden nicht bewertet, weil sie nicht in das typische Bild des Frauenberufs gehören (Beispiel: Einsatz von Körperkraft bei Pflegepersonal).

Abb. 35: Karikatur. Aus: Roth, Karin: Gewerkschaftsfrauen. In: Tühne, Anna (Hg.): FrauenBilderLesebuch. Ausstellungskatalog. Berlin 1980, S. 117

2. Für die Bewertung der von Frauen dominierten Arbeitsplätze werden andere Kriterien verwandt als die für die Bewertung der von Männern dominierten Arbeitsplätze. (Beispiel: Im Tarifvertrag werden bestimmte Kriterien erst in den männerdominierten Bereichen herangezogen: Selbständige Leistungen, Verantwortung und Schwierigkeit werden erst in den oberen, männerdominierten Vergütungsgruppen berücksichtigt, in den darunter liegenden Gruppen spielen diese Kriterien keine Rolle.) (...)

3. Die Interpretation von Kriterien erfolgt nach geschlechtsspezifischen Vorstellungen. (Beispiel: physische Belastung wird als dynamische Muskelbelastung definiert, während die für Frauen typischen Belastungen wie etwa ständiges Stehen oder feinmotorische Beanspruchung nicht berücksichtigt werden.) (...)

4. Die Kriterien der Bewertung werden aneinander gebunden, d.h. wenn bestimmte Kriterien nicht erfüllt sind, kommen höherwertige Kriterien gar nicht ins Blickfeld. (Beispiel: Besondere Verantwortung ist nur gegeben, wenn gründliche Fachkenntnisse und Erbringung selbständiger Leistungen erfüllt sind, was zur Folge hat, dass bei der Eingruppierung der Arbeit von Erzieherinnen das Kriterium der Verantwortung überhaupt nicht herangezogen wird.) [19]

Anregungen für den Unterricht

Die Blickerweiterungen, von denen zu Beginn des Kapitels gesprochen wurde, können auch im Geschichtsbewusstsein der Schüler und Schülerinnen angebahnt werden.

Entwicklungen wie die in der Baumwollspinnerei können Schüler und Schülerinnen nachvollziehen. Es ist jedoch darauf zu achten, dass Jungen diesen Unterricht nicht als gegen sich gerichtet empfinden und Mädchen sich nicht in einer beklagens- und bedauernswerten Situation wiederfinden. Deshalb sollten für eine versachlichte Problemerörterung noch drei Unterrichtsschritte vorangestellt werden:

1. Wiederholung der geschlechtsspezifischen Arbeitsteilung im Handwerk anhand eines Bildes, auf dem erkennbar ist, dass der (technologische) Hauptprozess Männern zugeordnet ist.

Abb. 36: Gürtlerwerkstatt. Die Frau trägt das Verkaufsgeschäft.
Holzschnitt Ende des 16. Jh. Aus: Wolf-Graaf, Anke: Die verborgene
Geschichte der Frauenarbeit. München 1994, S. 62

2. Behandlung der Marktgesetze (Einsatz und Entlohnung der verfügbaren Arbeitskräfte nach Angebot und Nachfrage), ggf. anhand eines Textauszuges aus dem Buch „Die Lage der arbeitenden Klasse in England" von Friedrich Engels (Erstausgabe 1845), einem Angehörigen des Bürgertums, in dem über arbeitslose Männer berichtet wird, die zu Hause sind, während die Frauen und Kinder in der Fabrik arbeiten:

„In vielen Fällen wird die Familie durch das Arbeiten der Frau nicht ganz aufgelöst, sondern auf den Kopf gestellt. Die Frau ernährt die Familie, der Mann sitzt zu Hause, verwahrt die Kinder, kehrt die Stuben und kocht. Dieser Fall kommt sehr, sehr häufig vor; in Manchester allein ließe sich manches Hundert solcher Männer, die zu häuslichen Arbeiten verdammt sind, zusammenbringen. Man kann sich denken, welche gerechte Entrüstung diese tatsächliche Kastration bei den Arbeitern hervorruft, und welche

Umkehrung aller Verhältnisse der Familie, während doch die übrigen gesellschaftlichen Verhältnisse dieselben bleiben, dadurch entsteht."

Engels, Friedrich: Die Lage der arbeitenden Klasse in England, hg. von Walter Kumpmann. München 1973, S. 166.

3. Die Darstellung der Geschlechtsspezifik in den Arbeitsverhältnissen anhand mehrerer Bilder mit folgenden Mustern:
Männer: Arbeit in Technologie, Konstruktion, Aufsicht, Übersicht, Kompetenz, Reparatur;
Frauen: Hilfs- und Zuarbeiten, Arbeit auf Anweisung, Anwendung;.
Männer: Arbeit an Maschinen, sofern sie als besondere Neuheit gelten;

Abb. 37: Arbeiterinnen und Arbeiter in einer englischen Strickwaren-fabrik, Holzstich von 1860. Aus: König, Wolfgang (Hg.): Propyläen-Technikgeschichte. 3. Band, a.a.O., S. 485

Frauen: Arbeit an Maschinen, wenn sie Massenartikel geworden sind.

Anschließend können die Schüler und Schülerinnen mögliche Gründe für das Fortbestehen bzw. die Wiedereinrichtung der Geschlechterspezifik erwägen. Ihre Überlegungen können dann anhand der historischen Entwicklung in der Baumwollspinnerei überprüft werden.

Dieses Vorgehen trägt zu einer stärkeren Versachlichung des Problems der geschlechtergetrennten Arbeitsverhältnisse bei, weil Mädchen wie Jungen stärker in den Untersuchungsprozess einbezogen werden. Sie gelangen selbst zu Erkenntnissen. Es werden ihnen keine fertigen Ergebnisse vorgesetzt, und so wird auch die latente Möglichkeit eines Vorwurfs der Frauen gegenüber Männern vermieden.

*Abb. 38: Einweisung am Personal-Computer, Aus: Döllnig, Irene:
Gespaltenes Bewusstsein – Frauen- und Männerbilder in der DDR. In:
Helwig, Gisela, Nickel, Hildegard Maria (Hrsg.): Frauen in Deutschland
1945–1992. Bonn 1993, S. 35*

*Abb. 39: Ausstattung eines Büros in New York, Foto um 1908. Aus: König,
Wolfgang (Hrsg.): Propoyläen-Technikgeschichte. 3. Band: Mechanisierung
und Maschinisierung 1600–1840, Berlin 1997, S. 483*

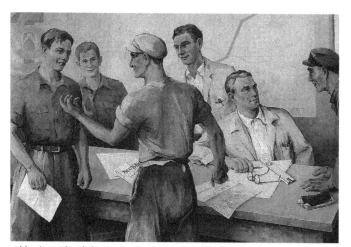

Abb. 40: „Plandiskussion", Gemälde von Willi Gerike und Hans Zank, um 1950, Ausschnitt. Aus: Vorsteher, Dieter (Hrsg.): Parteiauftrag: ein neues Deutschland. Bilder, Rituale und Symbole der frühen DDR. Deutsches Historisches Museum, S. 354

Abb. 41: Großraumbüro, ca. 1929. Aus: Frevert, Ute: Kunstseidener Glanz. Weibliche Angestellte. In: Hart und Zart. Frauenleben 1920–1970 Berlin 1990, S. 20

Als mögliche Gründe für die geringer gewerteten Tätigkeiten der Frauen werden die Schüler und Schülerinnen deren häusliche Verpflichtungen nennen. Deshalb sollten auch im Bereich des Haushalts gesellschaftlich geregelte geschlechtsspezifische Zuordnungen als historisch entstanden erkennbar werden. Denn das Weiterwirken von Traditionen und Normierungen im Bewusstsein der Menschen, immer wieder ergänzt um neue Normen, ist für die außerhäusliche Erwerbsarbeit wie die häusliche Arbeit nicht unwesentlich.

Dazu sind jedoch einige oben noch nicht erwähnte sachliche Ergänzungen erforderlich:

1. Die Konkurrenz, die von der männlichen Arbeiterschaft abgewehrt wird:

Ein Schraubendreher, der mehr als zwanzig Jahre in seinem Beruf tätig ist, äußert sich folgendermaßen 1910:

> Die Frauenarbeit untergräbt uns und zwar, weil die Frauen erstens billiger sind und zweitens, weil sie nicht so viel brauchen wie ein Mann. Die Frau ist enthaltsam und die verheiratete Frau sagt sich, der Mann verdient ja noch Geld. Ein Teil der Arbeiter lässt die Frauen arbeiten (...) und den Arbeitsplatz denjenigen wegnehmen, die gezwungen sind zu arbeiten. (...) Die Frauen fallen uns als Preisdrücker zu sehr in den Rücken. Die ganze Lohnpolitik leidet darunter. Wenn man sich bei manchen Arbeiten eine Akkordherabsetzung nicht gefallen lässt, wird die Arbeit geteilt und zur Frauenarbeit gemacht.

> Zit. nach: Kuczynski, Jürgen: Geschichte des Alltags des deutschen Volkes 1871–1918, Band 4. Köln 1982, S. 408.

Mit der billigeren Frauenarbeit kommt ein Aspekt zur Sprache, der genaue Beachtung verdient: Es scheint völlig klar und logisch zu ein, dass die Gewerkschaften sich gegen Lohndrückerei verwahrt und dagegen angekämpft haben. Niemals jedoch haben sich die Arbeiter in den Gewerkschaften für den gleichen Lohn für Männer und Frauen eingesetzt, was durchaus eine Alternative gewesen wäre, sondern stets den so genannten Ernährerlohn favorisiert.

2. Die Einführung des Familienlohns um 1900:

Mit der Einführung des Familienlohns, der von den Gewerkschaften durchgesetzt worden ist, sollte das gesellschaftliche Leitbild der bürgerlichen Familie auch auf die Arbeiterfamilien übertragen werden können. Neben steuerlichen Vergünstigungen enthielt er direkte Familienzulagen. Zwar linderte der Familienlohn existentielle Not, aber in ärmeren Bevölkerungskreisen, das galt eigentlich grundsätzlich für die

Arbeiterschaft, mussten die Frauen dennoch arbeiten. Zudem befanden sich die Ehefrauen seitdem in privater Abhängigkeit vom Ehemann.

3. Die Festschreibung der Zuständigkeit der Frau für den Haushalt im Bürgerlichen Gesetzbuch 1896. Die hier gesetzlich geregelte Zuschreibung familialer Tätigkeiten an die Frau festigte und erweiterte die Grundidee des bürgerlichen Familienideals:

> „§ 1356
> Die Frau ist, unbeschadet der Vorschriften des § 134, berechtigt und verpflichtet, das gemeinschaftliche Hauswesen zu leiten. Zu Arbeiten im Hauswesen und im Geschäfte des Mannes ist die Frau verpflichtet, soweit eine solche Tätigkeit nach den Verhältnissen, in denen die Ehegatten leben, üblich ist."
>
> Zit. nach: Ruhl, Klaus-Jörg (Hrsg.): Frauen in der Nachkriegszeit 1945 – 1963. München 1988, S. 190ff.

4. Die Berufstätigkeit für unverheiratete Frauen wurde zunehmend akzeptiert, jedoch nur in Bereichen, die an ihre Rolle als Hausfrau anknüpften, wie Bürotätigkeiten, vor allem in Bereichen der Erziehung, Kranken- und Sozialpflege oder in Hilfs- und Handlangertätigkeiten in Bereichen, in denen keine Ausbildung erforderlich war. Seitdem stieg der Anteil der ungelernten Arbeiterinnen in den Fabriken.

Für die Ausbildung des Geschichtsbewusstseins ist es daher sinnvoll, dem Weiterwirken historisch geprägter Vorstellungen und Mechanismen in der Gegenwart nachzugehen; nicht nur in einem zehnminütigen Gegenwartsbezug, sondern in einer etwas komplexer angelegten Auseinandersetzung mit der gegenwärtigen Genderspezifik auf dem Arbeitsmarkt. Gerade die Berufswahl, mit der die Schüler und Schülerinnen dieser Altersstufe bereits intensiv befasst sind, erfordert ein klares Gegenwartsverständnis. Das bedeutet: Was in der Vergangenheit untersucht wurde, nämlich die Geschlechtsspezifik in den Arbeitsverhältnissen, sollte auch in der Gegenwart geprüft werden. Falls aber die Gegenwart übergangen wird, können die Schüler und Schülerinnen aus der Vergangenheit kaum Orientierungen für ihre persönliche Zukunft gewinnen.

Eine Möglichkeit wäre beispielsweise, in Klassen, in denen ein Betriebspraktikum vorgesehen ist, die Schüler und Schülerinnen in ausgewählten Bereichen ggf. kleine Befragungen durchführen zu lassen. Dies wäre zudem eine gute Gelegenheit, historische Kenntnisse einmal unmittelbar zu nutzen und anzuwenden.

Anmerkungen

1 Scott, Joan W.: Gender: Eine nützliche Kategorie der historischen Analyse. In: Kaiser, Nancy (Hg.): SelbstBewusst. Frauen in den USA. Leipzig 1994, S. 54.

2 Scott, Joan W.: Gender (Anm.1), S. 54.

3 „Frauen im Schatten" lautet beispielsweise eine Überschrift zu Frauen in der archaischen Zeit in einem bekannten Sachbuch für Jugendliche. Powell, Anton: Die Welt der Griechen. Nürnberg/Hamburg 1988, S. 38.

4 Die Angaben in diesem Abschnitt basieren auf: Wagner- Hasel, Beate: Das Diktum der Philosophen: Der Ausschluss der Frauen aus der Politik und die Sorge vor der Frauenherrschaft. In: Späth, Thomas; Wagner-Hasel, Beate (Hg.): Frauenwelten in der Antike. Geschlechterordnung und weibliche Lebenspraxis. Stuttgart/Weimar 2000, S. 198-217.

5 Die Ausführungen in diesem Kapitel basieren auf: Waldner, Katharina: Kulträume von Frauen in Athen: Das Beispiel der Artemis Brauronia. In: Späth, Thomas; Wagner-Hasel, Beate (Hg.): Geschlechterordnung und weibliche Lebenspraxis. Stuttgart/Weimar 2000, S. 53-81.

6 Als erfreuliche Ausnahme gerade auch in der Sachliteratur für Kinder und Jugendliche können folgende Bände genannt werden: Miquel, Pierre: So lebten sie im alten Griechenland. Hamburg 1982, S. 52-56; Millard, Anne: Das war Griechenland. Ein Bild des Alltags zur Blütezeit der griechischen Kultur. Ravensburg 1982, S. 38.

7 Polignac, Francois de: Naissance de la cité, 1984, S. 77-80. Zitiert in: Waldner, Katharina: Kulträume von Frauen in Athen: Das Beispiel der Artemis Brauronia. In: Späth, Thomas; Wagner-Hasel, Beate (hg.): Geschlechterordnung und weibliche Lebenspraxis. Stuttgart/Weimar 2000, S. 59.

8 Flacelière, Robert: Griechenland. Leben und Kultur in klassischer Zeit. Stuttgart, 2. verbesserte und ergänzte Auflage 1979, S. 479 ff.

9 Hausen; Karin: Die Nicht-Einheit der Geschichte als historiographische Herausforderung. Zur historischen Relevanz und Anstößigkeit der Geschlechtergeschichte. In: Medick, Hans; Trepp Anne-Charlott (Hg.): Geschlechtergeschichte und Allgemeine Geschichte. Herausforderungen und Perspektiven. Göttingen 1998, S. 28 f.

10 Nach: Waldner, Katharina: Kulträume von Frauen in Athen: Das Beispiel der Artemis Brauronia. In: Späth, Thomas; Wagner-Hasel, Beate (Hg.): Frauenwelten in der Antike. Geschlechterordnung und weibliche Lebenspraxis. Stuttgart/Weimar 2000, S. 64 ff.

11 Scholien (Singular: Scholion) sind Erklärungen, das heißt, aus dem Altertum erhaltene erklärende und textkritische Anmerkungen zu griechischen und lateinischen Schriftstellern, meist von unbekannten Verfassern, den Scholiasten.

12 Schuller, Wolfgang: Frauen in der griechischen und römischen Geschichte. Konstanz 1995, S. 61.

13 Schuller,, Wolfgang: Frauen in der griechischen…(Anm.12), S. 61.

14 Schuller , Wolfgang: Frauen in der griechischen …(Anm.12), S. 62.

15 Hausen, Karin (Hg.): Geschlechterhierarchie und Arbeitsteilung. Zur Geschichte ungleicher Erwerbschancen von Männern und Frauen. Göttingen 1993, siehe Einleitung, S. 7 ff und S. 46.

16 Die Darstellung folgt den Ausführungen von Zachmann, Karin: Männer arbeiten, Frauen helfen. Geschlechtsspezifische Arbeitsteilung und Maschinisierung in der Textilindustrie des 19. Jahrhunderts. In: Hausen, Karin (Hg.): Geschlechterhierarchie und Arbeitsteilung. Zur Geschichte ungleicher Erwerbschancen von Männern und Frauen. Göttingen 1993, S.71-96, hier: S. 74-81.

17 Stiegler, Barbara: Mit Gender Mainstreaming zum „gerechten" Lohn?: Strategien und Erfahrungen zur Umsetzung des Rechts auf gleichwertige Bezahlung von Männer- und Frauenarbeit. -Electronic ed.: FES Library, Bonn 2003, S.14.

18 Hausen, Karin: Einleitung. In: Dies. (Hg.): Geschlechterhierarchie und Arbeitsteilung. Zur Geschichte ungleicher Erwerbschancen von Männern und Frauen. Göttingen 1993, S. 9.

19 Stiegler, Barbara: Mit Gender Mainstreaming zum „gerechten" Lohn?: Strategien und Erfahrungen zur Umsetzung des Rechts auf gleichwertige Bezahlung von Männer- und Frauenarbeit. - Electronic ed.: FES Library, Bonn 2003, S. 14f.

15. Analyse des Zusammenhangs von Politik und Geschlecht

Dieses Kapitel enthält mehrere augenfällige geschichtliche Beispiele, an denen gezeigt werden kann, wie Politik auf dem Gebiet des sozialen Geschlechts in Szene gesetzt wird und wie sich Geschlecht und Politik wechselseitig beeinflussen.

Diese indirekte Frage wird, wenn politische Prozesse in der Vergangenheit wie in der Gegenwart aus der Genderperspektive untersucht werden, stets zur zentralen Frage:

Wie wirkt sich Politik auf die Geschlechterverhältnisse aus und wie wirken Genderkonstellationen auf die Politik ein?

Diese Hauptfrage lässt sich wieder wie in den vorangegangenen Kapiteln in mehrere Einzelfragen aufgliedern, wie z.B.:

◆ Wie wirken sich politische Entscheidungen auf Männer und Frauen, auf ihr Zusammenleben, auf die Familie aus?
◆ Betreffen politische Entscheidungen Männer und Frauen in gleicher Weise?
◆ Welche Argumente werden für politische Entscheidungen herangezogen? Welche Zustände sollen stabilisiert oder verändert werden?
◆ Welche historischen Traditionen und Normen werden in den Argumenten erkennbar? Sollen neue Normen verankert werden?
◆ Inwiefern beeinflussen Genderkonstellationen oder Geschlechterbilder politische Entscheidungen?

15.1 Die Gebärstreikdebatte

Genderaspekte:
Anhand dieses Themas kann verdeutlicht werden, wie

1. mittels politischer Strategien die gesellschaftliche Wirklichkeit von Frauen und Männern geprägt wird;
2. zugleich mit autoritären Ansprüchen das Gebärverhalten der Frau beeinflusst und kontrolliert werden soll;
3. in Form von medizinischer Sexualberatung und Geburtenkontrolle ein neues normatives wissenschaftliches Konzept, die Medikalisierung

der Gesellschaft, sich Einfluss zu verschaffen und durchzusetzen beginnt;

4. wie andererseits viele dieser Versuche an den Lebensbedingungen und -gewohnheiten der Frauen und Männer geradezu abprallen und die Politik zu Reaktionen und Variationen veranlasst wird.

Historischer Hintergrund [1]

Seit Beginn des 20. Jahrhunderts zeichnete sich im Deutschen Reich ein Geburtenrückgang ab, eine Tatsache, die von Ärzten wie Julius Moser und Alfred Bernstein durch Vorträge über Geburtenkontrolle unterstützt und gefördert wurde.

Dieser Geburtenrückgang wurde von keiner der politischen Parteien gutgeheißen. Zum Teil spielte hier die Befürchtung eine Rolle, nicht genügend Soldaten rekrutieren zu können, zum Teil wurde ein Machtverlust des Deutschen Reiches befürchtet, vor allem bei denjenigen, die Machtzuwachs und Bevölkerungswachstum in engem Zusammenhang sahen. Geburtensteigerung und Hebung der biologischen Qualität waren daher zu nationalen Zielen erhoben.

„Darwinisten, Rassentheoretiker, Eugeniker, Mediziner", heißt es bei Marielouse Janssen-Jurreit, „waren die Urheber eines Weltbildes, das alles erlaubte, was der Rassenvervollkommnung dienen sollte. Massensterilisierung, Einschläferung ‚Minderwertiger' und gezielte Menschenzüchtung wurden als rassepolitische Maßnahmen in aller Öffentlichkeit diskutiert."[2] Diese Vorstellungen wurden von namhaften Wissenschaftlern, Politikern, Intellektuellen, Künstlern etc. wortreich befürwortet. Das rassenpolitische Gedankengut der Nationalsozialisten hat hier seine Grundlage.

Das Ziel eugenischer Forschungen bestand darin, Möglichkeiten der künstlichen Auslese der Keimzellen zu entwickeln und das „Ausjäten minderwertiger Keimzellen" schon vor ihrer Vereinigung vorzunehmen: „Abwälzung der Ausmerzung von der Personenstufe auf die Zellstufe."

Viele für eine fortschrittliche Sexualmoral eintretende Zeitgenossen dachten ähnlich wie August Forel: „Es ist eigentlich schrecklich, dass die Gesetze uns zwingen, Früchte, die als Kretins, Idioten und dgl. geboren werden, ... am Leben zu erhalten. Wird man nicht in Zukunft dazu gelangen, es wenigstens zuzulassen, dass unter Zustimmung der Eltern und nach gründlicher ärztlicher Expertise solch unglückliche Neugeborene durch milde Narkose beseitigt werden... Auch hierin schmachtet unsere Gesetzgebung noch unter dem Druck einer alten religiösen Dogmatik ..."[3]

Der Arzt und Wissenschaftler Wilhelm Schallmayer hatte schon 1891 dafür plädiert, für jede Person von Geburt an eine Erbbiografie mit den direkt feststellbaren Erbqualitäten jeder Person anzulegen.

Die Verbreitung solcher erbbiologischer Portraitierungen mit dem „erforderlichen Grade von Treue und Zuverlässigkeit ließe sich aber (...) nur dadurch erreichen, dass der Staat die Sache in die Hand nähme."[4]

In diesem Zusammenhang ist die Gebärstreikdebatte zu sehen. Die Idee hierfür kam aus Frankreich. Marie Huot hatte Mitte der Neunzigerjahre den Slogan „Grève des ventres" (Streik der Bäuche) erfunden und propagiert. Der Züricher Arzt Fritz Brupbacher hatte 1903 eine Schrift verfasst mit dem Titel: „Kindersegen und kein Ende? Ein Wort an denkende Arbeiter". Er war es, der zum Generalgebärstreik aufgerufen hatte.

Die Gebärstreikpropaganda war eine Mischung aus sozialistischen und neomalthusianischen[5] Positionen. Sozialisten verstanden die Gebärverweigerung als Machtmittel gegen die Herrschenden, die Malthusianer machten die Frau zur Zentralfigur für die Lösung des sozialen Elends, eben durch Geburtenkontrolle. In Deutschland wurden diese Positionen populär durch die Ärzte Alfred Bernstein und Julius Moses. Beide hatten ab 1910 im Rahmen des sozialdemokratischen „Berliner Hausarztvereins" und in Frauenversammlungen die Frauen über Verhütungsmöglichkeiten aufgeklärt.

Sie gerieten damit in Widerspruch zur staatlichen Politik. Diese argumentierte mit dem drohenden „Rassentod" und hatte mit ihren Gesetzesentwürfen einen harten Kurs gegen die Geburtenkontrolle eingeschlagen.

Bernstein und Moses sahen in der Geburtenregelung eine erfolgversprechende Möglichkeit, sozialstaatliche Maßnahmen wie Mutter- und Säuglingsschutz durchzusetzen. Mittels der Gebärverweigerung könnten sich Frauen also sozialpolitische Neuerungen selbst erkämpfen.

Den Gebärstreik bezeichnete Bernstein als unblutige Methode des Klassenkampfes:

Auf eine einfache, auf eine auf den ersten Blick als brutal imponierende Formel gebracht, lautet unsere moderne Anschauung – die Grundlage jeden sozialistischen Fortschritts –: Eure, der Arbeiter Stärke ruht in euren Geschlechtsorganen. Ihr Arbeiterfrauen, in deren Schoß unsere Zukunftshoffnungen ruhen, ihr Gedrückten und Geknebelten, ihr habt die Siegespalme in der Hand, wenn ihr euch weigert, weiter als Gebärmaschinen zu fungieren. Der Gebärstreik, der unblutige, er wird den Kapitalismus auf die Knie zwingen.[6]

Die SPD befand sich in einer schwierigen Situation. Offiziell sprach sie sich gegen den bald so genannten Gebärstreik aus, zugleich aber wurde der Gebärstreik in ihren eigenen Reihen als Kampfparole proklamiert. Entgegen der Parteilinie fand die Gebärstreikparole bei den Arbeiterfrauen großen Anklang. Darauf reagierte die Parteileitung im Juli 1913. Im „Vorwärts", einer SPD-Zeitung, erschienen mehrere Artikel, die den Gebärstreik mit der Programmatik der SPD für unvereinbar erklärten:

> Gerade unter den Genossinnen findet man ... Verteidiger für die Notwendigkeit des Gebärstreiks. Sie schildern lebhaft die Nöte einer Mutter mit acht Kindern, deren Berufs- und Hausarbeiten keine Zeit zum Besuch von Versammlungen... übrig lassen. Die Beweisführung, die von Tausenden von Proletariermüttern mit dem ganzen Gefühl eigener bitterer Erfahrungen wiederholt wird, ist, so bestechend sie auch erscheinen mag, nichtsdestoweniger *falsch*. Nicht die geringe Kinderzahl ist der Weg zur sozialistischen Erkenntnis und Politik.[7]

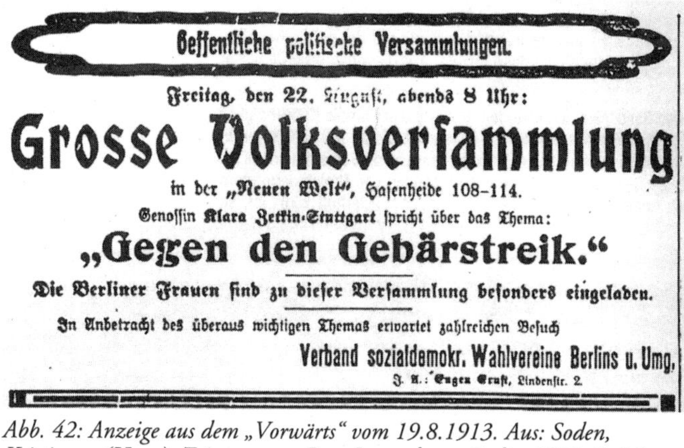

Oeffentliche politische Versammlungen.

Freitag, den 22. August, abends 8 Uhr:

Grosse Volksversammlung

in der „Neuen Welt", Hasenheide 108–114.

Genossin Klara Zetkin-Stuttgart spricht über das Thema:

„Gegen den Gebärstreik."

Die Berliner Frauen sind zu dieser Versammlung besonders eingeladen.

In Anbetracht des überaus wichtigen Themas erwartet zahlreichen Besuch

Verband sozialdemokr. Wahlvereine Berlins u. Umg.

J. A.: Eugen Ernst, Lindenstr. 2.

Abb. 42: Anzeige aus dem „Vorwärts" vom 19.8.1913. Aus: Soden, Kristine v. (Hrsg.): Zeitmontage: Rosa Luxemburg. Berlin 1988, S. 94

Für den 22. August wurde eine Protestveranstaltung der SPD in der „Neuen Welt" (ein Versammlungssaal) in der Hasenheide (ein Berliner Ortsteil) angekündigt (s. Abb. 40).

Wegen der Überfülle, rund 4000 Menschen waren gekommen, mehrheitlich Frauen, musste der Saal von der Polizei gesperrt werden. Da es bei der Veranstaltung hauptsächlich um die Beeinflussung der Frauen gehen sollte, hatte die Parteileitung vor allem die weibliche Parteiprominenz als Rednerinnen aufgeboten. Die vorformulierte Re-

solution „Gegen den Gebärstreik" konnte wegen des starken Wider-
spruchs nicht verabschiedet werden (s. Text unten).

Während Clara Zetkin die Quantität der Massen als Voraussetzung
für die Revolution hervorhob, setzte Alfred Bernstein auf die Qualität.
In einer Zeitung hatte er geschrieben:

> Und ist das Unerwünschte, die Schwangerschaft trotzdem eingetreten, dann
> lautet die erlösende, eine bessere Zukunft garantierende Parole: Unterbre-
> chung der Schwangerschaft und Unfruchtbarmachung der Frau. (...) Hört
> es, ihr Elenden der Elendesten! Ich will eure Frauen, in deren Lungen der
> Schwindsuchtskeim wuchert, von der mörderischen Seuche befreien (...)
> Stolze und schöne Menschen will ich aus euch machen, geistige Kraft und
> körperliche Elastizität soll aus euren Augen blitzen![8]

In der Fortsetzung der Veranstaltung eine Woche später, die eben so gut
besucht und turbulent war, konnte die Forderung der Gebärverpflich-
tung nicht mehr aufrechterhalten werden. Eine Kompromisslösung
wurde von Luise Zietz vorgeschlagen: Geburtenkontrolle solle eine
private Entscheidung sein, sie dürfe keine politische Aussage beanspru-
chen.

Ein Konsens im Sinne der Partei konnte nicht erzielt werden. Klara
Zetkin und Rosa Luxemburg wurde von Arbeitern und Arbeiterinnen
vorgeworfen, sie verstünden von den Verhältnissen der Armen nichts.

In allen weiteren Artikeln in Zeitungen der SPD wurde der Geburtenrückgang systematisch entpolitisiert oder aber mit anderen Begründungen versehen. Der Geburtenrückgang wurde nun auf die körperlichen Strapazen infolge der kapitalistischen Ausbeutung und auf die
dadurch verursachte Sterilität der Arbeiterfrauen zurückgeführt.

Infolge der Gebärstreikdebatte deutete sich ein *neues Frauenbild* an,
denn diese Debatte brach mit dem Dogma des *„Muttertriebes"* des 19.
Jahrhunderts und führte hin zur „neuen Sexualmoral" des 20. Jahrhunderts.

Weitere Texte für den Unterricht:

Die Sozialdemokratie und der „Gebärstreik"

„Gegen den Gebärstreik!" lautete die Tagesordnung einer öffentlichen
Versammlung, die der Verband der sozialdemokratischen Wahlvereine zu
gestern Abend nach der „Neuen Welt" einberufen hatte. Clara Zetkin
referierte. Schon lange vor Beginn der Versammlung war der große Saal bis
auf den letzten Platz besetzt; besonders zahlreich hatten sich die Frauen
eingefunden. Die Tische wurden entfernt, aber trotzdem konnten die

Massen der Versammlungsbesucher nicht untergebracht werden und Hunderte mussten umkehren, nachdem der Saal wegen Überfüllung von der Polizei gesperrt worden war. Das große Interesse der Massen an dem Thema der Versammlung ist wohl darauf zurückzuführen, dass schon seit längerer Zeit innerhalb der Sozialdemokratie ein lebhafter Streit über die Frage des Gebärstreiks entbrannt ist. Alfred Bernstein, Dr. Moses und andere führende Sozialdemokraten haben in Versammlungen die künstliche Einschränkung der Kinderzahl, den „Gebärstreik", als eine neue Waffe im Klassenkampf der Arbeiter propagiert und damit bei den Massen großen Anklang gefunden. Clara Zetkin und andere Vertreterinnen und Vertreter des Radikalismus haben dagegen in der sozialdemokratischen Frauenzeitung „Die Gleichheit" und in anderen Parteiorganen die Propaganda des Gebärstreiks als eine Abkehr von der „reinen Lehre" verdammt, und auch die gestrige Veranstaltung diente demselben Zweck.

Frau Zetkin fuhr in ihrem fast zweistündigen Referat recht schweres Geschütz gegen die Propagandisten des Gebärstreiks auf:

‚Seit einem halben Jahrhundert ist es der Stolz und die Stärke der Sozialdemokratie gewesen, dass sie alle jene bürgerlichen Quacksalbereien energisch abgewiesen hat, die letzten Endes darauf hinzielen, das Proletariat über seine Klassenlage in der kapitalistischen Ordnung dadurch zu täuschen, dass einzelnen oder kleinen Schichten das Wohnen auf diesem barbarischen Boden etwas erträglicher gemacht wird. (...) Die Empfehlung des Gebärstreiks (...) entspringt einer bürgerlichen Auffassung, denn sie stellt in den Mittelpunkt ihrer Betrachtungen nicht das Proletariat als Klasse, sondern die Einzelfamilie. Sie schlägt als Hilfsmittel die individuelle Lebensgestaltung vor statt einer zielbewussten Klassenaktion gegen die bürgerliche Gesellschaft.' (Widerspruch.)

Die Rednerin ging dann auf den Geburtenrückgang ein, der eine Begleiterscheinung der bürgerlichen Gesellschaft sei. (...) Wenn das Proletariat die Kinderzahl einschränke, um dadurch das Angebot von Arbeitskräften zu vermindern, so werde der Kapitalismus dadurch nicht getroffen, denn er werde sich noch billigere Arbeitskräfte aus dem Ausland, vielleicht sogar chinesische Kulis heranziehen. Auch der Militarismus werde dadurch nicht geschwächt, denn bei einer künstlichen Verminderung der Geburtenzahl werde der Staat nach dem Beispiel Frankreichs die Ansprüche an die Tauglichkeit der Rekruten herabsetzen. So sei der Gebärstreik keine revolutionäre Waffe, sondern eine bürgerliche und reaktionäre Utopie. Durch seine Anwendung würde man nicht nur dem Militarismus Soldaten entziehen, sondern auch der Armee der Klassenkämpfer, und die Geschichte habe gezeigt, dass die aufstrebenden Schichten immer den Sieg nicht durch die Qualität, sondern durch die Quantität ihrer Massen errungen hätten.

In den Beifall, der dem Referat folgte, mischte sich auch lebhafter Widerspruch, der schon während der Rede durch Zwischenrufe zum Ausdruck gekommen war.

Als ein Propagandist des Gebärstreiks, *Dr. Moses*, die Rednertribüne betrat, wurde er von vielen Versammlungsteilnehmern mit stürmischem Beifall begrüßt. Er bedauerte, dass die Versammlung von vornherein als Protestkundgebung gegen den Gebärstreik einberufen worden sei, statt dass die Frage zur Diskussion gestellt und auch ein Korreferent bestellt worden wäre. (…)

Der Staatsanwalt Zetkin habe zwar eine flammende Anklagerede gegen die Propagandisten des Gebärstreiks gehalten, aber die eigentlichen Angeklagten seien die Proletarier, die schon seit einem Jahrzehnt praktisch den Gebärstreik angewendet und so den Geburtenrückgang herbeigeführt hätten. Der Jammer der Junker und Pfaffen über den Geburtenrückgang sei der beste Beweis dafür, dass der Gebärstreik zwar nicht die einzige, aber eine der Waffen im Klassenkampf sei. Man dürfe die Arbeiterschaft nicht immer auf eine bessere Zukunft vertrösten, sondern müsse auch in der Gegenwart an der Besserung ihrer Lage arbeiten. Der große Kinderreichtum im Arbeiterhaus sei aber in den meisten Fällen die Quelle von Not und Elend. (Lebhafte Zustimmung.) Die künstliche Verminderung der Kinderzahl dürfe deshalb nicht als ‚bürgerliche Quacksalberei‘ abgetan werden, sondern sie sei ein wirksames Mittel für den Kulturaufstieg des Proletariats.

Diese Ausführungen fanden stürmischen Beifall und die nächste Rednerin, *Frau Zietz,* erklärte daraufhin, sie sei betrübt und beschämt, dass die Anschauungen des seligen Malthus hier von einem Sozialdemokraten vorgetragen wurden und einen so stürmischen Beifall bei der Masse gefunden hätten. Als die Rednerin weiter scharf gegen Dr. Moses polemisierte und ihm den Genossentitel verweigerte, wurde sie durch lebhaften Widerspruch unterbrochen. (…)

Landtagsabgeordneter *Adolf Hoffmann* stellte sich auf den Boden der Ausführungen von Frau Zietz. Man könne es keinem Arbeiter verdenken, wenn er im Interesse seiner wirtschaftlichen Lage die Geburtenzahl künstlich einschränkt, aber die Ausführungen von Dr. Moses seien durchaus unsozialdemokratisch gewesen. Der Gebärstreik dürfe nicht als Waffe im Klassenkampf gelten. Hoffmann wandte sich gegen die Propaganda des Gebärstreiks vor allem aus dem Gesichtspunkt heraus, dass dadurch die Verelendung der Massen aufgehalten werde.

Wenn eine Arbeiterfamilie alle Mittel auf die Erziehung eines einzigen Sohnes verwenden könne, dann werde dieser Sohn später von der Sozialdemokratie nichts wissen wollen, während eine große Kinderschar naturgemäß dem Kampfheer des Proletariats erhalten bliebe. – Diese eigenartige Begründung stieß in der Versammlung auf starken Widerspruch.

Als letzte Rednerin nahm *Rosa Luxemburg* das Wort. Sie ging in der schärfsten Weise gegen Dr. Moses vor, in dessen Ausführungen nichts vom Sozialismus und Endziel zu spüren gewesen sei. Der große Beifall, den er gefunden habe, sei ein beschämendes Zeugnis für die Rückständigkeit und Oberflächlichkeit der Massen. Er zeige, wie viel noch zu tun sei, um diese Massen, die sich einbilden, Sozialdemokraten zu sein, zu wirklichen Sozialdemokraten zu machen. (…) In Wirklichkeit gehe die Tendenz dieser Lockungen dahin, die Köpfe und Geister der Massen von dem wahren großen Weg des Klassenkampfes abzulenken. Das beweise auch die beschämende Tatsache, dass diese Versammlung mit ihrem Appell an die Oberflächlichkeit weit stärker besucht sei, als die Protestversammlungen gegen die Militärvorlage. Bei der Empfehlung des Gebärstreiks als Waffe im Klassenkampf handle es sich um den reaktionären Versuch, die Massen zu verdummen.

Der vorgerückten Zeit wegen wurde die Fortsetzung der Versammlung auf nächsten Freitag vertagt.

Aus: Berliner Volksblatt, Abend - Ausgabe vom 23. August 1913.

Bei diesem Text sind zahlreiche Worterklärungen erforderlich, die auf einer Folie eingeblendet werden können.

Personen:
(Sie können auch im Internet gesucht werden)
Clara Zetkin (1857–1933): Politikerin, trat in ihren Reden und Schriften für die Revolution ein, leitete von 1891–1916 die sozialdemokratische Frauenzeitschrift „Die Gleichheit", ab 1919 Mitglied der KPD, 1920–1933 Mitglied des Reichstags.
Dr. Julius Moses und Alfred Bernstein: Ärzte, die sich für die Geburtenkontrolle einsetzten
Luise Zietz (1865–1922): Politikerin, war neben Clara Zetkin wichtige Vertreterin der sozialistischen Frauenbewegung, wurde 1908 als erst deutsche Frau Vorstandsmitglied einer politischen Partei, 1920 bis zu ihrem Tod Mitglied des Reichstags.
Thomas Robert Malthus (1766–1834): war ein schottischer Geistlicher, der sich sozial engagierte. Seiner Meinung nach sollte die soziale Frage durch die Beschränkung der Kinderzahl gelöst werden können.
Malthusianer: Anhänger der von Malthus vertretenen Meinung
Neomalthusianer: Anhänger einer internationalen Bewegung, die sich für Geburtenkontrolle einsetzte. Diese Bewegung hatte sich im letzten

Drittel des 19. Jahrhunderts herausgebildet und wurde hauptsächlich von Ärzten vertreten, wie im Falle der Gebärstreikdebatte.

Rosa Luxemburg (1870–1919): Politikerin, trat wie Clara Zetkin in ihren Reden und Schriften für die Revolution ein, entwarf 1918 das Programm der KPD, wurde 1919 mit Karl Liebknecht in Berlin von Soldaten ermordet.

Anregungen für den Unterricht

Vorausgesetzt werden Kenntnisse über die Arbeiterbewegung, die Lebensbedingungen der Arbeiterschaft um 1900 wie auch über einige Beispiele imperialistischer Politik.

Zu empfehlen ist ein Vorgehen in mehreren Schritten:

1. Einstieg über ein Bild, das die ärmlichen Lebensverhältnisse der Arbeiter veranschaulicht. Nach der Wiederholung der Lebensbedingungen kann der Hinweis auf den Geburtenrückgang erfolgen, auf politische Bestrebungen, die Geburtsraten wieder zu erhöhen sowie auf diejenigen, die einen Gebärstreik proklamieren.

2. Die Schüler und Schülerinnen werden aufgefordert, eine knappe schriftliche Stellungnahme zum Thema zu verfassen, z. B. für eine Zeitung.

3. Die Stellungnahmen werden vorgetragen und gemeinsam besprochen. (Erfahrungsgemäß entwickeln die Schülerinnen und Schüler durchaus differenzierte Positionen, selbstverständlich fließt dabei die heutige Sicht mit ein, indem sie staatliche Hilfen wie Kindergeld u.a. fordern. Sie bedenken aber auch die damaligen Lebensbedingungen, wenn sie den angeblichen Vorteil des Ernährerlohns in Frage stellen, wenn sie auf die zu geringen Löhne der Frauen verweisen u.a.m.)

4. Sie erhalten den oben abgedruckten Zeitungsbericht, aus dem sie ersehen können, welche Positionen die Politiker und Politikerinnen der Arbeiterpartei vertreten. Zur Bearbeitung des Textes und zur Erarbeitung der Argumente empfiehlt es sich, ihn nach Redebeiträgen aufzuteilen und die Argumente für oder gegen den Gebärstreik aufschreiben zu lassen. Geeignet ist dafür die Partnerarbeit.

5. Die historischen Argumente werden erörtert, vor allem die Gründe für den Gebärstreik, und zu den eigenen Argumentationen in Beziehung gesetzt.

Mögliche Leitfragen für das gemeinsame Gespräch ergeben sich aus den Argumentationen der Schüler und Schülerinnen, die sich erfahrungsgemäß an bestimmten Aspekten, die auch für die heutige Zeit aktuell sein können, festbeißen: Wie kann das Elend der Arbeiterschaft beseitigt werden? Wie kann Armut bei Kinderreichtum verhindert werden? Wie können Kinder angemessen versorgt werden, wenn beide Eltern arbeiten müssen?

Erörtert werden können auch die möglichen Gründe für die gegenwärtig niedrige Geburtenrate (Von 190 Staaten befindet sich Deutschland hinsichtlich der Geburtenrate an 185. Stelle)

Integrationsmöglichkeiten in den laufenden Unterricht:
Die Gebärstreikdebatte kann in den Unterricht über die Gesellschaft im Kaiserreich eingefügt werden, wenn ohnehin über verschiedene gesellschaftliche Kräfte und Strömungen zu Beginn des 20. Jahrhunderts gesprochen wird. Eine weitere, nach meiner Erfahrung bessere Möglichkeit bietet sich während des Unterrichts über die Geschichte der Arbeiterbewegung an. In diesem Falle können anhand der Gebärstreikdebatte die unterschiedlichen, für Schüler und Schülerinnen schwer verständlichen Positionen innerhalb der Arbeiterbewegung konkretisiert und somit nachvollziehbarer werden.

15.2 Gender und Krieg

„Kriegerische Konflikte und gewaltsame politische Auseinandersetzungen sind ‚gendered‘", schreibt die Militärsoziologin Ruth Seifert. Damit ist gemeint, dass Kriege und Konflikte ohne den Faktor Geschlechterordnung nicht umfassend erklärt werden können.

Deshalb wird in diesem Kapitel erläutert,
- was die Kriege mit der Geschlechterordnung zu tun haben,
- wie sie in die Geschlechterordnungen eingreifen und sie verändern,
- wie Kriege unter Einbeziehung der Geschlechterordnung vorbereitet und gerechtfertigt werden,
- wie in Nachkriegszeiten fragile Geschlechterordnungen stabilisiert werden müssen.

Geschlecht kommt in verschiedener Weise zur Geltung, in Bildern, in Metaphern, in Normen und insbesondere als geschlechtliche Beziehung zwischen Mann und Frau.

Geschlecht strukturiert nicht nur militärische Strategien, Handlungen und Denkmuster im Krieg selbst, sondern wirkt sich auch schon im Vorfeld bei der Kriegsvorbereitung wie auch in der Nachkriegsphase aus, jeweils auf sehr verschiedene Weise.

Dazu sind einige grundsätzliche Anmerkungen erforderlich.

15.2.1 Kriegerische Gewalt und Sexualität im Kollektivbewusstsein

Wenn eine Gruppe mit einer anderen aggressiv konfrontiert wird, verstärkt sich das aus anderen Quellen bereits gespeiste Kollektivbewusstsein, das für die Abgrenzung des Fremden und für die Bewahrung des Eigenen notwendig erscheint. Dieses Kollektivbewusstsein entsteht in kommunikativen Prozessen und wird über Symbole hergestellt.

Das Selbstverständnis der Gruppe basiert auf räumlichen, mentalen, vor allem auch auf leiblichen Abgrenzungen. Ein zentrales Symbol ist der weibliche Körper, zumal dann, wenn Begegnungen zweier Gruppen nicht konfliktfrei verlaufen. In dem Fall werden Vermischungsverbote aufgestellt, die genuin ans Geschlecht gebunden sind.

Es wird als Verrat angesehen, sich mit den Fremden einzulassen, vor allem sexuell.

In Gruppen, in denen Geschlechterhierarchien wirksam sind, werden jedoch sehr verschiedene Maßstäbe angelegt: Es macht einen gravierenden Unterschied aus, ob ein Mann der „eigenen" Gruppe sich mit einer Frau der „anderen" verbindet oder eine der „eigenen" Frauen mit einem Mann der „anderen".

Vergewaltigungen verschärfen diese Problematik. Dabei geht es nicht allein um psychophysische Verletzung der Frau oder um die Verletzung der „Ehre" des (Ehe)Mannes. Bei Vergewaltigungen setzt die Kollektivperspektive Maßstäbe. Entscheidend für diese Maßstäbe sind die womöglich bei Vergewaltigungen gezeugten Kinder. Die von „fremden" Männern mit den eigenen Frauen gezeugten Kinder können in patrilinearen Gesellschaften nicht der Gemeinschaft einverleibt werden, wohl aber die fremden Frauen. Deren Kinder werden als die „eigenen" angesehen, da sie von den „eigenen" Männern gezeugt wurden und nicht von den Feinden. Diese Klassifikation aktualisiert nach Hilge Landweer „den archaischen Modus, wonach im Samen des Mannes das ganze Kind angelegt ist, während die Frau nur das aufnehmende Gefäß ist, so etwa bei Aristoteles. In den Kollektivimaginationen mindestens vieler Männer scheinen solche Mythen auch unter modernen Bedingungen im Krieg dann anscheinend beherrschender als alles als ‚rational' geglaubte Wissen über Gene und Vererbung."[9]

Was individuell gilt, wird auf das Kollektiv übertragen, das als *ein* Kollektiv*leib* imaginiert wird. Das Kollektiv versteht sich gegenüber anderen als eines, das „seine" Frauen, als seinen Leib, schützen muss. „Das ist auch ein Grund dafür, warum Massenvergewaltigungen im Krieg nicht nur die Betroffenen körperlich und physisch zerstören, sondern als eine öffentlich angewandte, höchst erfolgreiche Kriegsstrategie gegen die gesamte ‚feindliche‘ Gruppe , gegen deren Kollektivleib, eingesetzt werden können.“[10]

Wenn also ein bestimmtes Territorium als weibliches Territorium phantasiert wird, richtet sich sexuelle Gewalt gegen Frauen nicht nur gegen den individuellen, leibhaftig angegriffenen Körper, sondern auch gegen den feindlichen politischen Körper, so dass beide, die Person wie auch die gesamte bekriegte Gemeinschaft, durch diese Handlung symbolisch erniedrigt und unterworfen werden. Die Gleichsetzung des weiblichen Körpers mit der symbolischen Konstruktion von ‚Gemeinschaft‘ bzw. ‚Nation‘ verleiht sexueller Gewalt in Kriegen eine symbolisch hochgradige Bedeutung.“[11]

Abb. 43: Germania. Aus: Jacobeit, Sigrid und Wolfgang: Illustrierte Alltagsgeschichte des deutschen Volkes 1810– 1900. Köln 2. Aufl. 1988, S. 311

Wie sehr die Unversehrtheit des weiblichen nationalen Körpers[12] als Symbol für die Unversehrtheit der Nation gilt, sei an einigen Beispielen erläutert:

In Israel lautet die Begründung für das noch weitgehend praktizierte Kampfverbot für weibliche Soldaten, die Nation könnte Übergriffe auf weibliche Soldaten nicht verkraften.

Während des Golfkriegs wurde im Pentagon befürchtet, dass die Gefangennahme von weiblichen Soldaten insofern zu einer Verschlechte-

275

rung der Kriegsbedingungen für die USA führen könnte, als die Verwundung weiblicher Soldaten von der Nation als Schmach empfunden werden könnte und die USA sich mit militärisch-politischen Nachteilen aus dem Krieg zurückziehen müssten. Im Juli 2001 wurde Präsident Bush von einem Mitglied des House Armed Services Committee aufgefordert, „Frauen im Militär in keinerlei Funktionen einzusetzen, in denen sie in Gefangenschaft geraten können, da sie aufgrund des Vergewaltigungsrisikos zum ‚nationalen Sicherheitsrisiko' würden."[13]

Ferner gehört es zur Tradition beim Militär, Kanonen bzw. Bomben weibliche Namen zu geben. Ein im Ersten Weltkrieg bei Krupp hergestelltes Geschütz wurde nach der Ehefrau Krupps „dicke Bertha" genannt. – Die amerikanische Bombe „Daisy Cutter" („Gänseblümchenköpfer") vernichtet im Umkreis von einigen hundert Metern jegliches Leben. Daisy ist aber auch ein Frauenname. – Das Flugzeug, das die Atombombe auf Hiroshima abwarf, war nach der Mutter des Piloten, Enola Gay, benannt.

Gewalt wird sexualisiert und gipfelt dann später in Vergewaltigungen der Frauen des Feindes.

Kriegerische Gewalt galt im allgemeinen Bewusstsein lange als etwas, das Männer anderen Männern antun. Dass dies in dieser Ausschließlichkeit niemals Gültigkeit hatte und heute weniger denn je, braucht im Einzelnen nicht nachgewiesen zu werden. Immer waren und sind alle betroffen, Männer, Frauen und Kinder, in je unterschiedlicher Weise. Berichtenswert scheint aber nur das zu sein, was Männer unter sich ausmachten, was sie erlebt und im Wortsinn *erfahren* haben.[14] So war es nicht verwunderlich, dass Krieg meist auf Kampfgeschehen, Frontverläufe, Waffeneinsatz, Strapazen im „Feld" oder an der „Front" reduziert wurde. Im Gegenzug wurde dann der Alltag in der Heimat beschrieben, in der zwar Not, im Ganzen aber eben Friede herrschte. Auch das stimmt seit langem nicht mehr, jetzt wird nicht nur von der Heimat, sondern von der Heimatfront gesprochen.[15] Geblieben aber ist die Gegenüberstellung von Kampfgeschehen (der Männer) und Alltag (der Frauen). Auch wenn Kampfgeschehen und Alltag in allen Facetten beschrieben werden, bleibt dennoch das Wesentliche aus den Berichten ausgeklammert: die direkte, persönlich ausgeübte Gewalt gegenüber anderen Menschen („sie gehört eben zum Krieg") und als Begleiterscheinung dazu das persönliche Erleben.

Ausgespart wird zuallererst Gewalt gegenüber Kindern. Sie wird zwar durchgehend praktiziert, aber nach Möglichkeit verschwiegen, denn damit ist kein Ruhmesblatt zu erwerben.

Ausgeblendet werden die sexuellen Übergriffe gegenüber Frauen. (Im Dreißigjährigen Krieg beispielsweise wurde Söldnern bei der Anwerbung die Verfügungsgewalt über weibliche Körper als Kriegslohn in Aussicht gestellt.)

Falls jedoch in Darstellungen über den Krieg Sexualität vorkommt, vor allem wenn es um sexuelle Begegnungen zwischen Angehörigen der beiden einander feindlichen Gruppen geht, zeichnen sich zwei Modi ab:

Sexualität als individuell Erlebtes und Sexualität als Konsumartikel.

Beim ersten Modus handelt es sich um zarte, verhaltene, in irgendeiner Form romantische oder tragische Liebesgeschichten, die für Frauen der „eigenen" Gruppe, wenn sie ertappt werden, tragisch enden und für die Männer der „fremden" Gruppe mit dem Tod.

Über Vergewaltigungen wird noch weniger gesprochen. Eine Vergewaltigung wird wie die Liebesgeschichten privatisiert, sie gilt als ein Geschehen, das sicher bedauerlich ist und auch gehäuft vorkommen kann, das grundsätzlich aber Frauen individuell von einzelnen männlichen Individuen angetan wird. Vergewaltigungen sind offiziell kein Thema, sie bleiben Gesprächen oder Erzählungen der Frauen im so bezeichneten privaten Bereich vorbehalten.

Im zweiten Modus, Sexualität als Konsum, wird Sexualität fast gegenteilig verstanden: Sexualität wird zur Massenware und statt der individuellen Sphäre rückt die des Massen- und Medienkonsums ins Blickfeld: Die Einrichtung von Bordellen für Besatzungs- und Friedenstruppen, die massenhafte Herstellung und Verbreitung pornografischer Fotos und Filme gehören zu den Begleiterscheinungen aller Nachkriegszeiten in den letzten Jahrzehnten.

Krieg als Thema des Unterrichts – einige grundsätzliche Überlegungen

Krieg ist für Schülerinnen und Schüler kein unbekanntes Geschehen. Nicht wenige von ihnen haben kriegerische Handlungen unmittelbar erfahren, andere kennen Krieg aus Erzählungen und dem Umfeld der Familie, in den letzten Jahren vermehrt aus dem Fernsehen. Diese unmittelbaren oder vermittelten Erfahrungen bleiben auf Kinder und Jugendliche nicht ohne Wirkung. Sie werden, ob sie es wollen oder nicht, vom Kriegsgeschehen beeinflusst, erst recht, wenn in den jeweiligen Herkunftsländern der Familien Krieg herrscht.

Die Erfahrungen und Erzählungen wie auch Berichte im Fernsehen zeigen die Komplexität des Krieges. Sie zeigen, wie Krieg alle Bereiche des Lebens durchdringt und sich massiv und nachhaltig auf alle Menschen auswirkt, die in ein Kriegsgeschehen verwickelt sind.

Im Unterricht über Krieg empfiehlt es sich, das Geschehen umfassend zu behandeln. Dazu gehört auch, bisherige Dichotomien aufzulösen, also auch über den Alltag an der Front wie über das Kriegsgeschehen in der Heimat zu sprechen. Dazu gehört, dass über das Erleben von Frauen und Männern gesprochen wird, dass beide zu Wort kommen und dass, wo immer dies möglich ist, auch über die vielschichtigen Beziehungen zwischen Männern und Frauen gesprochen wird. Erst später, gleichsam als Rückblick können dann unter dem Genderaspekt die allgemeinen Mechanismen, die ein Kriegsgeschehen begleiten, verdeutlicht werden. Später kann man die Schüler und Schülerinnen die oben erwähnten Genderaspekte einschließlich Vorkrieg und Nachkrieg selbst untersuchen lassen. Kriege gibt es in letzter Zeit leider reichlich zu beobachten.

In jedem Fall sollte Unterricht über Krieg niemals vom Erleben der Menschen abgelöst werden. Mit der Information über Kriegs- und Frontverläufe, über Art, Menge, Qualität und Handhabung der Waffen, über technische Abläufe werden zwar Detailfakten benannt, die aber kein objektives Bild ergeben, weil sie das menschliche Erleben außer Acht lassen.

15.2.2 Vorkrieg und Nachkrieg

Krieg beginnt nicht erst mit den Kampfhandlungen und endet noch nicht mit dem Waffenstillstand, sondern umfasst ebenso die Zeit davor und danach, hier Vorkrieg und Nachkrieg genannt, womit nicht immer nur die jeweiligen Zeitabschnitte gemeint sind, sondern mit dem Krieg verflochtene Handlungen

Der Begriff „Vorkrieg" ist bekannt geworden aus der Erzählung „Kassandra" von Christa Wolf, in der an einer Stelle sinngemäß gefragt wird: „Wann beginnt der Vorkrieg?"

Als Nachkriegszeit werden in unserem Sprachgebrauch eigentlich nur die Jahre zwischen Beendigung des Zweiten Weltkriegs und den Gründungen der DDR und der Bundesrepublik bezeichnet, in denen in der Tat die Kriegsfolgen thematisiert wurden, nicht aber die Konflikte hinsichtlich der Geschlechterordnung. Sie werden durch die Lobpreisung der „Trümmerfrauen" gleichsam suspendiert.

„Vorkrieg" als Thema im Unterricht

Vorkriege sind keine Ereignisse, sondern Prozesse, in denen die Mechanismen der Einstimmung auf den Krieg erkennbar werden. Für den Unterricht gilt es also, diese Mechanismen, die immer auch in die

Geschlechterordnung eingreifen, aufzuspüren und zu untersuchen. Mehrere solcher Mechanismen werden im Folgenden aufgezeigt. Sie sind so allgemein, dass sie auch auf andere gesellschaftliche Zusammenhänge und in andere Zeiten übertragen werden können.

Da Kriege eine starke Gemeinschaftsidentifikation erfordern, muss schon in Vorkriegszeiten die Identifikation der Gemeinschaft mit dem Krieg symbolisch produziert werden. Das geschieht folgendermaßen: Die Emotionen der Menschen werden auf ein gemeinsames Ziel, auf die Pflege des Feindbildes hin mobilisiert. Gleichzeitig erhalten Diskurse über die Geschlechter*differenz* Aufschwung. In Entstehungsphasen kriegerischer Konflikte haben die Kategorien „Männlichkeit" und „Weiblichkeit" Konjunktur.[16] Der Gegner wird dämonisiert, ggf. werden zwei Feindbilder zu einem verschmolzen, zugleich aber abgewertet und mit weiblichen Attributen belegt.[17] In der eigenen Gruppe wird das Gemeinschaftsgefühl beschworen, in der Nazizeit beispielsweise über das Bild des Volkskörpers, und die Pflichten der eigenen Gruppe oder der Welt gegenüber werden permanent betont. Den Pflichten werden dann weitere Attribute zugeordnet, die auf Männlichkeit verweisen.

Wer sich innerhalb der eigenen Gruppe gegen Krieg zu verwahren sucht, wird abgewertet und mit negativen weiblichen Attributen versehen.

Die Verpflichtung zum Schutz der eigenen Gruppe wird dadurch sehr anschaulich gemacht, dass in den Medien (gemeint sind hier alle Mittel der Verlautbarung) permanent die Schutzbedürftigkeit der Frauen und Kinder betont wird. Wer in feindlichen Gruppen nicht als Eroberer, sondern als Befreier auftreten will, wird sich in der Propaganda auch dort insbesondere der Frauen und Kinder annehmen, um in der eigenen Gruppe Rückhalt zu erzielen. Es sei an die Frauen Afghanistan unter der Burka erinnert, deren Schicksal weltweit und lange bekannt war. Aber erst unmittelbar vor Beginn der Kriegshandlungen diente das Motiv ihrer Befreiung dazu, Frauen der westlichen Welt von der Notwendigkeit des kriegerischen Handelns zu überzeugen.

Die eben beschriebenen Mechanismen lassen sich also nicht nur in der Geschichte, sondern auch in der Gegenwart, das heißt, bei allen Kriegsvorbereitungen, die in den letzten Jahren zu erleben waren, feststellen. Ob die veröffentlichten Bilder tatsächliche Gräuel widerspiegeln oder zu Propagandazwecken inszeniert wurden, ist zwar für die Realgeschichte ein großer Unterschied, für die Analyse der Gendermechanismen jedoch sekundär: Die Legitimierung des Krieges nimmt immer wieder die Form des ausdrücklichen Appells an die Männlichkeit an, wie auch die Notwendigkeit schutzlose, dem Feind ausgelieferte

Frauen und Kinder zu schützen, immer wieder betont wird. Dazu kommen gängige Assoziationen, die Männlichkeit mit nationaler Stärke verbinden. Selbst die Sprache verändert sich. Die Stimmung im Volk wird modelliert nach den Vorgaben dessen, was Robert Connell die „hegemoniale Männlichkeit"[18] nennt: Entschlossenheit, Autorität, Durchsetzungswillen und Gewaltbereitschaft. Davon abweichende Positionen sind dem Vorwurf der Irrationalität und Unvernunft ausgesetzt und werden damit feminisiert, ausgegrenzt und diskreditiert.[19]

In der Bundesrepublik wurde im Vorfeld des Krieges gegen Afghanistan mit ähnlichen Formeln auf den jeweiligen Parteitagen um die Zustimmung geworben: Vertrauen, Geschlossenheit, historische Notwendigkeit, Verantwortung, Einfluss, Politikfähigkeit, Zukunftsfähigkeit, Machtfähigkeit u.a., Begriffe, die in dieser Bündelung eher Männlichkeit als Weiblichkeit zugeordnet werden.[20]

Ein geschichtliches Unterrichtsbeispiel findet sich in den Tagebuchaufzeichnungen der Journalistin Ruth Andreas-Friedrich. Sie schildert dort, wie die Besetzung der Tschechoslowakei vorbereitet, d.h. die Bevölkerung allmählich und systematisch darauf eingestimmt wurde.

Am 28. September 1938 notierte sie unter anderem:

> Seit fast einem Monat hängt die Gefahr über unseren Köpfen. Mit dem großen Aufklärungsfeldzug über das volksdeutsche Martyrium im Sudetenland hat es begonnen. Erst in Kleindruck auf der letzen Zeitungsseite, dann mit Riesenschlagzeilen auf der ersten. Geschändete Mütter, ihr Kind an der Brust, schwangere Frauen, von ‚tschechischen Bestien' verfolgt. Ein Kreuzweg des Jammers. Nie hatten wir geahnt, dass es im zivilisierten Europa solche Scheußlichkeiten gäbe. Als dann noch die Wochenschau bemüht wurde, die Gräuel im Bilde einzufangen, strichen die meisten vor so viel greifbarer Demonstrierung die Segel. (...) Sogar unserer verständigen Putzfrau, verschworene Nazifeindin seit 1933, rinnen die Tränen stromweise übers Gesicht, als sie im Radio den sudetendeutschen Flüchtlingsberichten lauscht...

Am 9. März 1939 schrieb sie:

> „Die Propagandawalze Tschechengräuel kontra Volksdeutsche läuft an. Hinrichs hat sich mit seiner Voraussage nicht getäuscht. Eine nach der anderen zieht man sie wieder aus der Reklameschublade: die geschändete Mutter mit dem Kind an der Brust, den Überfall auf harmlose Volksgenossen (...)"

Andreas-Friedrich, Ruth: Der Schattenmann. Tagebuchaufzeichnungen 1938–1945. Frankfurt/Main, 1986, S. 13 u. S. 49.

Da alle Kriegshandlungen propagandistisch vorbereitet werden, empfehlen sich für den Unterricht folgende Untersuchungsaspekte:

◆ Welche Eigenschaften werden Männern zugewiesen, damit sie bereit sind, in den Krieg zu ziehen?

◆ Welche Eigenschaften und Fähigkeiten sollen sich Frauen für den Kriegsfall zu Eigen machen?

◆ Welche Sprachbilder und welche bildlichen Inszenierungen fördern das Gemeinschaftsgefühl wie auch Vorstellungen von Männlichkeit und Weiblichkeit?

Die Ergebnisse ermöglichen nicht nur die Kenntnis solcher Vorkriegsmechanismen, sondern vor allem eine Distanz zu diesen.

„Nachkrieg" als Thema im Unterricht

Gender bleibt auch *nach* dem Krieg bedeutsam. Zentraler Bestandteil jeder Nachkriegszeit ist die Neuverhandlung der Geschlechterverhältnisse, meist auch die Wiedereinsetzung der Geschlechterordnung aus der Zeit vor dem Krieg.

Dies kann an einem Beispiel aus den Anfängen der Weimarer Zeit verwendet werden, einer Zeit, in der der Krieg noch allgegenwärtig war.

Ein Schreiben des Kriegsministeriums v. 8.11.1918 an die deutschen Arbeitgeberverbände:

Die Frauen müssen heraus:

a) alle Frauen aus den Arbeitsplätzen, die für die heimkehrenden Männer freigemacht werden müssen,

b) alle Frauen aus schwerer und gesundheitsschädlicher Arbeit, bei Knappheit der Arbeit ferner

c) ortsfremde Frauen aus Arbeitsplätzen, die für Ortseingesessene benötigt werden, (...)

Die Frauen müssen herein:

d) nicht erwerbsbedürftige Frauen in die Familie,

e) erwerbsbedürftige Frauen in die früheren Berufe, die Mangel an Arbeitskräften haben (Hauswirtschaft, Landwirtschaft) und solche sonstigen Berufe, in denen sie infolge zweckmäßiger Arbeitsteilung den Männern keine Konkurrenz machen,

f) ortsfremde Frauen müssen tunlichst in die Heimat zurückgeführt werden (...)

Zit. nach: Zeller, Susanne: Demobilmachung und geschlechtsspezifische Arbeitsteilung im Fürsorgewesen nach dem Ersten Weltkrieg. In: Dalhoff, Jutta et al. (Hg.): Frauenmacht in der Geschichte. Beiträge des Historikerinnentreffens 1985 zur Frauengeschichtsforschung. Düsseldorf 1986, S. 284 f.

Gesetze gehören zu normativen Konzepten, die Machtverhältnissen Bedeutung verleihen. Machtverhältnisse aber sollten immer wieder unter dem Gendersapekt betrachtet und analysiert werden, so wie es Joan W. Scott in ihrer Genderdefinition und den dazugehörigen Ausführungen vorgeschlagen hat. (Kap. 5.1 und 5.4)

Einige genderbezogene Analysefragen, die sich auf die Zeit nach dem Krieg beziehen, können für das eigene Verständnis wie auch für den Unterricht zweckdienlich sein:

◆ Welche Folgen hatten der verlorene Krieg und die ökonomischen Schwierigkeiten für die faktische Situation von Männern und Frauen?

◆ Lassen sich Veränderungen in den Vorstellungen von Männlichkeit und Weiblichkeit feststellen? Wenn ja, wie wirkten sie sich auf Männer und Frauen aus?

◆ Wie und aus welchen Gründen reagierte Politik auf die Veränderungen?

◆ Lassen sich Erlasse oder Gesetze ausmachen, die unmittelbare Auswirkungen auf das Geschlechterverhältnis hatten?

◆ Sollte durch diese Erlasse oder Gesetzesvorhaben das traditionelle Geschlechterverhältnis wiederhergestellt werden oder waren sie im Hinblick auf gesellschaftliche Veränderungen zukunftsbetont?

Nachkriegszeiten weisen sehr verschiedene Folgewirkungen auf, die sich nicht nur auf die Wiederherstellung traditioneller Aufgabenverteilung zwischen Männern und Frauen beschränkt.

„Was die herrschende Erinnerung an den Krieg in den betroffenen Kollektiven sein wird", schreibt Ruth Seifert, „in welche Diskurse sich beschädigte oder aus der Bahn geworfene Identitäten einfügen und wie sich die Beziehungen und Abhängigkeiten gestalten werden, entscheidet sich in dieser Zeit und kristallisiert sich in der Nachkriegszeit."[21] Die Neuverhandlung von Geschlechterverhältnissen ist ein zentraler Bestandteil dieses Prozesses.

Besatzungstruppen oder Friedenstruppen haben eine nicht zu unterschätzende Wirkungsmacht in den entsprechenden Einsatzgebieten, da sie spezifische Vorstellungen von Männlichkeit und Weiblichkeit in das

Einsatzgebiet mitbringen. Genderblinde militärische Befriedungspraktiken jedoch können Geschlechterkonflikte verlängern und bestärken oder sie sogar neu in Nachkriegsgesellschaften einführen. Als negativ exemplarisch ist die mit Besatzungen einhergehende Militärprostitution, vor allem die damit verbundene Kinderprostitution, anzusehen. Die Einrichtungen von Bordellen für das Militär beruht „auf einem spezifischen Modell männlicher bzw. soldatischer Identität, in dem ein angeblich nicht kontrollierbarer Sexualtrieb einen zentralen Platz einnimmt."[22]

15.2.3 Zweiter Weltkrieg

Die mir vorliegenden Briefe und Tagebuchaufzeichnungen zu diesem Thema sind zwar wie alle persönlichen Berichte von begrenzter Reichweite, sie geben aber aufschlussreiche Einblicke in die Beziehungen zwischen Männern und Frauen.

15.2.3.1 Briefe zwischen „Front und Heimat"

Es gibt einige Briefe, die das Verhältnis von Mann und Frau zueinander recht gut veranschaulichen, vor allem wenn mehrere davon gelesen werden. Aus ihnen lassen sich dann einige Grundzüge dieses Verhältnisses erarbeiten, die durchaus verallgemeinerbar zu sein scheinen.

Briefwechsel zwischen dem Soldaten Wilhelm und seiner Frau Ingeborg

Wilhelm schreibt:

> ... Liebste, Du bist meine Heimat, meine süße Heimat, für Dich unterziehe ich mich all diesen Gefahren, die es hier gibt, für Dich erdulde ich all das Unschöne, mehr oder weniger Abscheuliche, für Dich sammle ich aber auch alles Große und Hohe, das sich mir bietet. (...)

Ingeborg antwortet:

> ... Wenn du schreibst, Du erträgst alle Beschwerlichkeiten für mich, so ergötzt mich das keineswegs, abgesehen davon trifft das auch nicht zu. Das Schwere, was Du jetzt zusätzlich zu ertragen hast, erträgst Du für Dich, für mich, für uns und nicht zuletzt für das Vaterland. Habe ich nicht auch schon unzählige Schweißtropfen und nicht nur das, im Laufe des Krieges auf dem Altar des Vaterlandes dargebracht, ohne zu sagen, es sei für Dich gewesen?!

> Zit. nach: Bezirksamt Schöneberg von Berlin: Zeitung zur gleichnamigen Ausstellung „Ist der Krieg vorbei? Briefe und Tagebücher von 1939 bis 1945 – heute gelesen" Berlin 1990, S. 2

Herbert schreibt an seine Frau:

Meine liebe teure Lebensgefährtin!

Sonnabend, den 9. September 1939
Deinen Geburtstag habe ich selbst recht feucht verlebt. Wir waren im Off.-
Heim und haben schon frühzeitig begonnen, die sehr trockene Kehle
anzufeuchten. So auf den leeren Magen ist das gewöhnlich eine heikle Sache.
Aber ich habe gut durchgestanden. (...)
Ich muss ja wirklich sagen, dass es mir teu-teu-teu geht. Wenn ich auch
sicherlich nichts zunehme, so bin ich auch auf Deck und sehr artig. (...)
Auch von hier möchte ich dich nochmals bitten, jeden Klatsch und
Meckerei im Haus oder beim Einkauf aufs Strengste zu unterlassen. Du bist
mir gegenüber dazu verpflichtet. Vor unserer Tür soll es stets sauber sein. Das
ganze deutsche Volk ist eine einzige Schicksalsgemeinschaft geworden, das
ist jetzt mehr denn je. Deshalb sei immer von tiefem nationalsozialistischen
Empfinden durchdrungen und denke nicht so schwarz, sondern immer
daran, dass unsere gerechte Sache diesen uns aufgezwungenen Kampf
gewinnen muss.
Wir haben nur den heißen Wunsch, dass der Kampf bald beendet und wir
wieder unserer friedlichen Tätigkeit nachgehen können. Ich bin überzeugt,
dass Du in dieser Lage mehr denn je weißt, was ich dir bin. Benutze nur die
Zeit, um zu erwägen, wie hässlich Du so manches Mal gewesen bist. Es ist
gewiss eine schwere Prüfung, doch wir müssen sie alle durchstehen und es
wird dem deutschen Volk gelingen. Es ist eine schwere und harte Probe für
unser Volk. (...)
Herzlichste Grüße und Küsschen für Dich, Oma, und Mama

Dein treuer Herbert

Zit. nach: Bezirksamt Schöneberg von Berlin: Zeitung zur gleichnamigen
Ausstellung „Ist der Krieg vorbei? Briefe und Tagebücher von 1939 bis 1945
– heute gelesen" Berlin 1990, S. 3.

Brief von Ernst F., Propagandafotograf, Ostfront, an seine Frau

Mein liebstes, treues und braves Herzelein!

Mittwoch, am 13.1.43
Heute will ich meiner kleinen Lumpa noch einen ausführlichen Brief
schreiben. (...) Es ist hier wirklich sehr schön. Das Quartier ist ganz
ausgezeichnet.
Unsere Betten sind ein Gedicht. Na, und dann die vielen Abwechslungen.
Im Soldatenheim kann man bei herrlicher Musik ein gutes Essen zu sich

nehmen. Auch russ. Cafés sind hier geöffnet:
Ein Stückchen Kuchen kostet RM 1,50. Reichlich teuer, nicht wahr? (...)
Gestern war Dein guter Ernstemann wieder im Theater. Es gab ein lustiges
Bauernstück. Die Schauspieler sind wirklich ganz prima und wir haben
wieder so herzhaft gelacht. (...)
Gestern haben wir noch eine kleine Abschiedsfeier gemacht. Wir hatten
einen ganz edlen Kaukasus-Wein. (...)
Anbei ein Bild von unserer Besatzung. Den Wagen haben wir leider nicht
mehr. Gut 10 000km haben wir damit in Russland zurückgelegt. Wirklich
keine Kleinigkeit, nicht wahr? (...)
Ich bin sehr froh, dass mein gutes Herzelein sich über mein Bildchen so
gefreut hat. Ja, mein Lieb, unsere Stimmung war in den Wochen vor
Weihnachten wirklich nicht sehr gut. Die Lage-Änderung konnten wir gar
nicht fassen.
Inzwischen haben wir uns an die neue Lage gewöhnt und warten geduldig
ab. Wir können ja doch nichts daran ändern. (...)
Liebling, richte Dir doch auch bitte ein Postsparbuch ein. Dann kannst Du
überall und in jeder Stadt Geld abheben. Die Einrichtung ist wirklich sehr
praktisch. (...)
So, mein gutes Schätzelein, Dein guter Papi nimmt Dich ganz fest in seine
Arme und küsst Dich besonders lieb und innig als Dein Dir ewig treuer
Ernstemann.
Nur du bist mein ganzes Leben!

Zit. nach: Bezirksamt Schöneberg von Berlin: Zeitung zur gleichnamigen
Ausstellung „Ist der Krieg vorbei? Briefe und Tagebücher von 1939 bis 1945
– heute gelesen" Berlin 1990, S. 2.

Kommentar zu den Briefen:
Während der ersten Kriegsjahre fallen immer wieder die Ermahnungen
und Appelle an das Wohlverhalten der Frauen auf. Aus der Ferne
versuchen sie das Tun und Lassen ihrer Frauen zu steuern oder zu
kontrollieren. Infolge seiner individuellen Aufwertung als Kämpfer für
das Vaterland erwartet er das gleiche Pflichtgefühl von seiner Frau und
zugleich spielt er seine Überlegenheit ihr gegenüber noch stärker aus. Sie
versuchen, sich der weiblichen Unterordnung zu versichern, vor allem
da die Ehefrau nun plötzlich auf eigenen Füßen steht. Die Beibehaltung
von Überlegenheit und Unterordnung ist umso wichtiger, als er selbst
im Militär stets Untergebener ist.
   In der zweiten Kriegshälfte häufen sich Briefstellen, in denen die
Gefühle der Männer zur Sprache kommen. Das emotionale Verhältnis

zur Frau wird immer wichtiger, da in der Härte und Aussichtslosigkeit des Krieges das Selbstwertgefühl der Männer zunehmend in Frage gestellt wird. Auffallend ist, wie sich infantilisierte Wortschöpfungen häufen, als ob der Rückzug in kindliche Äußerungen Schutz bieten könnte. [23]

Informationen aus dem eigenen Unterricht als Anregung für andere
Gegenstand des Unterrichts war der Brief des Propagandafotografen Ernst an seine Frau. Den Brief hatten die Schülerinnen und Schüler gelesen und sollten nun ihrerseits einen Brief an den Mann schreiben. Sie konnten an Stelle einer von ihnen gewählten Person schreiben, entweder aus zeitgenössischer oder aus gegenwärtiger Sicht.

Bei diesem Verfahren schlüpfen die Mädchen und Jungen *nicht* in andere Personen und sehen durch deren Augen, sondern bleiben bei sich selbst. Etwa so: Wenn ich (so wie ich denke und bin) der Sohn des Briefschreibers gewesen wäre, dann hätte ich diesen Brief, den ich jetzt schreibe, an ihn schreiben wollen. Ob ich, wenn ich damals gelebt hätte, den gleichen Brief geschrieben hätte, weiß ich nicht, es ist eher unwahrscheinlich, wahrscheinlich wäre ich als Junge ganz auf Herrschaft und Sieg getrimmt und hätte nichts anderes gemerkt. (Kap.10.2)

Die Schüler und Schülerinnen bleiben also mit ihrem Denken und Fühlen bei sich selbst, sie versuchen nicht, Gedanken anderer zu denken, Gefühle anderer zu fühlen, sie versuchen lediglich, sich in andere Zeitumstände hineinzuversetzen, die *Situation* der jeweiligen Personen zu erfassen und nachzuvollziehen. Ihre Äußerungen zeigen jedoch stets, dass es ihnen deshalb nicht an Empathie mangelt.

Dieses Verfahren wende ich üblicherweise nur dann an, wenn *tatsächliche historische Exponate* vorliegen, zu denen die Schüleräußerungen dann in Beziehung gesetzt werden können, so dass ihre eigenen Äußerungen nicht zu historischen Fakten gerinnen und mit diesen verwechselt werden können.

Ein realer zeitgenössischer Antwortbrief der Frau von Ernst F. liegt hier leider nicht vor. Es gibt jedoch einen Brief einer Zeitgenossin des Schreibers, die aus ihrer Kenntnis der damaligen Verhältnisse auf den Brief im Jahre 1990 eine Antwort aus ihrer Sicht verfasst.

Zunächst einige Briefe der Schüler und Schülerinnen:

Ein Schüler als Sohn an seinen Vater, aus zeitgenössischer Sicht:

Lieber Papa,
ich habe Deinen Brief von Mama zu lesen bekommen. Sie hat sich über Deinen Brief gefreut, vor allem hat sie sich gefreut, dass Du am Leben und

guter Dinge bist. Ich kann das, was Du schreibst, nicht so richtig verstehen. Machst Du nun auch bei uns Propaganda? Darfst Du nichts anderes schreiben? Wir sitzen hier und zittern wegen Stalingrad, Du bist nicht weit weg und schreibst über Kuchenstücke, Theater und Besäufnisse. Dass Ihr nicht den ganzen Tag nur kämpft und auch mal Abwechslung haben wollt, weiß ich. Aber kann man wirklich alles wegschieben, was um einen herum passiert? (...)

Eine Schülerin aus gegenwärtiger Sicht:

Ich kann beim besten Willen keinen Brief schreiben, ich kann nur aufschreiben, was ich über diesen merkwürdigen Mann denke. Wie redet der eigentlich mit seiner Frau? Dass die Nazis über Frauen anders gedacht haben, ist mir klar. Aber müssen die dann behandelt werden wie kleine Kinder? Das ist doch kein Brief an eine erwachsene Frau! Hat der einen so tollen Job gehabt, in dem Krieg gar nicht vorkam, oder wollte er sein Kindchen nicht beunruhigen? Was aber erfährt die Frau von ihrem Mann eigentlich, außer dass er lebt? Also, ich komme mit dem Brief nicht klar.

Eine Schülerin als Freundin an „Lumpa" (an „Ernstemann" wusste sie nichts zu schreiben) aus zeitgenössischer Sicht:

Du hast mir neulich den Brief von Ernst zu lesen gegeben. Das hast du sonst nicht gemacht. Wir haben aber noch nicht darüber gesprochen, weil wir keine Zeit dazu hatten. Ich weiß nicht, warum Du mir gerade diesen gezeigt hast. Ich habe mir selbstverständlich so meine Gedanken gemacht, und die will ich Dir jetzt einfach sagen. Dein Ernst schreibt ein bisschen viel über Fêten und so. Das ist mir verdächtig. Über Stalingrad schreibt er gar nichts. Weiß er davon vielleicht gar nichts? Fallen die auf ihre eigene Propaganda herein oder will er darüber nichts schreiben? Vielleicht hat er Angst und will an nichts Schlimmes denken.
Wie kommt er plötzlich aufs Postsparbuch? Hat er Angst, Du müsstest Berlin verlassen und kommst dann nicht ans Geld, wenn Du kein Postsparbuch hast? Sei so nett und ruf mich an (haben die überhaupt Telefon?), damit wir ausführlich darüber reden können. Ich will wissen, was Du über den Brief denkst.

Keines der Mädchen war jedoch bereit gewesen, an Stelle der Frau an Ernst zu schreiben. Deren Position, bzw. deren vom Ehemann zugewiesene Position hat ihnen allen nicht behagt.

Brief einer ehemaligen Stabshelferin, die sich 1990 zum Brief von Ernst F. geäußert hatte, indem sie Ernst F. selbst einen Brief schrieb.

Berlin,7.9.1990

Lieber Ernst F.,

Nach 47 Jahren gelangte Ihr Brief vom 13.1.1943 in meine Hände. Ich wurde anlässlich der Ausstellung „Ist der Krieg vorbei?" gebeten zu antworten. Beim Lesen war mir, als kaute ich auf einem Wattebausch. Ihr Schreiben machte mich ganz hilflos. Wäre nicht das Datum sichtbar, tauchten nicht die Worte Feldpostpäckchen, Soldatenheim und Kurierpost auf, würde ich annehmen, Sie verlebten einen traumhaften Urlaub im Kaukasus und machten mit Begeisterung Farbfotos vom Elbrus. Doch der Brief ist im Januar 1943 geschrieben, Sie sind Kriegsberichter und Fotograf in einer Propagandakompanie der deutschen Wehrmacht.

Als Sie den Brief schrieben, war ich gerade 21 Jahre alt, Stabshelferin in Poltawa beim Wehrmachtsbefehlshaber Ukraine. Sie haben in Charkow den Roten Platz fotografiert und werden sich an das nicht weit entfernte Poltawa erinnern. (...)

Zehn Tage nach Absendung Ihres Briefes, am 23. Januar 1943, flog das letzte deutsche Nachschubflugzeug in den Kessel von Stalingrad. Stalingrad wurde zum Grab für 150 000 deutsche Soldaten. Wie viele Russen mögen es gewesen sein? ‚Die Lageänderung konnten wir gar nicht fassen', schrieben Sie Ihrer Frau. ‚Wir können ja doch nichts daran ändern und warten geduldig ab.' Sie lenken vom Thema weg, als habe eine Schere, die Schere der Zensur, Ihre Gedanken getrennt und fragen nach der Geldüberweisung an die Eltern und Ihr Herzelein solle sich ein Postsparbuch einrichten. ‚Das ist doch wirklich sehr praktisch!' Wir hatten Freunde, Brüder und Väter bei der 6. Armee und wollten vor Schmerz sterben.

Sie fragen, wie Ihre Frau das Weihnachtsfest verlebte. Ich werde nun an Stelle Ihrer Frau antworten: Wir saßen am Heiligabend im Gemeinschaftsraum des Stabsgebäudes zusammen. Schüsseln, gefüllt mit Fleisch und Kartoffeln, standen vor uns. Daneben zartes Weihnachtsgebäck. Die Stimmung war am Gefrierpunkt. Jeder wusste vom Untergang der 6. Armee. Ich dachte an meinen in Stalingrad eingeschlossenen Freund. Es war Mitternacht. Wir wollten aufbrechen. Da öffnete sich die Tür zum Gemeinschaftsraum und herein trat ein Fliegerhauptmann vom Kampfgeschwader Boelcke, das von Poltawa aus Nachschub in den Kessel flog und Verwundete herausholte. Über seinen Schultern hing ein weißes Bettlaken. Buntbemalte Flügel wackelten auf seinem Rücken. ‚Der ist voll wie tausend Mann', sagte jemand. Mit starren Blicken schritt der Weihnachtsengel durch den Raum. Vor Tischen, an denen Offiziere saßen, blieb er stehen, knallte die Hacken zusammen und grüßte mit erhobenem Arm zackig-laut: ‚Heil Hitler!' Alles lachte. Eine Sekunde wurde es totenstill. Dann brach das Gelächter wieder los. Seine Kameraden erzählten uns, dass sich Verwundete, die nicht mehr mitgenommen werden konnten, an die Tragflächen beim Abheben ihrer Maschine geklammert hatten. Man habe sie von der Höhe als Häufchen auf der Erde liegen sehen.

Die Menschen am Tisch hörten regungslos zu. Soldatenväter wussten ihre Söhne in Stalingrad. Sie hatten Tränen in den Augen, wandten sich ab und die Vorgesetzten hörten weg. (...)

Zit. nach: Bezirksamt Schöneberg von Berlin: Zeitung zur gleichnamigen Ausstellung „Ist der Krieg vorbei? Briefe und Tagebücher von 1939 bis 1945 – heute gelesen" Berlin 1990, S. 2 u.3. (Der Name der Verfasserin ist nicht angegeben.)

Die Schüler und Schülerinnen konnten mit der Briefschreiberin zunächst ihr Unbehagen teilen. Weitere Gesprächsaspekte sind dann erfahrungsgemäß zuerst Erzählungen über Stalingrad, über das Verhältnis zwischen Männern und Frauen im Krieg und auch über Alltag an der Front, der in zwei Briefen ausdrücklich erwähnt wird, wie umgekehrt Krieg zu Hause im Lande. In der Vorstellung der Schüler und Schülerinnen aber wird an der Front ununterbrochen gekämpft. Sie sind immer wieder erstaunt darüber, dass es auch an der Front neben den Kampfeinsätzen so etwas wie Alltag gibt. Umgekehrt jedoch übernehmen sie – trotz besseren Wissens – das ebenfalls vorgestanzte Bild, die sogenannte Heimat sei frei von Kriegshandlungen, sofern sie nicht von anderen Ländern besetzt werde. Um diesen Gegensatz von Front und Heimat jedoch etwas genauer in den Blick zu bekommen und als miteinander verflochten zu begreifen, sind zusätzliche Informationen zweckmäßig. Abgesehen von den beiden Briefen können Schüler, die oft Kriegsschilderungen in ihrem Bücherbestand haben, sie auf solche Alltagssequenzen durchsehen und dann in der Schule darüber berichten. Als Beispiel für Kampfhandlungen im eigenen Wohnblock ist folgende Tagebuchaufzeichnung zu empfehlen:

Anonyma[24], eine Frau aus Berlin, schreibt in ihrem Tagebuch über das Überleben in Trümmern.

Über Heldentum und Kampfesmut
Am 26. April 1945 gerät das Haus, in dem Anonyma wohnt, unter starken Beschuss.

Kurz vor 10 Uhr fiel dann der Koffer aufs Hausdach. Wüster Stoß, Geschrei. Schneebleich kam die Portiersfrau angetorkelt, klammerte sich an einen Balken. (...)

Eine Viertelstunde später erst merkte jemand, dass die Heizkörper ausliefen. Wir hochgerannt. Das heißt, längst nicht alle. Die Postratsfrau zum Beispiel schwenkte ein Attest und schrie, ihr Mann sei herzkrank, dürfe nicht mit. Auch Gardinenschmidt drückte gleich seine fleckige Greisenpfote aufs Herz. Noch andere zögerten, bis Fräulein Behn leitstutenhaft brüllte: „Ihr Dussels quatscht, und oben schwimmen euch die Buden weg", und voranstürmte, ohne darauf zu achten, wer ihr folgte. Mit etwa fünfzehn anderen Figuren bin ich hinterdreingelaufen.

Oben im dritten Stock ein See, und es rauscht und rauscht. Wir schufteten, Wasser rieselte von oben, wir wateten knöcheltief im Nassen, wrangen die Teppiche aus, schöpften mit Müllschippen Wasser auf (...) Die ganze Zeit hindurch Einschläge, etliche nah. Einmal ein Wirbel von Glassplittern und Kalkstücken, die ins Wasser planschten, doch niemand verletzten.

Feucht und recht aufgekratzt turnten wir dann wieder kellerwärts. Ich (...) überlege: War das nun vernünftig oder unvernünftig gehandelt? Ich weiß es nicht. Jedenfalls war es soldatisch. Leutnantin Behn stürmte voran, ein Stoßtrupp von Freiwilligen folgte ihr und sicherte im feindlichen Feuer unter Lebensgefahr die eigene bedrohte Stellung. (...) Blindlings folgten wir dem Befehl, schonten nicht unsere Haut. Bloß dass kein Lied, kein Heldenbuch so etwas festhält und dass keine Eisernen Kreuze dafür vorgesehen sind. Eines weiß ich jedenfalls: Dass man im Kampfgedränge, im heftigen Tun und Handeln, an gar nichts denkt. Das man dabei nicht einmal Angst verspürt, weil man völlig abgelenkt und aufgesogen ist.

Waren wir tapfer? Man nennt es wohl so. Ist Fräulein Behn, die Leitstute, eine Heldin? Als Leutnant wäre ihr das EK (Eiserne Kreuz) gewiss. Also muss ich sogleich umdenken über Heldentum und Kampfesmut. Halb so schlimm damit. Es reißt einen voran, wenn man einmal den ersten Schritt getan hat.

Anonyma: Eine Frau in Berlin. Tagebuchaufzeichnungen vom 2. April bis 22. Juni 1954. Frankfurt /Main 2003, S.45.

15.2.3.2 Mann-Frau-Beziehungen in feindlichen Begegnungen

Außer den Beziehungen zwischen den Männern und Frauen im „eigenen" Land, sollen im Weiteren – den oben ausführlich beschriebenen Genderaspekten entsprechend – die Beziehungen zwischen den Frauen der eigenen Gruppe und denen des Feindes, also der Sieger, anhand von Tagebuchaufzeichnungen dargestellt werden.

Anonyma berichtet in ihrem Tagebuch nicht nur über das Leben in Trümmern, sondern vor allem über Vergewaltigungen. Sie schildert die alltäglichen sexuellen Macht- und Ohnmachtsverhältnisse und die zum Überleben notwendigen Arrangements:

Die Ankunft der Russen und die Angst vor ihnen

Freitag, 27. April 1945, Tag der Katastrophe, wieder Wirbel – notiert Samstagvormittag

Es begann mit Stille. Allzu stille Nacht. Gegen Mitternacht meldete Fräulein Behn, dass der Feind bis an die Schrebergärten vorgedrungen sei und die deutsche Linie bereits vor uns liege.

Ich konnte lange nicht einschlafen, probierte in Gedanken mein Russisch aus, übte Redensarten, von denen ich annahm, dass ich sie nun verwenden könnte. (...)

Noch sind die Russen auf den Straßen ganz unter sich. Doch unter allen Häusern flüstert es und bebt. Wer das jemals darstellen könnte, diese angstvoll verborgene Unterwelt der großen Stadt. Das verkrochene Leben in der Tiefe, aufgespalten in kleinste Zellen, die nichts mehr voneinander wissen. (...)

Gegen 18 Uhr ging es los. Einer kam in den Keller, Bullenkerl, stockbesoffen, fuchtelte mit seinem Revolver herum und nahm Kurs auf die Likörfabrikantin. Die oder keine. Er jagte sie mit dem Revolver quer durch den Keller, stieß sie vor sich her zur Tür. Sie wehrte sich, schlug um sich, heulte – als plötzlich der Revolver losging. Der Schuss haute zwischen die Balken, in die Mauer, ohne Schaden anzurichten. Darob Kellerpanik, alle springen auf, schreien (...)

Kaum war ich wieder oben, kommt das Portiersmädel, das offenbar zur Botin abgerichtet ist, erneut heraufgerannt. Wieder Männer im Keller. Diesmal wollen sie die Bäckerin, die es ebenfalls fertiggebracht hat, etliches Körperfett über die Kriegsjahre hinwegzuretten.

Der Meister kommt mir im Gang entgegengewankt, ist weiß wie sein Mehl, streckt mir die Hände entgegen, stammelt: „Die sind bei meiner Frau ..." Seine Stimme bricht. Eine Sekunde hab ich das Gefühl, in einem Theaterstück mitzuspielen. Unmöglich kann ein bürgerlicher Bäckermeister sich so bewegen, solche Herztöne in seine Stimme legen, so nackt, so aufgerissen wirken, wie ich es bis jetzt nur an großen Schauspielern erlebte.

Im Keller. Die Petroleumlampe brennt nicht mehr, der Stoff ging wohl aus. Beim Flackerschein eines Kerzenflämmchens auf einem mit Talg gefüllten Pappdeckel, (...), erkenne ich das Kalkgesicht der Bäckerin, den zuckenden Mund... Drei Russen stehen neben ihr (...)

(Anonyma bittet draußen einen vorbeigehenden Offizier um Hilfe. Wenn auch unwillig, aber immerhin folgt er ihr in den Keller.)

Im Keller noch Schweigen und Starre. Es ist, als seien all diese Menschen, die Männer, Frauen und Kinder, versteinert. Von den dreien bei der Bäckerin hat sich einer inzwischen verzogen.

Der Offizier mischt sich in das Gespräch (...) Einer der beiden Ermahnten widerspricht. Sein Gesicht ist zornig verzerrt: „Was denn? Wie haben's denn die Deutschen mit unseren Frauen gemacht?" Er schreit: „Meine Schwester haben sie...", und so fort, ich verstehe nicht alle Worte, jedoch den Sinn. Wieder redet der Offizier eine Weile ganz ruhig auf den Mann ein. Dabei entfernt er sich langsam in Richtung der Kellertür, hat die beiden auch schon draußen. Die Bäckerin fragt heiser: „Sind sie weg?"

Ich nicke, gehe aber vorsichtshalber noch mal hinaus in den dunklen Gang. Da haben sie mich. Die beiden haben hier gelauert.

Ich schreie, schreie... Hinter mir klappt dumpf die Kellertür zu.

Der eine zerrt mich an den Handgelenken weiter, den Gang hinauf. Nun zerrt auch der andere, wobei er mir seine Hand so an die Kehle legt, dass ich nicht mehr schreien kann, nicht mehr schreien will, in der Angst, erwürgt zu werden.. Beide reißen sie an mir, schon liege ich am Boden. (...)

Später in der Nacht dringen vier Männer in die Wohnung ein, in der sie zusammen mit einer Witwe wohnt. Die Witwe versucht Hilfe zu holen. Während die Männer sich in der Küche häuslich einrichten, versucht Anonyma heimlich davonzulaufen.

Ich horche in das schweigsame, schwarze Treppenhaus. Nichts. Nirgends ein Laut oder ein Lichtschimmer. (...) Eben will ich treppauf steigen, da umfasst mich von hinten im Dunkeln einer, der lautlos hinterdreinschlich. Riesenpratzen, Schnapsdunst. Mein Herz hüpft wie verrückt. Ich flüstere, ich flehe: „Nur einer, bitte, bitte, nur einer. Meinetwegen Sie. Aber schmeißen Sie die anderen raus."

Er verspricht es flüsternd und trägt mich wie ein Bündel auf beiden Armen durch den Korridor. (...)

Am nächsten Morgen beim Schreiben:

Wobei mir die seltsame Vorstellung einfällt, eine Art Wachtraum, der mir heute früh kam, als ich nach Petkas Weggang vergeblich einzuschlafen versuchte. Es war mir, als läge ich flach auf meinem Bett und sähe mich gleichzeitig selber daliegen, während sich aus meinem Leib ein leuchtend-weißes Wesen erhob; eine Art Engel, doch ohne Flügel, der steil aufwärts schwebte. Ich spüre noch, während ich dies schreibe, das hochziehende, schwebende Gefühl. Natürlich ein Wunschtraum und Fluchttraum. Mein Ich lässt den Leib, den armen, verdreckten, missbrauchten, einfach liegen. Es entfernt sich von ihm und entschwebt rein in weiße Fernen. Es soll nicht mein „Ich" sein, dem dies geschieht. Ich schiebe all das aus mir hinaus. Ob ich wohl spinne? Aber mein Kopf fasst sich in diesem Augenblick kühl an, die Hände sind bleiern und ruhig.

Anonyma: Eine Frau in Berlin. Tagebuchaufzeichnungen v. 2. April bis 22. Juni 1945. Frankfurt/Main 2003, S. 53 f, S. 55, S. 59, S. 61 f, S. 67 f, S. 71.

Die Frauen versuchen trotz der sexuellen Gewalttaten handlungsfähig zu bleiben.

Als ich aufstand, Schwindel, Brechreiz. Die Lumpen fielen mir auf die Füße. Ich torkelte durch den Flur, an der schluchzenden Witwe vorüber ins Bad. Erbrechen. Das grüne Gesicht im Spiegel, die Brocken im Becken. Ich hockte auf der Wannenkante, wagte nicht nachzuspülen, da immer wieder Würgen und das Wasser im Spüleimer so knapp.

Sagte dann laut: Verdammt! Und fasste einen Entschluss.

Ganz klar: Hier muss ein Wolf her, der mir die Wölfe vom Leibe hält. Offizier, so hoch es geht, Kommandant, General, was ich kriegen kann. Wozu hab ich mein bisschen Grips und mein bisschen Kenntnis der Feindsprache.

Zuerst ist Petka der ausgesuchte Wolf, dann der Oberleutnant Anatol, dann ein Major. Alle halten ihr nicht nur die anderen vom Leibe, sondern versorgen sie und ihre Mitbewohner mit Lebensmitteln.

Donnerstag, 3. Mai, mit Rest vom Mittwoch (...)

Tja, mit dem wilden Drauflosschänden der ersten Tage ist es nichts mehr. Die Beute ist knapp geworden. Und auch andere Frauen sind, wie ich höre, inzwischen wie ich in festen Händen und Tabu. (...)

Allgemein versucht ein jeder, der nicht schon zum Abmarsch bereitsteht, etwas Festes, ihm Gehöriges zu finden, und ist bereit, dafür zu zahlen. Dass es bei uns mit dem Essen elend bestellt ist, haben sie begriffen. Und die Sprache von Brot, Speck und Heringen – ihren Hauptgaben – ist international verständlich.

Mir hat der Major alles mögliche mitgebracht, ich kann nicht klagen. (…) Der Usbek (der Bursche des Majors) war schwer beladen, kramte nacheinander eine Büchse Milch, eine Büchse Fleisch und einen Kanten salzstarrenden Specks heraus; dann einen in Lappen gewickelten Butterkloß von mindestens drei Pfund, mit Wollhärchen verschmiert, die die Witwe gleich abklaubte, und als wir dachten, es käme nichts mehr, noch ein Kissenbezug, in den viel Zucker gefüllt war, schätzungsweise fünf Pfund! Das sind fürstliche Morgengaben. Herr Pauli und die Witwe staunten.

Mittwoch, 2. Mai 1945, mit Dienstagrest

Ja, die Mädel sind allmählich verknappte Ware. Man kennt jetzt die Zeiten und Stunden, in denen die Männer auf Weibsjagd gehen, sperrt die Mädel ein, steckt sie auf Hängeböden, packt sie in die gut gesicherten Wohnungen zusammen. An der Pumpe wurde eine Flüsterparole weitergegeben: Im Luftschutzbunker hat eine Ärztin einen Raum als Seuchenlazarett eingerichtet, mit großen Schildern in Deutsch und Russisch, dass Typhuskranke in dem Raum untergebracht seien. Es sind aber lauter blutjunge Mädels aus den Häusern ringsum, denen die Ärztin mit ihrem Typhustrick die Jungfernschaft rettet.

Über Männer und die Veränderung der Bilder vom Mann und von Männlichkeit:

Ebenfalls am 26. April 1945:
Als wir aus dem Laden traten, fuhr ein LKW vorbei; deutsche Truppen darauf, rote Spiegel, also Flak. Sie fuhren in Richtung Stadt, von uns weg aufs Zentrum zu. Saßen bloß stumm da und stierten vor sich hin. Eine Frau rief ihnen nach: „Haut ihr ab?" Sie bekam keine Antwort. Wir sahen uns achselzuckend an. Die Frau meinte: „Sind auch bloß arme Schweine."
Immer wieder bemerke ich in diesen Tagen, dass sich mein Gefühl, das Gefühl aller Frauen den Männern gegenüber ändert. Sie tun uns Leid, erscheinen uns so kümmerlich und kraftlos. Das schwächliche Geschlecht. Eine Art von Kollektiv-Enttäuschung bereitet sich unter der Oberfläche bei den Frauen vor. Die männerbeherrschte, den starken Mann verherrlichende Naziwelt wankt – und mit ihr der Mythos „Mann". In früheren Kriegen konnten die Männer darauf pochen, dass ihnen das Privileg des Tötens und Getötetwerdens fürs Vaterland zustand. Heute haben wir Frauen daran teil. Das formt uns um, macht uns krötig. Am Ende dieses Krieges steht neben vielen anderen Niederlagen auch die Niederlage der Männer als Geschlecht.

Anonyma: Eine Frau in Berlin. Tagebuchaufzeichnungen vom 2. April bis 22. Juni 1954. Frankfurt /Main 2003, S. 51 f.

Dienstag, 8. Mai 1945, mit Montagsrest (...)
Der Aufruf fordert zur Rückgabe allen aus Läden und Ämtern gestohlenen Gutes auf, Schreibmaschinen, Büromöbel, Ladenzubehör etcetera – vorerst straffrei. (...)
Weiter heißt es, dass alle Waffen abgegeben werden müssen. Häusern, in denen Waffen gefunden werden, droht ebenfalls Kollektivstrafe. (...) Ich kann es mir kaum denken, dass die Unsrigen irgendwo mit Waffen liegen und auf Russen lauern. Diese Art Männer ist mir jedenfalls in diesen Tagen nicht begegnet. Wir Deutschen sind kein Partisanenvolk. Wir brauchen Führung und Befehl. (...) In unserem Haus sind die Männer jetzt eifrig hinter Waffen her. Wohnung für Wohnung gehen sie ab, ohne dass eine Frau sie begleitet. (...) Zum ersten Mal seit langem hörte ich wieder deutsche

Männer laut sprechen, sah sie sich energisch bewegen. Sie wirkten geradezu männlich – oder doch so wie das, was man früher mit dem Wort männlich zu bezeichnen pflegte. Jetzt müssen wir nach einem neuen, besseren Wort Ausschau halten, das auch bei schlechtem Wetter standhält.

Reaktionen von Männern auf die Vergewaltigungen:

Auf Sonntag, 29. April 1945, zurückgeblickt (...)
Stundenlang hocken wir in dem finsteren, eiskalten Zimmer. Iwan hat uns tief unten. Zum Teil wörtlich; denn es gibt in unserem Block noch unentdeckte Hausgemeinschaften, Familien, die seit Freitag im Keller leben und nur frühmorgens ihre Wasserholer ausschicken. Unsere Männer, so scheint es mir, müssen sich noch schmutziger fühlen als wir besudelten Frauen. In der Pumpenschlange erzählte eine Frau, wie in ihrem Keller ein Nachbar ihr zugerufen habe, als die Iwans an ihr zerrten: „Nu gehen sie doch schon mit, Sie gefährden uns ja alle!" Kleine Fußnote zum Untergang des Abendlandes.

Von Samstag, 16. Juni, bis Freitag, 22. Juni 1945
Nichts mehr notiert. Und ich werde nichts mehr aufschreiben, die Zeit ist vorbei. Es war Samstag gegen fünf Uhr nachmittags, als es draußen klingelte. „Die Witwe", so dachte ich. Doch es war Gerd, in Zivil, braun gebrannt, das Haar heller denn je. Wir sagten beide eine ganze Zeit lang gar nichts, starrten uns in dem dämmrigen Flur an wie Gespenster. (...)
Er ist ganz erstaunt ob meines unbeschädigten Vorhandenseins. Schüttelte den Kopf über meine Hungersnöte; behauptete, er werde nunmehr das Nötige heranschaffen. (...)
(Schon bald kommt die Rede auf das Leben in den letzten Wochen).
Ich sah, dass Gerd befremdet war. Von Satz zu Satz gefror er mehr, markierte Müdigkeit. Wir umschlichen einander und sparten mit persönlichen Worten. Schlimm ist, dass Gerd nichts zu rauchen hat. (...)
Unregelmäßige Tage, unruhige Nächte. Allerlei Leute, die mit Gerd getreckt sind, kamen uns besuchen. Daher zwischen uns ständige Reibereien. (…) Saß ich stumm dabei, so schimpfte er. War ich aufgekratzt, gab ich Stories zum Besten, wie wir sie in den letzten Wochen erlebt haben, so kam es nachher erst recht zum Streit. Gerd: „Ihr seid schamlos wie die Hündinnen geworden, ihr alle hier miteinander im Haus. Merkt ihr das denn nicht?" Er verzog angewidert das Gesicht: „Es ist entsetzlich, mit euch umzugehen. Alle Maßstäbe sind euch abhanden gekommen." (...)
Seit gestern ist er wieder fort. Mit einem Fla-Kameraden will er lostrampen, zu dessen Eltern in Pommern. Will Nahrungsmittel heranholen. Ich weiß nicht, ob er wiederkommt.

Anonyma: Eine Frau in Berlin. Tagebuchaufzeichnungen v. 2. April bis 22. Juni 1954. Frankfurt/Main 2003, S. 87, S. 146 f, S. 171 f, S. 210, S. 278 f

Kommentar zu den Texten:
Die Einsichten, die anhand dieser Texte gewonnen werden können, lassen sich auch auf andere Kriegshandlungen übertragen:

◆ Die Muster, die während des Vorkriegs bei Männern und Frauen mit viel propagandistischem Aufwand erzeugt werden sollten, erweisen sich im Krieg selbst als untauglich. Während des Krieges werden auch die gewohnten Männlichkeits- und Weiblichkeitsmuster in Frage gestellt und geraten ins Wanken.

◆ An Stelle der kampfesmutigen, beschützenden Männer sitzen nun die Männer stumm da und stieren vor sich hin. Ihre Lethargie überwinden sie nur, wenn sie den Befehl bekommen, die Wohnungen nach Waffen zu durchsuchen. Frauen wiederum haben am Töten und Getötetwerden teil, was sie entsprechend umformt.

◆ Die Front verläuft nicht nur „draußen im Feld", sondern bei Fliegerangriffen und Feindberührungen im eigenen Haus, also bei Bombardierungen und bei Vergewaltigungen.

◆ Um Kriegshandlungen begehen und/oder überstehen zu können, scheint die Ausschaltung der Gefühle für das Überleben notwendig zu sein. Bei Männern werden Gefühle über Drill, Befehl und Gehorsam, aber auch durch massive innere Konflikte und Verletzungen ausgeschaltet; bei Frauen, wie hier bei Anonyma, durch eine Flucht ihres „Ichs" aus dem missbrauchten Körper. Die zum Überleben oft notwendige Ausschaltung der Gefühle aber ist auf jeden Fall eine Art Kriegsverletzung, die in offiziellen Statistiken niemals auftaucht.

15.3 Gleichberechtigung

Mit dem Begriff Gleichberechtigung verbinden sich in verschiedenen Gesellschaften unterschiedliche Vorstellungen. Sie berufen sich auf unterschiedliche Traditionen, sind jeweils abhängig von ökonomischen und ideologischen Bedingungen und verändern sich im Laufe der Jahrzehnte. Unter Gleichberechtigung verstand man zum Beispiel in der DDR etwas anderes als in der Bundesrepublik. In der Bundesrepublik wurde Gleichberechtigung im Jahre 1949 anders definiert als 1999. Zudem ist Gleichberechtigung damals wie heute für sehr viele Bereiche vorgesehen, aber längst nicht für alle.

Am Beispiel der Gleichberechtigung kann gezeigt werden,

1. wie die Politik Geschlechterverhältnisse konstruiert und über Gender gesellschaftliche Berechtigungen bzw. Ausschließungen vermittelt;

2. wie andererseits im Alltagsbewusstsein der Menschen etablierte Normen und Traditionen politische Konzepte und Begriffsinhalte prägen;
3. wie Begriffsinhalte politisch normiert sind und damit auch politischen Veränderungen unterliegen;
4. wie sich verändernde gesellschaftliche Bedingungen die Politik zu erneuten konzeptionellen Eingriffen in das Geschlechterverhältnis veranlassen;
5. wie traditionelle und auf Veränderung zielende Auffassungen miteinander konkurrieren, aber auch nebeneinander bestehen.

In jeder Gesellschaft müssen zu unterschiedlichen Zeiten die jeweiligen Konzepte, die sich mit dem Begriff Gleichberechtigung verbinden, immer wieder aufs Neue befragt und untersucht werden.

15.3.1 Gleichberechtigung 1949 in beiden Teilen Deutschlands

Im östlichen Teil Deutschlands sollten von Anfang an die Kräfte der Arbeiterklasse für den Klassenkampf gebündelt werden. Da Männer und Frauen hierfür die gleichen Pflichten zu übernehmen hatten, sollten ihnen auch die gleichen Rechte zugesprochen werden. Im westlichen Teil sollte nach den Vorstellungen der Gesamtheit im Parlamentarischen Rat die Regelung aus der Weimarer Verfassung übernommen werden, die Männern und Frauen nur die gleichen staatsbürgerlichen Rechte und Pflichten zubilligte. (Kap.1.7) Elisabeth Selbert, SPD, kämpfte mit der Unterstützung von zahlreichen Frauenverbänden und -ausschüssen für die Formulierung „Männer und Frauen sind gleichberechtigt". Diese öffentliche Protestbewegung führte zu einem Stimmungswandel im Parlamentarischen Rat, und Elisabeth Selberts Antrag wurde am 18.1.49 ohne Gegenstimmen angenommen.

Die folgenden Texte, die auch für den Unterricht gut geeignet sind, verdeutlichen die Vorstellungen, die damals im westlichen Teil Deutschlands mit dem Begriff Gleichberechtigung verbunden waren und sich vom heutigen politischen Mainstream deutlich unterscheiden.

Texte und Erläuterungen:
1. „Die Neue Zeitung" über die öffentliche Diskussion über die Gleichberechtigungsproblematik, 13. Januar 1949:

> Von den Problemen, die vom Parlamentarischen Rat zu lösen sind, wird in der Öffentlichkeit wohl kaum eine Frage mit solcher Leidenschaft erörtert wie die der Gleichberechtigung der Frau. Die Abgeordneten in Bonn

werden mit Briefen überschüttet, in denen mehr oder minder heftige Proteste dagegen erhoben werden, dass in der ersten Lesung des neuen Grundgesetzes im Hauptausschuss der Antrag von Frau Dr. Elisabeth Selbert (SPD) abgelehnt wurde, der lautet: „Männer und Frauen sind gleichberechtigt!"

Der Hauptausschuss nahm hingegen folgende Bestimmung in die Grundrechte auf: „Männer und Frauen haben die gleichen staatsbürgerlichen Rechte und Pflichten. Niemand darf seines Geschlechts...wegen benachteiligt oder bevorzugt werden." Diese Formulierung entspricht dem Ergebnis, zu dem der Grundsatzausschuss gekommen war. (...)

Es herrscht bei allen Parteien des Parlamentarischen Rates Einmütigkeit darüber, dass Bestimmungen vor allem des bürgerlichen Gesetzbuches, welche der Gleichberechtigung der Frau entgegenstehen, beseitigt werden müssen. Man weiß in allen Kreisen, dass die Frau in viel größerem Umfang als früher die tätige Mitarbeiterin des Mannes geworden ist und in vielen Fällen völlig selbständig ihr Leben führt und Aufgaben erfüllt, die zu Zeiten unserer Väter ausschließlich von Männern gelöst wurden.

Man versteht aus diesem Grund in Bonn durchaus, wenn Frauenorganisationen sich den Antrag von Frau Dr. Selbert immer wieder zu eigen machen. So fassten die im Frauenring Hamburg e.V. vereinigten Frauenorganisationen der Hansestadt in einer Gesamtvorstandssitzung am 8. Januar die Entschließung: „Männer und Frauen sind gleichberechtigt. Entgegenstehende Gesetze im BGB sind aufgehoben, Änderungen im BGB sind bis 1950 zu vollziehen." (...)

Im Falle der völligen Gleichberechtigung ergeben sich eine Reihe von Fragen: Wer soll zum Beispiel den ehelichen Wohnsitz bestimmen? Beide? Wer soll die elterliche Gewalt über das Kind haben? Wenn Mann und Frau gleichberechtigt, aber verschiedener Meinung sind, wer soll dann entscheiden? (...) Weitere Frage: Wenn die Frau Stillgeld bekommt, bezieht es dann auch der Mann?

Es wird weiter darauf hingewiesen, dass in vielen sozialpolitischen Gesetzen die Frau mit Fug und Recht Vorrechte hat. Dabei wird an den Mutterschutz und an den Schwangerschaftsschutz erinnert und an das Verbot längerer Arbeitszeit. (...)

Gleichen Rechten würden auch gleiche Pflichten entsprechen. Dabei wird gefragt: Ist die Frau bereit, Feuerwehrdienst zu tun oder etwa bei Deicharbeiten mitzumachen? Die Tatsache, dass Frauen während des Krieges zu allen möglichen Diensten herangezogen worden sind, scheint kein Gegenargument zu sein. Denn es wird gefragt, ob die Zustände, die unter dem früheren Regime herrschten, als normal angesehen werden sollen und ob die Frauen eine Wiederholung dessen wünschen, was ihnen damals zugemutet wurde.

Zit. nach: Ruhl, Klaus-Jörg (Hg.): Frauen in der Nachkriegszeit 1945–1963. München 1988, S. 159 ff.

2. Ausschnitte aus der Zweiten Lesung im Hauptausschuss am 18.1. 1949

Debattiert wurde über zwei Anträge, einer von der SPD und einer von der CDU/CSU, über die entschieden werden sollte.

CDU: „Männer und Frauen haben die gleichen Rechte und Pflichten."
SPD: „Männer und Frauen sind gleichberechtigt." (...)
Frau Dr. Selbert (SPD):
... darf ich zunächst eines sagen: Wir haben den Sturm, der draußen in der Öffentlichkeit durch die Abstimmung bei der ersten Lesung dieses Artikels im Hauptausschuss ausgelöst wurde, nicht verursacht. Er hätte erspart werden können, so sehr ich mich über den Widerhall und die Resonanz freue, die aus der Fülle der Eingaben spricht, die an den Rat gekommen sind und die auch uns direkt erreicht haben. Wir hatten uns die Sache viel einfacher gedacht. (...) Die große Zahl der Eingaben beweist immerhin, welches große Interesse diese Lebensfrage der deutschen Frauen draußen in den weitesten Frauenkreisen erregt hat. (...)
Nun einiges zur Sache selbst. (...) Die Fragen des Mutterschutzes, des Arbeitsschutzes der werdenden Mutter und anderes haben entgegen Ihrer Ansicht, sehr geehrte Frau Weber, mit sogenannten Vorrechten gar nichts zu tun. Das sind vielmehr nichts weiter als Sonderbestimmungen, die einen Ausgleich für die Belastungen darstellen, die der Frau auf Grund ihrer natürlichen Aufgaben als Mutter entstehen. Handelte es sich dabei um wirkliche Vorrechte, dann müssten Sie den Absatz 3 des Artikels 4 ändern. Da steht nämlich drin, dass niemand seines Geschlechts wegen bevorzugt werden darf. Im übrigen könnte dann auch der Kriegsbeschädigte oder Arbeitsunfähige nicht gleichberechtigt sein, die auch eines besonderen Schutzes bedürfen. Doch keine Sorge, Mutterschutz ist kein Vorrecht; Sie brauchen Ziffer 3 daher nicht zu ändern.
Es ist ein grundlegender Irrtum, bei der Gleichberechtigung von der Gleichheit auszugehen. Die Gleichberechtigung baut auf der Gleichwertigkeit auf, die die Andersartigkeit anerkennt. Mann und Frau sind nicht gleich. Ihre Besorgnis, dass die Gleichstellung der Frau Gleichmacherei sei, ist daher ebenfalls unbegründet. (...)
Nur in einer Synthese männlicher und weiblicher Eigenart sehe ich einen Fortschritt im Politischen, im Staatspolitischen, im Menschlichen überhaupt. Wenn wir unter Anerkennung der Gleichwertigkeit der Frau zu dem weiteren Schritt, nämlich dem der Gleichberechtigung kommen, dann

sollen eben alle Gesetze und Bestimmungen, die diesem Grundsatz der Gleichwertigkeit und Gleichberechtigung entgegenstehen, geändert und dem Grundsatz eingeordnet werden.

Zit. nach: Böttger, Barbara: Das Recht auf Gleichheit und Differenz. Elisabeth Selbert und der Kampf der Frauen um Art.3.2 Grundgesetz. Münster 1990, S. 215-218. Zit. nach dem Protokoll der 42. Sitzung des Hauptausschusses, 18.1.1949. In: Parlamentarischer Rat, Stenographische Protokolle des Hauptausschusses. Bonn 1948/49, S. 538-544.

Das von Elisabeth Selbert favorisierte Differenzmodell hat sich jedoch in den Jahrzehnten nach Inkrafttreten des Grundgesetzes als fragwürdig erwiesen. Mit Hinweisen auf wesensmäßige Unterschiede wurden viele Gesetze erst gar nicht geändert, dies geschah oft erst infolge von Verfassungsklagen. Die Unterschiede zwischen Mann und Frau wurden immer wieder zur Begründung von Ungleichheiten und zur Stabilisierung hierarchischer Strukturen herangezogen. Erst durch die Neue Frauenbewegung und die intensive, langfristige politische Arbeit ihrer Vertreterinnen hat sich politisch das Konzept der Gleichstellung der Geschlechter durchsetzen können. (Kap. 15.3.2) Gleichwohl sind die Auffassungen, wie sie auch Elisabeth Selbert vertreten hat, nicht aus dem öffentlichen Bewusstsein verschwunden. Sie konkurrieren miteinander, bestehen nebeneinander, und je nach politischer oder ökonomischer Wetterlage kommen die jeweils verschiedenen Auffassungen mal weniger, mal mehr zur Geltung.

3. Auszug aus dem Grundgesetz der Bundesrepublik Deutschland vom 23. Mai 1949:

I: Die Grundrechte (...)

Artikel 3
1. Alle Menschen sind vor dem Gesetz gleich.
2. Männer und Frauen sind gleichberechtigt.
3. Niemand darf wegen seines Geschlechts, seiner Abstammung, seiner Rasse, seiner Sprache, seiner Heimat und Herkunft, seines Glaubens, seiner religiösen oder politischen Anschauungen benachteiligt oder bevorzugt werden.
XI. Übergangs- und Schlussbestimmungen
Artikel 117
1. Das dem Artikel 3 Absatz 2 entgegenstehende Recht bleibt bis zu seiner Anpassung an diese Bestimmung des Grundgesetzes in Kraft, jedoch nicht länger als bis zum 31. März 1953.

Zit. nach: Ruhl, Klaus-Jörg (Hrsg.): Frauen in der Nachkriegszeit 1945 –
1963. München 1988, S. 162 f.

In dem vom Grundgesetz angegebenen Zeitrahmen wurde das dem
Artikel 3 Absatz 2 entgegenstehende Recht jedoch noch nicht geändert.
Zwar wurde 1952 ein Regierungsentwurf angefertigt, das Gleichberech-
tigungsgesetz wurde aber erst 1957 verabschiedet und trat 1958 in Kraft.
Der Prozess der Rechtsänderung war damit aber längst nicht abgeschlos-
sen. Da die gesellschaftlichen Vorstellungen von Gleichberechtigung
einem ständigen Wandel unterliegen, werden bis heute immer noch
Rechtsänderungen eingeklagt oder politisch beschlossen.

Anregungen für den Unterricht
1. Bei dem Thema „Gleichberechtigung" bietet sich eine vergleichende
Betrachtung in zweierlei Hinsicht an: Zum einen ein Vergleich zwischen dem Verständnis von Gleichberechtigung in der DDR und der
alten Bundesrepublik, zum anderen ein Vergleich der Gleichberechti-
gungspostulate von 1948/49 mit dem gegenwärtigen Konzept des
„Gender Mainstreaming", das seit 1997 Grundlage der Politik ist.
2. Für die Schüler und Schülerinnen ist Gleichberechtigung weder eine
Frage noch ein Problem, denn – so behaupten sie – „die haben wir". Was
sie erleben und erfahren, wird insgesamt als Gleichberechtigung verstanden. Strukturelle Defizite, wie die Zuordnung von Familie und
Kindern allein zur Frau, werden zu einem privaten Problem, das
persönlich entschieden werden muss. Um die Vielschichtigkeit und die
Geschichtlichkeit des Konzepts Gleichberechtigung deutlicher hervortreten zu lassen, empfiehlt es sich daher, die gegenwärtigen Auffassungen und Vorstellungen der Schüler und Schülerinnen ins Bewusstsein
zu heben. Dazu ist jedoch eine leichte Verfremdung zweckmäßig. Man
kann beispielsweise jemand von einem andern Stern auftreten lassen
(Kap.8), der die Lebensverhältnisse auf unserm Planeten erforscht,
zurzeit in Deutschland weilt und sich u. a. darüber informieren möchte,
◆ was die Menschen unter Gleichberechtigung verstehen,
◆ wie sie darüber denken, ob zustimmend oder nicht,
◆ wie mit Unterschieden zwischen Männern und Frauen umgegangen
wird,
◆ ob Gleichberechtigung nur für bestimmte Bereiche oder grundsätzlich gilt etc.
Die Schüler und Schülerinnen werden gebeten, dem Wesen von einem
anderen Stern die Antworten auf diese Fragen aufzuschreiben. Anhand
ihrer Äußerungen wird dann die Verschiedenartigkeit der mit Gleichberechtigung verbundenen Vorstellungen offensichtlich werden. Es

wird auch sofort einsichtig werden, dass sich die verschiedenen Auffassungen nicht zu einer eindeutigen Definition (Gleichberechtigung ist ...) bündeln lassen, sondern eher bestimmten Gesellschaftskonzepten mit ihren Traditionen zuordnen lassen.

Im Anschluss daran können sie dann in den verschiedenen politischen Konzepten die Entsprechungen in ihrem Denken und auch die Traditionslinien in ihren Auffassungen auffinden.

Als Hilfe bei der Bearbeitung der Texte und im Weiteren auch der politischen Konzepte eignen sich folgende Analysefragen:

◆ Welche Vorstellungen von Weiblichkeit und Männlichkeit sind jeweils im Begriff Gleichberechtigung enthalten?

◆ Welche Funktion haben die jeweiligen Männlichkeits- und Weiblichkeitsmuster im gesellschaftlichen Ganzen?

◆ Welche Argumente werden für gesellschaftliche Veränderungen, welche für die Beibehaltung der Tradition herangezogen?

◆ Welche Veränderungen werden mit welchen Zielsetzungen angestrebt?

◆ Welche Traditionen oder Positionen werden als so selbstverständlich angesehen, dass sie keiner näheren Begründung bedürfen?

◆ Welche gesellschaftlichen Handlungsweisen werden gefordert, gefördert oder unterbunden?

Diese Fragen sind nicht unbedingt als direkte Bearbeitungsfragen für die Texte gedacht, sondern zeigen eher, wie politische Konzepte methodisch aus der Genderperspektive entschlüsselt werden können.

15.3.2 Gleichberechtigung 1999: Gender Mainstreaming[25]

Mit diesem Konzept werden Männer und Frauen systematisch und in gleicher Weise in den Gleichberechtigungsprozess einbezogen.

Gender Mainstreaming meint eine Strategie zur Durchsetzung der Chancengleichheit von Männern und Frauen, bezogen auf sämtliche Ebenen politischer Prozesse, Verfahrensweisen und Maßnahmen. Ziel ist, künftig Veränderungen in Organisationen und Institutionen und damit in den bestehenden Gesellschaftsstrukturen zu bewirken. Als Begriff für aktive Gleichstellungspolitik hat Gender Mainstreaming seit Mitte der Neunzigerjahre an Bedeutung gewonnen. Bekannt wurde der Begriff über die Vierte Weltfrauenkonferenz 1995 in Peking, dann über die Politik der EU im Aktionsprogramm zur Chancengleichheit 1997, später verankert im Amsterdamer Vertrag 1999. Danach soll die geschlechterbezogene Perspektive in alle Politikbereiche und Aktionsfelder der EU - somit aller Mitgliedstaaten – einbezogen werden. Vor allem aber soll die Geschlechterperspektive die Unterschiede zwischen den Lebensverhältnissen, -situationen und Bedürfnissen von Frauen und Männern systematisch berücksichtigen. Bei allen Planungs- und Entscheidungsprozessen ist die Frage nach den Auswirkungen auf Frauen und Männer zu stellen. Vorhandene Differenzen sind im Sinne der Chancengleichheit auszugleichen.

Dieses Konzept wird also in den verschiedensten Bereichen umgesetzt: Bei kommunalen Bauvorhaben, bei der Aufstellung oder Überprüfung von Haushaltsplänen, bei Gesetzentwürfen etc. Die Nachbesserung der Riester-Rente ist auf diese Weise zustande gekommen.

Als eine Konsequenz der Verpflichtung, die rechtliche Gleichstellung von Frauen und Männern in allen Politik- und Handlungsfeldern praktisch umzusetzen, wird die Vergabe europäischer Mittel zunehmend an die Berücksichtigung des Gender Mainstreaming geknüpft.

Bei allen Vorhaben ist zunächst ein sogenannter *Gender-Check* durchzuführen. Dafür sind mehrere Methoden entwickelt worden, u.a. die 3-R-Methode, das meines Wissens am häufigsten angewandte Verfahren:

„Die 3-R-Methode
1. Repräsentation.
Wie ist die Verteilung von Frauen und Männern in Planungsteams, Ausschüssen, in der Verwaltung, in Leitungsgremien, bei den Nutzenden?
Welche Daten gibt es, welche müssen erhoben werden?
Wie groß ist der Anteil der zu behandelnden Angelegenheiten, die Männer bzw. Frauen betreffen?
2. Ressourcen
Quantitative Angaben zu Zeit, Raum, Geld:
Wie viel Zeit wird für die Anliegen von Frauen bzw. Männern investiert? (...)
Wie viel Geld wird für weibliche bzw. männliche Aktivitäten, Maßnahmen zu Verfügung gestellt?
3. Realisierung
Welche Ursachen hat die Ungleichbehandlung ?
Warum werden Frauen und Männer unterschiedlich beurteilt?
Warum werden die Ressourcen unterschiedlich verteilt?"[26]

Zur Verdeutlichung wird die vom Arbeitskreis „Broschüre Gender Planning" 2001 mit Brigitte Wotha entwickelte Drei-Phasen-Prüfung, die mir dann auch später für Unterrichtsvorhaben am besten geeignet zu sein scheint, vorgestellt:

„Die Drei-Phasen-Prüfung:
1. Planungsphase
Analyse der geschlechtsspezifischen Anforderungen der Betroffenen
Welche Bedürfnisse haben die betroffenen Frauen, welche Bedürfnisse haben die betroffenen Männer?
Geschlechtsspezifische Folgenabschätzung der Auswirkungen
Sind die Auswirkungen der Planung auf Frauen und Männer gleichwertig?
Auswirkungen des Projekts auf das Gleichstellungsziel
Unterstützt die Planung das Gleichstellungsziel oder wirkt es dem Gleichstellungsziel entgegen?
2. Durchführungs-/Realisierungsphase
Sind die Ressourcen in den Frauen oder Männer betreffenden Maßnahmen gleich verteilt?
Sind die Entscheidungsvollmachten gleich verteilt?
3. Phase der Evaluierung, Erfolgskontrolle und Qualitätssicherung
Sind die Belange beider Geschlechter in gleicher Weise berücksichtigt worden?
Ist das Gleichstellungsziel durch die Planung erreicht worden?
Sind weitere Schritte zu veranlassen?"[27]

Diese einzelnen Phasen können jeweils durch differenziertere Fragen ergänzt und erweitert werden, je nach Planungsvorhaben.

Wie dieses Verfahren konkret anzuwenden ist, sei am Beispiel der Planungsphase des Umbaus eines Gebäudes zur Sporthalle für Mehrzwecknutzung", genauer aufgezeigt:

„I. Phase: Planung
1. Hat das Vorhaben unterschiedliche Auswirkungen auf Frauen und Männer?
◆ Wer sind die künftigen Nutzerinnen und Nutzer?
◆ Ermittlung der Bedürfnisse?
◆ Wurden Nutzerinnen und Nutzer und deren Vertretungen im Vorfeld mit einbezogen (Schülerinnen/Schüler, Elternvertretung, Lehrkräfte und Personalvertretung, Hauswirtschaft, Hausservice, Reinigungspersonal und Vereine)?
2. Wie hoch ist der Anteil von Frauen und Männern im Planungsteam? Im Bereich der Architektur, der Bauabteilung, des Bauausschusses?

3. Zu welchen Anteilen nutzen Frauen und Männer die Halle?
♦ Klärung durch Datenerhebung
♦ Welche Sportarten sind vorgesehen (z.B. Leichtathletik, Fußball, Handball, Basketball, Volleyball, Tanzsport, Squash, Gymnastik, Mutter-Kind-Turnen)?
♦ Nutzung im Rahmen von Schulveranstaltungen, Personalversammlungen, Mehrzweckveranstaltungen und Ausstellungen?
♦ Veranstaltungen der Vereine und sonstiger Nutzerinnen und Nutzer?
4. Welche Ausstattung und Geräte sind erforderlich?
♦ Werden Ausstattung und Geräte den Nutzerinnen und Nutzern gerecht?
♦ Werden die Mittel für Ausstattung und Geräte geschlechtsgerecht eingesetzt?
5. Sind die unterschiedlichen funktionalen Bedingungen und Sicherheitsbedürfnisse für die Nutzerinnen und Nutzer im Innen- und Außenbereich berücksichtigt?
Innenbereich:
♦ Lage und Ausstattung der sanitären Anlagen und Umkleidekabinen
♦ Vermeidung von uneinsehbaren Nischen und toten Winkeln
♦ Beleuchtung
♦ Handhabbarkeit der Geräte
Außenbereich:
♦ Einsehbare, barrierefreie Zu – und Ausgänge
♦ Einsehbare großzügige Parkplätze
♦ Einsehbare Begrünung
Allgemein:
♦ Lage der Halle
♦ Erreichbarkeit (z.B. öffentlicher Personennahverkehr, Radwege)
6. Erfüllt der Umbau zur Sporthalle das Ziel, die gleichen Entwicklungs- und Freizeitmöglichkeiten für Mädchen und Frauen wie für Jungen und Männer zu gewährleisten?
♦ Verteilung an Raum, Ausstattung mit Sportgeräten, Verteilung der Zeiten, Kinderbetreuungsangebote"[28]

Derartige Gender-Checks können auch von Schülern und Schülerinnen durchgeführt werden, angefangen im schulischen Bereich bei der Schulhofgestaltung, der Einrichtung von Aufenthaltsräumen, Arbeitsgemeinschaften und Freizeitangeboten in Ganztagsschulen. Im Politik- oder Sozialkundeunterricht können dann auch im kommunalen Bereich Vorhaben aller Art mit dem Gender-Check überprüft werden, wie zum Beispiel die Streckenführung von Radwegen, die Gestaltung von Grünflächen, die Einrichtung innerstädtischer Freizeitanlagen, die Sanierung von Wohnungen und vieles andere mehr.

Anmerkungen

1   Sachgrundlage für die folgenden Ausführungen sind: Bergmann, Anna: „Soldaten für die Revolution?" Die Gebärstreikdebatte der SPD im Jahre 1913. In: Soden, Kristine v.: Rosa Luxemburg. Berlin 1988, S. 92-97. – Janssen-Jurreit, Marielouise: Sexualreform und Geburtenrückgang – Über die Zusammenhänge von Bevölkerungspolitik und Frauenbewegung um die Jahrhundertwende. In: Kuhn, Annette und Schneider, Gerhard (Hg.): Frauen in der Geschichte, Band 1. 3. Auflage, Düsseldorf 1984, S. 56-81. – Duden, Barbara: Somatisches Wissen, Erfahrungswissen und ‚diskursive' Gewissheiten. Überlegungen zum Erfahrungsbegriff aus der Sicht der Körper-Historikerin. In: Bos, Marguérite et al. (Hg.): Erfahrung: Alles nur Diskurs? Zur Verwendung des Erfahrungsbegriffs in der Geschlechtergeschichte. Beiträge der 11. Schweizerischen HistorikerInnentagung 2002. Zürich 2004, S. 25-35.

2   Janssen-Jurreit, Marielouise: Sexualreform und Geburtenrückgang. (Anm. 1), S. 56 f.

3   Janssen-Jurreit, Marielouise: Sexualreform und Geburtenrückgang (Anm. 1), S. 62.

4   Schallmayer, Wilhelm: Generative Ethik, S. 231. Zitiert in: Janssen-Jurreit, Marielouise: Sexualmoral und Geburtenrückgang (Anm. 1), S. 63.

5   Neomalthusianer: Anhänger einer internationalen Bewegung, die sich für Geburtenkontrolle einsetzte.

6   Bernstein, Alfred: Wie fördern wir den kulturellen Rückgang der Geburten? Ein Mahnruf an das arbeitende Volk. Berlin 1913, S. 5. Zitiert in: Bergmann, Anna: „Soldaten für die Revolution"? (Anm. 1), S. 93.

7   Vorwärts vom 31. Juli 1913. Zitiert in: Bergmann, Anna: „Soldaten für die Revolution"? (Anm. 1), S. 93 f.

8   Bernstein, Alfred: Elend und Gebärstreik. In: Die Welt am Montag vom 17.11.1913. Zitiert in: Bergmann, Anna: „Soldaten für die Revolution"? (Anm.1), S. 95.

9   Landweer, Hilge: Geschlechterklassifikation und historische Deutung. In: Müller, Klaus E./Rüsen, Jörn (Hg.): Historische Sinnbildung. Problemstellungen, Zeitkonzepte, Wahrnehmungshorizonte, Darstellungsstrategien. Hamburg 1997, S. 157.

10 Landweer, Hilge: Geschlechterklassifikation (Anm.9), S. 157 f.

11 Seifert, Ruth: Von Helden und Heulsusen. In EMMA 3/ 2002, S. 60.

12 Zahlreiche Beispiele für Metaphern im Zusammenhang mit dem „Volkskörper" finden sich bei Schulz-Hageleit, Peter: Leben in Deutschland 1900 – 1950. Historisch-analytische Betrachtungen. Pfaffenweiler 1994, S. 168

13 Seifert, Ruth: Von Helden und Heulsusen (Anm.11), S. 61. – Über das Verhältnis von Frauen und Männern im Militär siehe auch: Seifert, Ruth; Eifler, Christine (Hg.): Gender und Militär. Internationale Erfahrungen mit Frauen und Männern in Streitkräften. Königstein/Ts. 2003. Über Körper und Körper-

bilder siehe darin insbesondere: Levy, Edna: Die paradoxe Geschlechterpolitik der israelischen Armee.

14 Ute Daniel hat in ihrem Vortrag über die „Erfahrungen der Geschlechtergeschichte" während der 11. Schweizerischen HistorikerInnentagung 2002 in Zürich auf diesen Zusammenhang aufmerksam gemacht.

15 Hagemann, Karen; Schüler-Springorum, Stefanie (Hg.): Heimat-Front. Militär und Geschlechterverhältnisse im Zeitalter der Weltkriege. Frankfurt am Main 2002.

16 Seifert, Ruth: Von Helden und Heulsusen (Anm.11), S. 58 f.

17 Über die Tendenzen der Effeminisierung gegnerischer Nationen: Nelson, Robert L.: Deutsche Kameraden – Slawische Huren. Geschlechterbilder in den deutschen Feldzeitungen des Ersten Weltkrieges. In: Hagemann, Schüler-Springorum: Heimat-Front (Anm. 15), S. 96 f.

18 Hegemoniale Männlichkeit kann man nach Robert Connell „als jene Konfiguration geschlechtsbezogener Praxis definieren, welche die momentan akzeptierte Antwort auf das Legitimitätsproblem des Patriarchats verkörpert und die Dominanz der Männer sowie die Unterordnung der Frauen gewährleistet (oder gewährleisten soll)." S. Connell, Robert: Der gemachte Mann. Konstruktion und Krise von Männlichkeiten. Opladen 2000, S. 98.

19 Seifert, Ruth: Von Helden und Heulsusen (Anm.11), S. 58 ff.

20 Vgl. Jansen, Mechthild: Übrig bleiben zwei Männer. In: EMMA 1/2002, S. 54 ff.

21 Seifert, Ruth: Von Helden und Heulsusen (Anm.11), S. 61.

22 Seifert, Ruth: Von Helden und Heulsusen (Anm.11), S. 62.

23 Vgl. Eschebach, Insa: Kommentar: Zum Verhältnis von soldatischen Männern zu ihren Frauen. In: Bezirksamt Schöneberg von Berlin: Zeitung zur gleichnamigen Ausstellung „Ist der Krieg vorbei? Briefe und Tagebücher von 1939 bis 1945 – heute gelesen" Berlin 1990, S. 2 u. S. 7.

24 Marta Hillers (1911–2001), wie der eigentliche Name der „Anonyma" lautet, war als Journalistin tätig für den „Berliner Lokal-Anzeiger", die „Berliner Hausfrau", im Büro der deutschen Arbeitsfront und als Verfasserin einer Broschüre, die der Werbung von Nachwuchs für die Marine diente. Sie war kein Parteimitglied, gehörte zu der großen Gruppe der sogenannten Mitläufer.

25 Stiegler, Barbara: Wie Gender in den Mainstream kommt: Konzepte, Argumente und Beispiele zur EU-Strategie des Gender Mainstraming. Electronic ed.: FES Library. Bonn 2000. – Stiegler, Barbara: Gender Macht Politik. 10 Fragen und Antworten zum Konzept des Gender Mainstreaming. Hg. vom Wirtschafts- und sozialpolitischen Forschungs- und Beratungszentrum der Friedrich-Ebert-Stiftung . Bonn 2002.

26 Arbeitskreis „Broschüre Gender Planning" (Hg.): Gender Mainstreaming in der räumlichen Planung – Gender Planning. Von Peking über Amsterdam in die Westpfalz oder: Die Ankunft einer weltumspannenden Idee vor Ort. 1. Auflage, Kaiserslautern 2001, S. 7.

27 Arbeitskreis „Broschüre Gender Planning" (Hg.): Gender Mainstreaming (Anm.26), S. 7.

28 Arbeitskreis „Broschüre Gender Planning" (Hg.): Gender Mainstreaming (Anm. 26), S. 10 f.

Literatur

Adams, Will Paul/Meurer Adams, Angela (Hg.): Die Amerikanische Revolution in Augenzeugenberichten. München 1976

Arbeitskreis „Broschüre Gender Planning" (Hg.): Gender Mainstreaming in der räumlichen Planung – Gender Planning. Von Peking über Amsterdam in die Westpfalz oder: Die Ankunft einer weltumspannenden Idee vor Ort. Kaiserslautern, 1. Aufl. 2001

Arnold, Udo et al. (Hg.): Stationen einer Hochschullaufbahn. Festschrift für Annette Kuhn zum 65. Geburtstag. Dortmund 1999

Beauvoir, Simone de: Das andere Geschlecht. Neuausgabe, Hamburg 2000

Bebel, August: Die Frau und der Sozialismus. Berlin/Bonn 1980

Becher, Ursula A.J./Rüsen, Jörn (Hg.): Weiblichkeit in geschichtlicher Perspektive. Fallstudien und Reflexionen zu Grundproblemen der historischen Frauenforschung. Frankfurt/Main 1988

Benz, Ute: Frauen im Nationalsozialismus. Dokumente und Zeugnisse. München 1993

Bergmann, Anna: „Soldaten für die Revolution?" Die Gebärstreikdebatte der SPD im Jahre 1913. In: Soden, Kristine v.: Rosa Luxemburg. Berlin 1988

Bergmann, Klaus et al. (Hg.): Kindheit in der Geschichte I. Düsseldorf 1985

Bergmann, Klaus et al. (Hg.): Handbuch der Geschichtsdidaktik. Düsseldorf, 3., völlig überarbeitete und bedeutend erweiterte Aufl. 1985

Bergmann, Klaus et al. (Hg.): Handbuch Geschichtsdidaktik. 5., überarbeitete Aufl., Seelze-Velber 1997

Bergmann, Klaus: Kinder entdecken Geschichte. Historisches Lernen in der Grundschule. In: Demantowsky, Marco/Schönemann, Bernd (Hg.): Neue geschichtsdidaktische Positionen. Bochum 2002

Bezirksamt Schöneberg (Hg.): „Ist der Krieg vorbei?" Briefe und Tagebücher von 1939–1945. Zeitung zur gleichnamigen Ausstellung im Haus am Kleistpark vom 11.10.–11.11.1990. Berlin 1990

Bock, Gisela: Historische Frauenforschung: Fragestellungen und Perspektiven. In: Karin Hausen (Hg.): Frauen suchen ihre Geschichte. 2. Aufl., München 1987

Böhnisch, Lothar: Männlichkeiten und Geschlechterbeziehungen. Ein männertheoretischer Durchgang. In: Margrit Brückner/Lothar Böhnisch (Hg.): Geschlechterverhältnisse. Gesellschaftliche Konstruktionen und Perspektiven ihrer Veränderung. Weinheim und München 2001

Böttger, Barbara: Das Recht auf Gleichheit und Differenz. Elisabeth Selbert und der Kampf der Frauen um Art. 3.2 Grundgesetz. Münster 1990

Borries, Bodo v.: „Wie Mädchen gemacht und Frauen geformt wurden" – Geschlechtsspezifische Erziehung und weiblicher Charakter im bürgerlichen Zeitalter 1763–1914. In: Bergmann, Klaus/Borries, Bodo v./Schneider, Gerhard (Hg.): Kindheit in der Geschichte I. Düsseldorf 1985

Borries, Bodo v.: Im „Paradies der Frauen"? Weibliches Leben in den dreizehn Kolonien und den frühen USA. In: Annette Kuhn/Jörn Rüsen (Hg.): Frauen in der Geschichte. Band II. Fachwissenschaftliche Beiträge zur Sozialgeschichte der Frauen vom frühen Mittelalter bis zur Gegenwart. Düsseldorf 1986

Borries, Bodo v.: Frauengeschichte in der Schule – Chancen und Erfahrungen. In: Löhr, Brigitte (Hg.): Frauen in der Geschichte. Grundlagen – Anregungen – Materialien für den Unterricht. Band 1. Tübingen 1993

Borries, Bodo v.: Geschlechtsspezifisches Geschichtsbewusstsein und koedukativer Geschichtsunterricht. In: Udo Arnold u.a. (Hg.): Stationen einer Hochschullaufbahn. Festschrift für Annette Kuhn zum 65. Geburtstag. Dortmund 1999

Borries, Bodo v.: Jugend und Geschichte. Ein europäischer Kulturvergleich aus deutscher Sicht. Reihe Schule und Gesellschaft, Bd. 21. Opladen 1999

Borries, Bodo v.: Geschichtsdidaktik am Ende des 20. Jahrhunderts. Eine Bestandsaufnahme zum Spannungsfeld zwischen Geschichtsunterricht und Geschichtspolitik. In: Pandel, Hans-Jürgen/Schneider, Gerhard (Hg.): Wie weiter? Zur Zukunft des Geschichtsunterrichts. Schwalbach/Ts. 2001

Borries, Bodo v.: Wendepunkte in der Frauengeschichte II. Über Muttergöttinnen, Männeransprüche und Mädchenkindheiten. Pfaffenweiler 2003

Bos, Marguérite et al. (Hg.): Erfahrung: Alles nur Diskurs? Zur Verwendung des Erfahrungsbegriffs in der Geschlechtergeschichte. Beiträge der 11. Schweizerischen HistorikerInnentagung 2002. Zürich 2004

Braun, Christina v./Stephan, Inge (Hg.): Gender Studien. Eine Einführung. Stuttgart 2000

Brückner, Margrit/Böhnisch, Lothar (Hg.): Geschlechterverhältnisse. Gesellschaftliche Konstruktionen und Perspektiven ihrer Veränderung. Weinheim und München 2001

Bührmann, Andrea; Diezinger, Angelika; Metz-Göckel, Sigrid: Arbeit, Sozialisation, Sexualität. Zentrale Felder der Frauen- und Geschlechterforschung. Lehrbuch zur sozialwissenschaftlichen Frauen- und Geschlechterforschung, Band 1. Opladen 2000

Butler, Judith: Das Unbehagen der Geschlechter. Gender Studies. Frankfurt/Main 1996

Butler, Judith: Körper von Gewicht. Gender Studies. Frankfurt/Main 1997

Butler, Judith: Psyche der Macht. Das Subjekt der Unterwerfung. Gender Studies. Frankfurt/Main 2001

Cavarero, Adriana: Die Perspektive der Geschlechterdifferenz. In: Gerhard, Ute et al. (Hg.): Differenz und Gleichheit. Menschenrechte haben (k)ein Geschlecht. Frankfurt/Main 1990

Chamberlain, Sigrid: Adolf Hitler, die deutsche Mutter und ihr erstes Kind. Über zwei Erziehungsbücher. 2. korrigierte Aufl., Gießen 1998

Clare, Anthony: Männer haben keine Zukunft. Bern/München/Wien 2002

Clemens, Bärbel: „Menschenrechte haben kein Geschlecht!" Zum Politikverständnis der bürgerlichen Frauenbewegung. Pfaffenweiler 1988

Connell, Robert W.: Der gemachte Mann. Konstruktion und Krise von Männlichkeiten. 2. Aufl., Opladen 2000

Dalhoff, Jutta et al. (Hg.): Frauenmacht in der Geschichte. Beiträge des Historikerinnentreffens 1985 zur Frauengeschichtsforschung. Düsseldorf 1986

Daniel, Ute: Clio unter Kulturschock. Zu den aktuellen Debatten in der Geschichtswissenschaft, Teil II. In: Geschichte in Wissenschaft und Unterricht 48, 1997, Heft 5/6

(Die) DDR-Verfassungen, eingeleitet und bearbeitet von Herwig Roggemann. 3. überarbeitete und erweiterte Aufl., Berlin 1980

Dehne, Brigitte: Geschichte zum Einmischen. In: Geschichte – Erziehung – Politik, 7/1991, Berlin

Dehne, Brigitte: Geschichte–für Mädchen und Jungen. Konzeption eines Geschichtsunterrichts, in dem Mädchen und Jungen sich gleichwertig und gleichzeitig mit Männern und Frauen in der Vergangenheit auseinandersetzen können. In: Niemetz, Gerold (Hg.): Vernachlässigte Fragen der Geschichtsdidaktik. Hannover 1992

Dehne, Brigitte: Das lernende Ich in der Auseinandersetzung mit Geschichte. In: Geschichte – Erziehung – Politik, 6/1998. Berlin

Dehne, Brigitte: Schülerfragen als konstitutives Element von Unterricht. In: Geschichte in Wissenschaft und Unterricht 51, 2000, H. 11

Dehne, Brigitte: „Nein, über Frauengeschichte reden wir nicht." Geschlechtergeschichte im Unterricht. In: Schönemann, Bernd/Voit, Hartmut (Hg.): Von der Einschulung bis zum Abitur. Prinzipien und Praxis historischen Lernens in den Schulstufen. Idstein 2002

Demantowsky, Marco/Schönemann, Bernd (Hg.): Neue geschichtsdidaktische Positionen. Bochum 2002

Dettenhofer, Maria (Hg.): Reine Männersache? Frauen in Männerdomänen der antiken Welt. München 1996

Dillier, Monika/Mostowlansky, Vera/Wyss, Regula (Hg.): Olympe de Gouges: Schriften. Basel 1980

Dinges, Martin: Stand und Perspektiven der „neuen Männergeschichte" In: Bos, Marguérite et al. (Hg.): Erfahrung: Alles nur Diskurs? Zur Verwendung des Erfahrungsbegriffs in der Geschlechtergeschichte. Beiträge der 11. Schweizerischen HistorikerInnentagung 2002. Zürich 2004

Dinges, Martin (Hg.): Männer–Macht–Körper. Hegemoniale Männlichkeiten vom Mittelalter bis heute. Frankfurt/Main 2005

Dörr, Margarete: „Wer die Zeit nicht miterlebt hat…" Frauenerfahrungen im Zweiten Weltkrieg und den Jahren danach. Band 3: Das Verhältnis zum Nationalsozialismus und zum Krieg. Frankfurt/Main; New York 1998

Duby, Georges/Perrot, Michelle (Hg.): Geschichte der Frauen. Band 1: Antike, hg. von Pauline Schmitt Pantel. Frankfurt/Main; New York 1993

Duby, Georges/Perrot, Michelle: Geschichte der Frauen. Band 2: Mittelalter, hg. von Christiane Klapisch-Zuber. Frankfurt/Main; New York 1993

Duby, Georges/Perrot, Michelle: Geschichte der Frauen. Band 3: Frühe Neuzeit, hg. von Arlette Farge und Natalie Zemon Davis. Frankfurt/Main 1994

Duden, Barbara: Somatisches Wissen, Erfahrungswissen und ‚diskursive' Gewissheiten. Überlegungen zum Erfahrungsbegriff aus der Sicht der Körper-Historikerin. In: Bos, Marguérite et al. (Hg.): Erfahrung: Alles nur Diskurs? Zur Verwendung des Erfahrungsbegriffs in der Geschlechtergeschichte. Beiträge der 11. Schweizerischen HistorikerInnentagung 2002. Zürich 2004

Eifert, Christiane et al. (Hg.): Was sind Frauen? Was sind Männer? Geschlechterkonstruktionen im historischen Wandel. Frankfurt/Main 1996

Engel, Gisela u.a. (Hg.): Geschlechterstreit am Beginn der europäischen Moderne. Königstein/Ts. 2004

Engelmann, Peter: Postmoderne und Dekonstruktion. Texte französischer Philosophen der Gegenwart. Stuttgart 1999

Faulstich-Wieland, Hannelore: Soziale Konstruktion von Geschlecht in schulischen Interaktionen in der Sekundarstufe. In: Sozialpädagogisches Institut Berlin; Ginsheim, Gabriele v./Meyer, Dorit (Hg.): Geschlechtersequenzen. Dokumentation des Diskussionsforums zur geschlechtsspezifischen Jugendforschung. Berlin 1999

Fester, Richard/König, Marie E.P./Jonas, Doris F./Jonas, A. David: Weib und Macht. Fünf Millionen Jahre Urgeschichte der Frau. Frankfurt/Main 1980.

Fischer, Ute Luise et al. (Hg.): Kategorie: Geschlecht? Empirische Analyse und feministische Theorien. Opladen 1996

Flaake, Karin: Weibliche Adoleszenz. Neue Möglichkeiten, alte Fallen? Widersprüche und Ambivalenzen in der Lebenssituation und den Orientierungen junger Frauen. In: Geissler, Birgit/Oechsle, Mechthild: Die ungleiche Gleichheit. Opladen 1998

Frevert, Ute: Zwischen Bürgerlicher Verbesserung und Neuer Weiblichkeit. Frankfurt/Main 1986

Frevert, Ute (Hg.): Bürgerinnen und Bürger. Geschlechterverhältnisse im 19. Jahrhundert. Göttingen 1988

Frevert, Ute: Männergeschichte oder die Suche nach dem ‚ersten' Geschlecht. In: Hettling, Manfred u.a.: Was ist Gesellschaftsgeschichte? Positionen, Themen, Analysen. München 1991

Frevert, Ute: „Mann und Weib, und Weib und Mann". Geschlechter-Differenzen in der Moderne. München 1995

Gimbutas, Marija: Die Sprache der Göttin. 2. Aufl., Frankfurt/Main 1996

Gimbutas, Marija: Die Zivilisation der Göttin. Frankfurt/Main 1996

Gleba, Gudrun: Klosterleben im Mittelalter. Darmstadt 2004

Goertz, Hans-Jürgen (Hg.): Geschichte. Ein Grundkurs. Hamburg 1998

Göttner-Abendroth, Heide: Das Matriarchat I. Geschichte seiner Erforschung. Stuttgart; Berlin; Köln 1988

Goffman, Erving: Interaktion und Geschlecht. Frankfurt/Main 1994

Gravenhorst, Lerke/Tatschmurat, Carmen (Hg.): Töchter-Fragen. NS-Frauen-Geschichte. 2. Aufl., Freiburg i.Br. 1995

Grubitzsch, Helga: „Wissen heißt leben..." Der Kampf der Frauen um die Bildung zu Beginn des 19. Jahrhunderts. In: Brehmer, Ilse u.a.: Frauen in der Geschichte. Band IV. Düsseldorf 1983

Gysi, Jutta/Meyer, Dagmar: Leitbild: Berufstätige Mutter – DDR-Frauen in Familie und Partnerschaft. In: Helwig, Gisela/Nickel, Hildegard Maria (Hg.): Frauen in Deutschland 1945 1992. Bonn 1993

Hagemann, Karen; Schüler-Springorum, Stefanie (Hg.): Heimat-Front. Militär und Geschlechterverhältnisse im Zeitalter der Weltkriege. Frankfurt/Main 2002

Hanisch, Ernst: Männlichkeiten. Eine andere Geschichte des 20. Jahrhunderts. Wien, Köln, Weimar 2005

Hassauer, Friederike: Gleichberechtigung und Guillotine: Olympe de Gouges und die feministische Menschenrechtserklärung der Französischen Revolution. In:

Ursula A.J. Becher/Jörn Rüsen (Hg.): Weiblichkeit in geschichtlicher Perspektive. Fallstudien und Reflexionen zu Grundproblemen der historischen Frauenforschung. Frankfurt/Main 1988

Hausen, Karin; Nowotny, Helga: Wie männlich ist die Wissenschaft? Frankfurt/Main 1986

Hausen, Karin (Hg.): Frauen suchen ihre Geschichte. 2. Aufl., München 1987

Hausen, Karin: Die Polarisierung der „Geschlechtscharaktere". Eine Spiegelung der Dissoziation von Erwerbs- und Familienleben. In: Rosenbaum, Heidi (Hg.): Seminar: Familie und Gesellschaftsstruktur. 4. Aufl., Frankfurt/Main 1988

Hausen, Karin; Wunder, Heide (Hg.): Frauengeschichte – Geschlechtergeschichte. Frankfurt/Main; New York 1992

Hausen, Karin (Hg.): Geschlechterhierarchie und Arbeitsteilung. Zur Geschichte ungleicher Erwerbschancen von Männern und Frauen. Göttingen 1993

Hausen, Karin: Die Nicht-Einheit der Geschichte als historiographische Herausforderung. Zur historischen Relevanz und Anstößigkeit der Geschlechtergeschichte. In: Medick, Hans/Trepp Anne-Charlott (Hg.): Geschlechtergeschichte und Allgemeine Geschichte. Herausforderungen und Perspektiven. Göttingen 1998

Helwig, Gisela; Nickel, Hildegard Maria (Hg.): Frauen in Deutschland 1945–1992. Bonn 1993

Hettling, Manfred et al.: Was ist Gesellschaftsgeschichte? Positionen, Themen, Analysen. München 1991

Hillers, Martha (Anonyma): Eine Frau aus Berlin. Tagebuchaufzeichnungen vom 22. April bis 22. Juni 1945. Frankfurt/Main 2003

Hippel, Theodor Gottlieb v.: Über die bürgerliche Verbesserung der Weiber. In: Lange, Sigrid (Hg.): Ob die Weiber Menschen sind. Geschlechterdebatten um 1800. Leipzig 1992

Holland-Cunz, Barbara: Die alte neue Frauenfrage. Frankfurt/Main 2003

Honegger, Claudia/Arni, Caroline (Hg.): Gender – Die Tücken einer Kategorie. Joan W. Scott, Geschichte und Politik. Zürich 2001

Horstkemper, Marianne: Unterricht gestalten für eine reflexive Koedukation. In: Senatsverwaltung für Schule, Jugend und Sport: Evaluation und Perspektiven für die Förderung von Mädchen + Jungen in den Schulen Europas. Berlin 1997

Janssen-Jurreit, Marielouise: Sexualreform und Geburtenrückgang – Über die Zusammenhänge von Bevölkerungspolitik und Frauenbewegung um die Jahrhundertwende. In: Kuhn, Annette/Schneider, Gerhard (Hg.): Frauen in der Geschichte, Band 1. 3. Aufl., Düsseldorf 1984

Jarausch, Konrad H./Sabrow, Martin: „Meistererzählung" – Zur Karriere eines Begriffs. In: Dies.: Die historische Meistererzählung. Deutungslinien der deutschen Nationalgeschichte nach 1945. Göttingen 2002

Jarausch, Konrad H./Sabrow, Martin: Die historische Meistererzählung. Deutungslinien der deutschen Nationalgeschichte nach 1945. Göttingen 2002

Jarausch, Konrad H.: Zur Integration der beiden deutschen Nachkriegsgeschichten. In: Jarausch, Konrad H./Kleßmann, Christoph (Hg.): Zeithistorische Forschungen 1/2004 Heft 1

Jarausch, Konrad H./Kleßmann, Christoph (Hg.): Zeithistorische Forschungen 1/2004 Heft 1

Jurczyk, Karin: Frauenarbeit und Frauenrolle. Zum Zusammenhang von Familienpolitik und Frauenerwerbsarbeit in Deutschland von 1918–1975. Frankfurt/
Main;New York 1978

Kaiser, Nancy: Selbst Bewusst. Frauen in den USA. Leipzig 1994

Kelly-Gadol, Joan: Soziale Beziehungen der Geschlechter. Methodologische Implikationen einer feministischen Geschichtsbetrachtung. In: Schaeffer-Hegel, Bar-
bara/Watson-Franke, Barbara: Männer Mythos Wissenschaft. Grundlagentexte zur feministischen Wissenschaftskritik. Pfaffenweiler 1989

Ketsch, Peter: Frauen im Mittelalter, hg. von Annette Kuhn. Band 1: Frauenarbeit im
Mittelalter. Quellen und Materialien. Düsseldorf 1983

Kocka, Jürgen: Bürgertum und bürgerliche Gesellschaft im 19. Jahrhundert. Europäische Entwicklungen und deutsche Eigenarten. In: Bürgertum im 19. Jahrhundert, herausgegeben von Jürgen Kocka unter der Mitarbeit von Ute Frevert.
Band 1. München 1988

König, Marie: Am Anfang der Kultur. Die Zeichensprache des frühen Menschen. 3.
Aufl., Berlin 1994

König, Wolfgang (Hg.): Propyläen-Technikgeschichte. 3. Bd: Paulinyi, Akos; Troitzsch,
Ulrich: Mechanisierung und Maschinisierung 1600–1840. Berlin 1997

Koonz, Claudia: Frauen schaffen ihren „Lebensraum" im Dritten Reich. In: Barbara
Schaeffer-Hegel (Hg.): Frauen und Macht. Der alltägliche Beitrag der Frauen
zur Politik des Patriarchats. Berlin 1984

Kühne, Thomas: Staatspolitik, Frauenpolitik, Männerpolitik. In: Hans Medick/
Anne-Charlotte Trepp (Hg.): Geschlechtergeschichte und Allgemeine Geschichte. Herausforderungen und Perspektiven. Göttingen 1998

Kühne, Thomas (Hg.): Männergeschichte-Geschlechtergeschichte. Männlichkeit im
Wandel der Moderne. Frankfurt/Main; New York 1996

Kuhn, Annette: Chronik der Frauen. Dortmund 1992

Kuhn, Annette/Schneider, Gerhard (Hg.): Frauen in der Geschichte, Band I. 3. Aufl.,
Düsseldorf 1984

Kuhn, Annette/Rüsen, Jörn (Hg.): Frauen in der Geschichte. Band II. Fachwissenschaftliche Beiträge zur Sozialgeschichte der Frauen vom frühen Mittelalter bis
zur Gegenwart. Düsseldorf 1986

Kuhn, Annette/Rüsen, Jörn (Hg.): Frauen in der Geschichte. Band III. Düsseldorf
1983

Kuhn, Annette/Rothe, Valentine: Frauen im deutschen Faschismus. Band 1. 3. Aufl.,
Düsseldorf 1987

Landweer, Hilge: Geschlechterklassifikation und historische Deutung. In: Müller,
Klaus E./Rüsen, Jörn (Hg.): Historische Sinnbildung. Problemstellungen, Zeitkonzepte, Wahrnehmungshorizonte, Darstellungsstrategien. Hamburg 1997

Lange, Sigrid (Hg.): Ob die Weiber Menschen sind. Geschlechterdebatten um 1800.
Leipzig 1992

Lenz, Karl: Im ehernen Gehäuse der Kultur: Geschlechterkonstruktion in heterosexuellen Zweierbeziehungen. In: Brückner, Margrit/Böhnisch, Lothar (Hg.):
Geschlechterverhältnisse. Gesellschaftliche Konstruktionen und Perspektiven
ihrer Veränderung. Weinheim; München 2001

Lerner, Gerda: Die Entstehung des Patriarchats. Frankfurt/Main; New York 1991

Levy, Edna: Die paradoxe Geschlechterpolitik der israelischen Armee. In: Seifert,

Ruth; Eifler, Christine (Hg.): Gender und Militär. Internationale Erfahrungen mit Frauen und Männern in Streitkräften. Königstein/Ts. 2003

Löhr, Brigtte et al. (Hg.): Frauen in der Geschichte. Grundlagen – Anregungen – Materialien für den Unterricht. Band 1. Tübingen 1993

Lundt, Bea (Hg.): Auf der Suche nach der Frau im Mittelalter. München 1991

Lundt, Bea: Frauen- und Geschlechtergeschichte. In: Goertz, Hans-Jürgen (Hg.): Geschichte. Ein Grundkurs. Hamburg 1998

Männerforschungskolloquium Tübingen (1995): Die patriarchale Dividende: Profit ohne Ende? In: Widersprüche Heft 56/57

Marienfeld, Wolfgang: Die Geschichte des Deutschlandproblems im Spiegel der politischen Karikatur, hg. von der niedersächsischen Landeszentrale für politische Bildung. Bonn 1989, S. 150

Martschukat, Jürgen; Stieglitz, Olaf: „Es ist ein Junge!" Einführung in die Geschichte der Männlichkeiten in der Neuzeit. Tübingen 2005

Mayer, Ulrich: Historisches Denken und Geschichtsmethodik. Über den Zusammenhang von historischen Erkenntniswegen, geschichtsdidaktischen Standards und methodischen Entscheidungen. In: Bernd Schönemann/Uwe Uffelmann/Hartmut Voit (Hg.): Geschichtsbewusstsein und Methoden historischen Lernens. Weinheim 1998

Medick, Hans/Trepp, Anne-Charlotte (Hg.): Geschlechtergeschichte und Allgemeine Geschichte. Herausforderungen und Perspektiven. Göttingen 1998

Mellaart, James: Catal Hüyük. Stadt aus der Steinzeit. 2. Aufl., Bergisch-Gladbach 1967

Metz-Göckel, Sigrid: Sozialisation der Geschlechter: Von der Geschlechterdifferenz zur Dekonstruktion der Geschlechterdualität. In: Bührmann, Andrea; Diezinger, Angelika; Metz-Göckel, Sigrid: Arbeit, Sozialisation, Sexualität. Zentrale Felder der Frauen- und Geschlechterforschung. Lehrbuch zur sozialwissenschaftlichen Frauen- und Geschlechterforschung, Band 1. Opladen 2000

Meyer, Sibylle/Schulze, Eva: Frauen in der Modernisierungsfalle – Wandel von Ehe, Familie und Partnerschaft in der Bundesrepublik Deutschland. In: Helwig, Gisela/Nickel, Hildegard Maria (Hg.): Frauen in Deutschland 1945–1992. Bonn 1993

Mosse, Werner: Adel und Bürgertum im Europa des 19. Jahrhunderts. Eine vergleichende Betrachtung. In: Bürgertum im 19. Jahrhundert, herausgegeben von Jürgen Kocka unter der Mitarbeit von Ute Frevert. Band 2. München 1988

Müller, Klaus E./Rüsen, Jörn (Hg.): Historische Sinnbildung. Problemstellungen, Zeitkonzepte, Wahrnehmungshorizonte, Darstellungsstrategien. Hamburg 1997

Nelson, Robert L.: Deutsche Kameraden – Slawische Huren. Geschlechterbilder in den deutschen Feldzeitungen des Ersten Weltkrieges. In: Hagemann, Karen/Schüler-Springorum, Stefanie (Hg.): Heimat-Front. Militär und Geschlechterverhältnisse im Zeitalter der Weltkriege. Frankfurt am Main 2002

Nielsen, Harriet Bjerrum: Sophie and Emile in the class-room. In: Senatsverwaltung für Schule, Jugend und Sport (Hg.): Evaluation und Perspektiven für die Förderung von Mädchen + Jungen in den Schulen Europas. Berlin 1997

Niemetz, Gerold (Hg.): Vernachlässigte Fragen der Geschichtsdidaktik. Hannover 1992

Opitz, Claudia: Gender – eine unverzichtbare Kategorie der historischen Analyse. Zur Rezeption von Joan W. Scotts Studien in Deutschland, Österreich und der

Schweiz. In: Claudia Honegger/Caroline Arni (Hg.): Gender – Die Tücken einer Kategorie. Joan W. Scott, Geschichte und Politik. Zürich 2001

Opitz, Claudia: Frauenalltag im Mittelalter. Biographien des 13. und 14. Jahrhunderts. 2. Aufl., Weinheim; Basel 1987

Opitz, Claudia: Um-Ordnungen der Geschlechter. Einführung in die Geschlechtergeschichte. Tübingen 2005

Otis-Cour, Leah: Lust und Liebe. Geschichte der Paarbeziehungen im Mittelalter. Frankfurt/Main 2000

Pandel, Hans-Jürgen: Dimensionen und Struktur des Geschichtsbewusstseins. In: Süssmuth, Hans (Hg.): Geschichtsunterricht im vereinten Deutschland. Auf der Suche nach Neuorientierung (Teil I). Baden-Baden 1991

Pandel, Hans-Jürgen/Schneider, Gerhard (Hg.): Wie weiter? Zur Zukunft des Geschichtsunterrichts. Schwalbach/Ts. 2001

Pandel, Hans-Jürgen: Geschichtsunterricht nach Pisa. Standards und Kompetenzen. Schwalbach/Ts. 2005

Paul-Horn, Ina: Faszination Nationalsozialismus? Zu einer politischen Theorie des Geschlechterverhältnisses. Pfaffenweiler 1993

Petersen, Susanne: Marktweiber und Amazonen. Frauen in der Französischen Revolution. 2., durchgesehene Aufl., Köln 1989

Popp, Susanne: Der schwierige Umgang mit der Kategorie „gender" – Geschichtsdidaktische Reflexionen zu einer „universalen" Kategorie des Geschichtsunterrichts. In: Pellens, Karl et al. (Hg.): Historical Consciousness and History Teaching in a Globalizing Society. Frankfurt/Main 2001

Reese, Dagmar: Straff, aber nicht stramm – herb, aber nicht derb. Zur Vergesellschaftung von Mädchen durch den Bund Deutscher Mädel im sozialkulturellen Vergleich zweier Milieus. Weinheim und Basel 1989

Reese, Dagmar/Sachse, Carola: Frauenforschung und Nationalsozialismus. Eine Bilanz. In: Lerke Gravenhorst/Carmen Tatschmurat (Hg.): Töchter-Fragen. NS-Frauen-Geschichte. 2. Aufl., Freiburg i.Br. 1995

Reiche, Reimut: Gender ohne Sex. In: PSYCHE, Zeitschrift für Psychoanalyse und ihre Anwendungen, hg. von Margarete Mitscherlich. 51, 9/10 1997

Rettke, Ursula: Berufswünsche von Mädchen unter dem Diktat des Arbeitsmarktes. Die schrittweise Verweiblichung der Bildungs- und Berufsbiografien von Hauptschülerinnen. In: Bolder, Axel/Rodax, Klaus (Hg.): Die Sozialisation von Arbeiterkindern für den Beruf. Bonn 1987

Rommelspacher, Birgit:Dominanzkultur. Texte zu Fremdheit und Macht. 2. Aufl., Berlin 1998

Rosenbaum, Heidi (Hg.): Seminar: Familie und Gesellschaftsstruktur. 4. Aufl., Frankfurt/Main 1988

Heinrich Roth: Pädagogische Psychologie des Lehrens und Lernens. 12. Auflage, Hannover 1970

Rousseau, Jean-Jaques: Emil oder Über die Erziehung. 9. Aufl., Paderborn 1971

Ruhl, Klaus-Jörg (Hg.): Frauen in der Nachkriegszeit 1945–1963. München 1988

Sancha, Sheila: Das Dorf. So lebte man im Mittelalter auf dem Lande. Hildesheim 1983

Schaefer, Anka: Zur Stellung der Frau im nationalsozialistischen Eherecht. In: Lerke Gravenhorst/Carmen Tatschmurat (Hg.): Töchter-Fragen. NS-Frauen-Geschichte. 2. Aufl., Freiburg i.Br. 1995

Schaeffer-Hegel, Barbara (Hg.): Frauen und Macht. Der alltägliche Beitrag der Frauen zur Politik des Patriarchats. Berlin 1984

Schaeffer-Hegel, Barbara; Watson-Franke, Barbara: Männer Mythos Wissenschaft. Grundlagentexte zur feministischen Wissenschaftskritik. Pfaffenweiler 1989

Schäfgen, Katrin: Die Verdopplung der Ungleichheit. Sozialstruktur und Geschlechterverhältnisse in der Bundesrepublik und in der DDR. Opladen 2000

Schissler, Hanna: Diskussionsbeitrag in: Frauen und Geschichte. Loccumer Protokolle 11/86. Loccum 1987

Schissler, Hanna (Hg.): Geschlechterverhältnisse im historischen Wandel. Frankfurt/Main; New York 1993

Schmale, Wolfgang (Hg.): MannBilder. Ein Lese- und Quellenbuch zur historischen Männerforschung. Berlin 1998

Schönemann, Bernd/Uffelmann, Uwe/Voit, Hartmut (Hg.):Geschichtsbewusstsein und Methoden historischen Lernens. Weinheim 1998

Schönemann, Bernd/Voit, Hartmut (Hg.): Von der Einschulung bis zum Abitur. Prinzipien und Praxis des historischen Lernens in den Schulstufen. Idstein 2002

Schönemann, Bernd/Schreiber, Waltraud/Voit, Hartmut (Hg.): Gender und Geschichtsdidaktik. Zeitschrift für Geschichtsdidaktik. Jahresband 2004. Schwalbach/Ts. 2004

Schuller, Wolfgang: Frauen in der griechischen und römischen Geschichte. Konstanz 1995

Schulz-Hageleit, Peter: Was lehrt uns die Geschichte? Pfaffenweiler 1989

Schulz-Hageleit, Peter: Leben in Deutschland 1900–1950. Historisch-analytische Betrachtungen. Pfaffenweiler 1994

Schulz-Hageleit, Peter (Hg.): Lernen unter veränderten Lebensbedingungen. Frankfurt/Main 1999

Schulz-Hageleit, Peter: Verdrängungen in der Geschichte – kein Thema für die Geschichtswissenschaft? In: Zeitschrift für Geschichtswissenschaft 3/1999

Schulz-Hageleit, Peter: Plädoyer für mehr Reflexivität in der historisch-politischen Bildung. In: Ders. (Hg.): Lernen unter veränderten Lebensbedingungen. Frankfurt/Main 1999

Schulz-Hageleit, Peter: Geschichte erfahren. In: GWU 51, 2000, Heft 11

Schulz-Hageleit, Peter: Geschichtsbewusstsein und Zukunftssorge. Unbewusstheiten im geschichtswissenschaftlichen und geschichtsdidaktischen Diskurs. Herbolzheim 2004

Schwarzer, Alice: Simone de Beauvoir. Rebellin und Wegbereiterin. 2. Aufl., Köln 1999

Schwarzer, Alice: Der große Unterschied. Gegen die Spaltung von Menschen in Männer und Frauen. 2. Aufl., Köln 2000.

Scott, Joan W.: Von der Frauen- zur Geschlechtergeschichte. In: Hanna Schissler: Geschlechterverhältnisse im Wandel. Frankfurt am Main; New York 1993

Scott, Joan W.: Gender: Eine nützliche Kategorie der historischen Analyse. In: Kaiser, Nancy: Selbst Bewusst. Frauen in den USA. Leipzig 1994

Scott, Joan W.: Überlegungen zu Geschlechtsidentität und Politik. In: Eva Waniek/Silvia Stoller (Hg.): Verhandlungen des Geschlechts. Wien 2001

Scott, Joan W.: Die Zukunft von Gender. Fantasien zur Jahrtausendwende. In: Honegger, Claudia/Arni, Caroline (Hg.): Gender – Die Tücken einer Kategorie. Zürich 2001

Seifert, Ruth: Von Helden und Heulsusen. In EMMA 3/2002

Seifert, Ruth/Eifler, Christine (Hg.): Gender und Militär. Internationale Erfahrungen mit Frauen und Männern in Streitkräften. Königstein/Ts. 2003

Senatsverwaltung für Schule, Jugend und Sport (Hg.): Evaluation und Perspektiven für die Förderung von Mädchen + Jungen in den Schulen Europas. Berlin 1997

Sozialpädagogisches Institut Berlin/Ginsheim, Gabriele v./Meyer, Dorit (Hg.): Geschlechtersequenzen. Dokumentation des Diskussionsforums zur geschlechtsspezifischen Jugendforschung. Berlin 1999

Späth, Thomas: ,Frauenmacht' in der frühen römischen Kaiserzeit? Ein kritischer Blick auf die historische Konstruktion der ,Kaiserfrauen'. In: Dettenhofer, Maria (Hg.): Reine Männersache? Frauen in Männerdomänen der antiken Welt. München 1996

Späth, Thomas: Agrippina Minor. Frauenbild als Diskurskonzept. In: Kunst, Christiane/Riemer, Ulrike (Hg.): Zur Rolle der römischen Kaiserfrauen. Stuttgart 2000

Späth, Thomas: Der Kaiser ist (k)ein Mann. Geschlechter im Widerstreit zwischen politischer Tradition und neuen Machtstrukturen im römischen Prinzipat. Manuskript des Vortrags auf dem Deutschen Historikertag 2002, Sektion: Geschlechterverhältnisse in der Antike

Späth, Thomas/Wagner-Hasel, Beate (Hg.): Frauenwelten in der Antike. Geschlechterordnung und weibliche Lebenspraxis. Stuttgart; Weimar 2000

Stiegler, Barbara: Wie Gender in den Mainstream kommt: Konzepte, Argumente und Beispiele zur EU-Strategie des Gender Mainstraming. Electronic ed.: FES Library, Bonn 2000

Stiegler, Barbara: Gender Macht Politik. 10 Fragen und Antworten zum Konzept des Gender Mainstreaming. Hg. vom wirtschafts- und sozialpolitischen Forschungs- und Beratungszentrum der Friedrich-Ebert-Stiftung. Bonn 2002

Stiegler, Barbara: Mit Gender Mainstreaming zum „gerechten" Lohn? Strategien und Erfahrungen zur Umsetzung des Rechts auf gleichwertige Bezahlung von Männer- und Frauenarbeit. Electronic ed.: FES Library, Bonn 2003

Süssmuth, Hans (Hg.): Geschichtsunterricht im vereinten Deutschland. Auf der Suche nach Neuorientierung (Teil I). Baden-Baden 1991

Thurn, Susanne: Geschlechtersozialisation und Geschichtssozialisation. In: Bergmann, Klaus et al. (Hg.): Handbuch Geschichtsdidaktik. 5., überarbeitete Aufl., Seelze-Velber 1997

Trepp, Anne-Charlott: Männerwelten privat: Vaterschaft im späten 18. und beginnenden 19. Jahrhundert. In: Kühne, Thomas: Männergeschichte – Geschlechtergeschichte. Männlichkeit im Wandel der Moderne. Frankfurt; New York 1996

Uhlmann, Gabriele: Çatal Höyük. Interpretation am Scheideweg. www.gabi-catal.de

Ulbrich, Claudia: Frauen- und Geschlechtergeschichte. Teil I: Renaissance, Humanismus und Reformation. In: GWU 45, 1994, H.2

Vinken, Barbara: Die deutsche Mutter. Der lange Schatten eines Mythos. München 2001

Völger, Gisela; Welck, Karin von (Hg,): Die Braut. Geliebt, verkauft, getauscht, geraubt. Zur Rolle der Frau im Kulturvergleich. Bd. 2, Köln 1985

Wagner-Hasel, Beate (Hg.): Matriarchatstheorien der Altertumswissenschaft. Darmstadt 1992

Wagner-Hasel, Beate: Das Diktum der Philosophen: Der Ausschluss der Frauen aus der Politik und die Sorge vor der Frauenherrschaft. In: Späth, Thomas/Wagner-Hasel, Beate (Hg.): Frauenwelten in der Antike. Geschlechterordnung und weibliche Lebenspraxis. Stuttgart; Weimar 2000

Waldner, Katharina: Kulträume von Frauen in Athen: Das Beispiel der Artemis Brauronia. In: Späth, Thomas/Wagner-Hasel, Beate (Hg.): Geschlechterordnung und weibliche Lebenspraxis. Stuttgart; Weimar 2000

Walker, Barbara: Das geheime Wissen der Frauen. Ein Lexikon. 2. Aufl., München 1995

Waniek, Eva/Stoller, Silvia (Hg.): Verhandlungen des Geschlechts. Wien 2001

Wartenpfuhl, Birgit: Destruktion – Konstruktion – Dekonstruktion. Perspektiven für die feministische Theorieentwicklung. In: Fischer, Ute Luise et al. (Hg.): Kategorie: Geschlecht? Empirische Analyse und feministische Theorien. Opladen 1996

Weinert, F.E.: Selbstgesteuertes Lernen als Voraussetzung, Methode und Ziel des Unterrichts. In: Unterrichtswissenschaft 10, 1982, H. 1, S. 1-13.

Wenzel, Hartmut: Unterricht und Schüleraktivität. Probleme und Möglichkeiten der Entwicklung von Selbststeuerungsfähigkeiten im Unterricht. Weinheim 1987

Wolf- Graaf, Anke: Die verborgene Geschichte der Frauenarbeit. München 1994

Wunder, Heide: „Er ist die Sonn', sie ist der Mond". Frauen in der frühen Neuzeit. München 1992

Wunder, Heide: „Jede Arbeit ist ihres Lohnes wert." Zur geschlechtsspezifischen Teilung und Bewertung von Arbeit in der frühen Neuzeit. In: Hausen, Karin (Hg.): Geschlechterhierarchie und Arbeitsteilung. Zur Geschichte ungleicher Erwerbschancen von Männern und Frauen. Göttingen 1993

Zachmann, Karin: Männer arbeiten, Frauen helfen. Geschlechtsspezifische Arbeitsteilung und Maschinisierung in der Textilindustrie des 19. Jahrhunderts. In: Hausen, Karin (Hg.): Geschlechterhierarchie und Arbeitsteilung. Zur Geschichte ungleicher Erwerbschancen von Männern und Frauen. Göttingen 1993

Zeller, Susanne: Demobilmachung und geschlechtsspezifische Arbeitsteilung im Fürsorgewesen nach dem Ersten Weltkrieg. In: Dalhoff, Jutta et al. (Hg.): Frauenmacht in der Geschichte. Beiträge des Historikerinnentreffens 1985 zur Frauengeschichtsforschung. Düsseldorf 1986

WOCHEN
SCHAU
VERLAG

METHODEN HISTORISCHEN LERNENS

Weitere Titel:

Klaus Bergmann: Der Gegenwartsbezug im Geschichtsunterricht, 978-3-87920-750-9, 192 S., € 14,30

Klaus Bergmann: Multiperspektivität. Geschichte selber denken, 2. Aufl., 978-3-87920-742 8, 296 S., € 18,40

Klaus Bergmann/Rita Rohrbach: Chance Geschichtsunterricht. Eine Praxisanleitung für den Notfall, für Anfänger und Fortgeschrittene, 978-3-87920-752-7, 144 S., € 13,40

Klaus Bergmann/Rita Rohrbach (Hrsg.): Kinder entdecken Geschichte. Ein Praxisbuch, 978-3-87920-748-0, 368 S., € 20,–

Markus Bernhardt: Das Spiel im Geschichtsunterricht, 978-3-87920-753-4, 228 S., € 14,30

Waldemar Grosch: Computerspiele im Geschichtsunterricht, 978-3-87920-751-0, 196 S., € 14,30

Thorsten Heese: Vergangenheit „begreifen". Die gegenständliche Quelle im Geschichtsunterricht, 978-3-89974-331-9, i.V., ca. 200 S., ca. € 14,80

Thomas Lange/Thomas Lux: Historisches Lernen im Archiv, 978-3-89974-107-0, 224 S., € 14,30

Vadim Oswalt: Multimediale Programme im Geschichtsunterricht, 978-3-87920-749-7, 128 S., € 10,–

Hans-Jürgen Pandel: Bildinterpretation. Die Bildquelle im Geschichtsunterricht. 978-3-89974-259-6, ca. 200 S., mit Bild-CD, ca. € 16,80

Hans-Jürgen Pandel: Quelleninterpretation. Die schriftliche Quelle im Geschichtsunterricht, 978-3-89974-103-2, 3. Aufl., 240 S., € 14,30

Monika Rox-Helmer: Jugendbücher im Geschichtsunterricht, 978-3-89974-224-4, 226 S., € 14,30

Christine Gundermann:
Jenseits von Asterix
Comics im Geschichtsunterricht
978-3-89974-299-2

Gerhard Schneider: Gelungene Einstiege. Voraussetzung für erfolgreiche Geschichtsstunden, 978-3-89974-124-7, 4. Aufl., 184 S., € 14,30

Bärbel Völkel: Handlungsorientierung im Geschichtsunterricht, 978-3-89974-127-8, 180 S., € 13,40

Hartmann Wunderer: Geschichtsunterricht in der Sekundarstufe II, 978-3-87920-743-5, 180 S., € 14,30

www.wochenschau-verlag.de

Adolf-Damaschke-Str. 10, 65824 Schwalbach/Ts., Tel.: 06196/86065, Fax: 06196/86060, info@wochenschau-verlag.de